国家社科基金
后期资助项目

地方视野中的认同困境与行为抉择
——以清代温州历史为中心的考察

李世众 著

Identity Dilemmas and Choices in Local Perspective
——A Study Centered on the History of Wenzhou in the Qing Dynasty

上海社会科学院出版社
SHANGHAI ACADEMY OF SOCIAL SCIENCES PRESS

图书在版编目(CIP)数据

地方视野中的认同困境与行为抉择：以清代温州历史为中心的考察 / 李世众著 . — 上海：上海社会科学院出版社，2023

ISBN 978-7-5520-4251-1

Ⅰ.①地… Ⅱ.①李… Ⅲ.①温州—地方史—研究—清代 Ⅳ.①K295.53

中国国家版本馆 CIP 数据核字(2023)第 197470 号

地方视野中的认同困境与行为抉择
——以清代温州历史为中心的考察

著　　者：李世众
责任编辑：蓝　天
封面设计：裘幼华
出版发行：上海社会科学院出版社
　　　　　上海顺昌路 622 号　邮编 200025
　　　　　电话总机 021-63315947　销售热线 021-53063735
　　　　　http://www.sassp.cn　E-mail:sassp@sassp.cn
照　　排：南京展望文化发展有限公司
印　　刷：上海龙腾印务有限公司
开　　本：710 毫米×1010 毫米　1/16
印　　张：18
字　　数：317 千
版　　次：2023 年 11 月第 1 版　2023 年 11 月第 1 次印刷

ISBN 978-7-5520-4251-1/K・707　　　　定价：99.00 元

版权所有　翻印必究

国家社科基金后期资助项目
出版说明

　　后期资助项目是国家社科基金设立的一类重要项目,旨在鼓励广大社科研究者潜心治学,支持基础研究多出优秀成果。它是经过严格评审,从接近完成的科研成果中遴选立项的。为扩大后期资助项目的影响,更好地推动学术发展,促进成果转化,全国哲学社会科学工作办公室按照"统一设计、统一标识、统一版式、形成系列"的总体要求,组织出版国家社科基金后期资助项目成果。

全国哲学社会科学工作办公室

前　言

　　1895年,严复发表《原强》一文介绍了社会学家斯宾塞,称其"宗天衍之术,以大阐人伦治化之事,号其学曰群学。犹荀卿言人之贵于禽兽者,以其能群,故曰群学"。① "群"被认为是人区别于禽兽的根本特征。有了"群"就有了认同,"认同"与"群"如影随形。

　　认同无所不在。本书考察的认同不是"岁月静好"的日常生活中的认同,而是在非常环境中的群体认同。本书锁定的历史空间为清代的浙江省温州府,群体包含有:明清易代之际的忠烈、遗民和新朝的合作者,嘉道时期社会危机显现时的士绅群体,太平天国运动时期的监生集团,社会危机深化中的光绪朝地方官,强势的西方文化进逼下的士绅群体,以及民族国家建构过程中的草根读书人群体。

　　关于认同的研究,在社会学、人类学和民族学中十分兴盛,浏览相关论著题目,身份认同、角色认同、社会认同、文化认同、政治认同、个人认同、群体认同、族群认同、国家认同和民族认同之类的概念触目皆是。在中国学界,尤以族群认同的研究最为繁盛。②

　　还有些社会学论著围绕认同本质进行争论,有些学者认为任何认同都在特定的社会群体中形成,因此本质上都是社会认同;有些学者认为认同是人们对认同对象的意义和价值的诠释过程,因此本质上都是文化认同。概言之,有"社会认同本质说"和"文化认同本质说"。但据笔者考察清代诸群体所得,社会认同与文化认同是认同的两极,具体历史情境中的各种认

---

① 严复:《原强修订稿》,王栻主编:《严复集》(第一册),中华书局1986年版,第16页。
② 比较有代表性的作品有:梁肇庭:《中国历史上的移民与族群性:客家人、棚民及其邻居》,冷剑波、周云水译,社会科学文献出版社2013年版。[日]濑川昌久:《客家——华南汉族的族群性及其边界》,河合洋尚、姜娜译,社会科学文献出版社2013年版。

同的成分,呈现出浓淡不一的光谱。例如清初的"烈士"群体和遗民群体就呈现了更接近文化认同一极,但同时也有社群意识;清初的合作者群体和太平天国运动时期的监生群体就偏向于社会认同一极,但也有文化建构意识。文化认同与社会认同是认同的一体二面,不过是其中一面凸显了,另一面就隐晦不彰。

笔者曾在一篇论文中写道:

> 具有普世超越特质的纲常伦理对合作者构成沉重的道德压力,出现了人的生存空间被自己尊奉的道德价值所压缩乃至于毁灭的人类奇观。①

这是清朝建立后,士人强烈的文化认同对自己生命的一种撕扯。笔者在考察清代温州历史过程中,常常惊叹于士人那种以生命来践行文化认同或文化反叛的酷烈,愈益相信韦伯"人是悬挂在由他们自己编织的意义之网上的动物"之言非虚。

笔者前文所说要考察非常环境中的认同现象,这里的非常环境主要指社会危机、文化危机凸显或尖锐化的历史时期。

第一章和第二章都是以明末清初为背景。第一章聚焦清初的"忠烈"群体,同时试图通过围绕文天祥祠的言说来揭示纲常伦理认同(文化认同)的形成机制,以及这种认同与道德实践的关系。群体的文化认同有赖于集体记忆的建构,不同时代"文天祥精神"的言说者,构成了一个拥有共同记忆的"想象共同体"。在相似的历史情境(宋末、明末)中,一种认同会被激活,而且认同危机愈强烈,集体记忆就愈清晰。第二章以乐清官宦之家为个案考察清初的新朝"合作者"群体。主人公李象坤出于种种现实因素考虑,在政治上,他认同新朝统治(论证其统治的合法性十分卖力);在信仰层面,他给自己构建了一个虔诚的佛教徒形象;在价值层面,他也认同前明的烈士与遗民。本章着力于体察李象坤是如何平衡多面认同,以及维持多面认同生存策略的现实

---

① 李世众:《穿梭于红尘佛国:清初地方合作者的道德困境及其解脱——以李象坤之〈匊庵集选〉为中心》,《学术月刊》2018年第6期。

原因。

第三章的历史背景是嘉道间由于人口爆炸导致垦殖空间的丧失,①以及由此引发的生态危机与百姓的生存危机。与此相关,温州府乐清县出现了一个醒目的现象:寡妇们或公开抱养儿子(以此避免财产被转移到丈夫的兄弟手中),或招夫入赘,以后夫子为子。② 这种异姓乱宗容易引起财产继承权纷争而直接危及社会秩序;也由于它损害宗族血统的纯洁性而破坏地方宗族秩序。另外,由于谋生的艰难,个人命运不确定性的增加,对民间宗教和佛教的信仰有增强的趋势,这表现为妇女以田产布施僧尼的现象越来越多。在这种情况下,乐清的士绅群体利用编写县志的机会,在县志《列女》中重塑了妇女道德模范的内涵,以建构新的妇德认同,并借以规范社会人伦秩序。

第四章考察的群体是19世纪中期的"监生"集团。据张仲礼研究,在太平天国前监生总数达355 535人。③ 19世纪上半期,靠捐纳获得出身的监生形成了一个"有一定规模的集团",占士绅阶层的30%以上,④张仲礼和何炳棣在宏观上对监生集团进行过统计、分析,但我们不清楚具体历史时空中监生的生存境况和行为选择。这个"异途"出身的监生群体面临的处境十分尴尬:一方面,在名义上他们是士绅阶层的组成部分,属于上流社会;另一方面,监生又不被认为是地方上精英群中的一分子。⑤ 这就使得监生群体产生了严重的身份认同危机。本章以乐清县19世纪中期的瞿振汉起义为例,揭示了异途出身士绅的生存处境。他们没有正途出身士绅那种文化品

---

① 从全国的形势看,至晚在19世纪初,美洲作物已经推展到中国粮食生产的"极限"。何炳棣认为1683年左右人口应在1亿~1.5亿。到了1800年(嘉庆五年)全中国的人口已达到3亿,经济条件开始恶化,但人口的动量还是把人口提增到1850年(道光三十年)的4.3亿(何炳棣:《何炳棣思想制度史论》,中华书局2017年版,第537页)。

② 嘉庆十三年(1808)乐清岁贡胡名秀说:迩来,乐邑寡妇往往有利其夫之赀,不肯与侄,遂于夫亡时,诡称有孕,阴鬻异姓之子,假为亲产状,使伯叔不得斥其非,姒娌无由指其实,而其夫之祀遂斩矣。……余因是事得诸见闻者甚伙,恐其风日炽不可救药,且悯其夫之含冤地下,无从诉告[(清)鲍作雨、张振夔总修:《乐清县志》,陈纬校注,线装书局2009年版,第970页]。

③ 张仲礼:《中国绅士——关于其在19世纪中国社会中作用的研究》,李荣昌译,上海社会科学院出版社1991年版,第104页。

④ 张仲礼:《中国绅士——关于其在19世纪中国社会中作用的研究》,第137页。

⑤ 何炳棣:《明清社会史论》,徐泓译注,(台湾地区)联经出版事业股份有限公司2013年版,第42页。

位、文化权力和政治权力。为了化解这种身份认同危机,监生群体参与地方权力角逐,最后在太平天国运动的影响下,与正途出身士绅进行了剧烈的暴力冲突。

第五章讲述小京官汤肇熙光绪初年"出山"任平阳县令的故事。汤肇熙认同"循吏"为自己的为官理想。同僚好友和上司也认为汤氏是一名真正的"循吏"。余英时曾经梳理过"循吏"概念的出现及其含义的演变,认为循吏兼"吏"与"师"的身份,"吏"代表以法令为中心的政治秩序,"师"则代表以教化为主的文化秩序。① 儒家强调政治秩序建立在文化秩序的基础之上,因此"师"重于"吏",推行"教化"重于执行"法令"。② 从汤肇熙留下的《出山草谱》看,他的施政的确是以建立文化秩序为中心,以移风易俗、兴礼乐为治民的先务。在汤肇熙莅任平阳县令的时代,道教组织、佛教组织以及其他各种民间信仰极为繁盛。汤肇熙在告示中对形形色色"异端"的批判不乏激烈的言辞,但在实际的事件处理中却与现实有相当的妥协,把"循吏"的角色转化为以维持治安为满足的"俗吏"。正是对社会风气欲振乏力的无奈,欲成"循吏"而无计,心灰意冷之下,汤肇熙决意归里养亲。

第六章和第七章的历史背景即是思想史家张灏所说的"转型时代"(1895—1925)。随着西学的输入,19世纪末儒家的宇宙观和价值观在敏感的士人心中已经崩塌,他们的精神世界充满了纠结和焦虑。张灏称这种现象为"精神取向危机",③其实也就是传统文化的"认同危机"。第六章探寻这种危机产生的深度和广度,以及士人为摆脱认同危机作出的挣扎和努力。第七章以平阳士人刘绍宽为个案,进一步揭示两种文化资源在士人精神世界产生的紧张关系。

第八章叙述的群体是清末村社中的草根读书人。李孝悌认为20世纪是"走向人民"运动在中国近代史上的第一次大规模开展,在本质上是一次具有强烈启蒙意义的思想、文化和社会的改良运动。④ 因此,草根读书人

---

① 余英时:《士与中国文化》,上海人民出版社1987年版,第168页。
② 余英时:《士与中国文化》,第175页。
③ 张灏:《幽暗意识与民主传统》,新星出版社2010年版,第145页。
④ 李孝悌:《清末的下层社会启蒙运动:1901~1911》,河北教育出版社2011年版,第247页。

虽然地处偏僻，对中国形势也有所了解，并产生了深切的亡国灭种的危机感，他们中的大多数人成了民族主义者或爱国者。他们生活在民间，宗族是他们安身立命之所，也是维系社会秩序的有效工具；但在主流文化界以章太炎、傅斯年等为代表的思想精英眼里，宗族是现代民族国家建立的最大障碍，必须通过融解宗族来克服中国"一盘散沙"的现象。这种看法对地方知识人构成了很大的精神压力。本章叙述他们是如何化解"国族认同"与"宗族认同"的紧张。

本书旨在揭示清代温州深陷认同困境或认同危机的群体之生存状态，以及认同危机如何导向群体的行为选择。在研究中尽量兼顾了群体认同的长时段结构因素（如地方文化传统、社会变迁大势等）和认同被激活的短时段情境因素（如王朝末期、"西潮"冲击等），也注意意义系统（如道德和信仰等）、社会组织（如宗族、庙宇）和实际利益对各种认同的支撑。

本项研究只是对地域社会中的认同现象作了一个初步的梳理，未是或非是之处谅必多多，诚望方家予以批评指正。

目录

前言 / 1

第一章　认同符号的建构与价值内化
　　　　——以温州孤屿文天祥祠的历史记忆为中心 / 1

引言 / 1

第一节　孤屿的神圣化——文天祥祠的创建 / 2

第二节　文天祥道德形象的建构 / 8

第三节　明末清初温州士人的认同抉择 / 16

第四节　记忆之场与士大夫的身份认同 / 21

第二章　清初地方合作者的多面认同 / 26

引言 / 26

第一节　温州社会沦为丛林世界 / 27

第二节　清初士人的意义建构 / 51

第三节　新朝合作者的生存理由 / 58

第三章　妇德观念认同的建构和变迁 / 69

引言 / 69

第一节　从"贞节孝慈"到"画荻懿范" / 71

第二节　对佛道信仰和私育异姓的训诫 / 78

第三节　列女书写与地域秩序 / 82

第四章　"平民"还是"精英"
　　　　——透视19世纪中叶的监生群体的认同危机 / 88

引言 / 88

第一节　起义过程中的"贡廪生监"和"兵丁胥役" / 91

　　第二节　银贵钱贱"无差别"打击下的整体性生存危机 / 94

　　第三节　"儒士"与"儒枭" / 99

　　第四节　东乡与西乡 / 104

第五章　"俗吏"还是"循吏"
　　　　——同光时期平阳县令汤肇熙的治理实践 / 112

　　引言 / 112

　　第一节　汤肇熙莅任时的平阳社会 / 113

　　第二节　移风易俗之"条教" / 122

　　第三节　整治"恶俗"："以理法齐风俗" / 126

　　第四节　重建社会秩序的尝试：维护宗族制度 / 131

第六章　晚清价值认同危机的爆发及其士人的应对 / 142

　　引言 / 142

　　第一节　西潮冲刷下的温州社会 / 144

　　第二节　老树发新芽：永嘉之学的重振 / 158

　　第三节　风行草偃：新学在温州地方的传播 / 179

　　第四节　地方士人对世变的应对 / 194

第七章　"国身之裂"：中西文化认同间的紧张和调适
　　　　——透视趋新士人刘绍宽的人生旅程 / 202

　　引言 / 202

　　第一节　先赋性关系网络与旧式文化资本 / 203

　　第二节　关系网络的编织与新学资源的撷取 / 206

　　第三节　刘绍宽的象征资本与社会权力 / 210

　　第四节　新学脱落旧学荒——刘绍宽的彷徨和忧伤 / 216

第八章　"国族"还是"宗族"
　　　　——民族国家建构过程中在地知识人的认同纠结 / 218

　　引言 / 218

　　第一节　清末民初主流思想界对宗法制度的批判 / 221

　　第二节　新文化元素在族谱中的呈现 / 225

　　第三节　启蒙运动抵达草根社会 / 243

主要参考文献 / 265

第一章　认同符号的建构与价值内化
——以温州孤屿文天祥祠的历史记忆为中心

引　言

文天祥与温州的关系极为微弱。由于相当偶然的人为因素所致,在明代温州孤屿突兀地出现了一个文天祥祠。这个建筑犹如一个神奇的"文化魔盒",甫一创建,立即发生了围绕文天祥和忠义精神而展开的密集言说。文天祥祠被打造成一个忠义文化的认同符号。明清两朝士人对忠烈和忠义文化认同的表达川流不息,不同时代的纲常伦理价值的认同者仿佛构成了一个"想象共同体",而且一部分士人内化了这种认同,并在明末清初的道德实践中献出了生命。

岳飞、文天祥、史可法和郑成功是中国历史上著名的"民族英雄",直到今天他们还受到多种形式、多种层次的纪念,也正因此而家喻户晓。但在历史上他们的形象并非如此纯粹,而是经过国家权力与主流意识形态的提纯和化约。

黄东兰曾著文揭示了岳飞历史形象的多重性,因为不同时期的统治者总是根据自己的需要去塑造岳飞。[①] 论文的精彩之处在于它呈现了不同岳飞形象的不同意涵之间的紧张。岳飞是忠君爱国的典型,这里边,"爱国"所蕴含的"夷夏之辨"与"忠君"所体现的"君臣之义"并不总是一致的。正是两者含义的不同指向,到了以"夷"的身份入主中国的清统治者那里,则成了一个难题。岳飞因其抗金壮举,最初以诠释夷夏之辨的典范存留于世,雍正因此敌视乃至封杀了"民族英雄"岳飞。其继任者乾隆则采取了不同的策略,他着

---

① 黄东兰:《岳飞庙:创造公共记忆的"场"》,载孙江主编:《事件・记忆・叙述》,浙江人民出版社2004年版。

力于消解岳飞的"夷夏之辨"意涵,把岳飞改造成践行"君臣之义"的人臣楷模。在辛亥革命后的民族国家建构中,岳飞由汉民族的英雄转化为多民族构成的国家英雄。在"文化大革命"时期的阶级斗争理论甚嚣尘上之时,岳飞又被突出为"封建统治阶级"的一员,从而受到批判。黄克武描述的"史可法记忆"的转变与黄东兰勾勒的"岳飞记忆"的转变相似。[①] 无论是传统帝国还是现代国家,其一般性的倾向是把英雄定位为一个永恒普遍的道德楷模和人格典范,以此来消解岳飞记忆和史可法记忆在族群、政治上的歧义性。

文天祥也与岳飞和史可法相似,拥有相同的记忆旋律。本章研究将选择民间取向和地方取向,其问题意识是:明清以降的基层官员和民间士人如何建构文天祥形象?国家的忠义文化是如何借此地方化的?

这里的"忠义"一词是在传统主流意识形态意义上使用的。"忠"的对象是皇帝,"义"也是士人、庶民因忠于皇帝而体现的"君臣之义"。"忠义"具有普世价值的超越性特质。

第一节 孤屿的神圣化——文天祥祠的创建

浙江省第二大河瓯江从温州城北向东流入大海,孤屿(也称江心屿)就坐落在江口中,其情状犹如长江口含崇明岛。嘉庆温州知府杨兆鹤如此表述孤屿的方位:"出永清门而直视,有水横浸城根,是曰瓯江。江之水上有小山焉,宛在水中,是曰孤屿。"[②]古人上孤屿大概就是出温州城北永清门,再摆渡上岛。

孤屿原先只是近城的一个蛮荒小岛,最先给孤屿注入人文气息的是山水诗鼻祖谢灵运。刘宋永初三年(422),谢灵运出任永嘉太守。据称谢灵运"凡永嘉山水,游历殆遍"。[③] 好游山水的谢氏登上孤屿,写下了《登江中孤屿》。其中有四个名句为后人反复引用、唱和,诗云:"乱流趋正绝,孤屿媚中川。云日相辉映,空水共澄鲜。"孤屿之于谢灵运,犹如睡美人之于使其复活的王子,孤屿由于谢氏的题咏突然获得了鲜活的生命,原本只是温州的孤屿,随之变成天下的孤屿。在唐代,孟浩然、李白、杜甫、顾况、韩愈和司空图等都有对孤屿的吟咏。其中李白、杜甫和韩愈终身足迹未至温州,他们的咏孤屿诗篇都

---

① 黄克武:《史可法与中国近代记忆及认同的变迁》,载王笛主编:《时间·空间·书写》,浙江人民出版社 2006 年版。
② 杨兆鹤:《东瓯孤屿志·序》。该志系陈舜咨订修于嘉庆十二年(1807)。温州市图书馆藏有民国三十二年(1934)刻本。
③ 沈括:《温州雁荡山》,氏著《梦溪笔谈》,中华书局 2009 年版,第 266 页。

提到谢灵运。显然这些名垂千古的不朽诗人涉笔孤屿多因谢灵运而起，于此不难领略"谢灵运之吻"在孤屿历史上的"创世"意味。对这一点温州人非常清楚，他们在孤屿修了两处纪念谢灵运的建筑，即康乐亭（谢灵运受封康乐公）和澄鲜阁（取自谢氏的诗句"空水共澄鲜"）。

在孤屿乃至温州全境，以文化地位而言，与康乐亭和澄鲜阁相比有过之无不及的是文天祥祠。① 文天祥与温州本来并无深厚的渊源。简言之，他在温州不过待了一个月，写了一首诗。据《宋史》，德祐二年（1276）春，文天祥以右丞相兼枢密使的身份，作为使臣到元军中讲和谈判，被元军扣留。被押解北上，途经镇江时逃脱。② 在经历了种种可惊可怖的曲折后，他从高邮泛海至温州。目的原为投奔避敌在温的宋室益、卫二王，但此时二王已到福建。我们相信文天祥复国意志的坚强，但他毕竟是一个文臣，九死一生之后，他的体力和精力都已极度透支，相信他在温州主要是休整。事情过后长达200余年时间里，温州地方官和地方士人都不认为文天祥与温州有什么关系，在方志、文集中根本没有提到文天祥。③

成化十八年（1482），文天祥祠的创建是孤屿继谢灵运题诗后的又一个划时代变化。文天祥祠的创设极为偶然。成化十六年（1480）莅任永嘉令的刘逊在《宋文丞相信国公行祠记》中说：

（文天祥）夏四月八日至温之江心寺，既去，留诗五十六字。后二百有三年，是为我皇明成化之改元之十四年戊戌，其宗人姑苏文君林宰永嘉，欲祠公于此，以及瓜去，因刻其诗于石上，且道所以欲为之志，以俟后之人。④

刘逊显然也觉得文天祥与温州关系太过单薄，仅"留诗五十六字"。⑤ 给

---

① 历史上人们对孤屿这个祭祀文天祥的庙宇有多种称谓，如"文信国祠""文信公祠""文丞相祠""文信国庙""文相国祠""文信国公祠""先信国公祠"和"文祠"等，本章行文一律使用"文天祥祠"一词。
② 脱脱等撰：《宋史》卷四一八，中华书局1977年版，第12536页。
③ 《辞海》"文天祥"条叙文文天祥镇江脱险南逃时，只说从通州由海路南下，至福建与陆秀夫、张世杰坚持抗元，根本不提温州。夏征农、陈至立主编：《辞海》（第六版），上海辞书出版社2009年版，第2383页。
④ 刘逊：《宋文丞相信国公行祠记》，吴明哲编：《温州历代碑刻二集》，上海社会科学院出版社2006年版，第38页。
⑤ 除《北归宿中川寺》外，署名文天祥作于孤屿的还有《江心寺》一首。胡珠生曾列举六点理由说明此系"讹传"。《江心寺》和胡珠生的文字见文天祥纪念馆编印的《文天祥祠诗词楹联碑记》（1997），第7～9页。

文天祥立祠起意于刘逊的前任苏州人文林。刘逊特别点出文林是文天祥的"宗人",如果没有这一层关系,文林未必产生建文天祥祠的念头。文林的意念相当强烈,在因任职期满(即"及瓜")来不及完成的情况下,他将文天祥的"五十六字"刻于石,寄希望于后人。"文"本为小姓,属小姓的文林不仅成为进士,而且分发温州永嘉做知县,他又对同姓的文天祥很感兴趣,这里面就有多重难得的巧合。更巧的是,文林的继任者刘逊恰好又是文天祥的同乡,两人均为江西吉安人;因此刘逊对满足文林的愿望格外热心。文天祥祠于成化十八年(1482)建成,里面供奉有文天祥像。温州人每年四月八日致祭,[①]主事者为祠置田若干亩,以作每年祭祀的开销。

但如果说文天祥祠的出现纯属偶然,似亦太过。明成化、弘治间,温州有过一个"教化"运动。成化间任永嘉县令的文林"兴学校,举乡约,毁淫祀"。[②]成化十九年(1483)任平阳县令的王岳"常以正风俗、明人伦为首事,六年之间,境内以治,无一家敢用浮屠以治丧者"。[③] 弘治二年(1489)任平阳县令的王约"毁寺庙三十六处,悉改为社学"。[④] 而这个刘逊正是一个运动"积极分子"。在任期间,除文天祥祠外,还立有乡贤祠、汉东瓯王祠、唐二颜太守祠、宋陈潜室先生祠和明温州知府何文渊祠。只有在"教化"形成热潮的大背景下,才能理解与温州关系如此微弱的文天祥竟在温州受祭祀。

刘逊的《宋文丞相信国公行祠记》作于成化十八年(1482),主要记叙立祠的缘由、经过。真正着力阐发"文天祥精神"的是谢铎作于同年的《永嘉文信国公祠记》:

> 成化任寅夏四月,宋丞相文信公新祠成,祠在永嘉江心孤屿。盖宋德祐(1275)中,避难兴复之地,去今且二百年矣。即其地与其时,尚想见其风声义概,历历如前日事,虽小夫妇女,皆知公之为烈也,于是祠而祝之,固天理人心之不容已。而亦安知公不死之心不眷眷于此也哉! 当夫宋室社屋,天下为夷。公方间关万死,脱京口,走真、杨,涉江浮海,力求二王之所在,以一至于是也。人孰不曰无可为矣,而公也指日誓天,载踣

---

① 四月八日是文天祥抵达温州的日子。清初温州人祭祀文天祥,见于康熙二十三年(1684)任永嘉县学训导的记载。陈瑞赞编著:《东瓯逸事汇录》,上海社会科学院出版社2006年版,第132页。
② 张宝琳、王棻、戴咸弼总纂:《永嘉县志》,王志邦等标点,中华书局2010年版,第419~420页。
③ 王瓒、蔡芳编著:《弘治温州府志》,胡珠生校注,上海社会科学院出版社2006年版,第176页。
④ 汤肇熙:《谕禁添造神庙示》,《出山草谱》卷四,刻本,温州市图书馆藏。

载奋,尽瘁鞠躬,不震不眚,以一旅未亡为兴王之期,以一息尚存为报国之日。必欲诛泯,若臣靡之于夏;必欲讨卓,若王允之于汉;必欲挫温遏坚,若谢安之于晋。凡其区区致力于未极之间,强此之衰以艰彼之进者,皆圣贤之所屑为也。故在《易》之《遁》曰:"小利贞。"又曰:"与时行。"若乃并名于一死,以自异于忘君误国之徒,夫岂公之所难哉!故即是以究公之平生,不难于死,而难于不死;不责其未死之功,而予其必死之志。不然,宋亡殉国以死者何限,而独公为之首称哉!①

谢铎的记突出了当时文天祥处于"无可为"的境地,铺叙文天祥为复兴大宋鞠躬尽瘁之情状;又把文天祥处境的艰难写到极致——"不难于死,而难于不死"。在无望中知其不可为而为之,只能理解文天祥是在实践忠君的"天理"。虽然文章也提到"天下为夷",但文章的主旨似在歌颂主人公的"君臣大义"。应该说文天祥忠义形象塑造的完成要到20年后的弘治十五年(1502),其契机是文天祥祠的异地改建。弘治十三年(1500)浙江提学副使赵宽看到文天祥祠狭小局促,跟温州知府邓淮商量重建。邓淮另在孤屿选择了一个令赵宽满意的新址,"倚岩临流,崇深虚明"。新祠建成后,如同20年前那样也同时出现了两个碑记,作者分别是赵宽和邓淮。赵宽的《重修文丞相祠记》意在彰显文天祥事迹所蕴含的"夷夏之辨":

> 从容燕市,谈笑而蹈白刃。非学问之大成,操履之素定,优入孔孟成仁取义之域,其孰能之?故尝谓公当中国礼义垂绝之余,夷狄禽兽方张之日,天实生之,以主张乎吾道,扶植乎人纪,振中华之风,弭乱贼之萌,百行赖以不堕,九畴赖以立,万化赖以行者也。不然,腥膻污浊,四海一流,斯民其不被发左衽矣乎。②

文天祥祠的创设乃至该碑用激烈的语言阐发"夷夏之辨",或许与此时北方形势的刺激有关。这就是元末明初退出中原的蒙古族的重新崛起。正统十四年(1449)蒙古卫拉特部对明王朝发动了大规模的战争,歼灭明军20余万,在怀来县土木堡俘获明英宗朱祁镇。景泰七年(1456),喀喇沁部进入河套。自天顺五年(1461)至成化六年(1470)又有多股蒙古力量入套,明军全线

---

① 谢铎:《永嘉文信公新祠记》(1482),王瓒、蔡芳编纂:《弘治温州府志》,第572~573页。
② 赵宽:《重修文丞相祠记》,载金柏东主编:《温州历代碑刻集》,上海社会科学院出版社2002年版,第140页。

溃退,被迫让出先前明朝控制的漠南蒙古地区。此后明朝长期承受着蒙古的巨大军事压力。另外,温州籍的忠君模范章纶卷入了土木堡之变后的储君废立争端(详后)。因此,尽管蒙古高原距离温州十分遥远,不啻另外一个世界,但由于章纶的事迹,温州士大夫当较能感受到蒙古人的存在。

如果说谢铎和赵宽着力阐发了文天祥的忠义精神,那么邓淮则首次把文天祥的忠义精神建构到温州地方传统之中。他在《文信公祠记》说:

> 公一至温,其名与雁荡争雄,其诗与浙水争鸣,夫人皆得而知之。孰知公之勤王,当时慕忠效义如杜大卿浒、徐正将榛皆温台人,其详载诸《集杜诗》及《督府忠义传》。呜呼!二公当时亲炙之者也,抑孰知闻其风而兴起焉者,如吏侍卓公敬,礼侍章公纶,又皆温之人。其事载诸国史,及诸名公传。之四人者,或同时而心孚,或异世而神会,要皆以身殉国而与公为徒者也。呜呼!公于是时,初亦何眡计其感当时而及后世如此哉,岂非忠义人心之所同,而温又多贤故尔哉!……以公之孙及杜、徐二公配,卓、章二公则又别建祠以祀之,所以表死者于既往,励生者于将来,且以见温之忠义亦不为少,而士之旷百世而相感者,亦不可以为无也。①

邓淮首先以与文天祥这个"名人"争雄的形式引出温州"名山"雁荡,建立两者之间的关系,进而指出当时追随文天祥左右的就有一个温州人徐榛,最后导入明代两个温州大忠臣卓敬和章纶,断言这两个温州人的忠烈行为因文天祥事迹的感发所致,这样一来,就建构出了文天祥与温州地域忠义传统的关系。

卓敬(? ~1402)系温州瑞安人。建文元年(1399)七月,燕王朱棣发动"靖难"之役,四年六月入南京,自立为帝,杀兵部尚书齐泰、太常卿黄子澄、文学博士方孝孺。时任户部给事中的卓敬拒绝改侍新皇帝,遂被杀害,并夷三族。章纶(1413~1483)系温州乐清人。土木堡之变明英宗被俘后,郕王朱祁钰即皇帝位。景泰三年(1452)朱祁钰废原太子朱见深(明英宗朱祁镇之子)为沂王,改立自己只有一岁的儿子朱见济为太子。景泰五年(1454)仪制郎中章纶上疏要求复立朱见深为太子。皇帝阅后大怒,当即传旨逮捕下诏狱,"拷

---

① 邓淮:《文信公祠记》,载吴明哲编:《温州历代碑刻二集》,第56页。徐榛事迹见《文山先生文集》(乌程许氏藏明刻本)卷十六《集杜诗》之《徐榛第一百三十四》:正将徐榛,温州人。其父官河北,榛往省,迷失道,归行府。后生精练,以笔札典机密,小心可信。予被执,榛得脱,自惠州来五羊,愿从北行,扶持患难,备殚忠款,道病,至丰城死焉。另见陈瑞赞编著:《东瓯逸事汇录》,第265页。

掠五日,体无完肤,必欲致之死",濒临死亡时,遇"天大风雨,黄沙四塞",审讯官以为上天示警,"乃得密救稍缓,公得不死"。① 应该由谁来当皇帝,理当立谁为太子,本来都是朱家的事。但卓敬与明成祖朱棣的对立,章纶与明代宗朱祁钰的矛盾,在当时已经超出"家事"的范畴。皇位继承,储君废立,事关人伦秩序。卓敬、章纶冒死抗争体现了对纲常的担当和维护。明代瑞安县令王士翘在论说卓敬的忠义精神时说,"此国家元气所以培植,万世纲维所以放赖",并称颂"忠贞大节炳于霄汉,公之死义成仁至矣"。② 后人论及章纶事迹时也是以阐扬忠义大节为旨归,明代温州人何白在叙述章纶承受酷刑九死一生的经历后说,"万古纲常"系于章纶一身,并撰写了这样的铭辞:"节凛风霜,忠贯日月。大义大纲,万古昭揭。"③邓淮正是从卓敬、章纶与文天祥在体现君臣大义的一致性上,建构起地方忠义精神传承谱系。

  上述几篇阐发文天祥、卓敬和章纶忠义精神的文献,指出三位英雄以自己的生命实践了"天理"。卓敬、章纶以身犯难对皇帝的异议,就在于这些皇帝违背了忠君大义。朱棣虽然已经称帝,但他首先以臣子的身份夺取建文皇帝的帝位,得位不正。朱祁钰(代宗)继承朱祁镇(英宗)的帝位却废去朱祁镇儿子的储君身份,已然不忠。卓敬、章纶不是忠于每个具体的皇帝,即便皇帝也应受到纲常伦理的约束,这样就赋予了伦常以凌驾于天地之上的绝对性、永恒性,从而具有超越意义的神圣性。

  围绕文天祥祠这一地理空间的神圣建构,自成化十八年(1482)起一直延续到现代社会,期间有三个事件特别重要。首先是 20 年后(弘治十五年,1502)文天祥祠在孤屿异地重建,邓淮开启了忠义文化地方化的序幕。其次,万历九年(1581),完成了纪念文天祥的第二个建筑——浩然楼,取文天祥《正气歌》中所称孟子"浩然"之旨。④ 从纪念性建筑物的数量上看,文天祥获得了与谢灵运相当的地位。再次,万历十一年(1583),原先设在府城南郊的卓敬祠移建孤屿,按明人的理解此举意在"配文山"。⑤ 在焦竑所作的碑记中掘

---

① 王复礼:《明尚书章纶公传》,见沈不沉编著:《章纶集》,线装书局 2009 年版,第 335~336 页。
② 王士翘《卓贞忠祠记》,载吴明哲编:《温州历代碑刻二集》,第 628~629 页。
③ 何白:《重建章恭毅祠记》,载吴明哲编:《温州历代碑刻二集》,第 431~432 页。
④ 刘东星:《新建浩然楼记》,载金柏东主编:《温州历代碑刻集》,第 150 页。刘东星(1538~1601),沁水人,隆庆二年(1568)进士。文中提到主持建浩然楼的吴自新(1541~1593)系祁门人,隆庆二年(1568)举进士,此时任浙江省兵备副使。第 151 页碑记正文末两行括号中的以公元纪年注甲子纪年出现了错误,这里的庚辰应为 1580 年而非 1520 年,戊辰应为 1568 年而非 1508 年。在这两个年代,作者和吴自新均尚未出生。这两处错误又导致了注释这个碑铭制作时间的错误。这个碑应刻于万历九年(1581),而非正德十六年(1521),因此浩然楼建竣于 1581 年。
⑤ 王叔果:《江心孤屿记》,《王叔果集》,黄山书社 2009 年版,第 277 页。

发卓敬护卫纲常的神圣意义,并指出人心"靡常",只能用神圣的纲常去规范。①

由文天祥祠创设发端的孤屿神圣化趋势还可见于后人诗词楹联创作。我们可对浙江古籍出版社1997年出版的《江心屿历代题咏选》进行分析(以下简称《题咏选》)。根据后记所载,该书编纂得到数量庞大的温州地方各界人士以及分布全国各地的温州籍文化名人的鼎力相助。《题咏选》共收录诗词749首,其中:南北朝1首,唐13首,宋37首,元15首,明118首,清290首,近代70首,现代205首。②文天祥祠建立后的诗词667首。其中直接从标题说明纪念文天祥的诗歌为120首,其他明显具有歌颂文天祥忠节意涵的诗133首,共253首,占诗歌总数667的37.93%。

自南朝谢灵运来温州至明成化十八年(1482)文天祥祠修建前,吟咏孤屿的诗篇内容多为瑰丽奇幻的自然景色,对友人的怀想,对故乡的思念。文天祥祠一出现,孤屿文化内涵突变,自此孤屿成为"为千古忠义宅灵之地",③并被后人不断书写。记忆主旋律产生变奏,由原先的"山水孤屿"变成"神圣孤屿"。④

第二节 文天祥道德形象的建构

在今人的眼中,文天祥是一个坚贞不屈、大义凛然的"民族英雄"。这种单面的、已经被固化的形象是在历史记忆塑造中慢慢形成的。下面拟把文天祥形象的单一化过程置于忠义文化地方化的背景中加以考察。

一、对"黄冠归故乡"的认知和阐释

尽管在今天留给我们的历史资料不是很多,但仍可从中窥见一个吃人间烟火的、有血有肉的文天祥形象。即便文氏在温州孤屿所留的、具有强烈"爱国"象征意义的"五十六字"中也蕴含有普通人的情感。诗曰:

---

① 焦竑:《江心卓忠贞祠碑》,载金柏东主编:《温州历代碑刻集》,第197页。
② 如果加上散见于地方人士的文集以及《孤屿志》中未被采录的诗歌,历代孤屿题咏当远超1000首。
③ 刘绍宽:《重修文信国公祠堂记》,载金柏东主编:《温州历代碑刻集》,第447页。
④ 严格地说,孤屿的文化版图应该有三块:在以纲常神圣化为特征的忠义文化进来之前,已经有山水文化和佛教文化。佛教文化进入孤屿的标志应为唐咸通十年(869)普寂禅院的建成,后佛教日盛,南宋绍兴七年(1137),高僧清了来孤屿,最终建成江心寺。因士人诗歌多以江心寺等胜景当作自然风光的组成部分来吟咏,这里含混地以"山水孤屿"标示忠义文化进入孤屿前的文化特色。

万里风霜鬓已丝,飘零回首壮心悲。罗浮山下雪来未,扬子江心月照谁？只谓虎头非贵相,不图豕乳有归期。乘潮一到中川寺,暗度中兴第二碑。①

后世地方官员和士人出于建构文天祥道德偶像的需要,特别重视末句"暗度中兴第二碑"。建炎四年(1130)宋高宗赵构被金兵所追,也曾来到温州,住孤屿半月,后在临安建都,此即句中"中兴"的含义。因此,该句意谓文氏希望在自己辅助下二王像赵构一样复兴大宋。在这首表达"爱国"大义的诗里,文氏也透露了儿女情长的一面。当时作者的家人住在广东惠州,惠州境内有罗浮山。"罗浮山下雪来未"即表达了文氏对兵荒马乱中的家人的思念。另外文天祥的《哭母大祥》《哭妻文》《母》《舅》《妻》《二女》《次子》《妻子二首》《长妹》《长子》《三女》《弟四首》和《次妹》等大量诗作,凄切哀婉,抒发了对家人的至深情感。②

被俘后,面对一轮接一轮前来劝降的原南宋皇帝、大臣以及元朝的高官显贵,文氏惟求"速死"。但《宋史》一段甚为关键的史料透露了他别样的心事,他曾对降元的老同事王积翁说："倘缘宽假,得以黄冠归故乡,他日以方外备顾问,可也。"③意谓如果朝廷放他回故乡,他愿意以道士的身份回故乡,甚至可以在朝廷有事之时帮忙出主意。有论者大概出自维护英雄"纯洁性"的角度质疑史料的可靠性。但温海清通过相当绵密的考证,指出文氏在求死的决绝态度外,在被囚大都的岁月里有产生"不死"想法的可能,现有的材料显示文天祥或曾有过"黄冠归故乡"和"方外备顾问"想法的可能。④ 姚大力则更加明确地断定,这个使文天祥得以活下去的方案即便出自前去劝降的王积翁等人,文天祥本人至少是认可此种安排的。他进一步指出,文天祥对其二弟文璧出仕元朝也是理解的。文氏在给文璧的信中说："我以忠死,仲以孝仕,季也其隐。……使千载之下,以是称吾三人。"⑤在易代之际,兄弟三人各有担当,自己为故宋尽忠,二弟文璧当官(出于尽孝的考虑),三弟学伯夷、叔齐当隐士。文氏想象后世会因为他们弟兄三人的不同

---

① 《文山先生全集》卷十三,《至温州》。黄立中主编:《江心屿历代题咏选》中此诗题名为《北归宿中川寺》,浙江古籍出版社1997年版,第20页。
② 《文山先生全集》收录这些诗作。《哭母大祥》《哭妻文》,见卷十五《吟啸集》。《母》《舅》《妻》《二女》《次子》《妻子二首》《长妹》《长子》《三女》《弟四首》和《次妹》见卷十六《集杜诗》。
③ 脱脱等纂:《宋史》卷四一八,第12539页。
④ 温海清:《文天祥之死与元对故宋问题处置之相关史事释证》,《文史》2015年第1辑,总第110辑。
⑤ 刘将孙:《读书处记》,引自《全元文》第二十册,江苏古籍出版社2005年版,第337页。

选择而成为佳话。① 可见文天祥并非一味地大义凛然。当元朝不给"黄冠归故乡"选项的情况下,他把他的价值看得重于他的生命,于是引刀为快,从容全节。曾经有过的"不死"心态,乃至"求生"念头的萌发都无损于英雄的光辉,甚至比被后人抽象为一个纲常的干枯符号,更具激动人心的力量。

《题咏选》共 7 首诗有"黄冠"字眼,明末 1 首,清 5 首,民国 1 首。这些诗并不认为"黄冠归故乡"有什么问题。试以下列诗句为例,"青草可能消碧血,腥尘何处到黄冠"②"天水有声沉白雁,神州无地著黄冠"③"残山剩水悲臣主,碧血黄冠感古今",④这是在为文天祥没有达成归故乡的结局感到遗憾和悲凉。"竹枝一阕迎神曲,仿佛黄冠归故乡"更是祈祷文氏的愿望能够在另一个世界中得以实现。⑤ 但后世由于道德规范的严苛,"不死"被认为有损英雄形象。康熙年间任永嘉县学训导的陆进不惜以文氏的"暗度中兴第二碑"(前事)否定"黄冠归故乡"。⑥ 孤屿文天祥纪念馆 1997 年编印的《文天祥祠诗词楹联碑记》干脆把"黄冠归故乡"解释成文天祥为再举抗元谋求脱身的策略性说辞。⑦

二、从"文谢"对举到"文卓"并提

文天祥祠建立后,文天祥形象的道德纯粹化趋势也见于《题咏选》诗词内容结构的演变。这部诗词集中的作品既有把文天祥与谢灵运放在一起以对举的形式出现,也有拿文天祥与卓敬并提。这两种内容所具有的意涵是截然不同的。谢灵运是一个书写山水诗的圣手,诗作题材多为清新秀丽的大自然美景,绝少道德意味;而卓敬却是纲常伦理的化身。

对《江心屿历代题咏选》的分析统计显示(详见表 1-1),文天祥祠创立后文谢对举的诗明代 5 首,清代 7 首。文卓并提的诗,明代 1 首,清代激增到 22 首。

---

① 姚大力:《中国历史上的族群和国家观念》,《文汇报》2015 年 10 月 9 日。
② 钱肃乐:《月夜游江心寺寄吊文信国三首》,《题咏选》,第 71 页。作者系南明大臣,浙江鄞县人。崇祯十年(1637)进士,累官至刑部员外郎。南明弘光元年(1645),清军攻入杭州、宁波,诸生董志宁等拥他起兵。鲁王监国,加右副都御史。次年浙、闽失守。他漂泊于海岛,拥鲁王继续抗清,1648 年死于福建琅江舟中。鲁王监国二年(1647)钱肃乐到温州,到江心寺吊文天祥写下这首诗。
③ 董正扬:《谒文丞相祠》,《题咏选》,第 121 页。作者系泰顺人,嘉庆三年(1798)举人。
④ 苏椿:《江心谒文信国祠》(1827),《题咏选》,第 125 页。生于乾隆戊申(1788)。清代平阳士人。
⑤ 吴乃伊:《文信国祠述古》,《题咏选》,第 128 页。作者系平阳道光生员。
⑥ 陈瑞赞编著:《东瓯逸事汇录》,第 132 页。
⑦ 温州文天祥纪念馆编印:《文天祥祠诗词楹联碑记》,第 13 页。

表 1-1 《江心屿历代题咏选》诗歌分类表

时期 内容	明 （建文祠后）	清	近代 （指民国）	当代 （1949年后）	合计
历代诗词数量	102	290	70	205	667
历代咏文氏诗词数量	32	99	38	84	253
文谢并提诗词数量	5	7	0	17	29
文卓并提诗词数量	1	22	12	0	34

诗词作者把谢灵运与文天祥以对举的方式加以呈现，盖因他们两人具有全国性影响的文化分量，以及迥然相异的文化质地以下引数例加以说明。弘治十一年（1498）任瑞安县令的高宾有诗句云"独有两般不磨灭，文山辛苦谢风流"，对文天祥与谢灵运无所偏爱，文天祥百折不挠复兴宋室的"辛苦"与谢灵运悠游山水、潇洒放旷的"风流"，两者都是不可磨灭的，都具有永恒的价值。① 明清孤屿诗词比较集中地赞赏谢灵运的"风流"，其内涵除了放浪不羁的魏晋风度外，还应指谢氏的文采风流。"慷慨文丞相，风流谢永嘉"，以文天祥的赴死的"慷慨"比肩于谢氏的"风流"。② 康熙年间温州知府嵇宗孟则以文天祥担当纲常的浩然"正气"与谢氏的"风流"相对称，诗曰"正气独怜丞相句，风流还忆谢公楼"。③ 以下诗句意涵大抵相似，"谢家秀笔春花丽，文相雄心昼日明"④"康乐才高碑剥雨，浩然楼古竹吟风"⑤"康乐文冠古，文山俎豆丰"。⑥ 概而言之，诗人咏谢灵运突出其文采风流、才情卓越，咏文天祥凸显浩然正气、艰辛磨难。还有一些诗在写景中将二人对举，似体现他们地位相埒，如"谢公亭畔晴云敛，文相祠前翠柏森"⑦"丞相祠前云树合，谢公亭外水连天"⑧"荒草古庙怜文相，苔蚀残碑忆谢公"。⑨

文天祥和卓敬的形象内涵是同质的，即两人同是纲常名教的化身。因此文卓并提跟文谢对举的意味迥然不同。清末民初瑞安人宋慈抱写的七律中

---

① 高宾：《江心寺》，《题咏选》，第42页。作者于弘治十一年（1498）莅任瑞安知县。
② 梅调元：《孤屿二十韵》，《题咏选》，第77页。作者系永嘉人，顺治八年（1651）岁贡。
③ 嵇宗孟：《孤屿寻写康乐遗碑吊信国文文山先生》，《题咏选》，第80页。
④ 陈遇春：《登孤屿》，《题咏选》，第124页。作者系永嘉嘉庆廪贡。
⑤ 胡维宽：《秋至江心寺二首》，《题咏选》，第145页。作者系清咸丰生员。
⑥ 陈珒：《江心寺》，《题咏选》，第149页。作者系乐清人，咸丰八年（1858）岁贡。
⑦ 王澈：《孤屿》，《题咏选》，第44页。作者系明代永嘉人，正德八年（1513）举人。
⑧ 陈可栋：《江心寺》，《题咏选》，第67页。作者系明代永嘉人。
⑨ 林增志：《游中川》，《题咏选》，第67页。作者系瑞安人，崇祯元年（1628）进士。

有两联:"崖山波浪朝廷覆,孤屿风云性命轻。尚有卓公称同志,不随康乐博虚声。"①作者认定文天祥与卓敬是"同志"关系,他们以纲常为重,以自己的性命为轻。而谢灵运(康乐)不仅不是文卓的"同志",并且其山水诗不过是为自己博取"虚声"而已,其价值不足以与文卓等量齐观。与邓淮一样,清人也在作品中建构文天祥与卓敬前后相继的精神联系。兹举二例,晚清瑞安举人戴炳骢诗云"留此一片干净土,丞相正气赖以完。旷世而后谁继起,卓公血气奇男子"。②乐清举人钱振坝诗:"崖山已后虞渊日,独留涕泪江心多。胡尘四起堕延误,后起唯有卓公步。"③诗歌点明卓敬是文天祥的"继起"者或"后起"者。

显然诗人们很满意于明人移建卓敬祠于文天祥祠右的举动。文卓的"同志"关系是最适宜做邻居的。《题咏选》收录明代一首把文卓并提的诗出自崇祯永嘉知县杨文骢手笔。这首七律的末联云:"夜雨不劳嫌寂寞,卓家地主在东邻。"④在这里,温州人卓敬是"地主",文天祥是客人。文天祥这位"天下英雄"有卓敬这位"地方英雄"陪伴,应该不会感到寂寞。表达类似意思的诗作还很多,比如"清流标劲节,户部伴孤忠"⑤"文公祠畔卓公祠,忠毅芳邻应有知"。⑥

当然更多的诗使用"双祠""双忠祠""双忠""两贤祠"和"两祠"等词语,传达给人以两者不可分割的一体性印象。择若干诗句罗列如次:"凄凉留得双祠在,千古精光射斗台"⑦"文卓双祠在,忠魂自往还"⑧"归向双忠祠下过,爱摩苔藓读碑文"⑨"双忠祠宇在,怀古兴无穷"⑩"一丸干净土,天与双忠住"⑪"卓哉孤屿两贤祠,危岩嶵屼增豪杰"⑫"突兀标双塔,庄严礼两祠"⑬"两塔峥嵘云里立,双祠寂寞水边开"。⑭"双忠"一词最先用于安史之乱时保卫睢阳

---

① 宋慈抱:《孤屿谒文信国祠》,《题咏选》,第199~200页。
② 戴炳骢:《游江心寺》,《题咏选》,第166页。作者系光绪十七年(1891)举人。
③ 钱振坝:《和冒广生江心寺诗》,《题咏选》,第189页。作者系光绪十四年(1888)举人。
④ 杨文骢:《谒文信公祠》,《题咏选》,第71页。作者系明末永嘉知县。
⑤ 陈玮:《孤屿谒文丞相祠》,《题咏选》,第149页。作者系乐清人,咸丰八年(1858)岁贡。
⑥ 郭钟岳:《江心杂咏》,《题咏选》,第157页。作者系江都人,监生,同治年间客居温州。
⑦ 张俊:《中川》,《题咏选》,第82页。作者系清初永嘉人。
⑧ 林兆斗:《孤屿次施愚山先生韵》,《题咏选》,第91页。作者系永嘉人,康熙二十五年(1686)选贡。
⑨ 郑均:《登江心浮屠》,《题咏选》,第116页。作者系瑞安人,嘉庆贡生。
⑩ 姜龙坪:《江心寺》,《题咏选》,第126页。作者系瑞安生员。
⑪ 黄一潮:《孤屿》,《题咏选》,第141页。作者系乐清生员。
⑫ 董沄:《孤屿怀文卓二公》,《题咏选》,第148页。作者系泰顺人。
⑬ 徐定超:《和冒广生江心寺诗》,《题咏选》,第183页。作者系永嘉人,光绪九年(1883)进士。
⑭ 黄式苏:《丁丑暮日渡江携厚庄薏园而叟》,《题咏选》,第205页,作者系乐清举人。

城的张巡和许远,后人祭祀他们的祠叫"双忠祠"。至元十五年(1278)文天祥在驻兵广东揭阳时拜谒过双忠祠,应该会有极其切身的触动,谱写了"为子死孝,为臣死忠,死又何妨?"的心曲。① 不明白这些历史故事就难以领略这些诗作强烈的道德意味。

尽管早在弘治十五年(1502)邓淮就在碑记中构建了文天祥与卓敬和章纶的精神系谱,此时距明灭亡还有 142 年。万历十一年(1583),温州知府卫承芳移建郡城的卓敬祠于孤屿文天祥祠右,此时距明灭亡也有 61 年。但在《题咏选》中文卓并提的明代诗只有 1 首。也许是受明清易代的刺激,忠义情感勃发,至清代文卓并提的诗词激增至 22 首,而清代文谢对举的诗词不过 7 首。卓敬形象的进入加剧了文天祥形象的道德意味,文卓连用诗词的增多表明地方社会道德氛围的浓厚。

三、与"低音"的纠缠中奏响主调

值得注意的是,文天祥形象的化约并不是一个单纯的过程,无论是出于有意还是无意,期间围绕文天祥形象的阐释充满着低音,乃至杂音。可以说文天祥形象道德化的主调是跟形形色色的不谐声音纠缠中奏响的。

首先看人们对浩然楼的阐释。刘东星在《新建浩然楼记》中道:

> 登斯楼也,俯仰乎江山之秀,而想见文山公之忠义,则烈烈轰轰之气,当有不亡者存。而激颓立懦,宁无独秉浩然之全,植纲常,撑宇宙,与文山旷世而相感者,出于其间乎?然则是楼之裨益于世教大矣!若夫鱼龙烟雾之出没,风帆沙鸟之往来,上下倏忽变幻,献异于窗棂几席之间,足以侈眺望而供吟啸,则骚人墨客,或将取之,而非吴君所以建楼之意也。②

作者强调纪念文天祥是为了把纲常植入地方社会,植入人心。似乎他已预感到后世对浩然楼意义的阐发会产生"错误"的倾向,他特意指出如果有骚人墨客在此吟啸孤屿绮丽的景色,这并不是建楼的初衷。建楼是为了"植纲常"、教化社会? 还是作为一个用于吟诗作画的名胜景点? 两者表现为相当尖锐的"路线斗争",斗争有时表现为这楼究竟是文天祥的,还是孟浩然的。

---

① 此词被南宋何士信的《草堂诗馀》收录,现见《明刊草堂诗馀二种》,刘崇德、徐文武点校,河北大学出版社 2006 年版,第 517 页。
② 刘东星:《新建浩然楼记》,载金柏东主编:《温州历代碑刻集》,第 150~151 页。

唐代的山水田园诗人孟浩然与南宋的文天祥《正气歌》中所称颂的"浩然",原是两个风马牛不相及的"浩然"。只因这个诗人的名字叫"浩然",竟由此具备了跟文天祥争夺浩然楼的潜力,历史的幽默真是出人意表。

正像前文提到的"尚有卓公称同志,不随康乐博虚声",谢灵运的山水诗可能会冲淡"载道诗"的道德意义和政治意义,因而此文作者将骚人墨客当作假想敌加以预防性的警示。而后来正如作者所担心的那样,有些诗词作者以孟浩然之"浩然"代替了孟子"浩然之气"之"浩然"。乾隆五十九年(1794)任温处兵备道的秦瀛改"浩然楼"为"孟楼"。① 这是文天祥忠义精神传播史上的重大事件。梁章钜道光末年上孤屿时,这里的寺僧和游客已"同声称为'孟楼'"了。②

明末清初,文天祥还是浩然楼无可争议的主人,如邢昉有诗《雨中过文丞相祠题浩然楼》,一看诗题即可了然。③ 又如梅调元《浩然楼》的诗"百尺层楼冠巨鳌,文公曾此驻旌旄",④陆进的词《菩萨蛮慢·浩然楼吊文信国公》,"喜浩然正气,喷薄云霄,万古难灭"。⑤ 在《题咏选》中,最早将浩然楼解释成典出诗人孟浩然的是乾隆时的瑞安人沈初东。其五律的颈联为"对屿追康乐,登楼忆浩然",⑥其中以"浩然"对"康乐",因康乐即谢灵运,那么"浩然"必为"孟浩然"。《题咏选》中最早以"孟楼"做诗题的是清代名宦梁章钜。作者不仅以"孟楼"为诗题,这首七律还有这样的诗句,"历览敢希谢康乐,标题慢借孟襄阳",以孟浩然对举谢灵运。这首诗虽然以"孟楼"名之,在一定程度上稀释了浩然楼原来所具有的教化意义,但仍然保持了高度的"政治正确性",诗篇依次写了与孤屿有关的谢灵运、孟浩然和赵构三个人物后,其末联为"谁识浩然留正气,西偏丞相有祠堂"。⑦

如果说梁章钜的《孟楼》还能联想到浩然正气,那么张梦璜的《孟楼吟》已

---

① 秦氏改题之说最早见于陈舜咨订修《东瓯孤屿志·卷首》"孟楼"目下(1807),距秦瀛莅任温处道(1794)不过十余年,当有一定的可信度。后来梁章钜(道光二十七年第二次到温州)和方鼎锐(同治四年莅任温处道)皆沿用此说。梁章钜断言浩然楼与孟浩然"两不相涉",秦瀛题写孟楼的原因是他对历史事实没有"深考"。梁章钜对秦瀛有批评,但不认为他蓄意篡改历史。参见梁章钜:《浪迹丛谈 续谈 三谈》,中华书局1981年版,第271页;方鼎锐:《温州竹枝词》,载雷梦水等编:《中华竹枝词》,北京古籍出版社1996年版,第2175页。
② 梁章钜(1775~1849):《浪迹丛谈 续谈 三谈》,第271页。作者系福建长乐人,嘉庆七年(1802)年进士。
③ 《题咏选》,第69页。作者系江苏高淳人,崇祯诸生。
④ 《题咏选》,第78页。作者系永嘉人,顺治八年(1651)岁贡。
⑤ 《题咏选》,第87页。作者系钱塘人,康熙二十三年(1684)任永嘉县学训导。
⑥ 沈初东:《江心寺》,《题咏选》,第105页。
⑦ 梁章钜:《孟楼》,《题咏选》,第111页。

经完全抹去了文天祥的影子。诗中写的人物只有孟浩然（襄阳人）一个，"昔日襄阳客，曾从孤屿经"。① 通篇写的全是自然景色。另外，以孟楼的诗题的还有端木国禄的《登孟楼》、曾裔云的《孟楼夜坐》、胡维宽的《登孟楼》、陈虬的《登江心孟楼》和余澜的《春日孟楼即目》。端木国禄的诗句"孟公今不作，千载写风流"，②也许还可以解释为在这已经被更名为"孟楼"的地方发思古之幽情，而曾裔云的诗句"浩然放眼空怀古，至使斯楼竟得名"，③虽然不能说毫无道理，但其中意味深长之处无疑是对历史记忆的争夺。胡维宽的诗"如何游客多于卿，只剩襄阳一姓名"，④陈虬的诗"高风今已渺，去矣孟襄阳"，⑤还有余澜的诗"记得襄阳留咏处，苍茫不尽古今情"，⑥已然没有丝毫教化的味道。另外还有些诗虽仍以"浩然"名之，但其"浩然"均为孟浩然之"浩然"，如"楼迥窗开纳晚凉，昔年题咏有襄阳"，⑦"浩然楼外水连天，有客登临忆浩然"。⑧

当然，拥护文天祥为该楼主人的诗歌更多一些。《雨中登浩然楼瞻眺有怀文信国》的题目就显示了作者的立场，"斯人迹已远，此地馀祠宇……风物随变迁，正气留终古"，⑨此诗明确点明"此地"的"祠宇"是文氏的。同样将浩然楼归属文氏的还有"赵家无尺土，丞相有斯楼"。⑩ 还有一些诗显示了更为鲜明的"争夺"意识，如"忠义浩然气，实状文文山。岂借孟夫子，点缀楼台间"，⑪此诗的主题就是讨论浩然楼意义。又如"浩然楼外夕阳沉，文相祠堂峙水浔。只为襄阳尝驻此，致令传误到如今"，⑫也是表明站队立场的诗。下面这首诗直斥改"浩然楼"为"孟楼"者不学无术，"江心峙危楼，悬书曰浩然。文山之正气，万古凌苍穹。命名盖以此，岂为襄阳子。拙哉采风人，不学何乃尔。濡毫更孟楼，题字惊东瓯。淹没黄冠迹，江潮咽怒流"，⑬此诗称更改楼名淹没了文天祥的遗迹，瓯江的潮水为之发怒，诗歌充满激愤之情。

---

① 张梦璜：《孟楼吟》，《题咏选》，第115页。作者系瑞安人，嘉庆十三年(1808)举人。
② 端木国禄：《登孟楼》，《题咏选》，第129页。作者系青田人，道光二十九年(1849)拔贡。
③ 曾裔云：《孟楼夜坐》，《题咏选》，第133页。作者系永嘉诸生。
④ 胡维宽：《登孟楼》，《题咏选》，第146页。作者系乐清咸丰生员。
⑤ 陈虬：《登江心孟楼》，《题咏选》，第165页。作者系瑞安人，光绪十五年(1889)举人。
⑥ 余澜：《春日孟楼即目》，《题咏选》，第173页。作者系清瑞安人。
⑦ 曾燮：《浩然楼》，《题咏选》，第123页。作者系嘉庆时永嘉人。
⑧ 张凤慧：《秋夕江心玩月》，《题咏选》，第153页。作者系清代永嘉人。
⑨ 陈乙：《雨中登浩然楼瞻眺有怀文信国》，《题咏选》，第128页。作者系道光平阳岁贡。
⑩ 曾贤：《浩然楼》，《题咏选》，第134页。作者系永嘉人道光增贡。
⑪ 丁立诚：《浩然楼》，《题咏选》，第209页。作者系近代钱塘人。
⑫ 戴庆祥：《江心浩然楼题壁》，《题咏选》，第167页，作者系清代瑞安人。
⑬ 王书升：《浩然楼》，《题咏选》，第147页。作者系道光时平阳人。

除了浩然楼声势很高的大战外,还有许许多多的小摩擦,如"孟楼谢阁半榛芜,信国祠堂渐弃址。……却看古寺抱江流,法界空明净无滓"。① 孟楼也好,文天祥祠也罢,都衰败荒芜了,只有"古寺抱江流"。此诗似乎说,山水诗人、纲常化身均祭祀乏人,终是过眼云烟。只有江心寺香火不绝,只有佛法是永恒的。而有人又不无鄙薄地说"老僧不解兴亡事,好向江心问明月"。② 佛法、艺术、朝代兴亡和纲常伦理等,孰重孰轻? 从诗歌的数量看,忠义文化的诗歌言说是主调。

第三节　明末清初温州士人的认同抉择

以上主要呈现了诗词作者塑造文天祥忠义形象的多个面相,下面将从话语层面转向现实的道德实践层面,以揭示文天祥忠义精神对温州地方社会的深刻影响。

明清之际出现了与文天祥所处时代十分相似的异族强势入侵局面,温州士人此时的表现是我们观察文天祥忠义精神地方化的极好视点。孙诒让之子孙延钊(1893~1983)在他的《明季温州抗清事纂》中收录殉节忠烈9人,遗老11人,逸民17人。③ 联系自文天祥祠创建以来的忠义话语如此之盛,似可推断这些殉节者和新政权的不合作者均受到文天祥忠义精神不同程度的触动,应该不算过分。但如果要正面证实文天祥对地方士人的影响,必须找到那些殉节者和抗清不屈者留下的讴歌文天祥的文字。换言之,言说者与行动者合一的现象,即为文天祥忠义精神植入地方社会的过硬证据。

杨文骢和钱肃乐虽非温产,但他们与温州有着深厚的渊源。贵阳籍的杨文骢系崇祯永嘉知县,他在《谒文信国祠》中歌颂文天祥"心捧一诚留日月,身当九死定君臣",④后被清兵俘获不屈死。钱肃乐系鄞县人,在其父任瑞安县学训导期间,他曾随父游孤屿"登堂瞻拜"文天祥祠。⑤ 流传至今的《月夜游江心寺吊文信国三首》和《沁园春二首》共5首作品表达了他对文天祥的倾

---

① 戴作鼎:《江心寺》,《题咏选》,第159页。作者系同治时瑞安人,同治八年(1869)贡生。
② 钱振塈:《和冒广生江心寺诗》,《题咏选》第189页。作者系乐清人,光绪十四年(1888)举人。
③ 孙延钊:《明季温州抗清事纂》,陈光熙编:《明清之际温州史料集》,上海社会科学院出版社2005年版。
④ 杨文骢:《谒文信国祠》,《题咏选》,第71页。
⑤ 钱肃乐:《沁园春二首》序,《题咏选》,第72页。

慕,以及"愿向庐陵认故乡"的志向。① 后来他奉鲁王监国,从事着与文天祥相似的事业,在艰难的抗清斗争中病逝。他们用自己的生命所完成的道德实践,当在温州文化传统的建构中发挥作用。

以下论说文天祥忠义精神的地方化将集中围绕叶尚皋和王至彪两人展开。

叶尚皋(1607~1647)系明代永嘉生员。他的事迹在当时就非常著名,明末清初典籍《鲁春秋》《南天痕》《海外恸哭记》《东南逸史》《明诗综》和《静志居诗话》等均有记载他文字。孙延钊根据上述资料作叶尚皋传,文如次:

> 清兵既渡瓯,尚皋服明儒衣冠,伺新郡守半道,大声"即观生冠履何如"?太守朱,世家子也,以为悖清制,叱之。尚皋曰:"君先大人宁非此冠履?乃厄生!"朱为面赧。邑令张苛征马料牛角,贻诗讥之。丁亥仲春上丁,尚皋携水一杯,采芹一束,乘太守未释奠,哭于孔子庙。太守至,则袖出祭文,倚庙柱肆骂。明日,守令言之兵道陈,执白兵使者杂治城隍庙中,刑鞫不跪,鞭笞血遍体,犹高呼"太祖高皇帝"。或欲贷其死,乃械系之。尚皋在狱三阅月,多作诗歌以志感愤。将就槛于杭,尚皋叹曰:"苟谳成而生,何如死?苟死于贼手,何如自裁?我死矣,无烦再计矣!"从容取毫楮作诗寄女,与之永诀;作书遗弟及三友,嘱付后事;复为《自序》,赋《绝命词》,有"未斟蒲酒肠先断,不沐兰汤骨已香。自分此生全节义,岂甘卑膝事戎羌"之句,吟罢遂卒。②

传记通过几个抗争情节生动地书写了传主对中华文化的维护和对大明的忠贞,讥刺温州知府朱从义、哭庙、城隍庙受刑、交代后事、殉节。文末的《绝命词》表明叶氏自裁的意义是"全节义"。余英时根据方以智自沉"惶恐滩"这一特定的地点(文天祥诗曰"惶恐滩头说惶恐"),推断其"以文文山自许",但又指出以方以智的晚年遭际论,方氏并不像文天祥。最后认为倘若"略迹原心"方以智与文天祥无异。③ 我们也可以说,虽然叶尚皋的身份地位和行事风格均与文天祥大异其趣,但其为维护纲常而殉节与文氏是完全一致的。在他传世的31首诗中屡屡提到纲常的意义,如"纲常既荡然,名节安足数"④"赖有

---

① 钱肃乐:《沁园春二首》,其二。《题咏选》,第72页。
② 孙延钊:《叶义士尚皋》,陈光熙编:《明清之际温州史料集》,第25页。
③ 余英时:《历史人物考辨》,广西师范大学出版社2006年版,第161~162页。
④ 叶尚皋:《清夜思》,陈光熙编:《明清之际温州史料集》,第85页。

此纲常,上下相维系"。①

而文天祥的事迹对叶尚皋的确产生了很大的影响。他对文天祥的崇拜见之于其诗歌,诗曰:"大宋文丞相,吾明卓侍郎。一心宁有二?千古更无双!……拜瞻孤屿下,凛凛不曾亡。"②此诗一如前面曾经解释的"文卓并提",忠义是其唯一主题。诗歌也明确显示他曾经在孤屿"瞻拜"过文天祥祠。清军占领温州时,叶尚皋的祖父、父亲和母亲"三丧"未葬,女儿尚未出嫁,"恋恋不舍"。③ 因此,他大概是温州最迟殉节的。在他之前,永嘉人王瑞楠,福王授他太仆少卿。隆武帝被杀后,感到恢复无望,从容殉节。叶尚皋诗祭王瑞楠时提到了文天祥,诗曰:"无愧于心,无负于学。取义义积,成仁仁熟。方之古人,惟文与卓。"④

叶尚皋不仅以自己的生命接续文天祥担当名教的事业,而且也留下了接续文氏《正气歌》的文字,即《续〈正气歌〉步文丞相原韵》。诗曰:"国亡吾与亡,誓不从胡羯。性命轻鸿毛,纲常肯隳裂!乾坤谁撑拄?赖有此气存。……缅唯古先哲,《正气》著昔畴。慷慨赓是歌,依依见颜色。"⑤诗歌赋予纲常以具有绝对性的超越性价值,并自觉地赓续文天祥的事业。光绪二十七年(1901),温州士人杨青读叶尚皋的诗文后,感慨系之,说"后之人能于孤屿文卓祠间置先生一座,庶几有以妥忠魂也夫"。⑥ 叶尚皋把文卓视为地方忠义传统的一环,杨青又因叶氏的言说和实践把他编织进温州忠义传统。

非常值得一提的是,叶尚皋并非满脑子中除了纲常无他物的"怪物"。与文天祥一样,他也有与平常人一样的人情和感情。清统治温州之初,因女儿未嫁,他不忍殉节。由哭庙身陷牢狱的最后三个月中,他与女儿、弟弟和朋友们一一作书话别,这些文字充满了对家人、好友深深的眷恋。在给新婚爱女的诗中,他解释了自己为什么要殉节("取义成仁"),劝解女儿不要悲伤。诗曰:"六歌歌子重歌女,遥怜骨肉填愁绪。嗟余年今四十余,嗣息寥寥从未举。……取义成仁只在斯。……寄语娇儿勿过伤,此生血脉惟留汝。"⑦在给弟弟的书信中,首先申明殉节志向,然后逐一交代后事,首先为"吾祖暨父母三丧停暴多年"而深自愧责,交托弟弟与他的朋友一起共襄其事。自己没有

---

① 叶尚皋:《松梅竹赞》,陈光熙编:《明清之际温州史料集》,第 274 页。
② 叶尚皋:《孤屿吊文信国、卓忠贞二公》,陈光熙编:《明清之际温州史料集》,第 82 页。
③ 叶尚皋:《狱中自述》,陈光熙编:《明清之际温州史料集》,第 58 页。
④ 叶尚皋:《祭王圣沐先生文》,陈光熙编:《明清之际温州史料集》,第 58 页。
⑤ 叶尚皋:《续〈正气歌〉步文丞相原韵》,陈光熙编:《明清之际温州史料集》,第 85~86 页。
⑥ 杨青:《叶义士遗稿·跋》,陈光熙编:《明清之际温州史料集》,第 277 页。
⑦ 叶尚皋:《狱中寄女》,陈光熙编:《明清之际温州史料集》,第 86 页。

儿子,请弟弟从他的两个儿子中过继一个给他。自己死后,要如何装殓。自己的妻子将来住在外甥家,要拜外甥的祖母为母。要他弟弟把他的女儿当作亲生女儿,把他的女婿当作他自己的女婿。① 信中洋溢着醇厚的人情和亲情。时人朱鸿瞻(1620~1690)作的传记说尚皋"家有妻女,皆弃不顾",有失准确。朱传过分强调尚皋"佯狂"冲淡了叶氏行为和文字的悲凉和沉痛,②以至于冒广生发出了如下的感叹:"顾而立(叶尚皋字而立)行事,府、县志既皆不详,其乡人朱鸿瞻为作《传》文,又目之为佯狂之士,不其悲欤!"③对叶尚皋的品评不应把关注点锁定为其行状的"佯狂",而应看到"佯狂"背后对人性、人类、人生和人世的深切关怀。叶氏自述:

> 与其自经于沟渎,何如托之佯狂,以嬉笑为怒骂,使乱臣失色,贼子寒心,则吾死且无遗恨也。故或赋诗以见志,或托物以寄情,或击柝于中宵,或持铎于长夜,无非提醒斯世,使人类不等于禽兽耳!④

他用激烈的方式提醒世人,不要沦为"禽兽"。《孟子·滕文公下》言,"无君无父,是禽兽也",意在对人伦秩序的强调,叶氏"佯狂"出于对忠义的坚持,对纲常的担当。

除叶尚皋之外,王至彪也是一个文天祥忠义精神地方化的标志性人物。王至彪(1595~1677)系温州永嘉场人,崇祯六年(1633)浙闱副榜,授福建平南知县。易代之际,他没有选择殉节,而是挂冠回家。他对此举的动机有这样的交代,"大势已如此,归于吾道存"。⑤ 回家途中绕了很长的路,专门去文天祥的故乡庐陵拜谒了文天祥的墓。作为一个受朝廷"恩典"的明官员,在明覆亡之际去朝拜文天祥墓,其"朝圣"的心绪卓然可见。上文提到的诗句"归于吾道存"的道,即是以忠义为核心的纲常。其诗云:

> 昔发孤屿来,拜辞丞相座。今游香城山,载瞻丞相墓。……肆今叛逆横,臣道弃如吐。君死社稷光,亘天香气护。举朝几殉亡,国士同陌路。剑从怖死靡,笔为美新富。……先生不朽心,何以寿我祚?忆昔我高皇,驱胡返天曙。……九鼎系一丝,淹淹畴挽住。犹能鼓义声,纲常肩

---

① 叶尚皋:《狱中遗弟书》,陈光熙编:《明清之际温州史料集》,第60~61页。
② 朱鸿瞻:《瓯江叶、邹合传》,陈光熙编:《明清之际温州史料集》,第478~479页。
③ 冒广生:《叶义士遗稿·跋》,陈光熙编:《明清之际温州史料集》,第276页。
④ 叶尚皋:《狱中自述》,陈光熙编:《明清之际温州史料集》,第59页。
⑤ 王至彪:《平南署中闻国难即日挂冠行》,陈光熙编:《明清之际温州史料集》,第75页。

不仆。……御侮杳无闻,神京拱手付。以兹思先生,轻重奚等数。……河山岂重公,公令河山固。①

顺治十八年(1661)自福建归里,听闻温州故友旧朋的殉节行为,写了一些悼亡诗。诗中屡屡提到文天祥。他的朋友,乐清章纶的孙子章陞瞻赴水殉节。其悼诗序说:"黄岩寄迹,遂称汨罗之游;白水盟心,爰骖崖山之驾。含笑归地下,冠带见先人。气芳信国之歌,血洒苌弘之碧。魂归丘垅,庶几不坠家声。"②在这段短短的文字中出现了两处与文天祥相关的事项。其一是"崖山",文天祥在广东崖山亲眼看见元军消灭宋水师的惨烈场景,后来写下了《哭崖山》一诗。③咏孤屿的诗词中频繁出现"崖山"一词,均有直接或间接地含有文天祥的意思,如"康乐才高碑剥雨,浩然楼古竹吟风。请君莫听潮音好,血滴崖山今尚红",④这是一首七绝的颈联和末联,这里的"崖山"暗指文天祥。又"崖山遥望路参差,海上孤臣此誓师。一片赵家干净土,终留余地作公祠",⑤又"当年文信国,誓师集于此。血泪洒崖山,留题音变徵",⑥例子太多,不胜枚举。因此,诗序中的"爰骖崖山之驾",即指章陞瞻赴水是跟随文天祥去了。其二,"气芳信国之歌"中之"信国"直接指"信国公"文天祥。其诗句"崖山追帝子,东海泣波臣""正气乘箕尾,忠魂侣汨罗",⑦这里的"崖山""正气"等字眼莫不表明作者对温州士人道德实践的精神来源的体认。

在明清易代之际,把文天祥当作地方人士殉节的激发因素的,不止王至彪一人。徐凝吊瑞安殉节生员邹钦尧的诗曰:"浩然楼上呼丞相,把臂惟应呼奈何。"⑧朱鸿瞻和周天锡也把邹钦尧与文天祥联系在一起。朱鸿瞻诗曰:"谁是文山至节高,百年报效在蒸髦。"⑨周天锡诗曰:"江心水,何弥弥!吁嗟之子竟死此。前文山,后卓氏。"⑩还有释超教的诗:"孤拙田单计,独存文山风。凄凄一关冷,万古仰贞忠。"⑪

---

① 王至彪:《过庐陵香城山,谒文丞相墓》,陈光熙编:《明清之际温州史料集》,第70~71页。
② 王至彪:《章陞瞻年兄从容殉节,诗以悼之·序》,陈光熙编:《明清之际温州史料集》,第76页。
③ 文天祥:《哭崖山》,《文山先生全集》卷十五《别集》。
④ 胡维宽:《秋至江心寺二首》,《题咏选》,第145页。
⑤ 郭钟岳:《江心杂咏》,《题咏选》,第157页。
⑥ 徐燮:《游孤屿》,《题咏选》,第174页。
⑦ 王至彪:《章陞瞻年兄从容殉节,诗以悼之》,陈光熙编:《明清之际温州史料集》,第77页。
⑧ 徐凝:《吊邹钦尧先生》,陈光熙编《明清之际温州史料集》,第89页。
⑨ 朱鸿瞻:《步韵吊邹君维则》(顺治丙辰,1676),陈光熙编:《明清之际温州史料集》,第90页。
⑩ 周天锡:《悼邹维则》,陈光熙编:《明清之际温州史料集》,第110页。
⑪ 释超教:《咏周吏部应期》,陈光熙编:《明清之际温州史料集》,第95页。

与那些殉节者相比,王至彪、朱鸿瞻和周天锡等算不上是行动型人物。从形态上看,他们的诗与承平时代徘徊于文天祥祠的香客们的诗很相似。但他们在朝廷远未扑灭抗清势力之时,且处于清初大兴文字狱的严酷环境里,写这样的带有愤懑情感的诗,是有些风险的。① 这些诗在歌颂死者对纲常的担当的同时,也时常有对新政权合作者的讥嘲,有对知其不可为而为之的抗清力量的呼唤。从某种意义上看,他们的诗不能视为纯粹的"言说",他们写诗本身就是一种道德实践,一种有使命感的担当。

第四节 记忆之场与士大夫的身份认同

以文天祥与温州的微弱关系看,孤屿的文天祥祠几近"无中生有"。然而文天祥祠一旦出现就对孤屿乃至整个温州的文化生态产生了深刻的影响。人们被文化的巨大建构力量所震撼,所以笔者把文天祥祠称为"文化魔盒"。综观围绕孤屿文天祥祠产生的种种现象,似有三个问题特别值得讨论。

第一,明清以降国家意识形态如何下渗到地方?我们以往根据零星史料有诸多推测和想象,但其情形究竟如何不甚清楚。本章搜集的材料比较清晰而又完整地呈现了国家忠义文化的地方化历程。换言之,论文展示了国家层面的忠义文化如何通过文天祥祠影响到地方士人;地方士人在明清易代之际又是如何在文天祥这个纲常符号感召下付诸道德实践的。

本章无意把这样一个过程视为忠义文化地方化的唯一途径。国家意识形态向地方渗透存在多种渠道,如科举考试的导向、地方戏曲演出,以及地方理学传统建构,等等。虽然我们现下尚未掌握较为系统的资料,但却不乏有价值的线索。

就地方理学传统而言,永嘉人王瑞楠(?~1647)是一个堪称典型的例子。王氏系宋代温州大儒王儒志之后。他天启五年(1625)进士中式,授苏州推官。崇祯十年(1635)擢湖广兵备佥事。福王时授太仆少卿。明亡后,他避之山中。顺治四年(1647),清贝勒过温州,温州知府朱从义逼令王瑞楠入见,瑞楠不从,在孟春上元日,宴请亲朋,赋《绝命词》,从容殉节。② 他在辞世前三天写的《殉难遗书》中告白,自己的忠义思想首先来自家庭传统:

---

① 虽说文禁随着时间的推移逐渐松弛,但真正可以安全谈论明末忠烈要到一百余年后的乾隆四十一年(1776)。该年的上谕称:凡明季三王时殉节诸臣,各仍原官,予以谥号;其有诸生韦布,议谥固难于概及,亦当令俎豆其乡。
② 孙延钊:《王太仆瑞楠》,陈光熙编:《明清之际温州史料集》,第21~23页。

> 吾家自儒志先生倡明理学，自宋迄今，衣冠相承，礼义不陨。先大夫霞冈公身端矩范，自吾髫龄即教以先世遗书，于古今忠孝节义事，辄再三申明娓娓，其所以望吾者意甚远也。……吾念家世诗书，沐朝廷豢养，吾父吾母屡拜皇恩。既不能喷血贼庭，裹尸马革，安忍易面事仇，贻讥名教？不如投缳仰药，先自引裁，犹得服大明衣冠，称大明臣子，见二祖列宗于地下，不负吾父教子之心，并不辱先儒志之谱也。①

他的殉节也意在维护家庭忠义传统之不坠。明代通过彰显温州学者的学术地位来构建地方理学传统的文献甚多。②

第二，借助孤屿文天祥祠的相关资料可以深化对集体记忆形成机制的探讨，比如历史记忆如何产生，如何凝聚，如何争夺，象征符号如何传递等等。这里试从三个方面进行讨论。

首先，历史记忆的生产者如何制造人们用来交流的实物媒介，即诺拉所谓的"记忆赖以凝结和藏匿的场所"，③历史记忆的"消费者"凭借什么样的媒介进行交流。

文天祥历史记忆最早的生产者当推文林。他在担任永嘉县令期间，于成化十四年（1478）把文天祥的《北归宿中川寺》刻在石上，这个石刻是第一个记忆之场。后来所有的纪念性媒介都由此而起，形成了"记忆之场"的叠加。其中主要有：文天祥祠、文天祥像、祭祀仪式、碑记、诗碑等，④它们在发挥着形塑记忆和传承记忆的功能。

前文说过，声势很高的文天祥忠义精神言说不是在历史中"自然"地形成，而是由怀有明确动机的若干人蓄意制造而成。除了最先完成奠基工作的文林、刘逊、赵宽和邓淮以外，记忆之场的创造明清以降代有其人，比如文天祥祠中诗碑和碑记的不断增多。乾隆五十九年（1794）任温处兵备道的秦瀛在瞻拜文天祥祠时，"赋七言律诗一首，复镌公像于石，嵌置祠壁，系之以赞"。文天祥祠初建时的文天祥像，大概是塑像，秦瀛镌刻的是石像。⑤ 等到萍乡

---

① 王瑞楠：《殉难遗书》（顺治四年春正月十二日），陈光熙编：《明清之际温州史料集》，第47~48页。
② 参见汪循：《〈儒志编〉序》，汪循弘治十一年（1498）任永嘉知县。文见王瓒、蔡芳编著：《弘治温州府志》，胡珠生校注，第639~640页。
③ 皮埃尔·诺拉主编：《记忆之场：法国国民意识的文化社会史》，黄艳红等译，南京大学出版社2015年版，第3页。诺拉的"记忆之场"是一个非常宽泛的概念，一座纪念碑、一首诗、一个战役、一个事件、一幅图像、一场演说、一件文本等无非不是记忆之场，但后来被人们使用的时候内涵不断缩小，"记忆之场"被用来指称纪念性场所。
④ 诗碑主要有文天祥之《北归宿中川寺》《过零丁洋》《正气歌》以及明清以来写文天祥的诗词。
⑤ 秦瀛：《宋文信国公祠造像题记》（1794），金柏东主编：《温州历代碑刻集》，第316页。

文廷式光绪丙戌(1886)拜谒文天祥祠的时候,不仅看到塑像、石像,秦瀛的"七言律诗"又已经勒石了。①

与这些历史记忆的生产者相比,历史记忆的"消费者"数量极为庞大。孤屿为温州郡城近郊胜景,交游雅集十分频繁,士人团体的诗文聚会习以为常。人们或在雅集上赋诗,或在迎送宴席上吟诵。这些人道德感强弱可能不同,但汇聚在一起的文天祥言说更新了孤屿的文化品格。许许多多的"记忆之场"之中,他们之间的交流主要集中在三种媒介上,即文天祥祠、文天祥诗碑和文天祥像。文天祥祠是人们交流最集中的场所,这里不消多说。下面仅就涉及诗碑和遗像的作品举例,以便我们对实际情形有切近的理解。关于遗像的言说举例如下:"祠寄文公象,槎横使者星"②"忠臣遗像留千古,砥柱中流气浩然"③"精忠有象留遗迹,康乐谁人断好音"④"登堂读记瞻遗像,雨洗苺苔万古春"⑤"我来载拜瞻遗像,朱鸟魂归暗怆神"⑥"我来瞻仰文公像,正气浩然今尚存"。⑦ 同治间温州知府有诗以《孤屿谒文信国祠拜瞻遗像并石刻诗》为题。⑧ 关于诗碑的言说举例如下:"旧游千载遗文在,泪洒西风读断碑"⑨"孤臣祠客遗踪古,碑版荒凉落照红"⑩"茫茫时事天难问,泪洒先朝细字碑"⑪"瞳瞳海日来孤屿,似送胥涛拥故碑"⑫"归向双忠祠下过,爱摩苔藓读碑文"⑬"剩有断碑诗可读,河山犹作宋时看"⑭"荒祠难共吊,怆绝读残碑"。⑮ 明末清初乐清人李象益有以《谒文相国祠读壁间正气歌》为题的诗。⑯ 由于人们集中

---

① 见文廷式:《登江心屿谒先信国公祠》的题记,《题咏选》,第174页。
② 章玄应:《次韵宋御史游江心寺》,《题咏选》,第37页。作者系乐清人,成化进士,章纶之子。
③ 陈瑞辉:《游江心寺》,《题咏选》,第103页。作者系乾隆时永嘉女诗人。
④ 林元炯:《江心寺怀古》,《题咏选》,第103页。作者系雍正瑞安选贡。
⑤ 谢启昆:《登江心寺谒文信国诗词二首》,《题咏选》,第96页。作者系江西南康人,乾隆二十七年(1762)进士。
⑥ 陈越英:《谒文丞相祠》,《题咏选》,第131页。作者系道咸时永嘉诸生。
⑦ 苏步青:《辛丑年游江心屿作》,《题咏选》,第225页。作者系当代著名数学家,平阳籍。
⑧ 见《题咏选》,第155页。
⑨ 赵宽:《次文信国公江心寺韵》,《题咏选》,第40页。作者系吴江人,成化年间进士。
⑩ 焦明显:《游江心寺》,《题咏选》,第46页。作者系明代永嘉人。
⑪ 张守中:《吊文文山即次文山宿中川寺诗韵》,《题咏选》,第52页。作者系山西闻喜人,嘉靖举人。
⑫ 萧廪:《吊文山先生次先生宿中川寺韵》,《题咏选》,第55页。作者系江西万安人,嘉靖进士。
⑬ 郑均:《登江心浮屠》,《题咏选》,第116页。作者系嘉庆时瑞安贡生。
⑭ 端木国瑚:《孤屿谒文信国公祠二首》,《题咏选》,第126页。作者系青田人,道光十三年(1833)进士。
⑮ 端木国禄:《游江心寺》,《题咏选》,第129页。作者系青田人,道光二十九年(1849)拔贡。
⑯ 见《题咏选》,第92页。

围绕文天祥祠以及其中的诗碑、遗像等寓意相近的实物进行记忆交流，忠义精神逐渐固化为一种地方的集体记忆。

其次，关于历史记忆的生命力问题，也即记忆与忘却的问题。姚大力曾经令人信服地证明，"在传统中国，与族裔认同相比，政治认同更占支配地位。二者之间可能存在张力，但并不相互颠覆。"① 但由于中国近现代史"反帝反封建"叙事成为典范叙事，像文天祥这样可以发掘"夷夏之辨"意识的记忆之场具有强大的记忆凝聚能力，而在传统社会本来与文天祥同属纲常担当系列的地方英雄卓敬和章纶，由于他们的历史没有抵御外族入侵的元素，在近代被作为"封建愚忠"的代表被抛弃，终至遗忘。②

关于文天祥的历史记忆在各个历史阶段都会被人唤醒。有士人在共和革命时期想到文天祥，赋诗："还我河山快若何，灯前逸史手重摩。西台末路英雄泪，北狱孤臣正气歌。十日扬州留恨迹，百年武汉鼓余波。先民魂魄今何在？此日中原已共和。"③ 1931年九一八事变后，浙江省第四区县属行政会议通过，温属各县为明代戚继光平倭诸将立碑。④ 文天祥虽然没有像抗倭的戚继光那么切近时事，但其庙宇也在1918年、1922年和1934年不断重修。⑤ 文天祥祭祀从建祠起一直延续下来到1949年后，现有文献资料显示1961年就有过一次祭祀活动。⑥ 因其"夷夏之辨"与"反帝"叙事有着天然的亲缘关系，文天祥记忆又被编织进革命传统。这样的诗有近20首，以下试举数例："信国精神传烈士，千秋胜迹丽江浔"⑦ "烈馆文祠照日月，谢亭澄阁惹诗情"⑧ "浩然楼畔，忠臣烈士，并有千秋"⑨ "留丹文信咏，醒世赤军号"⑩。这些诗篇直言文天祥精神传给了革命烈士，就像传统时代把文天祥祠跟卓忠贞祠作为

---

① 姚大力：《中国历史上的族群和国家观念》，《文汇报》2015年10月9日。
② 没有当代诗歌提到过卓敬。卓敬祠于1583年自温州城内移至孤屿文天祥祠右，清康熙、乾隆间曾修复过三次，1938年5月被日军毁圮后，再也没有人起意恢复。
③ 洪邦泰：《登孤屿谒文信国祠》，《题咏选》，第207页。作者系乐清光绪诸生。
④ 参见刘绍宽《温州明代平倭诸将戚继光等纪念碑》（1931）和张叔梅《戚公纪念碑》（1933），吴明哲：《温州历代碑刻二集》，第273、520页。
⑤ 刘绍宽：《重修文信国公祠堂记》（1934），金柏东主编：《温州历代碑刻集》，第446~499页。
⑥ 见陈仲陶和梅冷生同题词《八声甘州·辛丑孤屿文丞相祠修祭事毕慎社同人集澄鲜阁禊饮》，《题咏选》，第215、216页。根据作者的生卒年月推断，辛丑必为1961年。温州市图书馆藏钞本《江心寺春秋祭》中留有祭祀文天祥的仪式和祭文。
⑦ 王庭侯：《孤屿江心寺》，《题咏选》，第233页。作者系温州鹿城区人。
⑧ 易丁：《游孤屿》，《题咏选》，第239页。作者系永嘉人。这里的"烈馆"即指革命烈士纪念馆。
⑨ 张德举：《人月圆·陪吴亚卿先生游江心孤屿》，《题咏选》，第245页。作者系平阳人。
⑩ 董光：《临江仙·江心屿感怀》，《题咏选》，第274页。作者系温州市人，自注：孤屿有文天祥祠和红军第十三军、红军挺进师纪念碑。

同类放在一起题咏,现在把文天祥祠跟革命烈士纪念馆并提,还有些诗从诗题就表达了这样的观念,如《江心文相祠烈士馆谒后》和《文祠烈馆巡礼》。①

最后,明清地方官员没有垄断历史记忆的意图和具体措施,因此,尽管关于文天祥的历史记忆的同质化程度高,但还是存在不同文化记忆之间的摩擦和冲突。②

第三,文天祥祠乃至整个孤屿的"记忆之场"的打造,应该还有来自温州社会的内生动力。文天祥祠的修建和文天祥形象的塑造或许与 15 世纪中期士绅阶层的规模扩大和地方社会的商业化进程有关。

以明代较多参加孤屿景点营造和文化活动的永嘉场几个家族为例。英桥王氏、李浦王氏和普门张氏等在明初因家产丰饶而参加地方公益事业,其族人从而获"冠带""乡饮""耆老""义士"之类的头衔。他们当然不满足于这样一种低层次的社会地位确认,这些家族均增加家族教育的投入,到了天顺、景泰、成化期间,其子弟相继入县学和府学,获得初级功名。③ 到嘉靖、万历间永嘉场进入科第极盛时期。这些获得功名的士人参加孤屿文化活动,其动力或许有以下三种:

一是扩大自己的文化影响力。他们那些具有"冠带""乡耆""义士"头衔的先人其影响力只在乡里的小空间,他们在孤屿的文化活动其影响可扩展到县、府。英桥王家王叔杲修葺江心屿景观,王光蕴编修《孤屿志》,均为通过文化的象征资源的利用,以确立在地方上文化权威、精英地位。

二是维护儒生的文化价值。温州以"乐鬼信巫"著称于世,"淫祀"多如牛毛,每个庙宇背后都有一个人群。文天祥祠是温州士人一个展示儒士身份的舞台。每一次雅集,每一次祭祀,都可视为一种文人精英共同体的文化价值的确认。

三是缓解晚明以来的士绅认同危机。万历以来由于商业的发展,社会秩序失控,等级制度失调,士人陷于身份定位模糊的焦虑之中。孤屿是培植文化身份认同的重要场所。地方士人围绕文天祥祠的记忆活动,可视为他们有意识地援用传统来建立自己的身份认同,把自身同"愚夫愚妇"区分开来,与逐利的商人区分开来。

---

① 叶谷秀:《江心文相祠烈士馆谒后》、董明:《文祠烈馆巡礼》,见《题咏选》,第 279、283 页。
② 当然任何时候无法完全消除低音,即便在"文化大革命"期间政府力量强势控制下,梅冷生仍发出了"我何恨,怅腥膻虽涤,举国犹狂"的深沉浩叹,这是"反帝"主调的不谐之音。见《沁园春·江心文信国公祠感明季钱希声学士题词事》,《题咏选》,第 216 页。
③ 见孙建胜编:《永嘉场墓志集录》,黄山书社 2011 年版。

第二章 清初地方合作者的多面认同

引 言

崇祯十七年(1644)三月,李自成大军兵临北京城下。十九日晨,崇祯皇帝朱由检自缢煤山。同日中午时分,李自成率军进入北京。在此后约一个月的时间里,农民军在北京对明朝勋戚大臣大肆拷掠追赃,据守在山海关的明将吴三桂之父吴襄也未能幸免。吴三桂家财被籍没,父亲被拘系,爱妾被霸占,愤而引清兵入关。四月,李自成亲率部众10余万东攻山海关,不敌吴三桂和入关清军,甫一接仗即全线崩溃,此后一路败逃不可收拾。

崇祯皇帝殉国后,留在南京的文臣武将五月份拥立福王朱由崧建立了弘光政权。清军入主中原后,又大举南下,始终处于激烈党争之中的南京弘光政权开张仅一年即告覆亡。明宗室在南方又相继建立鲁王政权(绍兴)、隆武政权(福州)、绍武政权(广州)、永历政权(肇庆)和明郑政权(台湾)。几种抗清力量之间为争正统而形同水火,各自为战,先后被清军所击灭。

温州府位于浙江省南部,与福建省毗邻,被深深地卷入到鲁王、唐王(隆武)和郑氏集团与清军的战争之中,[①]再加上社会内部原有矛盾的积累,内外危机并发,生灵涂炭,灾难连绵,温州惨遭战祸蹂躏达四十年之久。瑞安人朱鸿瞻是这个时代的亲历者,他把明清易代之际的温州祸乱归结为五大变,即"军民之变"(崇祯十七年至弘光元年,1644~1645)"鼎革之变"(隆武二年至

---

① 关于温州的区域位置与明末清初战乱的关系,孙延钊有清晰的论说:"吾温介闽、越之间,隆武时,财赋输于闽,士夫多官于闽廷。唐王既败,鲁以刘荐叔经略福建,则白巾之众起而响应于温、台。洎夫郑、张北伐,饷糈浩繁,取给于温。耿师入浙,温首附之,事前各县且多内应者。盖此二十余年中之抗清军务,吾温实当其冲。回思当日可喜、可惊、可歌、可泣之事,意必不可胜记,今足征者,殆未能什一于千百焉。"孙延钊:《明季温州抗清事纂》,陈光熙编:《明清之际温州史料集》,上海社会科学院出版社2005年版,第18页。

顺治四年,1646~1647)"山寇之变"(顺治四年至顺治七年,1647~1650)①"海寇之变"(顺治十五年至顺治十六年,1658~1659)和"闽藩之变"(康熙十三年至康熙十五年,1674~1676)。其实还应加上漫长的"迁海之变"(顺治十八年至康熙二十三年,1661~1684)。② 清朝攻占台湾后的第六年(1688),乐清县令和长林场大使联名撰写的碑文,反映了处于大时代中温州芸芸众生的悲惨命运：

> 世等海边残黎,屡遭寇荡。顺治十三年甘寇登犯；十五年郑逆焚掠；十八年奉行迁徙失业,屋毁业抛。幸际康熙九年展复,剪棘归乡；十一年寥寥数丁,开垦盐地；十三年又遭闽变；十五年大兵恢复,男女被掠,老死沟壑,少投营伍,惨苦异常。③

面对相当逼仄的生存空间,温州士人很难作出认同抉择,却不得不作出抉择。

第一节 温州社会沦为丛林世界

崇祯十七年(1644)五月,李自成入主京城和崇祯皇帝自杀的消息通过塘报传到温州,④在温州民众中产生了强烈的震动,从此开启了一场旷日持久的劫难。在明清易代之际的温州舞台上,武装力量层出不穷,政治局势变幻莫测。

一、四波动乱

大体而言,40年的动乱大体可以分为四波,即所谓的军民之变、鼎革之变、闽藩之变与郑成功的光复事业。

---

① 朱鸿瞻之谓"山寇",包含抗清武装"白头军"。
② 康熙九年(1670),朝廷曾下过"展界令"。康熙十三年(1674)三藩之乱爆发,台湾郑经配合耿精忠反清,因此康熙十七年(1678)朝廷重申"防海迁界"。直到康熙二十二年(1683)朝廷攻占台湾,温州才得安宁。
③ 骞振飞、杨霖:《严禁官役滥差需索长林场户碑》,吴时哲编:《温州历代碑刻二集》,第442页。
④ 塘报是经塘兵探访和下级官员们整理后上报的军事情报。明代兵部在各省设置堤塘官,在各府、县设塘马和塘兵,负责打探军情和传递军情报告。塘报被层层送到中央政府机关以后,也经常被转发到各地。它只在军政机构内部发行和传播。这种军务通信系统也存在于清代,被称为"邸报"。

（一）军民之变

北京事变后，中央权力的空白状态使人们深感不安，秩序行将崩溃的恐慌感迅速蔓延开来。温州地方社会自明中后期以来逐渐累积起来的一些矛盾迅速地表面化，从而爆发剧烈的冲突。

第一，官民矛盾。明末朝廷既要进剿各地蜂起的暴动，又要防御在关外崛起的满族人，财政压力一直难以纾解，因此有所谓的"三饷加派"，即在正常的赋税之外增加辽饷、剿饷和练饷，[1]民众的负担异常沉重。但温州远离中原动乱之区，人们尚可勉强过活。煤山之变后，地方政府"匿报催征，鬻狱如故"，[2]温州百姓开始利用中央国家权力的缺位反抗地方政府。

北京事变传到温州当月，平阳民众就以"哭临"的形式进逼县令吴有涯。[3] 乐清也发生了驱逐县令袁彭年的民变。一位名叫谷稷的人写了一篇讽刺挖苦政府的文字，张贴在知府衙门前面。地方官以流言阻饷为由杀害谷稷。第二天谷氏宗族族众全体穿白色丧服至道厅衙门喊冤，百姓越聚越多，最后冲进衙门，夺取里面的财物。城里居民对局势发展越发感到疑惧，纷纷避居乡下。

第二，佃户与业主的矛盾。城里人避难乡下，乡下佃农知道了天下大乱的形势，不断有人乘机拖欠乃至拒交田租，并很快出现了有组织的抗租力量。温州城乡绅衿普遍组建乡兵，[4]制造器械，以应对日趋紧张的时局。平阳人左七在飞云江南岸喊出"平权量，减租赋"的口号。各村纷纷响应，抓捕业主，焚毁庄屋[5]。平阳生员李明卿往石塘征租，被乡民烧死。永嘉楼桥一带有一支数千人队伍，进逼府城，声言杀生员王某，后被官兵击散。由于八月水灾，次年春米价腾贵，瑞安黄小吴号称"均平王"率饥民抢夺富户，劫掠之风自瑞安蔓延至永嘉，势如燎原，后被温州府官军打败。

---

[1] "辽饷"始征于明神宗万历四十六年（1618），每亩加银三厘五毫，第二年再加三厘五毫，第三年又加二厘，前后三加，即每亩加征银九厘。崇祯三年（1630），又强征"辽饷"，亩加征银三厘。

[2] 朱鸿瞻：《时变记略》，载陈光熙编：《明清之际温州史料集》，第158页。

[3] 哭临，皇帝、皇后死丧，集众定时举哀叫哭临。

[4] 在晚明，乡兵与民壮共同构成民防体系的主要力量。但乡兵不同于民壮。一般说来，民壮招募自乡间壮丁，"各给腰牌，填写年貌、籍贯、所习器械，编成队伍"，是一支完全军事化的地方军队，由地方政府专官负责训练，一旦调遣，政府负责供应粮食。而乡兵则来自"乡邑之中年少力强者"，他们只在农闲时接受军事训练。乡兵大多由地方绅衿或豪强统率，不受专职的地方官员管辖，而且其职责以保护乡里为主，官府不加调遣，不发粮食。它不是专职的地方军队。

[5] 业主在外地买到一定数量的田产后，为了便于生产管理往往建一庄屋，内置仓库，以及风车、竹簟席、竹箩、租斗等工具。庄屋的管理人由业主派人担任，代理业主办理收租和处理田产纠纷等业务。

第三，军户与地方的矛盾。军户在明代四民（军户、民户、匠户和灶户）中地位最为低下。他们比民户更少人身自由，其应役户丁的处境接近奴隶。军籍世袭，没有更换的可能。在明末的变乱中，军人也是最为躁动的一个群体。在最初知道国变的崇祯十七年（1644）五月份，平阳蒲门就发生兵变，士兵焚杀长官。瑞安水兵鼓噪索饷，打破县令汪果的头颅，拆毁胥吏房屋数间。在此过程中，他们又与地方士民产生矛盾。瑞安乡兵云集，逐兵出城，并焚烧了水兵的战舰，兵遂解伍。卫所军户意识到天下大乱是改变身份的难得机会，纷纷铤而走险，试图逼迫长官焚毁他们的户籍名册，以致冲击基层军事单位百户所的官署，掠夺财物。平阳百户所长官高其位因不遂士兵所愿，被烧死家中。

第四，畲民与汉民的矛盾。畲民不派徭役，固有的徭役就会压在汉户身上，汉户与畲民时有冲突。

这些矛盾在明末日趋尖锐，当温州处在产生权力真空的特殊时刻，各种矛盾突然爆发，引起出了剧烈的社会动荡。反过来说，明清易代的混乱引发了更大规模的人口流动，也给棚民、军户和畲民等颠覆秩序改变身份带来了机会。

当时的温州人大概谁也没有想到，这些都不过天下大乱的序曲而已。

（二）鼎革之变

顺治二年（1645）五月十五日清军多铎部攻陷南都后，又相继占领苏州、杭州。其他各路南进清军进展迅速，很快控制了黄河流域和长江流域，清廷认为大局已定，遂于六月十五日颁布"剃发令"，规定："自今布告之后，京城内外，限旬日；直隶各省地方，自部文所到之日，亦限旬日。"如有违抗，"杀无赦"。令下各县时并有"留头不留发，留发不留头"之语。① 七月九日，清廷又颁布"易服令"，规定"官民既已剃发，衣冠皆宜遵本朝之制"。于是汉人除僧道妇女外，都留发辫穿满装。所谓"剃发"，即是剃去前额的头发，把留下的头发按照满人的辫式编扎起来。剃发被江南士民视为一种奇耻大辱。他们都知道孟子"身体发肤，受之父母，不敢毁伤，孝之始也"的说法，剃发有违名教，有损名节。对一些士大夫来说，剃发对人造成的伤害超过身体的死亡。

剃发令至江浙，士民大愤，产生了大规模的抵抗运动。有些城市和乡镇本来已经归顺新朝，现在却纷纷加入了反抗的队伍。当时在中国的奥地利传教士观察到了剃发令实施的后果：

---

① 令薙匠负担游行于市，见蓄发者执而薙之，稍一抵抗，即杀而悬其头于担之竿上以示众。

鞑靼军发现没有任何抵抗,顺利地占领绍兴。浙江省南部各县,也很容易的予以征服。鞑靼这时候下令,强迫新近归降的汉人剃发,于是所有汉人,无论士兵和市民,都愤怒起来,手执武器,向鞑靼反抗。他们对国家和皇帝都没有这种热爱,而为了保护自己的头发,却舍生命去抵抗强大的敌人,鞑靼终于被击退到钱塘江以北。①

由于清朝实施剃发令,江南一带掀起激烈的抗清斗争,清军后方发生不稳,一时无力继续南进。在这种形势下,对温州历史产生重大影响的鲁王和唐王政权的诞生才成为可能。

1645年闰六月,唐王朱聿键在郑芝龙等人的拥立下,于福州称帝,以七月初一以后为隆武元年,设六部九卿,授温州人周应期为刑部尚书,温籍林增志、李光春等相继入阁。福州唐王诏至温州,温州的局势暂时趋于稳定。此后绍兴、金华两处与已占领杭州的清军对峙达两年。温州官吏由福州选用。温州驻有巡抚使、巡按使等高级官员。

与唐王称帝同月,鲁王朱以海监国于绍兴。② 十月,朱聿键派兵科给事中刘中藻颁诏浙东,③鲁王不受,从此福建和浙江各自为战。当时,温州的粮饷要送解监国鲁王军前,而文武百官则由闽隆武朝廷选派。顺治二年(1645)十二月,唐王和鲁王为争夺温州和衢州的粮饷严重对立。鲁王麾下驻军处州的刘孔昭统师来温索饷,蹂躏瓯江北岸地区,驻温浙江巡抚卢若腾遂调兵渡江夜袭,自此唐王鲁王势如水火。为缓和两个抗清政权的关系,在隆武政权任中书舍人的乐清人陈一球主动请命泛海舟山,④面见鲁王,陈说消除内讧的意义。当鲁王要授予他官职时,他推辞说:"诚使一球得复使命,从中调议,杜内衅以同仇,即稼穑亦安余生。倘疑忌不消,灾从中起,则鹬蚌之利,终归

---

① 马丁尼(Martin Martini)《鞑靼战争记》,转引自柏杨:《中国人史纲》,人民文学出版社2011年版,第634~635页。最具有代表性的激烈反抗,发生在嘉定,嘉定军民与清军的殊死战斗,招来清军残酷的报复,他们在嘉定屠杀三次,死二十万人。

② 监国,是中国古代的一种政治制度,通常是指皇帝外出时,由一重要人物(例如太子)留守宫廷处理国事。也指君主未能亲政,由他人代理朝政。这里朱以海没有称帝,低调地以藩王的身份建立政权。

③ 刘中藻(1605~1649),字荐叔,号迥山,福建省福安苏阳村人。崇祯六年(1633)癸酉科中举,任闽清县教谕,崇祯十三年(1640)庚辰科进士及第。明皇族朱氏子孙唐王在福建登基称帝,刘中藻出山协助唐王抚清,封给事中。

④ 陈一球,字非我,号蝶庵。乐清县慎江乡白岩山楼下村人。生于明万历庚子(1600),12岁成为生员,多善举,崇祯时地方歉收,他开仓赈济。一生遭遇坎坷,因得罪权贵,其戏曲作品《蝴蝶梦》被罗织称文字狱。

渔父,此一球所深痛也。"①但两个政权最终并没有达成和解。

　　隆武政权与鲁王政权没能利用清军暂时无力南进的有利形势团结合作,发展抗清力量,反而为争正统地位和粮饷而兵戎相见,当清军再度南下时,先后为清军所各个击灭。顺治三年(1646)夏,清军攻克绍兴,继续南进,由台州经乐清磐石渡江至龙湾,进驻永嘉场之山北。府城文武官吏皆弃城逃跑,清军从北门进入温州。八月清军进兵福建,相继攻陷建宁、延平、汀州。隆武皇帝被俘后于福州殉难。从绍兴逃出的鲁王辗转于浙江福建沿海和岛屿,成为东南抗清的指挥中心。顺治四年(1647)九月初,为了鼓舞抗清武装对福州的进攻,监国鲁王从厦门岛北移至长垣岛。原效忠隆武政权巡抚温、处二府的刘中藻于是率所练处州兵起事庆元,连克浙闽交界的庆元、龙泉、松溪和政和等县②。这一形势对温州时局产生了重大的影响。

　　瑞安三十二都人陈世亨,明季曾任中书舍人和邓藩的审理官,弘光政权覆亡后匿迹家园。鼎革之后,他不堪胥役催科需索,又听闻刘中藻已自处州发难,便聚众谋袭县城以应,但因事泄城守已作戒备,故迟迟未发,后侦知守将张朝用警备松弛,守令又外出,便于十月初六日夜半,率众头裹白巾,潜师入城占领县署,竖帜城头。十月初八日,温州镇道发兵来剿,陈世亨迎战不利,援兵又不至,瑞城复为清兵所据,陈亦被执不屈死。③

　　陈世亨起事虽然很快失败,但乡民"纷起效尤,联络五邑,依山阻险,濠池之外,尽皆绿林"。④ 根据朱鸿瞻的叙述,我们知道当时的武装力量遍布温州府五个县,且相互之间有联络。在多如牛毛的武装队伍中,在温州两府产生了巨大的影响的主要是有三支抗清武装。

　　第一支是鲁监国兵部尚书刘中藻统领的部队。

　　第二支是汪佑、尤山野和陈仓率领的部队。顺治四年(1647)十月,平阳汪佑等纠众自号义兵,招引陈仓、尤山野、卢豹等联合起事,活跃于平阳南北两港和飞云江流域,⑤并于十一月和十二月两度围攻平阳县城。十二月初四

---

① 孙延钊:《明季温州抗清事纂》,陈光熙编:《明清之际温州史料集》,第35页。
② 见《鲁之春秋》卷二及卷七《刘中藻传》,后庆元破,中藻率师入闽,收闽北地,拜武英殿大学士兼兵部尚书,顺治六年四月,督师福宁,固守六月死。
③ 朱鸿瞻称陈世亨为三十二都"民"(见朱鸿瞻:《时变纪略》,陈光熙编:《明清之际温州史料集》,第160页),而翁洲老民《海东逸史》(卷十五)和黄宗羲《海外恸哭记》均介绍陈世亨之明代"中书舍人"和"邓藩审理"的身份,见台湾文献史料丛刊第六辑《鲁春秋　浙东纪略　海东逸史　海外恸哭记》(合订本),台湾大通书局1987年版,第97、12页。另,嘉庆《瑞安县志》也没有提到陈世亨的明代官员身份,见王殿金、黄徵乂总修:《瑞安县志》,宋维远点校,中华书局2010年版,第547页。
④ 朱鸿瞻:《山寇之变》,陈光熙编:《明清之际温州史料集》,第161页。
⑤ 平阳县的鳌江分南北两支:北支为干流,其流域称"北港";南支称横阳支江,其流域称"南港"。

汪佑阵亡，此后这支部队由骁勇多谋的福建人陈仓统领。

第三支是由林梦龙、何兆龙率领的部队。顺治四年(1647)十二月永嘉方岙生员何兆龙以祭祀陈世亨为名，在楠溪揭竿而起。永嘉罗浮举人林梦龙应刘中藻约于乡聚众响应。① 林梦龙曾任崇祯朝兵部职方主事，臣事隆武帝时，尝致力调和浙闽二藩之间的矛盾。顺治五年(1648)十月，林梦龙战死闽北，部队便归何兆龙统率。

当时的文献多处记载，除刘中藻部外的民间武装"头缠白布""裹白布为号"，后世称之为"白头军"。另，除温两府外，太湖地区、宁波和金华一带抗清武装也头缠白布，大概有为崇祯皇帝服丧的意思。② 在这么一个广阔的地域兴起的军队头裹白布，也可能相互之间有声气相通。

在南方各地抗清力量纷起的有利形势下，浙南白头军发展很快，到顺治四年(1647)底即号称十万，史籍以"弥山塞谷"形容其盛况。其势力遍布温州府五县，且波及台州和处州两府各县。③ 长达四年之久的抗清斗争大致分为两个阶段。第一阶段，起事进攻阶段。当时环太湖流域的江南地区及整个浙江抗清斗争此起彼伏，清政府疲于奔命，尚不具备集中兵力于温州的条件。抗清武装多系本地人，他们对地形非常熟悉，又争取到郑成功海上力量的配合，因此抗清力量自顺治四年(1647)十月起，保持了较长时间的进攻势头，到顺治六年(1649)夏，其军事进攻达到高潮。其突出的战绩如下：

顺治五年(1648)五月，刘中藻派部将冯生舜克福建寿宁、桐山，联合温州地方号称白头军的地方武装，攻克泰顺。城守唐三捷弃城潜逃，白头军进击至杨寮，斩杀知县张联标。④

同年五月，何兆龙引鲁监国海艘千余，直抵瓯江内港，攻略江北楠溪。继而进迫府城，攻来福门，不克。引兵转向瑞安攻北门，不克。六月，转而攻占永嘉永强宁村所、永兴堡，复攻永昌堡，不克。秋七月，何兆龙复大举围攻瑞安。相持十日，食尽退兵。⑤ 其时，青田、乐清、太平(今温岭县)等地也纷起响应。

---

① 邹元橒：《明孝廉讱斋林公传》，林梦龙，字言臣，明崇祯十五年(1642)举人。
② 据王世德《崇祯遗录》载："贼自山海关败回，弃京师走，京师人不约而同，皆以白布裹头，曰为皇帝发丧。"中国社会科学院历史研究所明史室编：《明史资料丛刊》(第四辑)，江苏人民出版社1986年版，第24页。
③ 孙延钊：《明季温州抗清事纂》，陈光熙编：《明清之际温州史料集》，第7页。
④ 林鹗、林用霖编纂：《泰顺分疆录》，陶汉心点注校勘，香港出版社2010年版，第384页。
⑤ 参阅乾隆《景宁县志》卷十《武备纪事》，光绪《庆元县志》卷六《武备纪事》，雍正《处州府志》卷十二《戎事》，光绪《永嘉县志》卷八《武备兵事》，道光《乐清县志》卷十《杂志·寇警》和嘉庆《太平县志》卷十六《兵寇》。

同月，陈仓率领的平阳头军围攻金乡卫，经过三个多月的战斗，终于攻克严密设防的坚城，给清军以沉重打击。① 温处的抗清斗争达到高潮，此后清军以疲于长驱，遂置重点于府、县的守备。于是永嘉、瑞安、平阳各县县城十里以外诸地，均为白头军所控制；永嘉、瑞安交界的帆游、瑞安的穗峰、平阳的勾连桥等处，各屯重兵。府、县交通断绝，官府有事，虽往来城郊，必籍兵护卫如。这年春天，抗清力量进入全盛时期，何兆龙领导的白头军发展到十万人，控制了北自永嘉、南至平阳的各处要道，②占领了泰顺县城及金乡、蒲门、沙园、海安所、宁村所和永兴堡等军事重镇。

金乡卫和蒲门地处浙闽交通要道，为平阳重镇。特别是金乡的陷落，清廷极为震动。清浙江巡抚萧起元派八旗兵和抚、提二标清兵入温州，会同当地清兵前来镇压。抗清形势进入第二阶段，即从防御到失败阶段。

自顺治六年(1649)十一月起至顺治七年(1650)三月，白头军与清军在以下地点展开激战：永嘉的塔石、岩头古庙岭和小玩，平阳的金乡、牛石渡之战，瑞安的陶山、潮济，乐清的大芙蓉、白岩和磐石，白头军损失惨重，陷于困境。但清军在白头军的顽强反击下，也有重大伤亡。三月，清兵被迫退回省城杭州休整。③

顺治七年(1650)冬，浙江巡抚萧起元会同平南将军固山额真金砺等，④调金华镇总兵马进忠部为主力，令处州及温将王晓、萧启荣部合力会剿。分两路进攻白头军，一路从处州府的缙云发兵；另一路从处州府青田十都船寮出发。清兵驰驱于永嘉、瑞安、平阳的群山间，逐处搜剿，何兆龙、石旗牌、沈可耀和陈仓等头领相继就擒。⑤ 浙南的抗清斗争即告失败。

从全国的形势看，白头军的失败是大势所趋，不可避免。但从温州地区而言，有四个因素导致抗清武装的失利。第一，顺治六年(1649)四月，明监国鲁王的督师大学士刘中藻坚守福宁州(今福建福安)死，全军覆没，闽北地尽失，使浙南民间武装失去倚靠。第二，顺治六年(1649)六月，浙江巡抚为了挽

---

① 沈时：《金乡困城记》，见政协苍南县文史委编：《苍南文史资料》第二十辑，2005，第176~178页。
② 王殿金、黄徵义总修：《瑞安县志》，宋维远点校，中华书局2010年版，第548页。
③ 萧起元：《浙江巡抚萧起元揭帖》(顺治七年六月十六日)，台湾"中央研究院"历史语言研究所编：《明清史料》甲编第三本，1930年版，第267页。题名中的"揭帖"是古代的一种公文，是内阁直达皇帝的一种机密文件。
④ 固山额真，官名。清代八旗组织最大编制单位称"固山"，汉语译为"旗"。其长官成为"固山额真"，管理一旗的户口、生产、教养、训练等事。顺治十七年(1660)定汉名为"都统"，雍正元年(1723)又改满名为"固山昂帮"。金砺(？~1662)，辽东人，明末武进士，清初著名汉人将领之一。顺治二年(1645)六月，授平南将军，镇浙江。
⑤ 见平阳、瑞安、永嘉、青田各县县志。

回颓势,从省发满洲精锐步兵、骑兵南下。由固山额真、梅勒章京统领,①甲喇章京佟浩年、朱万化和牛录章京周勋、李世贵等率旗兵至温,分头进击。清军的战斗力处于优势。第三,清军在平原乡区广泛组织乡兵,建立堡寨,抚剿兼施,瓦解抗清力量。② 第四,从顺治六年(1649)起,温州连年饥荒,白头军粮糒不继,军心不固,士卒渐渐离散。多股白头军陷于绝境只得向清军投降。

(三)闽藩之变

清朝初年,由于清廷的统治力量尚不足以直接控制南方各省,因此将几个重要的汉人将领分封到南方省份。吴三桂封平西王,镇守云南,兼辖贵州。尚可喜封平南王,镇守广东。耿仲明封靖南王,镇守福建。这三方势力史称"三藩"。三藩在所镇守的省份权力远超一般省份的地方官员,并可掌握自己军队,拥有征税权,事实上形成了地方割据势力。康熙十二年(1673),清廷开始有步骤地实施撤藩,十二月吴三桂起兵反叛。康熙十三年(1674)三月,闽藩耿仲明之子耿精忠也据福建反,自称"总统兵马大将军",效吴三桂蓄发易衣冠。分三路出兵进攻清朝:白显忠出西路,据江西之广信、建昌、饶州;马九玉出中路,由仙霞关据浙江之金华、衢州;曾养性出东路,据浙江之温州、台州。

自顺治七年(1650)白头军失败,至康熙十三年(1674)耿精忠军队入浙,已有二十四年。期间郑成功一直进行抗清活动,其军队北上南下常常在温州筹粮,清廷以迁界应对,温州还不具备经济全面复苏的条件,百姓如陷水火;此时,闽军进兵浙江,温州成为清廷与闽军交战的主战场,温州人遭遇了更为深重的苦难。

此时,温州人也尚未认同清政府的统治,耿师占领温州,堪称兵不血刃。其原因首先是大批温州的军政官员反叛,作闽军内应。康熙十三年(1674)四月,平阳游击司定猷、李宫墙抓捕清总兵蔡朝佐,接应闽军进入温州。五月,耿王遣都督曾养性、吴长春率部由桐山至平阳境,水军都督朱飞熊准备四十艘船只停泊在北港水头,摆渡军队过鳌江,进踞平阳城。六月,温州镇总兵祖弘勋私通曾养性献计献策,并在府城东部的资福山大观亭杀死温处分巡道陈丹赤和永嘉知县马琲,与温州城守副将一起迎接曾养性部进入城。温州知府蔡兆丰跪献印信。七月,乐清军官林兆辉与乐清城守备、把总勒余副将苏慕迎接耿军将领朱飞熊入城。八月,据有温州城的曾养性北上进攻台州,相继占领黄岩、天台和仙居,台州危在旦夕。

---

① 章京,官名。满语。清代不论职位高低,世爵大小有无,凡有职守之官,皆称此。如参领称"甲喇章京",佐领称"牛录章京",副将称"梅勒章京"。

② 朱鸿瞻《时变记略》云:"郡邑发兵剿贼,但朝发夕回,或一经宿,贼见师先遁,视师旋复屯聚。"见陈光熙编:《明清之际温州史料集》,第161页。

康熙十四年(1675)六月,以康亲王杰书为奉命大将军,贝子傅喇塔为宁海将军,赴浙进讨。① 清军分两路进攻耿军。康亲王一路相继克复金华、处州。傅喇塔经绍兴进迫台州,歼吴长春于黄岩,在水战中击毙朱飞熊。两军进入对峙状态,后耿军军需不继,遂于八月退守温州。傅喇塔追蹑耿军,相继得乐清大荆、磐石诸城,取道青田渡瓯,兵临温州城下。曾养性增陴固守,环温皆水,清军久攻不下。此后几次交战,耿军均不利。随着战局的发展,耿军上下离心,威令不行,部众四散,孤城独守。康熙十五年(1676),康亲王的大军击破耿师的西路和中路两军,攻入福建,耿精忠大势已去,率文武官员出降。请随大军剿郑经赎罪。曾养性听闻这个消息,于十月初一在温州投降。

耿军曾养性部在温州也实施了一些具有政治意义的措施。第一,出安民告示,店铺照常营业。第二,令居民剪辫蓄发,恢复汉人衣冠。第三,定钱法,征民家铜器,毁寺观铜钟,开局铸钱,号"裕民通宝"。种种行为给人以进兵中原、收复汉人河山之势。但无休无止的追征把百姓驱迫至苦难的深渊,派复军饷,铅铸弹,征战衣,征谷,还预征了七年的地丁银,完全失去了农商士庶的同情,又因军队纪律的缺失,失败终不可免。

(四)郑成功的光复事业

在众多与清军对抗的武装力量中,郑成功一支对东南沿海江苏、浙江、福建、广东四省产生了重大影响。郑成功不仅在海上与清军缠斗达15年之久(1646~1661),并且在攻取台湾撤离大陆后,清政府仍为防御台湾实施迁界政策。

郑成功壮大军队和兴师北伐都需要扩大筹饷范围,这样毗邻福建的温州开始成为郑成功部队的军粮供应地。清顺治十一年(1654),郑成功进入漳州府城。郑军分兵进击,拿下江安、南安、惠安、安溪、永春、德化诸县,军队进入兴化地方。顺治十二年(1655)二月郑成功派遣洪旭攻击福建和广东沿海的许多岛屿。同年,清军攻占福州。郑成功在广东潮州府南澳岛起兵抗清,经过五年的艰苦经营,控制了浙温州、台州。七月郑成功命甘辉等率军北上。八月,甘辉等北上阻风,就温、台二府取粮。九月,清朝几路大军准备合击郑氏占据的厦门。郑成功为了缓解厦门的防御压力,派遣部将率领舟师两路进

---

① 贝子傅喇塔,即爱新觉罗·傅喇塔(1625~1676),清朝宗室,清初重要将领,满洲正蓝旗人。顺治皇帝封他为固山贝子。康熙十三年(1674)三月,授宁海将军,辅佐康亲王杰书讨伐耿精忠。贝子,爵名,满语为贝勒的复数。早期满族社会中,贝子意为"天生"贵族。清代颁定宗室爵号,有固山贝子,简称"贝子",崇德元年(1636)定王公以下九等爵以封宗室,固山贝子为宗室封爵第四级,在亲王、郡王、贝勒之下,如贝勒死,其子封为贝子。贝子岁俸银1 300两,禄米1 300斛。

击，一北上浙江，一南下广东。北上郑军连战皆捷，十月攻入舟山。① 这一年，郑成功军队登陆攻击平阳的江西垟和蒲门取饷。

其后几年有关郑师在温州的记载如下：

顺治十三年（1656）二月，郑成功令总制张英、后提督万里统诸镇督舟师至温州，攻平阳金乡卫。收其粮食而去。甘辉兵入乐清西乡翁垟、地团等处。

顺治十四年（1657）正月，郑师攻温州，抵乐清东乡南垟。

顺治十五年（1658）正月十九日郑成功至温州，取足粮饷，收兵下船。五月，先出温州取饷，泊舟3日，连樯80里。其步卒自平阳出，"所过米粟财物悉卷入海"。兵至瑞安城下，郑部下翁某入城，逐户索饷。郑成功统率水陆军17万与浙东张煌言会师，大举北伐。大军进入长江之前，于羊山海域遭遇飓风，损失惨重，只得暂且退回厦门。十一月初七日，郑师到乐清县城沿家搜劫，捉人挑至船上。后遣万一训屯扎蒲岐，征粮练兵。

顺治十六年（1659）郑氏饷船分布平阳江口南岸。冬，郑师第二次北伐失利后，从南京败退回温州，在飞云江以南计亩科饷，屡攻城池，明年春始去。郑成功部将刘猷征饷温州。清总兵以骑兵突至，力战不支，全军皆没。

顺治十六年（1659），郑成功北伐失败回到厦门后，谋划攻取台湾，建立抗清根据地。于康熙元年（1661）二月收复了沦陷达38年之久的台湾。清政府对台湾郑成功的抗清力量采取了坚壁清野的策略，就在郑成功收复台湾时，开始实行残酷的"迁界"（又称"迁海"）措施，勒令从山东以南至广东沿海地区的百姓，一律后撤30到50里的界限以内，界外的房屋全部烧毁，城堡全部拆除，形成无人区。内地有进入界外者，一律处死，商船、民船一律不准下海。

一波接一波的动乱给温州社会经济造成了严重的破坏。现试以温属5县中损失相对较小的瑞安县予以说明。乾隆《瑞安县志》卷一《乡隅》叙述了明清"里"的数量的变化：

> 都隅原额共计一百四十里。明嘉靖间，阙一里，自是相仍一百三十九里。兵燹后，地广人稀，国朝顺治六年（1649），邑令谭希闵消并二十八里；康熙元年，邑令齐遵周又消并二里；十年（1671），署邑令洪涛又消并四里；实计一百五里。

这就是说在短短的22年时间里，34个里被"消并"。瑞安"里"的数量由

---

① 秦世祯：《浙江巡抚秦世祯揭帖》（顺治十三年四月十三日），台湾"中央研究院"历史语言研究所编《明清史料》甲编第四本，1930年，第378页。

原先的 139 个减少至 105 个。上述这段文句的注释称："鼎革之际,市不易肆。次年山寇倡乱,嗣是海艘禁垒,相寻不一,庐毁田荒,生齿稀少,此谭、齐、洪三令之所以相继消并也。"①这就给消并 34 里的原因作出了解释：兵连祸结破坏了生产,进而造成人口的大量损失。由于有些地区变成了无人区或人口过于稀少,不足以构成一个"里"的规模,因此也不再是一个征收赋税的单位,因此只好"消并"。

二、沦为丛林世界

明清易代的时代是一个残酷的时代,一个蔑视生命的时代,是一个人性的卑污和黑暗大泛滥的时代。经历了这个时代的顾炎武沉痛地说："有亡国,有亡天下。亡国与亡天下奚辨？曰：易姓改号,谓之亡国;仁义充塞,而至于率兽食人,人将相食,谓之亡天下。"②明末清初四十年的温州就是这样一个人弱肉强食的丛林世界。在这个世界中,老百姓的处境正应了一句古老的套语："宁做太平犬,不作乱离人。"

瑞安人朱鸿瞻(1620～1690)记录了一家七口的避乱过程：

> 予居东河七世,丙戌(1646)鼎革,七月避三都沙渎,时失恃,方苫块,同父、弟、两祖母、妻、儿以行,八月归东河。丁亥(1647)十月,陈世亨乱,避北湖西峦,转徙四十都高峤,时两祖母已故。桐山尤某出,又上景福山、大北洋,时山头守岭御贼,颇宁静。次年(1648)三月归东河。五月,贼复炽,攻破山头,肆烧劫,又来围城。予匿家后,顷贼败退,挈家入山腰。戊戌(1858)屯营,徙西南隅。海、闽两变,皆在城中。前此数数早避,从众防患,有不行者,亦无害。③

朱鸿瞻自 27 岁开始逃难,所经地点达 7 处之多,其中一次避居山乡达 5 个月之久,两位祖母在这种颠沛流离的生活中去世。朱家的避难过程不算特别悲惨,不过这反映了这个艰难时世中一般人的遭遇。

（一）"王师"害民

清朝已异族入住中国,为建构统治的合法性,把这解释成"天命转移"的结果,素称自己的军队为"王师",意为这是"天子的军队""国家的军队"。在

---

① 陈永清修：《瑞安县志》,乾隆十四年(1749)刻本,上海书店出版社 1993 年影印,第 18 页。
② 顾炎武：《日知录》卷十三《正始》,栾保群、吕宗力校点,上海古籍出版社 2013 年版,第 756 页。
③ 朱鸿瞻：《时变记略》,陈光熙编：《明清之际温州史料集》,第 166 页。

唐宋朝沦陷于叛军或异族的士民眼里,"王师"乃救民于水火的正义之师和仁义之师。而以"王师"自诩的清军在温州犯下了令人发指的滔天罪行。

顺治三年(1646)七月,清军经乐清磐石渡江至龙湾永嘉场。温州府城的隆武朝官吏望风而逃。十二日清军从北门进入温州城。瑞安、平阳的文武官员"闻风先蹿"。清军兵不血刃占领温州。

墨池坊是宋绍圣年间知州杨蟠划定的三十六坊之一,南宋坊市制度废弛后,周围的坊都改成了街或巷。以其具有浓厚的历史文化底蕴,唯独因墨池坊之名延续下来。明末著名的私家花园玉介园就坐落在这里。顺治三年(1646)七月清军占据墨池坊前后九为军营。当地居民来不及搬迁的财物,即被清军据为己有。有些人仅能带妻子和儿女逃出。① 因温州生员吕氏兄弟季铉、季绣、季鏶新居宏敞,被百余名清军强占。期间,清军"需索无厌"。② 当时凡清军所到之处,奸淫掳掠很平常,只要没有出人命都算幸事。十四日,四十余骑兵至瑞安城,从东门到南门一路掳掠金银。傍晚在回温州城途中突入鲍田恣意淫掠。③

清军游击萧启荣率500人据守瑞安,④坐食民家,百姓苦不堪言。不久,清军萧启荣部南进至平阳,在平阳的淫掠激起地方百姓和乡兵的反抗。⑤ 平阳乡兵在萧家渡与清军交战,萧启荣部对萧家渡实施了残暴的屠村。⑥

自顺治四年(1647)至顺治七年,温州发生了大规模的抗清斗争,土匪的活动也非常活跃。这种局面也是清军掠夺财物的绝好时机。顺治四年(1647)十月,瑞安三十二都的陈世亨,因不堪清军兵丁和胥吏的索扰,图谋夺取县城,但因事机不密,事变没有发动,几近胎死腹中。十月初八,清军在瑞安城以捕贼为名,纵兵大掠两日夜,室为一空。有二十余人因钱财输送不及时,或数量不满足,被清军杀害,死难者都是富人。凡是富户都被诬为通匪,必须依靠大量钱财才能免祸。因城里尚有油水可刮,军队都驻扎在城内,坐食民家,居民不得不倾其所有好酒好菜招待。他们长久承受非人的折磨,朱鸿瞻哀叹:"人之生者,仅存皮骨矣。"⑦

顺治四年(1647)十一月,与平阳毗邻的闽北桐山人尤山野聚党数千来攻

---

① 朱鸿瞻:《时变记略》,陈光熙编:《明清之际温州史料集》,第159页。
② 孙延钊:《明季温州抗清事纂》,陈光熙编:《明清之际温州史料集》,第6页。
③ 朱鸿瞻:《时变记略》,陈光熙编:《明清之际温州史料集》,第159页。
④ 清武官名,绿营兵统兵官,从三品,位次于参将,分领营兵。
⑤ 乡兵由地方青年男子构成,与民壮共同构成明代的民防体系,但乡兵大多由地方士绅或豪强统领,其职责以保护乡里为主,官府不加调遣。
⑥ 朱鸿瞻:《时变记略》,陈光熙编:《明清之际温州史料集》,第160页。
⑦ 朱鸿瞻:《时变记略》,陈光熙编:《明清之际温州史料集》,第161页。

平阳城。同时又分兵布防在飞云江沿岸,以防御可能来自瑞安的清兵。但是没过几天,瑞安清军渡江驰援平阳,在瑞安清军和平阳清军的夹击下,尤山野败退回桐山。这时,清军在平阳、瑞安乡村大肆以"通寇"的罪名勒索富户,此前这种伎俩在瑞安城已经用了一次。① 顺治五年(1648)秋,抗清武装何兆龙部大举围攻瑞安城,十日不能解围,清军焚毁了城外靠近城墙的大片民居,以防止敌军隐蔽其中。②

起初,在温州与抗清武装作战的都是汉人和浙东投降清朝的军队,并没有满人。平阳的军事重镇失陷,清廷震恐。顺治五年(1648)八月中旬,梅勒额真祖师步兵5 000、骑兵1 000号"满洲大兵"到温州。满洲大兵其残暴还要超过以往的清军。满洲兵在夺回金乡卫后,不仅掳获大量牛畜等财物,还有大量良家妇女,以充战利品。满洲兵北返时在瑞安抓挑夫役使,有挑夫惨遭鞭扑死于途中。③ 顺治十五年(1658),郑成功的部将郑璟来温州,清军前来清剿,杂处民间,"室庐器具皆非己有,民人负戴之苦,供亿之烦,有不堪回首者"。④ 自顺治五年(1648)直至被称为"山寇"的抗清武装被剿灭,清军做得最多的就是烧民房,掠财物,掳妇女。留下了一个残破不堪的温州:"地方皆茅草盖房,无有片瓦,生齿亦损其半。"⑤ 可以想象,在"生齿损半"四个字的背后,意味着有多少人骨肉离散,有多少人辗转沟壑,有多少鲜血和泪水在流淌!

在清朝统治较为稳固的20多年后,清军在镇压耿精忠叛乱过程中,故伎重演,使温州人又一次遭受荼毒。

一样的掠夺财物。康熙十四年(1675)清军以解瑞安之围为名,在远离瑞安城的大罗、前村一带掳掠。另一支来自北边的援军未能顺利渡过瓯江,提督纵兵掳掠乐清而还。⑥

一样的纵火焚烧民居。康熙十四年(1675),瑞安守将传令将城外四面房屋焚毁,25年前已经焚烧了一遍,当时还有些许残留,现在举目四望,郊外尽是废墟。⑦

一样的掳掠妇女。康熙十四年(1675)八月,耿精忠军队的曾养性部自黄岩败退回温州,清军尾随至温州境内,控制了温州城北的太平岭山和城西的净水新桥山一带,这时是一个攻下温州的极好时机,但清军专意于掳掠妇女,

---

① 朱鸿瞻:《时变记略》,陈光熙编:《明清之际温州史料集》,第161页。
② 朱鸿瞻:《时变记略》,陈光熙编:《明清之际温州史料集》,第161页。
③ 朱鸿瞻:《时变记略》,陈光熙编:《明清之际温州史料集》,第161~162页。
④ 孙延钊:《明季温州抗清事纂》,陈光熙编:《明清之际温州史料集》,第12页。
⑤ 朱鸿瞻:《时变记略》,陈光熙编:《明清之际温州史料集》,第162页。
⑥ 朱鸿瞻:《时变记略》,陈光熙编:《明清之际温州史料集》,第165页。
⑦ 朱鸿瞻:《时变记略》,陈光熙编:《明清之际温州史料集》,第164页。

时人朱鸿瞻记载了温州妇女的不幸遭遇：

> 大清师蹑追至境,北屯太平岭山,西屯净水新桥山。彼时乘势近城,一鼓可下,但只掳掠子女,无取城意,乡村为之一空,贞女触岩、投水死不计其数。师至瑞安丽岙,丽岙子女亦遭掳。
>
> 贼在郡,筑巽山白塔一带御师,塘河桥梁皆毁坏绝渡。时人民惊疑,恐大兵恢复,玉石俱焚。幸王师不急攻城,惟溺于女色,屯住偃息。至丙辰(1676)五月,忽传令班师,营垒尽撤。子女为所掳者悉驱北去,乡都涂炭,后有往京、省赎回者。①

乐清士人黄丹甫一篇诗作的题记为:"康熙甲寅福建耿王造反,大兵进剿。前被反逆之毒,后遭清之殃,芙蓉孔道扰害难当,避入山中,触目伤心而作。""反逆"和"清"都是一样的祸害百姓。诗中有"白鹿城中间赤帜,青田营里戏红妆"两句。作者自注:"清朝兵马虏掠妇女入营中。"②

野蛮的"王师"不仅直接"造就"了数量庞大的烈女,而且还把大量温州的女子掳至杭州和北京。这些人极可能被卖为娼、为奴、为妾,多年后温州人要花钱赎回本属于他们自己的妻女。

因此所谓秉承天命统治天下的朝廷豢养的兵,也是一种寇,是比寇更坏的寇。朱鸿瞻说剿寇的兵来到寇区,寇的头目已经逃走了。官兵就指这里的百姓为"寇",搜刮财物,抢掠其子女,满载而归。因此百姓"畏兵甚于畏寇"。官兵离开后,避走他乡的百姓陆续回来,这时官府又给他们加上"通寇"的罪名,不把他们的家财搜刮干净不罢休。官府一纸票,甚于百千兵,于是百姓"畏官又甚于畏寇"。朱鸿瞻直接指称兵、官都是"寇""未剿寇十,先增寇百,未剿寇百,先增寇千。前之寇者复来,后之寇者随应"。③ 所有"贼情"和"匪情"的发现,都是兵和官的发财机会。

(二)"义军"不义

"贼来如梳,兵来如篦,官来如剃"是一个十分著名的谚语。官兵"剿贼"乘机搜刮财物,杀良冒功是常态。官员为筹备军需横征暴敛,百姓生死在所不计。孙延钊具有浓厚民族主义色彩的《明季温州抗清事纂》虽取"抗清"视角,但也十分真切地记录了自顺治元年(1644)至康熙二十二年(1683)的四十

---

① 朱鸿瞻:《时变记略》,陈光熙编:《明清之际温州史料集》,第 165 页。
② 乐清《长川黄氏宗谱》,周健选编:《乐清谱牒文献二编》,线装书局 2015 年版,第 295 页。
③ 朱鸿瞻:《竹园类辑》,陈光熙编:《明清之际温州史料集》,第 459 页。

年间,温州百姓不断被梳、被篦、被剃的历史。① 特别值得注意的是孙氏也没有讳言,带着反抗异族侵略压迫光环的"义军",为了崇高的复明大业在温州焚杀抢掠的历史事实。

顺治四年(1647)以来,抗清的"义军"可说是多如牛毛。"义军"为了维持自身的生存,为了他们的"义举",也不免要抢夺百姓的粮食。史载顺治四年(1647)十一月,义军尤山野部在瑞安三十七都十二庄的曹村、胁山、马岙,三十八都十六庄的魏岙,四十都的十四庄高岙等处,"督责各村抽兵输饷,拷逼富户",使用的手段跟清军没有区别。

孙延钊披览"崇后康前"史料,撰成《明季温州抗清事纂》,篇末写下了极有见地的议论:

> 大抵鼎革之交,豪健蜂起,有深怀国家宗社之观念者,有各逞利欲之私图者;而前者或利用后者之武力以为策动,后者亦或假借前者之名义以资号召。于是义民与奸民,犹朱紫之杂然淆乱,莫之能辨者矣。②

这显然是作者研读易代之际温州史料所得,指出了义军中有理想抱负的举义者与乘机图私利者杂糅的情境。时人朱鸿瞻说那些举义者,"亦焚人庐舍,亦卷人财物,亦掠人子女,亦加人'通北'之名,百计搜索"。③ 作者一连用了4个"亦",说明义军与侵略者完全是一路货色,一样地烧百姓的房屋,一样地洗劫百姓财物,一样地抢掠百姓的子女。清军的生财之道是以诬陷百姓"通寇"来勒索,"义军"则以诬陷百姓"通北"来搜刮百姓。

为了我们能够更加深入地理解当时的义军历史,下面略举几则发生在温州之外的历史亲历者的观察和议论。参加过实际抗清斗争的王夫之剖析了参加"义军"各色人等的种种动机:

> 义军之兴也,痛故国之沦亡,悲衣冠之灭裂,念生民之涂炭,恻怛发中而不惜九族之肝脑者,数人而已。有闻义之名,而羡之以起者焉;有希功之成,而几幸其得者焉。其次,则有好动之民,喜于有事,而躇踥以兴者焉。其次,则有徼幸掠获,而乘之以规利者焉。又其次,则有

---

① 孙延钊:《明季温州抗清事纂》,陈光熙编:《明清之际温州史料集》,第1~21页。
② 孙延钊:《明季温州抗清事纂》,陈光熙编:《明清之际温州史料集》,第18页。
③ 朱鸿瞻:《竹园类辑》,陈光熙编:《明清之际温州史料集》,第459页。

弱不能自主,为众所迫,不能自已者焉。又其次,则佃客厮养,听命于主伯,弗能自免焉。①

在王夫之看来,在数十万或上百万的义军中,当得起这个"义"字的,不过"数人而已"。死于抗清斗争的安徽人吴应箕曾说,"义军"之为患,有甚于"贼""虏"者。②另外,我们所熟知的抗清英雄张煌言说:"新莽僭号,河北群盗,皆以兴复汉室为名;今日山中义师,大率类此。"③黄宗羲、陈确、钱澄之、彭士望和李世熊等都有不少篇什用于揭露义军无处不在的暴行,举义者大肆杀戮劫掠给人以罄竹难书的感觉。由抗清英雄说出"义军"比清军更坏,特别动人心魄。在这种情况下,我们就能够理解乐清人李象坤对温州"义军"的严厉指控:"伏莽之奸,窃洛顽美名,崇于鲸鼍虺蝎之窟,犄角声势以戕吾民。"④正是"义军"的残忍好杀,给清朝统治的政治合法性的塑造助了一臂之力。

比诸义军声名更加显赫的郑成功来说,温州不过是他的一个"粮仓"。前面曾提及郑成功在军事行动中途经温州时的"取粮",此外见之于文献的类似活动还有:

顺治十二年(1655)八月,郑成功部将甘辉等北上阻风,就温、台二府取粮。⑤

顺治十五年(1658)六月十九日至温州,清守将坚守不出,成功议取足粮饷,收兵下船。⑥

十月二十九日,郑师千余艘自黄岩之海门来,泊乐清之磐石江口,登崖围卫。……郑师遂到县城沿家搜劫,捉人挑至船上。到了晚上,纵火焚屋。郑营遣总镇林来安民,拘纵火兵将数人处死。后遣万一训屯扎蒲岐,征粮练兵。⑦

顺治十五年(1658)五月,郑成功北上进攻南京之前,先出温州掠饷。士卒自平阳南、北港出,所过米粟衣资悉卷入海,深山穷谷无处不到。在离开平阳的前夜,纵劫人家。⑧

---

① 王夫之:《宋论》卷一〇《高宗》,中华书局1964年版,第194页。
② 吴应箕:《客问·原用兵》,《楼山堂集》卷十九,贵池先哲遗书,1920年刊本。
③ 张煌言:《复田提督雄张镇杰王道尔禄书》,《张苍水集》第一编《冰槎集》,中华书局1959年版,第3页。
④ 李象坤:《兵宪吴公擢四川按察使兼寿序》,蔡听涛点校《菊庵集选》,黄山书社2012年版,第42页。"洛顽"应与"殷顽"同义,指入周以后,仍忠于商的意思。
⑤ 孙延钊:《明季温州抗清事纂》,陈光熙编:《明清之际温州史料集》,第10页。
⑥ 孙延钊:《明季温州抗清事纂》,陈光熙编:明清之际温州史料集》,第11页。
⑦ 孙延钊:《明季温州抗清事纂》,陈光熙编:《明清之际温州史料集》,第11~12页。
⑧ 朱鸿瞻:《时变记略》,陈光熙编:《明清之际温州史料集》,第162页。

这年冬天,郑成功从南京败归,占领了飞云江南岸的大片土地。在乡村计亩科饷。①

如果不从历史的"后见之明"来看耿精忠之变,耿军进入温州受到士民普遍欢迎是可以理解的。二十几年前清军的暴行仍历历在目,剃发易服的屈辱尚未消退。二十几年前的抗清武装多各自为战,且多乌合之众,而入浙的耿军是一支号令统一、义旗高举的队伍。耿精忠部将曾养性在温州去辫易服,②定钱法,修战具,决心并兼列郡,进兵中原,雪发肤毁伤之辱,救种族沦胥之痛,无疑给人带来巨大的希望。但就是这样一支"义军",把温州变成了一个人间地狱。

康熙十三年(1674)五月,耿军在围困瑞安城的同时,即分兵下乡,掳掠牛畜财物充粮。③ 在清副将吴三畏的率领下,以大量人员死亡为代价,孤城瑞安坚守了45天,最终因温州城的投降而失陷。朱鸿瞻誉之为"瑞安之守,功犹睢阳之捍蔽江淮也。"④瑞安的坚守使曾养性愤恨,因此他在瑞安的征收特别繁苛,派饷高达5万两。此外,又征铜铸钱,征铅铸弹,征战衣。根据每户的田亩数量征农民谷,丁口税预征了此后7年的银两。⑤ 后又为修筑城墙大规模地派征徭役,连10来岁的孩子都被迫应征。⑥ 横征暴敛把人驱迫到死亡的边缘。

瑞安廪膳生员鲍廷荐是曾养性占领瑞安的目击者和亲身经历者,他所著之《困苦悲愤记》留下了极具历史现场感的文字。他以"催麻、催棕、催炭、催木料,檄同雨下;追锡、追铁、追铜、追青铅,票似雪飞"来形容百姓负担之多之重,把向老百姓追逼缴纳饷银的差役比作丑陋凶暴的"夜叉",把对逾期交税较差的人进行杖责官吏比作阴间地府的判官。⑦ 他认识的一些沉沦到社会最底层的百姓,都没有能够幸免耿军的粮饷催逼,如双目失明靠替人算命度日的孙叶五,年老茕独无依的佣工赵阿三。为了铸铜钱,除了城隍庙,耿军将所有寺院和庙宇铜钟捣碎;另外还向民间征铜,士民无铜,只好把古铜器及妇女梳妆用的铜镜上缴,以免受皮肉之苦。为搜刮粮草和铜,耿军在瑞安百般

---

① 朱鸿瞻:《时变记略》,陈光熙编:《明清之际温州史料集》,第163页。
② 耿精忠发布的文告曰:"尔等文武官员绅士军民人等,均属中华之赤子,久思汉代之威仪。令下之日,速宜剪辫,留发包网。所有官帽圆领带绶儒巾小帽,一切悉照汉人旧制,毋得混淆。共敦华夏之风,复睹文章之旧。如有抗玩,军令不舍",参见刘凤云:《清代三藩研究》,中国人民大学出版社1994年版。
③ 朱鸿瞻:《时变记略》,陈光熙编:《明清之际温州史料集》,第164页。
④ 朱鸿瞻:《时变记略》,陈光熙编:《明清之际温州史料集》,第164页。
⑤ 孙延钊:《明季温州抗清事纂》,陈光熙编:《明清之际温州史料集》,第15页。
⑥ 鲍廷荐:《困苦悲愤记》,陈光熙编:《明清之际温州史料集》,第120页。
⑦ 催饷之役甚于夜叉,追比之官酷同冥判。鲍廷荐:《困苦悲愤记》,陈光熙编:《明清之际温州史料集》,第116页。

考掠,瑞安城中到处可以听到被毒打的惨叫声,到处可以看到两腿被打烂的人,有的拄着拐杖走路,有的甚至在地上爬行。① 在乡间,瑞安55个都,村村都有兵士鞭扑村民索饷。

耿军向黄岩的进攻和后来败退回福建,都需要大量的挑夫,连床上的病人也被捉走。有的兵把捉到挑夫卖给别的兵,自己再去捉。② 除此之外,耿军官兵还有其他的生财之道,强占大街店面开张贸易,还算是"文明"的。更为残忍的手段是,先诬诈某人"与军内应"或"私通清兵",如果是富户,纳银后予以释放;如果是贫者,则严刑拷打,或斩首示众,以震慑那些以侥幸之心而拒不纳银的人。

温州完全变成了一个人间地狱,所以鲍廷荐说:"富儿悔不先贫,穷老恨多后死。"③但最为悲惨的一幕发生于温州耿军败退回福建的途中,在瑞安驻屯的5日里,耿军几乎不用什么借口公然劫夺,在城乡肆行淫掠。④

永嘉人王至彪也留下了记载"闽变延至温郡,民不聊生"的诗作。⑤ 康熙十四年(1675)诗人80岁,其《乙卯元旦述感》自注中说,他的书去年被抢一空。⑥ 有几首诗反映了过去一年的生活。在曾养性据温的日子里,似乎他曾回家乡探望过,例如,"相看归人都掩泪,那堪时日几奔逃"之句,⑦还有"好叹经年奔窜后,几家得稳有书巢"。⑧ 从中可见,东躲西藏是当时人生活的常态。

乐清是耿军和清军拉锯地区,百姓又别有一番折磨。这里的士民要同时给敌对的两个政治势力缴纳赋税。⑨

令温州士民最为尴尬的是头发,为了反抗剃发令斗争了数年,最终还是被迫剃了发,耿军来后,又要留头发。为了这不痛不痒的头发,吃尽了苦头。全留头发要被清军杀,留了辫子要被耿军杀。据鲍廷荐记载李阿一,以犯剃头之祸,解出大东门外吊桥头斩首示众。朱小二也因剃发被绑到军前枭首,虽经里邻力保得以免死,但家里的财物全部被抄没。⑩ 耿军进浙官军也是无

---

① 鲍廷荐:《困苦悲愤记》,陈光熙编:《明清之际温州史料集》,第116页。
② 鲍廷荐:《困苦悲愤记》,陈光熙编:《明清之际温州史料集》,第117页。
③ 鲍廷荐:《困苦悲愤记》,陈光熙编:《明清之际温州史料集》,第116页。
④ 鲍廷荐:《困苦悲愤记》,陈光熙编:《明清之际温州史料集》,第122页。
⑤ 王至彪:《玄对草》,陈光熙编:《明清之际温州史料集》,第444页。
⑥ 王至彪:《玄对草》,陈光熙编:《明清之际温州史料集》,第444页。
⑦ 王至彪:《玄对草》,陈光熙编:《明清之际温州史料集》,第445页。
⑧ 王至彪:《玄对草》,陈光熙编:《明清之际温州史料集》,第445页。
⑨ 叶炳煌:《后池公传》,周健选编:《乐清谱牒文献二编·乐清白氏宗谱》,线装书局2015年版,第46页。
⑩ 鲍廷荐:《困苦悲愤记》,陈光熙编:《明清之际温州史料集》,第119页。

能为力,望风而逃,政府不能保证你的"子民"的生命安全,却反过来要治耿军据温期间的"割辫"之死罪,这盖因官员无耻的贪欲所致,因为这正是勒逼百姓财物的一个机会。寓居温州的义乌人朱衮为这些被割辫的和被俘的百姓据理力争,得到浙江总督李之芳和浙江巡抚陈秉直的认可,最终得以"释割辫之罪,出俘虏之民"。① 因而温州士民在江心屿建造了朱公祠,以纪念他甘冒风险救拔温州百姓的功德。

(三) 迁界之祸

郑成功与清军在海上缠斗多年。清廷认为这是由于郑军得到了沿海居民的物资接济,因此决心采取坚壁清野的方法陷郑军于困境。顺治十八年(1661)清廷下令迁江苏、浙江、福建和广东四省沿海 30 里于界内,民众留恋经营多年的生计,大多不愿离乡背井。清廷胁之以严刑:"寸板毋入海,粒米毋越疆,犯者碟死连坐。"康熙二年(1663)清政府在沿海一带钉定界桩,增设墩堠台寨,驻兵警备。②

温州沿海是郑成功军队活动非常活跃的地区,因此迁界之令执行得特别严厉。永嘉以茅竹岭为界,茅竹岭、大罗山以东包括永嘉场在内的一至五都全部迁弃。永兴堡、永昌堡、沙城、报恩寺和国安寺悉成焦土。乐清弃地九十四里(编户单位,非里程),存里四十二,瑞安迁弃五里,平阳迁弃十余里。乐清县衙迁到大荆,今日乐成、北白象、柳市、虹桥、清江、芙蓉等主要集镇被毁,成为无人区。

温州滨海各县在迁界后弃置了大量的丁口、户数和田地山荡园,清代温州府志、县志留下了十分翔实的资料,这里仅展示赋役单位丁口变动的情况:

表 2-1　迁界前后丁口对比表

县份	迁界前原额人丁	顺治十八年(1661)弃置人丁	弃置/原额(%)	数据来源
永嘉	103 729	49 957	48.16	光绪《永嘉县志》卷五《田赋·户口》
乐清	79 714	69 636	87.36	光绪《乐清县志》卷五《田赋·户口》
瑞安	45 864	11 366	24.78	乾隆《瑞安县志》卷三《田赋·户口》
平阳	86 778	43 224	49.81	乾隆《平阳县志》卷六《贡赋·户口》

---

① 林占春:《朱公祠碑记》,金柏东主编:《温州历代碑刻集》,第 269 页。
② 赵尔巽等:《清史稿》卷一三八《兵九·海防》。

表中的"丁口"是当时政府能够掌握的"纳税单位",非实际人丁;但是尽管如此,这些数据还是能够在一定程度上反映实际的人口和土地的变动格局。表格反映丁口减少最多的是乐清,减少最小的是瑞安,但也损失了近四分之一。永嘉和平阳丁口减少接近一半。我们当然能够设想将来展界之后有些人还是能够重返家园。尽管康熙九年(1670)年就展界,但直至康熙二十年(1681)各县重新造册,上面反映的丁口增长十分有限。永嘉 92 874 丁口,乐清 16 014 丁口,平阳 44 079 丁口,瑞安 34 007 丁口。① 4 县中仅永嘉较接近迁界前的水平。这期间曾发生过耿军据温(康熙十三年至康熙十五年间,1674~1676),但此时距战事结束也已达 5 年。上述数据反映两点:第一,迁界给温州带来的损失可以说是创巨痛深;第二,因长期得不到休养生息,恢复极为缓慢。

冰冷的数据后面是数十万温州人辗转沟壑,流离失所。平阳蒲门人项元生记录他目击百姓被迫离乡的惨烈场景:

> 吾蒲于顺治十八年辛丑闰七月一日奉迁,发兵三日抵蒲,尽驱男妇出城。三百年之生聚,一旦俱倾;十万户之居庐,经燹而尽。当时大火流金,狂霖漂石,僵尸载道,复戴塞途。或旅处深山,喂虎之口;或颠连古渡,葬鱼之腹。继则鬻妻卖子,委壑填沟,千般痛楚,万种惨伤。②

这条史料告诉我们,迁徙之日恰逢难挨的酷暑。迁界由兵丁武装执行。迁空后的民居全部焚毁。离家后的不少人死于非命,幸存者饱尝流离颠沛之苦。

永嘉场的诗人王至彪世居二都永昌堡,也是迁界的亲历者。他曾在崇祯朝任福建平南知县,易代之际弃官回乡。犹如杜甫的诗歌反映了安史之乱带来的社会动荡,王至彪的大量诗歌也出色地反映了朝代鼎革和迁界的惊天巨变,堪称那个时代的杰出诗史。他的两首七律带我们回到了永嘉场毁于一旦的历史现场:③

> 极目罗山山以东,燎光四起闪天红。烟扬万井秋风里,野哭千家夜

---

① 雍正《浙江通志》卷七十四,户口四,光绪二十五年(1899)重刊,民国二十三年(1934),商务印书馆影印,第 1412~1414 页。
② 项永生:《十禽言序语》,见苍南县地名志办公室:《苍南抗倭斗争古迹》,《苍南文史资料》第一辑,1985。
③ 王至彪:《家乡祠宇庐舍焚毁殆尽,遥望心恻》,陈光熙编:《明清之际温州史料集》,第 76 页。

月中。望绝人归悲故宇,心痛鬼馁泣宗公。谁教蛇豕嘘狂焰,乌鹊惊飞乱远空。

悠悠我里最堪伤,身徙居焚变异常。乌巷旧称王氏宅,德门犹是郑公乡。民迁洛邑顽何罪?炬烈咸阳霸亦亡。多少材官谨防海,却将内地弃榛荒。

其《失书叹》诗序记载了执行迁界的兵丁的横暴:

余从闽回,尚未至家,闻限十日为居民搬运蓄储,才至五日,兵丁涌集,抢掠一空。余家悬磬无可运,亦号能运,儿辈仅携书书籍数箧。中途遇兵丁截路,遍搜无当意者,遂翻书入水,掠空箧而去。复值大雨,儿辈力弱,不能捞取。

这里除了对兵丁直接控之以"抢掠"外,也揭示了兵丁的贪婪。他们搜不出作者身上值钱的东西,就把书翻入水中,夺走了装书的空箱。《失书叹》诗回忆了往昔"买书无力强移钱"的艰辛。对离乡"飘零"的孤苦境地中的作者来说,失书对他的打击无异于秦始皇焚书的"烈焰"。[1] 如果说失书的感受可能在士人群体中引起共鸣,那么王至彪诗歌中抒发离开宗祠、祖墓和世代生活的故土的精神伤痛则应该是所有内迁民众所共有的,在这方面有四首诗的诗名是以"哀"开头的,《哀祖祠》《哀宗族》《哀乡党》和《哀永昌堡》。《哀祖祠》是担心宗族秩序和宗族传统的解体,诗曰:

苦遭苛令焚庐舍,祠宇连甍一瞬捐。惨目烬余悲此日,痛心绵蕞想当年。春秋冠带虔明祀,昭穆云礽宴寝筵。祖德渊长应勿替,重新端藉后人贤。[2]

《哀宗族》反映了一个家族在迁界过程中的骨肉离散,"十五传来歌哭地,可堪倏忽各分逃"。[3] 明中后期的永嘉场经济富庶,风俗醇美,文化繁荣,名门望族层出不穷。迁界对永嘉场的破坏是毁灭性的,《哀乡党》和《哀永昌堡》留下了极具视觉冲击力的诗句:

---

[1] 王至彪:《玄对草》,陈光熙编:《明清之际温州史料集》,第432页。
[2] 王至彪:《哀祖祠》,陈光熙编:《明清之际温州史料集》,第431页。
[3] 王至彪:《哀宗族》,陈光熙编:《明清之际温州史料集》,第431页。

无端一炬灾诸族,目惨焦墟四望愁。①
回首可怜生长处,前贤世泽委莱蒿。②

平阳三石桥吴氏被遣时远徙至江西广信(今上饶)。③ 据王至彪诗作《迁居上丘》,王氏迁到了温州府城近吹台山的一个村庄。④ 诗人的异乡生活在忧虑中凄凉度过,在《溪头即事》中表达了浓厚的愁绪:"容膝易安仍逆旅,伤心欲绝强游行。山围故里秋墟在,登眺低徊恨不平。"⑤节庆是世人与祖先亡灵交流的日子,王氏留下了一系列以节庆命名的悼叹家园之作。《除夕》表达了作者在"衰年乱世"中对故乡的怀想,"物候尽趋新律转,人情终恋故乡居"。⑥ 大年初一本来是祭祖的日子,"寻常何日不悲伤,此日元正更断肠。拜庆无由瞻祖像,穷愁复苦失故乡。"⑦王氏的《人日》诗曰:

频年人日故乡违,人日今年居又非。……春来风雨伤怀久,徙去亲朋见面稀。梓里荒墟瞻望里,不胜哀怨是无归。⑧

王氏的《寒食》诗序直抒胸臆:"徙后界禁甚严,余家自始祖至王父母诸墓尽在界外,祭扫无地,瞻望山阳,潸然泪下。"诗曰:

"屦时怵惕逢寒食,感事伤悲痛祖丘。……展堈百年何日续?时时涕泪度春秋。"⑨

其端午节做的诗:

每逢佳节奈愁何?忽值端阳愁更多。入眼葵榴空自艳,伤心桑梓

---

① 王至彪:《哀乡党》,陈光熙编:《明清之际温州史料集》,第 432 页。
② 王至彪:《哀永昌堡》,陈光熙编:《明清之际温州史料集》,第 432 页。
③ 见平阳三石桥《吴氏族谱》,族谱称吴氏展界后仍归故里,然地皆荒芜,兄弟子侄俱各处散居。
④ 王至彪:《迁居上丘》,陈光熙编:《明清之际温州史料集》,第 434 页。
⑤ 王至彪:《溪头即事》,陈光熙编:《明清之际温州史料集》,第 433 页。
⑥ 王至彪:《除夕》,陈光熙编:《明清之际温州史料集》,第 434 页。
⑦ 王至彪:《元日》,陈光熙编:《明清之际温州史料集》,第 434 页。
⑧ 王至彪:《人日》,陈光熙编:《明清之际温州史料集》,第 434 页。人日,夏历正月初七日为"人日"。《北史·魏收传》引董勋《答问礼俗说》:"正月初一为鸡,二日为狗,三日为猪,四日为羊,五日为牛,六日为马,七日为人。"
⑨ 王至彪:《寒食》,陈光熙编:《明清之际温州史料集》,第 435 页。

几能过。……悬艾泛蒲聊复尔,凄然当哭一高歌。①

中秋节做的诗:

此夜常年月色佳,故乡乐事最繁华。乘风野色秋横渚,泛月潮声晚到涯。席上村醪更酌满,盘中海错列名赊。良宵佳宴重能否?大叫狂呼气自遐。②

王氏《春圃》《登红岩望故里》和《寄怀杨子远》等都是作者作为"异乡异客"对故乡的追忆之作。③ 正因为迁界给人们带来深重的苦难,所以后来的展界使士人们有一种"漫卷诗书喜欲狂"搬的欢欣。平阳诗人张綦毋的《船屯渔唱》表达了与杜甫《闻官军收河南河北》同样的情感:"樵兄渔弟竞开颜,诏下喧传展界宽。记得冈头曾勒马,尚书遥指玉苍山。"④展界后回到故乡,王至彪看到的是一派残破不堪的景象,心中顿起人是物非的怅惘:

故里看来咫尺迷,荒墟不自辨东西。横塘桥畔朝烟冷,弹子峰头夜月凄。灌莽当途鸱昼叫,磷光遍野鬼昏啼。——《开界后初归故里》

里间一望景凄凄,旧址低徊痛欲啼。乔木尚存庐已社,棘荆未斩径全迷。有灵祖地迁还复,无计身营散复栖。——《见庐舍废址》

讵今遣徙几十载,月榭风亭复谁在?梓泽丘墟已成尘,石蒲洲蕊空遗黛。洞口藤萝霜露凄,池中荷芰烟雾迷。——《白石述恨》⑤

繁华的故乡因迁界化为榛莽,断壁残垣中鬼火幢幢,但毕竟在有生之年得以重返日思夜想的家园,这令王至彪悲喜交集:

年年涕泪望松楸,忽尔披荆见祖丘。九载星霜蝴蝶梦,三春雨露杜鹃

---

① 王至彪:《五日》,陈光熙编:《明清之际温州史料集》,第437页。
② 王至彪:《中秋感述》,陈光熙编:《明清之际温州史料集》,第438页。
③ 王至彪:《春圃》《登红岩望故里》《寄怀杨子远》,陈光熙编:《明清之际温州史料集》,第435、436、439页。
④ 清康熙九年(1670)重向外展界,蒲门尚不在其列,直至康熙二十三年(1684)才展复蒲门界外地。距迁界已二十三年了。
⑤ 王至彪:《开界后初归故里》《见庐舍废址》《开界后喜瞻祖墓》,陈光熙编:《明清之际温州史料集》,第442~443页。

愁。……今日重瞻欢且泣,从前怨恨总难休。——《开界后喜瞻祖墓》①

展界并不是没有反复。康熙九年(1670)清展复界外地,唯独平阳蒲门不许。康熙十六年(1677),福建耿军投降了清朝,清朝发兵攻占了原由台湾郑氏控制的漳州和泉州。清廷又诏令沿海各省的民众再次迁往内地,由兵丁戍守边界,禁止出入。直到康熙二十二年(1683)七月,清军攻破台湾,才真正实现展界,民众尽复旧地。②

上面铺陈的是移民的悲苦,但移民并非都是待宰羔羊。移民人数多,界内可供移民居住的房屋少,那些贫穷无亲戚的移民,只好在庙宇中和人家的门外搭建炉灶,铺设床榻,男号女哭的声音,四境相闻。但这是其中一个场景,另外还有些人却在迁界的混乱中抢夺富户的稻谷。③ 瑞安人朱鸿瞻也见到他家附近村落的移民聚众数百人,伐人荫木,夺人家畜,劫人食谷。④ 于是就产生了自古迄今都存在的"移民问题"。政府也担心解决了"外寇",又产生"内寇",颁布了对移民进行赈济的政令,给移民以多方面的实惠,"贷之粟矣,给之绵矣,散之钱矣,荒土使之辟,闲田授之业矣,内地之鱼予之捕,盐予之煮矣"。⑤ 这些虽然未能从根本上解决问题,但给离乡背井心怀委屈的移民多少有点安慰。

关于迁界,历来学者多关注其物质层面的损失,其实迁界对文化的毁灭也是触目惊心的。明代的永嘉场文化、教育十分繁荣,迁界后直至清末从未有过真正的复苏。温州地区无数家谱散失,大量寺院荒废。瑞安的会真寺、净土院和慧日院就是在迁界中被毁的。⑥

迁海在多大的程度上达到了官方的目的? 这是一个见仁见智的问题。萧一山《清代通史》谈到一种广东迁海后的景象:

然奸人大盗,利海滨无人,乃择形便地筑庐舍聚徒而居,公然屯积米粮硝磺,出洋济敌。或百十成群,阑入界内,劫掠居民,胜则呼啸扬帆去,弗胜则遵陆散走,乡民追贼者,至界则逡巡不敢进,贼得悠然远扬,兵吏熟视,莫敢追捕,设界以防盗,乃适旷民居以为盗窟;诚不可解矣!

---

① 王至彪:《开界后喜瞻祖墓》,陈光熙编:《明清之际温州史料集》,第442页。
② 孙延钊:《明季温州抗清事纂》,陈光熙编:《明清之际温州史料集》,第17页。
③ 金以埈修:《平阳县志》卷十二《杂志》。
④ 朱鸿瞻:《竹园类辑》,陈光熙编:《明清之际温州史料集》,第461页。
⑤ 朱鸿瞻:《竹园类辑》,陈光熙编:《明清之际温州史料集》,第461页。
⑥ 王殿金、黄徵义总修:《瑞安县志》,宋维远点校,中华书局2010年版,第530、532、533页。

据此可知,界外并非真正的"无人区",因为有利可图,胆壮的人还是跟外洋水上人群做生意,接济米粮,供应军需品硝磺。界外恰成了"不法"者的避难所。上述引文虽然说的是发生在广东的事,相信在温州也同样存在。

第二节 清初士人的意义建构

士人是古代社会中一个负有文化使命的特殊群体。明清易代之际,面对清军的强势入侵,地方士绅有殉难者,有清洁自守的遗民,更多的是主动或被动的新朝合作者,即顺民。

一、舍生取义的烈士

宋代的理学家建构纲常伦理的初心是"为生民立命""为万世开太平",他们把以三纲五常为核心的伦理原则提高到宇宙本体的高度。从而把先秦时候自然的人世间的五伦规范,发展到神圣不可侵犯的具有宗教意味的礼教。到了明代,程朱理学在朝廷的设计下成为科举考试的核心内容,从而获得了独尊的地位。政府通过乡约宣讲等形式使这套伦理原则在民间传播,对中国社会产生了深刻而广泛的影响。三纲中之"君为臣纲"要求士大夫对皇帝以及以皇帝为象征的国家具有绝对的、无条件的忠诚。这种思想在一定程度上反映在明末清初士大夫的自杀殉国上。易代之际除了大量士大夫死于对抗农民军和清军的战场外,还有2 159名职官自杀殉国。[1] 如果包括没有出仕的士绅,殉国的人数还要多。[2]

孙延钊之《忠烈汇传》录明清之际忠烈10人,他们分别是永嘉人王瑞楠、邹之琦、叶尚皋、林梦龙、林兆蕰、张实孚,乐清人章一焯,瑞安人邹钦尧,还有林伯起和张瑞初2人,籍贯不详。除林梦龙、林兆蕰父子2人死于战事,其他8人均以自杀亡。从功名看,孙延钊称林伯起和张瑞初为"义健",似非士人,孙氏也没有提到林梦龙子林兆蕰的学位。另外7人中王瑞楠为进士,林梦龙

---

[1] 据《钦定胜朝殉节诸臣录》卷一至卷九统计,见何冠彪:《生与死:明季士大夫的抉择》,联经出版事业股份有限公司1997年版,第19页。乾隆四十年(1775)十一月,清高宗弘历"命议予明季殉节诸臣谥典";《高宗纯皇帝实录》,卷996,"乾隆四十年十一月癸未"条,册13,页316)四十一年(1776)正月,又"命议谥前明靖难殉节诸臣",(同前,卷1000,"乾隆四十一年正月己卯"条,册13,页385),合而为《胜朝殉节诸臣录》一书。

[2] 如长洲补府学生王家就认为身为生员也有殉国的责任,他投水前说:"国家养士三百年,所养何事?吾已名列学宫,亦朝廷士也。先师杀身成仁,求生害仁之义,吾讲之熟矣!"魏禧:《许秀才传》,《魏叔子文集》,《宁都三魏全集》本,卷17,第130b页。

为举人。其余5人均为生员,章一焯为国子监生,叶尚皋为府学生,邹钦尧、邹之琦、张实孚为县学生。殉难10中,只有王瑞楠、章一焯和林梦龙曾担任明代官员。其最高职业分别为:王瑞楠,太仆少卿;章一焯,耒阳知县;林梦龙,兵部职方司主事。① 下文只对王瑞楠和叶尚皋作集中的介绍。

崇祯皇帝自杀殉国后,王瑞楠还是希望自己有所作为,相继在福王弘光朝和唐、鲁藩王政权担任官职。唐王隆武政权灭亡后,因对形势的失望回永嘉僻居山中,本打算过隐居生活以终老,因此自号"遁民"。

顺治四年(1647)正月,清朝有一个贝勒过温州,温州知府朱从义逼令温州籍前明高官接受贝勒的接见。这使得这些人面临生死荣辱的考验。落入彀中的有王瑞楠(太仆少卿)、周应期(礼部郎中)、李光春(左佥都御史)、李维樾(巡抚)、林增志(礼部尚书)、王维夔(湖广按察使)和邵建策(工部都水司主事),计7人。王瑞楠决意殉国,郑重告别人世,特意在正月十五元宵节他生日这一天,宴请亲朋。他整肃衣冠,向朝廷宫殿所在的北京方向拜别,继而辞别家庙中的列祖列宗,入席举杯劝酒,入室赋《绝命词》,从容悬梁。②

明末为什么会有大量的官员殉国? 王瑞楠留下的《殉难遗书》是一份十分珍贵的文献。这篇遗书写于正月十二,即告别人世前三日。真所谓"愤怒出诗人",这篇短文感情饱满,愤激与淡定相交织,在对往事的叙述中交代了鼎革之际的思想和心态。根据《殉难遗书》王氏殉国有以下几个方面原因:第一,王瑞楠出身于名门,系理学名家王儒志之后人,他回忆了儿童时代先辈授以"理学",娓娓讲述"忠孝节义事"。他要以死来全节,以死来避免辱没先人。第二,隆庆皇帝在福州即位后,他以为人心思汉,豪杰响应,再有上天保佑,或许尚有机会。不料清军一到,将吏束手,献城归附。他已经陷于绝望。第三,清朝的剃发易服政策的强制推行,使他感到只有一死,才能"服大明衣冠,称大明臣子",才不会有负父亲的教诲,才能见列祖列宗于地下。第四,知府逼令谒见贝勒,只有死才能避免入见,才能保全臣节。③

根据当时的主流意见认为殉国是官员的责任,不在职的生员可以不死。④ 王瑞楠在决意自杀之后,对儿子王家琦说:"时势至此,我,国之臣子,义不辱;若曹,士也,可缓死。"⑤以上所列的5名殉国生员中,只有章一焯是

---

① 以上信息见孙延钊《明季温州抗清事纂·忠烈汇传》,陈光熙编:《明清之际温州史料集》,第21~28页。
② 孙延钊:《明季温州抗清事纂》,陈光熙编:《明清之际温州史料集》,第23页。
③ 王瑞楠:《殉难遗书》,陈光熙编:《明清之际温州史料集》,第47~48页。
④ 何冠彪:《生与死:明季士大夫的抉择》,第100页。
⑤ 孙延钊:《明季温州抗清事纂》,陈光熙编:《明清之际温州史料集》,第43页。

在明代"受国恩"的,其余4人都是"不必死而死"。其中叶尚皋在当时即名动天下。明末清初典籍《鲁春秋》《南天痕》《海外恸哭记》《东南逸史》《明诗综》和《静志居诗话》等均有记载他文字。① 孙延钊根据这些资料作叶尚皋传,几个主要情节如次:一是叶尚皋穿戴明朝衣冠,守在知府朱从义经过的路上,知府经过时,问我穿的衣服怎么样? 并讥刺朱从义,你的祖先不也穿这种衣服吗? 公开挑战清朝的剃发易服政策,挑战地方官员的权威。二是儒家士大夫有一套高度象征的系统,文庙在其中具有核心的地位。顺治四年(1647)年二月上旬的丁日,是一个官方法定祭祀孔子的日子。叶氏抢在朱从义之前哭于孔子庙。朱从义到后叶氏念祭文,大骂朱从义。三是叶氏被捕,在城隍庙受刑。四是当他知道自己不久将被押解到杭州审判后,决意自裁。在死前一刻留下了绝命词:"未斟蒲酒肠先断,不沐兰汤骨已香。自分此生全节义,岂甘卑膝事戎羌。"②孙延钊的传记通过这几个情节生动地书写了他对中华文化的维护和对大明的忠贞。他的《绝命词》表明自裁的意义是"全节义"。另外在他传世的31首诗中屡屡提到纲常伦理的意义,如"纲常既荡然,名节安足数"③"赖有此纲常,上下相维系"。④

遍览叶尚皋诗文,发现文天祥的事迹对他产生了很大的影响。他对文天祥的崇拜见之于他的诗歌,诗曰:"大宋文丞相,吾明卓侍郎。一心宁有二? 千古更无双! ……拜瞻孤屿下,凛凛不曾亡。"⑤忠义是其唯一主题。诗歌也明确显示他曾经在孤屿"瞻拜"过文天祥祠。清军占领温州时,叶尚皋的祖父、父亲和母亲"三丧"未葬,女儿尚未出嫁,"恋恋不舍",⑥因此,他大概是温州诸生中最迟殉节的。叶氏作诗对谒见贝勒的6个温州籍官员进行了辛辣的嘲讽,而对捐躯的王瑞楠则十分推崇。⑦ 他写诗祭祀王瑞楠的诗,也提到了文天祥,诗曰:"无愧于心,无负于学。取义义积,成仁仁熟。方之古人,惟

---

① 查继佐《鲁春秋》载叶尚皋,见《台湾文献史料丛刊》第六辑,台湾大通书局1987年印行,第31页。黄宗羲《海外恸哭记》载叶尚皋,见《台湾文献史料丛刊》,第六辑,第10~11页。朱彝尊《静志居诗话》载叶尚皋,见人民文学出版社1990年版,第666页。翁洲老民《海东逸史》载叶尚皋,见《台湾文献史料丛刊》,第六辑,第110页。同样属南明史料的凌雪之《南天痕》也记载了叶尚皋事迹。台湾文献史料丛刊本的《跋二》称"或谓是残明遗老所作",但此书又自述引用书目达974种,极可能是较晚出的书,另李聿求《鲁之春秋》的记载了叶尚皋的事。
② 孙延钊:《叶义士尚皋》,陈光熙编:《明清之际温州史料集》,第25页。
③ 叶尚皋:《清夜思》,陈光熙编:《明清之际温州史料集》,第85页。
④ 叶尚皋:《松梅竹赞》,陈光熙编:《明清之际温州史料集》,第274页。
⑤ 叶尚皋:《孤屿吊文信国、卓忠贞二公》,陈光熙编:《明清之际温州史料集》,第82页。
⑥ 叶尚皋:《狱中自述》,陈光熙编:《明清之际温州史料集》,第58页。
⑦ 叶尚皋:《嘲乡绅谒贝勒》,陈光熙编:《明清之际史料集》,第272页。

文与卓。"①

应该说,王瑞楠和叶尚皋等以死殉国,在所有的在职官员和生员中,其比例是微乎其微的。人数虽少,但也足以构成一个地方精神传统。温州士人自明中叶起见开始建构一个以文天祥——卓敬为主轴的忠义精神谱系。明清之际叶尚皋、王至彪等又非常自觉地承续这个谱系。王至彪在悼念殉节的章一焯诗序中,有这样的句子,"气芳信国之歌,血洒苌弘之碧"。② 光绪二十七年(1901),温州士人杨青读叶尚皋的诗文后,深受感动,希望后人能够在江心屿的文天祥祠和卓公祠里置叶尚皋排位。③ 叶尚皋把文天祥、卓敬视为地方忠义传统的一环,杨青又因叶氏的言说和实践把他编织进温州忠义传统。

纲常伦理曾在轰轰烈烈的五四新文化传统中被批倒批臭,被指斥为"吃人"的礼教,殉节被认为是一种"愚忠"。温州籍学者、著名的理学研究专家陈来先生曾指出,"五四"以来知识分子具有高昂的批判热情,但缺乏历史、哲学素养。④ 那个时代的伦理规范是与当时的社会历史状况相适应的,我们不能站在今天的道德立场判断和裁定古人。诚然,到明末三纲五常似已有狭隘化、僵化之嫌,但这些士人认为人生中有比生命更为宝贵的价值,在生命与自己尊奉的道德理想产生冲突时,愿意为此献出自己的生命,这种"舍身取义"的精神是值得后人敬仰的。如果叶尚皋身上有什么值得反思的地方,那就是他对参与谒见贝勒6个人的苛责,他把自己奉行的"舍身取义"的最高道德标准当成了道德的最低要求,给其他士人造成巨大的道德压力。

二、清洁自守的遗民

周武王伐纣,灭商。商民伯夷叔齐,耻食周朝的小米,到首阳山上采薇而食,最终饿死。从此开启了中国历史的隐逸传统,至宋元蔚为大观,不仅宋遗民、元遗民人数众多,且累积了大量关于这两朝遗民的言说,谢翱、郑思肖、龚开、谢枋得和汪元量等成为士人皆知的文化符号,遗民成为易代之际固有的角色。源远流长隐逸传统也给经历明清易代的士人提供了除出仕以外的另一选择。明清易代不是一般的改朝换代,清朝是一个由异族建立的中原王朝,它执行了远比元朝严厉的措施,在军事征服后,又加之以剃发易服等文化

---

① 叶尚皋:《祭王圣沐先生文》,陈光熙编:《明清之际温州史料集》,第58页。
② 王至彪:《张陟瞻年兄从容殉节,诗以悼之》,陈光熙编:《明清之际温州史料集》,第76页。信国即指文天祥,南宋祥兴元年(1278),朝廷封文天祥为信国公。
③ 杨青:《叶义士遗稿·跋》,陈光熙编:《明清之际温州史料集》,第277页。
④ 陈来:《宋明理学》,华东师范大学出版社2004年版,《引言》第1页。

压迫,因此,明遗民是比宋元遗民更为突出的历史现象。

据孙延钊《明季温州抗清事纂》统计,清初温州有"遗老"11人,"逸民"17人。① 在孔孟的经典著作中,"遗"和"逸"并没有被明确区分。作为一种生活方式,"遗老"与"逸民"也没有本质的区别。在明清易代之际汗牛充栋般关于遗民的论说中,也不乏遗民与逸民的辨析,如昆山人归庄就说过:"凡怀道抱德不用于世者,皆谓之逸民;而遗民则惟在废兴之际,以为此前朝之所遗也。"② 孙氏所辑录之逸民也都是在朝代的"废兴之际",因此也可以被视作"遗民"。在这里我们把两者合在一起处理,把孙延钊考出的清初"遗老"和"逸民"统以"遗民"名之,计28人。

遗民之所以为遗民,首先是一种与现实隔绝或疏远的政治态度。遗民通过处理自身与故国、新朝和官府的关系来呈现"遗民"之"遗",因此许多遗民很在意自己的居住空间。明礼部郎中周应期(1568~1664)自甲申之变后,"归卧一楼,不出户者十九年",拒绝地方官员的求见。泰顺生员董应科,明亡后,"坐卧一小楼,服旧衣冠,不与世者二十余年"。③ 泰顺生员包世昌,"鼎革后,独居小楼,足不履地十余年,服旧衣冠,终日危坐"。这里的"楼"和"小楼"是一个极具象征意义的空间,不下楼通常是表示不愿碰触新朝的土地。

如果居"小楼"是遗民以一种极端的方式从正面宣示自己的政治立场,那么"不入城"则是遗民们借着否定来自我肯定。因为"城"代表新朝政治力量及其正统性,明亡后大部分人不入城是出于不承认新政权。永嘉以贡生身份任永安知州的王钦准(1595~1659)易代之后,"弃官归隐,不接客,不赴宴,不入城市"。④ 他杜绝了现实的所有社会关系。泰顺生员周显殷,明亡后,"弃诸生不复应试,养晦家居,足不入市者数十年"。⑤ 生员周道麟,屏居白岩山中,负薪行吟,绝迹城市。他获得的一首友人赠诗云:"发鬓蓬松山里居,岁寒卧拥半床书。晓猿夜鹤长为伴,岩外尘飞不染裾"。⑥ "岩外尘飞不染裾"生动地表达了一部分遗民隔断一切现实社会关系和政治关系的决绝态度。城市是官府所在地,不入城可以"不谒仕宦",避免与新朝发生关系。成为"烈士"之前的王瑞楠,一度"窜入穷山,混迹渔樵",后来贝勒要明代文武官员到

---

① 孙延钊:《明季温州抗清事纂·遗老汇传》,陈光熙编:《明清之际温州史料集》,第28~43页。
② 归庄:《历代遗民录序》,《归庄集》,中华书局1962年版,第170页。
③ 董正扬:《天关山》诗曰:"是时吾祖亦嘉遁,楼居廿载甘久淹。"载林鹗、林用霖编纂:《泰顺封疆录》,陶汉心点注校勘,香港出版社2010年版,第25页。
④ 孙延钊:《明季温州抗清事纂》,陈光熙编:《明清之际温州史料集》,第36页。
⑤ 孙延钊:《明季温州抗清事纂》,陈光熙编:《明清之际温州史料集》,第42页。
⑥ 孙延钊:《明季温州抗清事纂》,陈光熙编:《明清之际温州史料集》,第40页。

省城备用，当局"逼吾入城"，①才使王瑞楠陷于欲做遗民而不可的境地。这就很清楚遗民不入城也是出于避免被新朝重用或利用考虑。王汎森指出：明代遗民的不入城有多方面的意义，它是一种自我誓约，一种决裂的态度，尽可能地切断与世俗的联系。既然无法改变改朝换代这一事实，便以消极的切断社会政治联系来表达自己。②但遗民并非都是如王汎森所说的那么积极主动的表达，对于有些遗民来说，担心被新朝的利用恐惧犹如贞节妇女对于被"玷污"的恐惧，僻居深山反映了他们心理的脆弱。

在清初，一个比小楼更为人所瞩目的遗民侧身空间也许是"佛堂"，这是几个温州籍文武官员的归宿。礼部尚书林增志顺治三年(1646)在福建沙县至吕峰山剃度，回温州后驻锡密印寺。太仆少卿李维樾亦于顺治甲午(1654)在密印寺受戒。③平阳籍惠州参将林文梓明亡后祝发为僧。④周天锡在《慕庵集序》中描述了生员李象震的生活"视世事若空花，等功名于幻泡；长斋礼佛，扫室翻经，人谓青侯之逃于禅，余谓青侯之进于道也"。⑤尽管周天锡并不完全同意时人对李象震"逃于禅"的看法，孙延钊还是把礼佛的行为定性为"盖亦国变后逃于禅者也"，孙氏的判断是有道理的。上述诸人在明亡之际遁入空门实与晚明的学风和士风相关，陈垣曾说："禅悦，明季士大夫之风气也，不独滇黔。"又说"万历而后，禅风寖盛，士夫无不谈禅，僧亦无不欲与士大夫结纳"。⑥明末佛教天台宗和禅宗在温州大盛，这是温州士人得以选择寺院这个空间为栖身之所的大环境。嘉庆《瑞安县志》称林增志剃度之后"洁其身于名山古刹，隐寄其麦秀之感，梵贝以当哭"，⑦过于强调改朝换代的政治意义，观林氏之《林任先自订年谱》，期间充满种种不可思议的宗教体验，其人仿佛专为佛学而生，削发为僧正体现了林氏本色，并非不得已而为之。

遗民之"遗"作为士的一种有别于普通"愚夫愚妇"的存在方式，一种士之为士的一种自我证明，除了居住空间的限定，还体现在发饰和服饰的坚守上。有别于蒙元朝廷，清朝严酷的措施强制推行剃发易服，作为"征服"的标记，除了强烈的政治性外，更有"身体发肤，受之父母，不敢毁伤"的文化意涵。泰顺

---

① 孙延钊：《明季温州抗清事纂》，陈光熙编：《明清之际温州史料集》，第48页。
② 王汎森：《清初士人的悔罪心态与消极行为：不入城、不赴讲会、不结社》，载氏著：《晚明清初思想十论》，复旦大学出版社2004年版，第230页。
③ 陈光熙、孙延钊：《明季温州抗清事纂》，陈光熙编：《明清之际温州史料集》，第31页。
④ 陈光熙、孙延钊：《明季温州抗清事纂》，陈光熙编：《明清之际温州史料集》，第36页。
⑤ 周天锡：《花萼楼集》，黄山书社2012年版，第10页。
⑥ 陈垣：《明季滇黔佛教考》，中华书局1962年版，第127、129页。
⑦ 孙延钊：《明季温州抗清事纂》，陈光熙编：《明清之际温州史料集》，第33页。

的董应科和包世昌明亡后"服旧衣冠"。① 周道麟屏居白岩山中,"发鬈蓬松"。平阳士绅吴英芳字,明亡后遁入雁山,蓬头不剃,家人屡劝不归。② 他们深以剃发易服为奇耻大辱,冒死留发,服"先朝之服"即是对自己"遗民"身份的确认。

王至彪明亡后遁迹不仕,被孙延钊列名遗老,他以对遗民的书写来排遣自己的故国之思和文化情感,歌颂章一煃"誓留肤发,以报所生""抱石投波,整衣冠而正首",羡慕他得以"含笑归地下,冠带见先人"。③ 王至彪的侄子王钦豫国变后放弃了廪生资格,过着隐居生活以终。王至彪对侄子"弃廪"之举十分赞赏,在他写的挽诗中有"怀忠周粟弃,遁迹邵瓜载"之句。④ 他还写了大量眷怀故国的诗句,感人至深,如"新亭举目河山异,故国伤心风景殊""忽忆河山异,凄凄涕泪重"。⑤ 在王至彪身上我们看到,遗民不仅是一种生活方式,也是一种情感状态和价值立场。

疏远与现实的关系,在生活中保持对明朝的认同,是遗民的最大公约数。其实在遗民内部也存在着极大差异的生命状态。可以对他们生存态度和生存方式细细区分。有些遗民寄身寺庙,专事礼佛,如林增志、李维樾;有些遗民隐居田园,不问世事,如乐清陈一球;⑥有的以护卫孔孟"正学"为己任,如瑞安陈昌言(1590~1647),仿效孟子通过批判墨家和杨朱之学而光大儒学,他写《著孔篇》以"息邪",首当其冲的就是佛学。弘光以后,陈昌言"幽居愤闷",⑦其生命状态与逸民之闲雅有天壤之别。另一个具有强烈道德激情的遗民是永嘉廪生王钦豫(1596~1658),国变后,退隐不出。乡里某先生不避崇祯正讳对他刺激很大,发愤著《翼正初编》,篇名即他写此书的目的是羽翼孔孟正学。书中两大内容,辟佛以护卫儒学,严夷夏之辨。篇中有言:"然昼之不得指为夜也,夷之不得指为夏也,则万万无能易者。"⑧

明末清初上述温州烈士与遗民的事迹是否真实可靠?老实说,随便是肯定性回答还是否定性回答,我们已经缺乏足够的异源性史料来加以考辨。但这些事迹的传奇性是一个极为显著的特征。王瑞楠庆寿辰大宴宾

---

① 孙延钊:《明季温州抗清事纂》,陈光熙编:《明清之际温州史料集》,第40页。
② 孙延钊:《明季温州抗清事纂》,陈光熙编:《明清之际温州史料集》,第41页。
③ 王至彪:《张陟瞻年兄从容殉节,诗以悼之》,陈光熙编:《明清之际温州史料集》,第76页。
④ 王至彪:《挽予谦侄》,陈光熙编:《明清之际温州史料集》,第411页。
⑤ 王至彪:《秋日飞霞亭书感因忆与昭会弟同游》《宿华阴里》,陈光熙编:《明清之际温州史料集》,第406页。
⑥ 孙延钊:《明季温州抗清事纂》,陈光熙编:《明清之际温州史料集》,第35页。
⑦ 孙延钊:《明季温州抗清事纂》,陈光熙编:《明清之际温州史料集》,第38页。
⑧ 孙延钊:《明季温州抗清事纂》,陈光熙编:《明清之际温州史料集》,第38~39页。

客之际悬梁自尽,叶尚皋佯狂于官厅和闹市,邹钦尧自沉瓯江在即将没顶之际向同伴"拱手"告别,周应期、董应科 20 年不出户,包世昌 10 年不下楼,吴英芳隐居雁山仙姑洞,虎踞洞口神色自若,如此这般,你很难去考证真伪,我们也不必以"孤证不立"的行规去否定这些事迹的真实性。我们只需知道这些人物形象系由传主与叙述者共同塑造即可。遗民迥异于草民的行事方式具有自我形象塑造的用意,叙述者进而对事迹进行传奇化改造,使遗民事迹能够行之久远,他们共同创造了遗民文化传统。这是我们唯一能够肯定的"真实"。

第三节　新朝合作者的生存理由

任何一个"易代之际",烈士和遗民都只是士人中的少数,多数人对追求新朝的功名都会趋之若鹜。"烈士"和"遗民"的行为选择因符合传统意识形态之"忠节"观念,得到了高度的推崇和嘉许。即便是抗清殉节的明代官员,也受到统治地位日趋巩固的清廷的褒扬。而地方的合作者往往被视为"政治变节"的反面人物为人所不齿。他们自身也往往处低调姿态,其文字资料也隐而不彰以免使后代蒙羞。

一、合作者的政治认同

关于顺治四年(1647)正月的温州诸官员被逼谒见贝勒事件,叶尚皋写了《嘲乡绅谒贝勒》一诗。诗曰:"维夔只载间夔夔,增志真真志气痴。维樾贪生逾越国,应期待聘应何期? 光春犹变春光好,建策还思策建奇。惟有瑞楠占瑞气,无君三月竟捐躯。"①此诗一共提及 7 人,除王瑞楠自杀殉节外,其余 6 人都接受邀请,谒见贝勒。这 6 人中只有林增志和李光春留下史料较多。林氏传世之《林任先自订年谱》主要讲述自己的宗教体验,一般性的社会历史内容非常稀薄。李光春次子李象坤留下的《匊庵集选》比较全面地反映了李氏父子在新朝的生活和思想,是我们窥探易代之际除志士和遗民外的另一类士人的极为珍贵的资料,因此以下以李氏父子作为合作者的典型加以叙述。《匊庵集选》共收录文 185 篇,诗 152 首。其中不少诗文标题末有"代"或"家

---

①　叶尚皋:《嘲乡绅谒贝勒》,近人冒广生给此诗写下这样的识语:"此指王维夔、林增志、李维樾、周应期、李光春、邵建策也。然五君(应为'六君'——引者)国变后均未为官。"诗和识语均见陈光熙编:《明清之际史料集》,第 272 页。

大人命代"字样。根据这种情况参之以其他资料,《匊庵集选》代表了李氏父子共同的观点和立场。

孙延钊之《明季温州抗清事纂》把李光春列入"遗老汇传",袭用光绪《乐清县志》的说法,称其"优游林下三十年"。① 我们以为此说颇有可议之处。从《匊庵集选》所见,光春与新朝温州地方官员和清军将领有相当密切的来往,对清兵平定抗清武装持热烈歌颂态度,与前明"遗老"应有的政治形象严重不符。他固然如冒广生所言易代后没有在新朝任官,②但除此之外"遗老"还应有自己的政治立场和文化立场,应该疏远与现实的关系,在生活中保持对明朝的认同。对《匊庵集选》的统计研究发现,共有54个对清朝及其官员歌功颂德的文本。

表 2-2 李氏父子清朝官员交往表③

姓 名	籍 贯	职 务	莅任时间	李氏父子应酬篇什
姜二滨	浙江会籍	温州府学教授	顺治五年	诗《春日访姜二滨老师》386、诗《秋日联句》446
吴一元	山东范县	温处兵备道	顺治六年	《兵宪吴公擢四川按察使兼寿序》代父42
王家梁	朝鲜义州	温州知府	顺治六年	《王郡伯建祠序》代父45
胡来觐	辽东	温州城守营副将	顺治六年	《胡协镇建祠序》代父47
于起泮	山东	温州府同知	顺治十四年	《〈余生纪略〉序》32、《为贰守于公治归装小序》54
刘矩宗	陕西下邽	温州府推官	顺治十四年	《刘仲旋年翁理瓯治绩序》代父49、《请刘刑尊启》代父150、《文林郎浙江温州府推官刘君墓志铭》代父192、诗《送刘彦征年世兄还陕》394
孟 泰	辽东辽阳	温处道道员	顺治十六年	《孟宪副政绩序》52

---

① 孙延钊:《明季温州抗清事纂》,陈光熙编:《明清之际温州史料集》,第31页。光绪《乐清县志》,卷之八《人物志》上。
② 陈光熙编:《明清之际史料集》,第272页。
③ 表格中的阿拉伯数字系黄山书社出版的《匊庵集选》之页码。表格中的作品,除特意注明为"诗"外,其余均为"文"。

续表

姓　名	籍　贯	职　务	莅任时间	李氏父子应酬篇什
韩则愈	河南鄢陵	永嘉知县	顺治十六年	《韩令君初度序》代父 257、《〈从政录〉序》28、诗《清尘阁诗》349、诗《赠韩秋岩老师北归》五律二首 370、诗《书韩秋岩令君步障》400
牟云龙	朝鲜义州	浙江检查御史	顺治十六年	《请牟按台启》151
宋国琛	山东东平	瑞安县令	顺治十七年	《〈江城政绩〉序》30、《寄瑞安宋伯献明府》328
苗吐华	山西	温州参将	顺治末	诗《赠苗吐华将军》398
郭畴生	浙江崇德	温州府学训导	顺治年间	诗《中秋赏雨诗奉郭畴生老师教》342
嵇宗孟	江苏安东	温州府推官	顺治康熙间	《郡司李嵇公建翠微山义冢碑记》136、诗《赠嵇淑子老师迁平凉司马》357
张承恩	直隶昌平	副将	康熙元年	《〈追旉传芳图〉序》38、《寿张总镇序》266、《光禄大夫都督同知张公行状》175、诗《东沙行为张镇帅太母王夫人赋》354
赵廷臣	辽东铁岭	浙江总督	康熙元年	《迎制台启》代万翱 156、《贺制台启》157
吴应龙	福建	镇标中营游击	康熙元年	《寿吴游击序》271，代温处分巡道万翱作
李　荣	辽东	黄岩镇总兵	康熙元年	《寿水师李总镇序》268、《寿李总镇序》273
刘肃之	河南安阳	温州知府	康熙元年	《辞赏格》253、《刘郡伯寿序》代父 263
冯起龙	不详	温州府同知	康熙年	诗《赠冯翊明贰守》397
王世显	湖北汉阳	永嘉知县	康熙元年	《请王县尊启》155、《竹林院为王令君祝寿疏》168、诗《十洲歌为王翁寿》355、诗《赠王仙潜令君》377
秦　镛	江苏无锡	温州府推官	康熙元年	诗《秦驭父李慈庆》326、诗《赠秦驭父司李》代父 376
雷孚言	江苏泰州	乐清城守营副将	康熙元年	诗《寿乐邑雷副戎》400

续表

姓 名	籍 贯	职 务	莅任时间	李氏父子应酬篇什
李国栋	辽东广宁	温处道分巡	康熙二年	《李兵宪寿序》代其门生程某作 261
杨士烜	河北通州	温州知府	康熙三年	《瑞景楼记》代人 126、《重修郡学序》代杨士烜 64
窦三聘	河南伊阳	乐清知县	康熙四年	《代燧儿请窦县尊公宴启》164、《寿窦令君序》275
沈 遑	湖北孝感	温州府推官	康熙年间	诗《沈文波赠翁挽章》369、诗《送沈屺庵司李还楚》396
杨副帅	不详	不详	不详	诗《代赠杨副帅》395、诗《赠杨副帅北还》396、诗《赠杨副帅北还》447
李殿之	不详	将军	不详	诗《饮李殿之将军宅》395

李氏父子在顺治四年(1647)至康熙五年(1666)的 20 年中,与李氏父子交往的地方军政、文教官员为 28 位。① 李象坤出席过温州知府在孤屿江心寺举办的宴会,②他还可出入温州府官署的核心区域芙蓉亭。③ 李家与温州官方非同寻常的关系,还可见之于碑刻资料。李光春顺治七年(1650)所作的《重建拱辰门城桥碑记》颂扬乐清城守营都司李学诗(顺治四年任)和县令张伟烈(顺治六年任)。④ 他同年作的《张副将生祠碑记》歌颂金乡镇副将张大湖(顺天人)镇压抗清力量的功绩,称张副将让老百姓过上安定生活,以致老百姓感恩戴德。⑤ 无论是作者有意所为还是出于无心,上文表格中的 54 个文本和另外的 3 篇碑文,都已确立了李氏父子作为清朝归附者和合作者的政治形象。

表格中 54 个对清朝官员歌功颂德的文本,写作时间最早的是顺治五年

---

① 详见李世众:《穿梭于红尘佛国:清初地方合作者的道德困境及其解脱》,《学术月刊》2018 年第 3 期。
② 见之于《李象坤年谱》,李象坤:《菊庵集选》,第 502 页。
③ 《七律》题:"重阳前一日,访蓼庵老师,云过芙蓉亭看菊,因乘兴往,……"李象坤:《菊庵集选》,第 401 页。芙蓉亭在温州府治内天池中,三面皆荷花,知府暑月在此办公。
④ 李光春:《重建拱辰门城桥碑记》,吴明哲编:《温州历代碑刻二集》,第 435~436 页。
⑤ 李光春:《张副将生祠碑记》,吴明哲编:《温州历代碑刻二集》,第 1016~1017 页。碑文后收录了民国《平阳县志》卷五十七中一段为李光春辩诬的文字,其辩可理由完全不能成立。详见李世众:《穿梭于红尘佛国:清初地方合作者的道德困境及其解脱》,《学术月刊》2018 年第 3 期。见之于《李象坤年谱》,李象坤:《菊庵集选》,第 502 页。

(1648),即清军入温州的第三年。清军入温州的第一年(顺治三年,1646),永嘉诸生张实孚死节,瑞安县学生员邹钦尧和永嘉县学生员邹之琦投水。第二年(顺治四年,1647),永嘉籍前明高官王瑞楠上吊,永嘉的府学生员叶尚皋服毒。这一年瑞安籍明官员陈世亨举兵抗清,永嘉生员何兆龙、举人林梦龙聚众响应,众至10万。福建人陈仓率军围攻金乡卫城。郑成功起兵海上,志图恢复,自称"招讨大将军"。明官员刘忠藻起兵福安控制闽北六县,其一部挺进浙南。抗清斗争风起云涌,方兴未艾,士绅时有殉节,抗清志士喋血疆场,在这种形势下李氏父子的站队新朝可以说是相当醒目的。与此形成强烈反衬,大量士绅是在三藩之乱被镇压,复明无望的情况下才默认新朝统治的,例如黄宗羲。黄氏晚年与官员有很多交往,在文稿中对清朝多有赞颂之词,以表达对新朝的政治认同,这一方面固然是由于复明无望,另一方面也是由于对清朝逐渐凸显的文治武功以及文化政策的认可所致。①

温州的殉难者和抗清志士的事迹在那个时代就得以广泛流传。以下表格中之四种典籍均为明末清初时人所作,它们载有叶尚皋、王瑞楠、陈世亨和邹钦尧的事迹。② 将时人对温州殉难者事迹的传播列表如下:

表 2-3 温州殉难者事迹传播表

明末清初典籍	作 者	记载温州的抗清者和殉节者		
鲁春秋	查继佐	叶尚皋		
海外恸哭记	黄宗羲	叶尚皋	王瑞楠	陈世亨
静志居诗话	朱彝尊	叶尚皋		
海东逸史	翁洲老民	叶尚皋	邹钦尧	陈世亨

从查继佐(1601~1676)、黄宗羲(1610~1695)和朱彝尊(1629~1709)的生卒年月看,他们都是明末清初的人,翁洲老民的确切身份虽不能考出,但系

---

① 黄宗羲晚年交往的官员较著名的有徐乾学、徐元文、徐秉义、张玉书、汤斌、叶方蔼、许三礼、朱彝尊和钱谦益等。黄氏曾在《乡贤呈词》中说:"幸遇圣朝,干戈载戢,文教放兴。"沈善洪主编:《黄宗羲全集》第11册,浙江古籍出版社2005年版,第30页。
② 查继佐:《鲁春秋》载叶尚皋,见《台湾文献史料丛刊》第六辑,台湾大通书局1987年版,第31页。黄宗羲《海外恸哭记》载王瑞楠、叶尚皋和陈世亨,《台湾文献史料丛刊》第六辑,第6、10~11、12页。朱彝尊《静志居诗话》载叶尚皋,人民文学出版社1990年版,第666页。翁洲老民《海东逸史》载陈世亨、邹钦尧和叶尚皋,《台湾文献史料丛刊》第六辑,第97、108、110页。同样属南明史料的凌雪之《南天痕》也记载了叶尚皋、王瑞楠、邹钦尧等人,尽管台湾文献史料丛刊本的《跋二》称"或谓是残明遗老所作",但此书自述引用书目达974种,极可能是较晚出的书,故不引述。另李聿求《鲁之春秋》的情况也相似,皆不录。

明末清初之人则无可疑。他们与他们记载的人物处于同一时代,也与本章分析的主人公处同一时代。李象坤只比黄宗羲小2岁。

从以上铺陈内容可得出两点:第一,李象坤父子的政治立场与同时代温州地方的殉节者和抗清者形成了鲜明对照。而且处不同政治立场的人还有过正面的交锋,如叶尚皋作《嘲乡绅谒贝勒》对李光春等进行讽刺。第二,温州虽地处偏僻,但抗清和殉节的忠烈行为当时就已经传到江南和浙北地区。因此可以推断李氏父子所作所为承受了巨大的民间舆论压力。

如果李氏父子完全放弃了忠义价值的追求,那么被别人攻击"寡廉鲜耻"也无所谓,但李氏父子并没有超越儒家的价值尺度。李象坤的文字至少有5处使用了"洛顽"一词,比如"伏莽之奸窃洛顽美名"①"乱民窃洛顽之呼"②"奸民窃洛顽之号"。③"洛顽"应与"殷顽"同义,指入周以后,仍忠于商的意思。通观上述出现"洛顽"字眼的前后文,李象坤指责对象即是那些针对清朝的武装反抗者。李象坤承认,表达对前朝忠义的"洛顽"是一个"美名",是一个"乱民"或"奸民"值得"窃取"的名号。既认同对前朝的忠义是一个正面的价值,而自己在生活中又与新朝军政官员打得火热,其中或许有我们所不知道的隐情,但内心的纠结是难免的;同时,殉国死节的同乡被江南、浙北地区的文豪大儒著文称颂,这无异于对李氏父子的无声鞭挞。他们内外两重的紧张需要纾解。

二、合作者佛徒形象的营造

李氏父子一边周旋于名利场,与新朝官员觥筹交错,诗酒流连,享受人世的繁华。另一边又混迹寺院庵堂,跟随僧人悟道参禅,广结方外缘。《匊庵集选》中收录的以讨论佛教为主旨的文64篇,诗18首。从这些诗文中我们可以看到李氏父子与僧人和寺院庵堂的来往片段。

表2-4 李氏父子与僧人和寺院来往表④

僧　人	寺院庵堂	李　象　坤　诗　文
卧云大师	能仁寺 罗汉寺	《卧云大师住静雁湖序》57、《罗汉寺募斋小引》75、《雁荡化米小引》76、《卧大师十周年疏》171、《雁荡山卧云大师塔铭》200、诗《抵罗汉寺卧大师舍利入塔》317、诗《登四十九盘岭入能仁寺饭慧公昙花庵》319、诗《礼卧大师塔》391

---

① 李象坤:《兵宪吴公擢四川按察使兼寿序》代,《匊庵集选》,第42页。
② 李象坤:《王郡伯建祠序》(代),《匊庵集选》,第45页。
③ 李象坤:《胡协镇建祠序》代,《匊庵集选》,第47页。
④ 表中不加( )的数字为《匊庵集选》的页码。加( )的数字为写作年代。

续表

僧　人	寺院庵堂	李　象　坤　诗　文
汉梅监院	罗汉寺	《罗汉寺化米引》83、《赠罗汉寺汉梅监院》445
禅辉上人	凌云寺	《禅辉上人结茆凌云序》(1641)59、诗《从凌云寺址入游宝冠洞》323
道生法师	和阳寺	《道生法师游吴小序》(1658)60、诗《游仙岩梅雨潭同道生法主》323、诗《道生法主往天台索予拙句持寿玄印禅宗》401
踞狮上人	法通寺	《法通踞狮上人游吴小序》61
独牧禅师	法通寺	《迎独牧禅师开堂法通启》164
	玉泉院	《辛丑腊梅峰同戒录序》(1661)62
玉心上人	玉泉院	《玉泉院简藏募序》79
继宗法师	玉泉院	《玉泉修净业募斋序》87、《玉泉同戒录序》(1665)254、《玉泉继宗法师七十世寿序》(代家大人)(1660)288
行先上人	玉泉院	《僧行先制戒衣募引》94
行先上人	湖心寺	《湖心寺建诵经期序》91
行先上人	宣平庵	《宣平庵募序》97
全一法师	玉泉院	《全一法师像赞》146
摄庵大师（天台寺）	玉泉院	诗《梅峰见摄庵大师壁间谒次韵寄怀》391、诗《寄怀天台摄庵法师》402
希哲	南宝	《南宝楞严祇募序》73
悟融上人		《茗屿法华祇募序》74、《悟融上人册引》84、诗《春日过悟上人院院为庞竹涧炼室今岩罅存焉》378
	万行院	《玉苍山万行院募序》(家大人命代)76
鹤影	衍庆道院	《僧鹤影施茶小引》77、《衍庆道院募序》96
灵现	江心寺	《燃孤屿塔灯序》78
芝坦	西隐院	《重建西隐院序》81
履南上人	双峰寺	《履南上人募购文书小引》84
僧净	郭仙庵	《郭仙庵募斋引》86

续表

僧　　人	寺院庵堂	李 象 坤 诗 文
普缘禅师	郭仙庵	《茶祖普缘禅师塔铭》203
台解	来福院	《改建章屿来福院序》88
炤芳	慈圣堂	《茸慈圣堂引》89
敏一	芳林岭庵	《茸芳林岭庵引》90
克机		《僧克机募衣引》92
朗生上人	仁王寺	《仁王寺镂佛序》92
起刚	开元寺	《重修开元寺序》(代家大人)100
天目禅师	仙岩寺	《重建仙岩圣寿禅寺序》101
曹錬	应道观	《重修应道观序》103
卧月		《卧月上人血书华严经赞》144
达幻禅师		《达幻禅师像赞》147
荆石、水峡、呆若	潦上庵	《为潦上迎监院启》160
荆石	潦上庵	《潦岭荆公五十世寿》代家大人(1666)291
智秀上人	藤萝道场	《西竺秀上人键关禁约》252
含月法师		《迎含月法师启》161
法幢大师	密印寺	《迎法幢大师启》162、诗《宿密印寺有怀法幢大师》394
一相法师		《迎一相法师归后屿启》163
	龙树庵	《龙树庵为檀越祝寿疏》170
元上人	白云寺	《护生饶舌》247、《护生品小引》255
昙朗	弘济寺	《中岙昙公五十世寿序》(1655)290、诗《中岙赠张叔平居士用日休韵》393
	净名寺	诗《宿净名寺次晨入微雨谷游维摩水帘诸洞眺新月洞不果登》320
日休上人	安福寺	《青田艮村安福寺募序》95、诗《日休上人寿母次大梅韵》393、《桐树园集序》434

续表

僧　人	寺院庵堂	李象坤诗文
海贤、觉圆、寂定	东林寺	《庐山东林寺募序》(家大人命代)(1626)71、《重兴东林寺碑》(家大人命代)130、诗《赠庐山东林僧寂定》382
密云	天童寺	《天童寺募序》72、诗《阅天童募卷和沐国师谒》425
	龙沙寺	《龙沙寺记》(1632)119
	灵岩寺	诗《午饭灵岩寺玄墓僧曰鲁卓锡其地》316

与李氏父子交往的、可考出法号的僧人共44人(外地5人),与李氏父子有关系的寺院庵堂33个(外地5个)。① 除此之外,《匊庵集选》的一些游记也有不少涉及佛教的内容。在李象坤的作品中,寺院和佛学是一个理想的避难所。在他的笔下佛学是这样的奇妙之物,"入门则火宅变作清凉"。② 他一再表达了"悬崖撒手"的愿望,③渴望斩断世俗尘缘,"封以白云一片,即可绝不闻汉魏事。……何日撰杖寰中,稍摆脱尘寰事"?④ 既然愧疚、紧张、烦恼都是世俗生活带来的,悬崖撒手是一个彻底解决的办法。但是,佛教也不是一个完美的避难所,当时存在着一种对士人的佛教信仰极不宽容的言论,与李象坤同时代的瑞安人朱鸿瞻在为老师陈昌言所写的传记中说:

> 崇祯间,士大夫佞佛尤盛,先生叹曰:事佛,于愚夫妇犹之可也,士大夫诵法孔子,吾甚患焉。则效必众,而职业不修,天下事不坏于若辈,吾不信也……不数年,遂有甲申之变,时人始信其言,而昌言亦太息以为不幸而中。⑤

依照陈昌言、朱鸿瞻的看法,像李氏父子这种混迹于寺院庵堂的士人应该担当亡国之责。何况李象坤并没有真的遁入空门。他试图通过调和儒佛矛盾来消解这种舆论压力。在为了保养庶母身体而劝开斋的文中,以为开斋"揆之儒理,靡不合符;叩彼佛心,亦应许可",⑥认为"圣贤之于仙佛,教虽不

---

① 参见李世众:《穿梭于红尘佛国:清初地方合作者的道德困境及其解脱》,《学术月刊》2018年第3期。
② 李象坤:《为潦上迎监院启》,《匊庵集选》,第160页。
③ 李象坤:《迎独牧禅师开堂法通启》《玉泉同戒录序》(1665),《匊庵集选》,第164、254页。
④ 李象坤:《青田艮村安福寺募序》,《匊庵集选》,第95页。
⑤ 朱鸿瞻:《陈圣可先生传》,陈光熙编:《明清之际温州史料集》,第473页。
⑥ 李象坤:《代青侯弟为生母开斋疏》,《匊庵集选》,第167页。

同,总此弘济斯民一也"。① 儒理与佛心是相通的。作为有着极高文化修养的士人,李象坤内心十分清楚,这种辩护是十分苍白的。因此又有大量文字称颂易代之际温州的烈士与遗民。李氏在王瑞楠《巡襄存牍序》中歌颂王瑞楠"殉国大节,炳若星岳"。② 李象坤也欣赏周应期"坚小楼之节"。③

三、合作者的多面认同

新朝官员、忠臣烈士、佛门僧徒、遗老逸民、骚人墨客,李家全都交往。在思想态度上,他既表达了李家对新朝的真心归顺(清统治天下为天命所归),也赞扬王瑞楠和周应期等的不归顺(忠贞节烈);既表示要悬崖撒手,又要混迹于红尘。政治态度和价值观层面的多面认同构成了李家的特色。

李氏把诸多互相排斥、针锋相对的政治态度和伦理价值一概加以认同,其中有一个相当现实的目的,就是利用地方上的政治资源、社会资源和文化资源,维持自身和家族安定和精致的世俗生活,不仅仅是"保全"身家而已。贪恋世俗生活的享受也应是他没有皈依佛门的原因之一。从文集中我们看到李光春明末罢官回家后,李家过的是一种极为雅致的生活。李家新建房子的布置是:"植修篁、古梅、丛桂、橘柚。……为小沼,蓄文鱼。磊石数枚,萦以荇藻。两端植杂色葵、秋棠、玉簪、雁来红之属。石几一,石凳四,可觞可弈。"④生活的内容是赏花、观鱼、喝酒和下棋。李象坤好游山水,家山雁荡,游历殆遍,其所著的《游史》为旅游的总结之作,其中谈到的游具达11种之多,包括茶铛、小古鼎和叠香盒等。游山时对酒有很高的要求,嫌弃山村的酒"不堪入口",另选能干的仆从2人买好酒,不远不近地跟在后面,"每得意呼酒,则从者觅一壶而至"。⑤ 对旅游的讲究到了奢靡的程度。把这样的生活名之为"酷贫",无异于梦呓。

李家的家庭生活极为风雅,他们至少在顺治十五年(1658)至康熙三年(1664)间结过诗社。诗社成员有李象坤辈和他们的子侄辈,以及两辈的姻亲。顺治十五年(1658)结成"花萼大社",顺治十六年(1659)结成"己亥社",康熙三年(1664)结成甲辰社。⑥ 李象坤很享受这种诗社生活:"风和日丽,听鸟看花,自是幽闲佳况;……角枰简韵,战茗衔杯,自是骚人雅致。"这样的生

---

① 李象坤:《寿窦令君序》(1665),《訒庵集选》,第277页。
② 李象坤:《送王遁民先生葬》和《巡襄存牍序》,《訒庵集选》,第368、25页。
③ 李象坤:《瞿溪集序》,《訒庵集选》,第36页。
④ 李象坤:《揽秀轩记》,《訒庵集选》,第125页。
⑤ 李象坤:《游史》,《訒庵集选》,第230~231页。
⑥ 分别见李象坤著三文《花萼大社约序》《己亥社政序》和《甲辰社政序》,《訒庵集选》,第22、23、34页。

活比之于曹雪芹笔下的大观园似也不遑多让。听鸟、看花、下棋、品茶虽非必富家子弟方可为,但毕竟也要有闲。李氏自己也说:"吾曹安居饱食,荫祖父之芘。"①周应期之子周天锡就比较了李家与周家的生活状况:"宁侯藏书万卷,竹千竿,梅百株,菜畦十亩。予环堵萧然,琴书寂寥。"②两相比较,一小康富足(是否因广交达官贵人所致?),一贫困苦寒(是否"十九年不下楼"的结果?)。另外李象坤也广泛参加了永嘉文坛的活动,从其诗中看到林占春、刘受韬、陈一球、梅赞臣和周天锡五人担任过诗社的社长。③ 正是借助这种多面认同,李氏为自身构筑了适意的生活环境。

明清易代之际的政治现实是复杂的。忠君爱国的义军在纲常伦理上不失大节,却残暴成性,视百姓如草芥;而毁我衣冠、屠我同胞的异族政权则又是最有可能提供社会秩序的势力。纲常信条的忠实信徒成为殉节者,或遁入空门为僧,或成为遗民;而大部分士人却被动或主动成为新朝的合作者。但纲常伦理具有普世价值的超越性特质,其规范使人"无所逃于天地之间",合作者必须承受道德的拷问。李氏父子以"义军不义",清地方官以"善心"施行"善政"来为自身的政治站队辩护,以参悟佛法和多面认同来纾解精神的紧张。这实为那个时代士人精神史和心态史中之重要一幕。

---

① 李象坤:《社诫》,《菊庵集选》,第 241～242 页。
② 周天锡:《西青集序》,氏著《花萼楼集》,黄山书社 2012 年版,第 5 页。
③ 分别见李象坤写的五首诗《清尘阁诗》《挽刘受韬社长》《春日访姜二滨老师陈蝶庵社长》《次韵酬梅赞臣社长》和《中秋前一夕次韵寄周懋宠社长》,《菊庵集选》,第 349、369、386、388、388 页。

第三章 妇德观念认同的建构和变迁

引　言

男女两性关系问题是人类社会的一个永恒母题。明清妇女的节烈实践是人类男女关系史上的重大历史现象，值得我们对此进行深入的探索。据学者研究，寡妇守节为宋代理学家高调提倡的理想，但成为寡妇们普遍实践的准则要到明清以后。[①] 作为宋儒理想的守节，至明清演化为寡妇们的道德戒律，节烈风气的蔓延达六个世纪之久。节烈妇女的惨酷人生引起了启蒙健将对节烈观念的鞭挞，鲁迅的《我之节烈观》激起了五四一代青年男女的广泛共鸣，业已成为一个新文化运动的经典。[②]

大概受到汗牛充栋般启蒙读物的影响，人们往往会产生误解，以为明清妇女节烈实践的主要动力就是宋儒的节烈观念，声称"饿死事小，失节事大"的理学家是残害妇女的唯一祸首。20世纪80年代以来，随着妇女/性别研究的兴起，对"贞节烈女"现象的研究呈现了异常繁荣的局面，研究的主题和角度丰富而多样。学者们认识到节烈现象的出现并不是单纯的"节烈"理论指导的结果，而与婚姻制度的变更、商品经济的发展，以及人文环境的嬗递有着深刻而复杂的关系。寡妇守节不仅是国家和社会对妇女的道德期许，也是寡妇自身的利益最大化，于是寡妇守节似乎有其所谓的"合理性"。这就可以理解，在近代启蒙运动兴起之前，"惨无人道"的节烈观念为

[①] 对节烈实践的普遍性说明可参见张彬村之《明清时期寡妇守节的风气——理性选择的问题》(《新史学》十卷二期，1999年6月)。另林丽月《孝道与妇道：明代孝妇的文化史考察》(《近代中国妇女史研究》第6期，1998年8月)一文用"罄竹书写"来说明明清两代贞节烈妇记载之多。

[②] 鲁迅：《我之节烈观》，载《鲁迅全集》第一卷，人民文学出版社1981年版，第116～125页。

什么很少被质疑。①

以往学者们的节烈研究取径多为上层文化精英视角和国家视角,使用材料多采自刘向以来的经典作品和历代正史中之列女传等。② 本章拟下沉到县一级的地方层面,以县志中之列女传为探讨的基本材料。③ 县志的编纂往往由帝国基层官僚县令牵头,由县域中之籍籍无名的士绅合作完成,因此县志既体现了国家意识形态的正统性,也反映了地方士绅的一般观念。较之于上层精英的典范文本,县志列女传对于寡妇节烈实践的关联度也是无与伦比的。

本章拟以明清温州府乐清县志中之列女传为核心材料,比较时间跨度数百年的各个版本县志的列女书写,分析列女传记如何取舍材料,审视传记试图凸显什么,又隐藏了什么,进而从中透视地方士绅妇德观念有着怎样的内涵,它是如何被建构起来的,背后有着怎样的意图。

本章的目标不是用史料来复原明清节妇生活的"实像",而是试图描述明清节妇书写的历程;也即本章不属于节妇实际状况的研究,而是士绅的节妇叙事研究。记载不等于实录,我们从各个时代列女传中看到的女性生活的不同面相,其所体现的不一定是妇女生活的变化,更可能是反映了传记作者妇德观念的变化,甚或他们妇德观念也不过是建构的产物,并非是他们真实信仰的东西。

---

① 归有光、汪中和俞正燮等对礼教的批判为人所乐道,但没有人注意到他们只是对室女守贞殉节有非议,而不是对传统节烈观的整体性否定。可参见以下文献:归有光:《贞女论》,载《震川先生集》,周本淳点校,上海古籍出版社1981年版,第58～59页。汪中:《女子许嫁而婿死从死及守志议》,载《汪中集》,王清信、叶纯芳点校,"中央研究院"中国文哲研究所筹备处,2000年,第38～41页。俞正燮:《贞女说》,载《癸巳类稿》卷十三,清道光十三年(1833)求日益斋刻本。

② 可参见以下作品:T'ien, Ju-k'ang, *Male Anxiety and Female Chastity: A comparative Study of Chinese Ethical Values in Ming-Ch'ing Times*, Leiden, Brill, 1988. 安碧莲:《明代妇女贞节观的强化与实践》,"中国文化大学"史学研究所博士论文,1995年。周窈窕:《清代桐城学者与妇女的极端行为》,载鲍家麟编:《中国妇女史论四集》,稻香出版社1995年版。林丽月:《孝道与妇道:明代孝妇的文化史考察》,《近代中国妇女史研究》第6期,1998年8月。杜芳琴:《尚烈与倡节:明清贞节特点及其成因》,载《中国社会性别的历史文化寻踪》,天津社会科学院出版社1998年版。费丝言:《由典范到规范——从明代贞节烈女的辨识与流传看贞节观念的严格化》,《台大文史丛刊》106,台湾大学出版委员会1998年版,第130页。张彬村:《明清时期寡妇守节的风气——理性选择的问题》,《新史学》十卷二期,1999年6月。衣若兰:《史学与性别——〈明史·列女传〉与明代女性史之建构》,山西教育出版社2011年版。

③ "列女"不同于"烈女"。"列"有罗列的意思,类别不同的女性被统称为"列女"。"列女"包括遭遇强暴、抗节不辱的"烈女"。

第一节 从"贞节孝慈"到"画荻懿范"

与正史列女传一样,县志中之列女书写也以表彰妇德为主要宗旨,其目的是用妇德来讽喻世人,教化天下。以下我们首先观察县志列女传如何反映士绅的妇德观念。

乐清县现存五部明清县志。它们分别成书于永乐、隆庆、康熙、道光和光绪五朝。修于永乐十六年(1418)的县志记载了3名节妇,其中元代2名,明代只有1名。① 就研究明清士绅节烈思想的流变而言,这部方志几乎没有价值。过了100多年后,隆庆六年(1572)编成的《乐清县志》,收录的明代节烈妇多达67名。② 修于康熙二十四年(1685)年的县志几乎不走样地移录了这67个传记,此外新增明列女15名,清列女21名。③ 修竣于道光六年(1826)的道光志,明代列女数量如前志,但在事迹记叙上颇有出入,清代节烈妇增至820名。④ 与道光志相较,修竣于光绪二十七年(1901)的县志列女传的显著变化是新增清代节烈妇1 407名,共计2 227名。⑤ 因此,研究明清士绅妇德观念变化的最重要的文献是隆庆志和道光志。

浏览明清县志的列女传记往往给人以非常直观的感觉:明代列女传记篇幅长,有故事情节;而清代列女传文字篇幅长的很少,大多简短。清方志列女传的内容大致由3点构成:夫亡时的年龄,守志几年,受何种级别的表彰,如"周希玉妻张氏,年二十五,夫故,守节四十三年。乾隆间具题奉旨建坊旌表"。⑥ 严格地说甚至不能称这些文字为"传"。另外大概是限于篇幅,还有不少条目只开列节妇夫名及姓氏,并无节烈事迹介绍,如"周君质妻石氏"。

文字长短并非只是无关宏旨的形式问题,事关叙事策略的选择。明列女传篇幅长,作者因此得以设置紧张情节,制造冲突和考验,从而彰显列女们的"苦节"和"至孝"。传记常常置寡妇于"逼嫁"的情境中,让主人公承受性骚扰

---

① 永乐《乐清县志》,陈明猷点校,天马图书有限公司2000年版,第171~172页。朱元璋早在开国元年(1368)就诏令:"民间寡妇,三十以前夫亡守志,五十以后不改节者,旌表门闾,除免本家差役。"其奖励的力度不可谓不大,然而修于50年以后的永乐《乐清县志》所载节妇竟如此之少,节烈观念在永乐时可能还没有成为地方士人普遍推崇的价值。
② 胡宾修,侯一元等纂:隆庆《乐清县志》卷六,温州市图书馆藏钞校本。
③ 徐化民修,林允楫、鲍易等纂:康熙《乐清县志》卷六,温州市图书馆藏刻本。
④ 鲍作雨、张振夔总修:《乐清县志》卷九。本章用陈纬点校的道光《乐清县志》,线装书局2009年版。
⑤ 李登云修,陈珅等纂:光绪《乐清县志》,卷九,民国元年(1912)补刻本。
⑥ 道光《乐清县志》,第579页。

和性侵害的巨大压力,以体现她们如何严防死守其"节"。以下是朱玄斗妻陈氏的传:

> 夫殁,年二十五,自守不嫁,茅屋二间,不蔽风雨。里有欲强娶者,赂其夫之兄弟,伺大风雨夜以肩舆待于门外,欲篡之。陈觉,逃入丛棘以免。他夕复来,陈急匿邻家豕圈中,事乃得已。织紝度日。御史端、兵备张咸至帛粟。邑侯潘潢匾以"贞节"。林侯有年列其行旌善亭,月廪之。以寿终。①

传记将主人公陈氏置于一个孤立无援的境地,连丈夫兄弟也与外人狼狈为奸,迫其改嫁。传记写得细致具体:强娶者使用的工具(肩舆)、事件发生时的气象状况(风雨夜)、陈氏逃入荆棘丛,第二次隐藏在邻居的猪圈里。传记极富戏剧性和现场感。"守节"几乎成了唯一的叙述内容。笔者推测,陈氏应该还有儿女,否则会有"夫亡无子"或"子亡"之类的记录,因为无子守节是当时士绅公论的难中之难。② 如果推测不错,为更加凸显"守节"的主题,连得以体现寡母艰辛抚孤的内容都割舍了。在"逼嫁"的情境下,寡妇们还有一些激烈的应对,或以死相抗(黄谨逸妻周氏),或毁体明志,破面(卢季南妻潘氏)、断指(陈瑞妻吴氏)、断发(杨永仪妻余氏)。③ 作传者对节妇自残毁体的描绘意在凸显她们守节的不可动摇的决心和意志,从而加强了事迹的道德感召力。隆庆《乐清县志》录有学政张莘对卢季南妻周氏"破面流血"的赞扬诗:"守孤断发人间有,破面坚心世上稀。"④

除了对守节的描述,明代列女中"至孝"的模范事迹也是通过行为的"卓异"来体现的。朱鸣妻侯氏,婆婆对她"辱骂百端""啮手"都不能动摇她保护婆婆周全的决心。朱恩妻王氏"父病羸多涕,稠黏鼻塞,常为吸而通之,如是者数岁"。陈钜妻方氏,姑病目,医云宜舌舐之,遂舐至三阅月。⑤

明隆庆志列女传强调妇女最高品德是"节"和"孝"。但"孝"并非专门用来规范妇德,而是对普天下男女的普遍要求。因此,在明士绅眼里,"节"是妇德的唯一内涵。

道光志继续高调提倡"节孝",其清代列女传记里也有寡妇以"截发""断

---

① 道光《乐清县志》,第 568 页。
② 隆庆《乐清县志》卷六,相关议论见卢氏生员李盘妻条下。
③ 道光《乐清县志》,第 568~569 页。
④ 隆庆《乐清县志》卷六。
⑤ 道光《乐清县志》,第 574、571、571 页。

指""绝粒""毁容"等激烈方式来明志的内容。① 但是,其列女书写内容出现了极其显著的两大变化:一是除了对寡妇"守节"的歌颂外,还有对"教子"的赞美。二是除了彰显寡妇作了什么(节孝),还要表扬她们不做什么(尊佛崇道、私育异姓)。

在道光《乐清县志》所载的明代 109 名节烈妇中,提及教子成为生员的只有 3 例,②且教子内容并非出自隆庆志作者的手笔,系为康熙《乐清县志》所增补。这说明编纂隆庆志的明代士绅完全没有表彰节母教育的意识。道光志共载清代节烈妇 820 名,提到训子成为生员的有 66 名。

明代官员给节烈妇题的匾额为:贞义、双节、贞节、守节、节义、儒门清节、贞节孝慈、孤芳并烈、贞淑孝慈、芳操自命、柏贞松寿、节孝、节孝幽芳、志贞。表彰的是贞、节、孝,没有任何一个匾额鼓励训子。道光志所载清代官员士绅给节烈妇题的匾额共 146 个,其中带有鼓励教育意思的匾额 29 个,比例高达 19.86%。

29 个匾中的 16 个运用了欧阳修母亲郑氏以荻画地教子读书的典故:荻训有成(温州知府刘为蔡凤秀妻林氏题 584)、③画荻丸熊(学政邓钟岳为余梦鳌妻曾氏题 586)、柏操荻训(学政于敏中为徐景皓妻周氏题 586)、冰操荻训(乐清县令陈恺为徐青云妻郑氏题 587)、画荻懿范(学政窦光鼐为高天侯妻郭氏题 588)、柏贞荻训(学政彭元瑞为徐贤士妻戴氏题 588)、慈徽荻训(学政彭元瑞为陈洪范妻金氏题 589)、画荻遗风(学政阮元为周景堡妻赵氏题 593)、画荻齐贤(有司为周育亮妻卓氏题 598)、画荻齐贤(县令为瞿嘉楷妻李氏题 599)、荻教初成(学政彭元瑞为叶永球妻何氏题 601)、冰操荻教(学政于敏中为董学进妻李氏题 602)、冰操荻训(学政彭元瑞为周光镰妻徐氏题 604)、荻训流芳(学政王为郑瑞茂妻金氏题 605)、画荻遗芳(县令丁儞为邵康朝妻朱氏题 613)、松操荻教(县教谕祝懋裳为陈子标妻侯氏题 615)。

春秋时的敬姜是以博学多闻、匡子过失、教子法理驰名的贤母典范。④以下 4 个匾额的内容出自这个典故:贤并共姜(王县令为黄一孝妻王氏题 596)、节并共姜(学政为钱桢妻王氏题 586)、敬姜遗范(县令宋哲为陆世潮妻林氏题 613)、敬姜遗范(县令为郑良猷妻叶氏题 616)。

---

① 朱君邦妻张氏"截发自誓"。蔡清魁妻颜氏"断指自誓"。张冕继室赵氏绝粒七日不死,引锥自刺又不死,乃毁容苦守。道光《乐清县志》,第 578、597、601 页。
② 即赵应爵妻鲍氏、陈九英妻赵氏和刘传彬妻郑氏。道光《乐清县志》,第 576~577 页。
③ 括号中的数字为陈纬校注的道光《乐清县志》的页码。
④ 敬姜系春秋鲁国大夫公父文伯之母。其事迹散见于《国语》、刘向《列女传》、《韩诗外传》和《礼记·檀弓》等文献。

以下是直接出现"教"或"训"字样的6个匾额：教成云翮（学政马豫为陈茂臣妻石氏题584）、节操慈教（温州府教授陆景华为谷维麟妻林氏题599）、节操慈教（县令倪本毅为蒋圣辅妻倪氏题605）、洁操慈教（学政阮元为杨应璧妻张氏题608）、冰闺慈训（学政彭云瑞为陈纶章妻叶氏题588）、冰操慈训（学政雷鋐为陈泮旗继室何氏题589）。

还有其他3例：运用孟母断机杼典故的"寒杼霜凝"（王学政为叶方荣妻任氏题601），运用孟母三迁典故的"教法三迁"（县令丁傊为蔡宗周妻陈氏题607），典出楚辞的"黄鹄雏成"（学政窦光鼐为杨荣周妻项氏题616）。①

除了突出对家庭教育表彰作用的这些匾额外，还有些传记通过叙述来表扬节妇的教育付出。如"赵门二节"条，巡抚王度昭题的匾额"冰蘗嗣徽"与家庭教育无关，但传记中说赵兴敏妻李氏"子鼎燮方九龄，矢志和熊"。② 不少传记对节妇家庭教育事迹的叙述分量也远超对节孝的叙述，例如"徐景皓妻周氏"条：

> 幼从父兄学属文。年二十一，夫故，子佳兴甫六月，矢志不二，孝事舅姑，教子以义，不受非义之财，口授《诗》《书》，佳兴弱冠游庠。督学于旌以"柏操荻训"。③

周氏传记基本由家庭教育事迹构成，只有"孝事舅姑"4字是讲孝的，这在明代是不可想象的。可以考出的道光志中的题匾官员有以下13个，④按到任时间的先后排列如下：

马豫　浙江学政，康熙五十九年（1720）年到任。
邓钟岳　浙江学政，乾隆元年（1736）到任。
于敏中　浙江学政，乾隆十二年到任（1747）到任。
雷鋐　浙江学政，乾隆十五年（1750）到任。
陈恺　乐清县令，乾隆十七年（1752）到任。

---

① 黄鹄，比喻高才贤士。《文选·屈原〈卜居〉》："宁与黄鹄比翼乎？将与鸡鹜争食乎？"刘良注："黄鹄，喻逸士也。"
② 道光《乐清县志》，第583页。唐柳仲郢幼嗜学，母韩氏用熊胆和制丸子，使郢夜咀咽以提神醒脑。
③ 道光《乐清县志》，第586页。
④ 若干题匾官员无法考出，比如清代温州有3个知府姓刘，我们就不知道题匾者"温州知府刘"其确切所指。清代有5个姓王的学政，无法确定"督学王"是谁。清代乐清又12个姓王的县令，不知道"邑令王"指谁。道光《乐清县志》586页，出现"学使帅"，经查清代似无姓帅的学政。另外还有些只有官衔没有名字的指称，如"邑侯"、"邑令"，还有更笼统的指称"有司"。

窦光鼐　两度任浙江学政,乾隆二十一年(1756),乾隆四十七年(1782)。

彭元瑞　浙江学政,乾隆四十二年(1777)到任。

丁儆　乐清县令,乾隆五十二年(1787)到任。

阮元　浙江学政,乾隆六十年(1795)到任。

祝懋裘　乐清县学教谕,嘉庆六年(1801)到任。

倪本毅　乐清县令,嘉庆八年(1803)到任。

宋哲　乐清县令,嘉庆十五年(1810)到任。

陆景华　温州府学教授,道光七年(1827)在任内。

由此可见,官员和士绅对节妇的表彰出现了一个新的趋势,即对节妇家庭教育的鼓励,发生这个变化的时间大体从康熙末年开始,到乾隆间进入高潮。因县志列女传记具有特殊的教化目的,传记内容的变化意味着士绅观念中妇德内涵的多元化。

反映"妇德"此种内涵的信息还可见之于其他温州地方文献。如道光三十年(1850)任温州府学教授的金衍宗就说过"余谓妇道所重尤在教子"。① 清永嘉名士王德馨(1819~1888)有诗句云:"母乃矢厥志,三复柏舟篇。千载效儀氏,教子曾三迁。……何幸孙成器,早岁泮芹寨。"②王德馨教家中女眷读诗写诗,以此为乐,这无疑有乖以节孝为本的主流价值观。他是这样为自己辩护的:

> 余穷老家居,日无所事,惟教任氏谢氏两媳妇及适吴氏女读诗,并日授以做法,以自娱晚景。或诮之曰:"妇人职在中馈,惟酒食是议,笔墨非所宜也。"余初亦不之辩,其人竟哓哓不已,余因为晓之曰:"言为心声,妇人果有婉娩顺承之德,即有温柔敦厚之词。故风诗《周南》十一篇,女子居其八。《召南》十四篇,女子居其十一。下至《泉水》之卫女,《柏舟》之共姜,《载驰》之许穆夫人,其诗皆经圣人删定,而列之雅颂,后儒皆无敢置喙,何先生独于余乎是责。"③

乐清生员刘之屏记载过婆媳两节母教子的事迹。两节母以柔弱之躯养活全家12口,④还要拼命供养一孙读书:

---

① 金衍宗:《严孺人八秩寿序》,在《瓯隐卮言》卷下,咸丰五年(1858)刊。温州市图书馆藏。
② 王德馨:《族母翁太孺人九旬贞寿》,载王妍点教《王德馨集》,黄山书社2009年版,第19页。
③ 王德馨:《雪蕉斋诗话》卷四,《王德馨集》,第412页。
④ 子辈2男2女,孙辈4男3女。加上两节母计13口。减去子辈早逝的1男,还有12口。另子辈有1男"不慧",疑为精神残疾。

> （节母吴）上奉白头，下育黄口，鸡鸣问视靡缺，旨甘熊胆和丸，合灌泪血。……姑姑相对纺织；良焘摊书旁读，机声、读书声达于四壁，熟则令背诵为乐。……及以临（即良焘）补郡学弟生员，胡安人笑谓吴安人曰："吾二人半生辛苦，而今差可无罪于地下矣。"

培养一个读书人以冀获得科考功名，实为两节妇人生意义所系，其教子成果使她们自感可以无愧于亡夫。作者最后有一段专门议论，引经据典，对"母教"推崇备至。① 乐清廪生高谊（1868～1959）之《方母殷太宜人家传》和《节母黄孺人家传》，其叙述家教情节、场景以及文章推崇母教的立意，都与刘之屏此文相类。② 光绪八年（1882）瑞安孙诒让明确要求县志列女传写作突破"节孝"这一狭窄的妇德标准，他说：

> 《列女传》之作，昉于刘子政。区次十目，厥义至广。范蔚宗踵其例为《后汉书·列女传》，其自序亦云："搜次才行高秀，不必专任一操。"则固非如后世列女传之专收节孝也。此次修志议略用刘范二家旧例，广为甄录，略区五类：其妙擅文翰、富有撰述者，谓之才媛；遭遇强暴，抗节不辱者，谓之烈女烈妇；青年守志，白首无玷者，谓之节妇；侍亲奉姑，性行纯至者，谓之孝女孝妇；未嫁守志，从一不字者，谓之贞女。凡此五种，无不备载。③

继康雍乾时期官员鼓励节妇履行家庭教育职责后，清末士绅又要求将"才媛"写进列女传。妇德除了原先的"节孝"外，还要求成为专注于教育的"贤母"，并包容"才女"。

为什么在清中叶的妇德塑造会凸显"画荻懿范"？从乐清地方的历史发展脉络中似可提供一种解释。乐清乃至整个温州在清顺治、康熙年间，遭遇了历史上少有的乱世。清人朱鸿瞻曾在其《时变纪略》中将1644年以后的温州祸乱概括为五大变：军民之变（1644～1645）、鼎革之变（1646～1647）、山寇之变（1647～1650）、海寇之变（1658～1659）、闽藩

---

① 刘之屏：《庄氏两节母家传》，袁国唐校注：《盗天庐集》，线装书局2012年版，第35～36页。另，两节母事迹也见于光绪《乐清县志》卷九"庄门二节"条。以下内容刘传所无：获浙江学政文题匾"冰雪双清"；巡抚聂缉规具题旌表。
② 两文见高谊：《高谊集》，高益登编注，线装书局2013年版，第170～171、191～192页。
③ 孙诒让：《瑞安县志局采访人物条例》，载张宪文辑：《孙诒让遗文辑存》，浙江人民出版社1990年版，第222页。

之变(1674~1676)。① 如果再加上迁海之变(1661~1684),②这是非常惨烈的40年。其中迁海之变为祸尤烈,其乱离伤痛非滨海地域的人难以想象。顺治十八年(1661),迁海令下达时,乐清迁弃94里(编户单位,非道路里程),仅存42里,致使包括县城在内相对富庶的市镇、村落被毁,成为无人区。在这个过程中图书谱牒遭毁,书院停废,文教事业遭受毁灭性浩劫。从社会结构的层面观察,可以说这是一个真正彻底的重新洗牌,根基最厚的明代大族也经不起长达40年的猛烈震荡。康熙九年(1670)回到故乡的高垟林奕斗看到的景象是"村落为墟,田园荒废"。③ 乱后重建从零开始,进展十分缓慢。虽然乐清的动乱在1683年即已平息,但具有阶段性突破标志的,应该是康熙四十一年(1702)知县陈大年主持的水利兴修。道光志记载:"国初,防海迁界,河道陡埭多废。……至陈侯大年始大兴水利,修陡闸二十余所,溪河塘埭四十余处。"④地方经济从此进入复苏和发展时期,也只有到了这个阶段那些较为成功的富裕家族才有条件追求科考功名。陈大年大兴水利为康熙四十一年(1702),学政马豫对陈茂臣妻石氏"母教"的表彰为康熙五十九年(1720),这大体反映了经济发展与文教需求产生这两个前后相继的历史过程。

高垟林家从农耕传家到诗书礼仪传家的过程具有相当的代表性。顺治十八年(1661),吕岙林奕斗才一周岁,被置于竹器中,"肩入界内避难"。⑤ 展界后,经过林世昌、林奕斗、林秀迪三代人的艰苦努力,至第四代的林方乘成为县学生员,第五代林兴运(1740~1817)也是生员,于乾隆五十八年(1793)加捐贡生。再往下林启亨、林大椿均有功名,林家成为乐清望族。⑥ 除此之外,乐清西乡的吕岙徐氏、荷盛郑氏、万家倪氏、蟾河堡施氏、坭垟赵氏和后所董氏等都有类似的经历:展界后参与水利兴修,经过数代成功的经营后成为书香门第。人们为了重振家声或避免家族的没落,获取科名是一条非常有效的途径,因此"画荻懿范"成了士绅塑造妇德的重要导向。

学界普遍认为,自汉以后的列女传,列女的内涵在类型与社会阶级的涵

---

① 朱鸿瞻:《时变纪略》,载陈光熙编:《明清之际温州史料集》,第157~166页。
② 康熙九年(1670),朝廷曾下过"展界令"。康熙十三年(1674)三藩之乱爆发,台湾郑经配合耿精忠反清,因此康熙十七年(1678)朝廷重申"防海迁界"。直到康熙二十二年(1683)朝廷攻占台湾,乐清才得安宁。
③ 林启亨:《〈高垟林氏宗谱〉世系图林世吕条按语》,王志成校注:《林启亨集》,线装书局2013年版,第249页。
④ 道光《乐清县志》,第196页。
⑤ 林启亨:《〈高垟林氏宗谱〉世系图林世吕条按语》,王志成校注:《林启亨集》,第249页。
⑥ 民国《高垟林氏宗谱》,1944年版。

盖面皆有所窄化。整体而言，历朝列女传记所强调的女性角色，贤能辅助的色彩，渐为贞烈所取代。① 现在看来，这样的描述似有简单化之嫌，从上述梳理的明清乐清方志列女传撰述看，列女书写呈现了多样性的特征，其最突出的一点就是对妇女家庭教育职责的强调。

第二节 对佛道信仰和私育异姓的训诫

从温州各县的方志和地方文献中，我们可以发现道光年间是清代历史发展的一个转捩点。在这 150 年左右的时间里，温州地区的人口呈现了膨胀式的快速增长，这不仅由于长时期的承平导致人口的快速繁衍，也由于在这个阶段，福建人口不间断的大规模迁入。正是在这个阶段，番薯、马铃薯和玉米等美洲作物的种植迅速扩展。这使得温州一方面包括山区在内的土地得到了较为充分的开发；另一方面，也由于人地矛盾的日渐尖锐化，人们的生计不断趋于艰辛。再加上商业的发展，重利风气、奢靡风气凸显，温州社会面临严重的危机。敏感的士人似乎已经看到了传统经济秩序、社会秩序和道德秩序走向崩坏的迹象。在这种情况下，稳定秩序成了县志编撰者的深切期待，这个时候编修的道光志列女传就不仅有对"画荻懿范"的正面强调，还有对佛道信仰和私育异姓的训诫。

编纂县志的"教化"意义，虽然在各种方志的序言中都会泛泛提及，但在道光志中却表达了强烈的现实针对性和迫切性。道光县志的凡例称："目前人心风俗之害，又莫甚于佛；流毒之深，莫甚于嫠育异姓。此皆愚夫愚妇迷罔之极者。"②在构成"妇道"的诸种元素中，"节"历来被排在首位，现在的方志编纂者已不再认为"节"具有独立的价值。节妇如果存在以下三个方面的"不端"行为，县志"概不录"：忤逆舅姑，私育异姓为嗣，牵率里妇入寺听经。③ 在以上所引凡例内容中，礼佛和寡妇私育异姓为嗣这两方面的危害，已经说了两遍。然而，似乎还嫌强调不够，凡例倒数第二条又说："节必兼孝，释子谈空，羽流炼炁，无益治道，徒伤风教。"④

凡例内容虽以节妇选录标准的形式出现，其实也可以说是比较直接地点出了这些"恶俗"存在的普遍性和严重性。对寡妇私育异姓和佛道信仰的遏

---

① 衣若兰：《史学与性别——〈明史·列女传〉与明代女性史之建构》，第 150 页。
② 道光《乐清县志》，第 21 页。
③ 道光《乐清县志》，第 20 页。
④ 道光《乐清县志》，第 21 页。

制意图背后有着丰富的社会经济内容。我以为其主旨乃是试图通过稳固和强化宗族组织的凝聚力,从而维护传统的经济秩序、社会秩序和道德秩序。

维护宗族制度以保全宗族财产为首要。凡例对佛道信仰的批判达3次之多,固然也出于地方士绅保持儒学正统地位的文化立场,但其现实意义却是针对宗教活动对地方宗族财产的侵蚀。笔者目前还没有从乐清的文献中找到相关的直接证据,但同时期温州府的平阳、瑞安等县都有大量寡妇甩卖田产布施僧尼的现象。寡妇守节其实有多种难处,其中最难者当为无子守节。因无子,寡妇们在漫长的守寡生涯中失去了一根重要的精神支柱。对一般的寡妇来说,守节出于财产权、子女拥有权的归属等自身利益的考虑,以及对社会舆论压力的顾忌,并非人生精神归宿所系。杨庆堃曾说儒家思想的衰落是由于该学说缺乏超自然的解说,不能解决不断变化的现实和人类对来世的执着及最终命运的矛盾,因此佛教的一些基本观念,如灵魂轮回和因果报应等,才被大众普遍接受。① 孀妇对僧尼的布施,在道场上的花费,体现了她们寻求精神解脱的渴望。但妇女入寺听经一则存在瓦解男女大防的危险,二则可能进一步出现对寺庙的施舍。我们道光志列女传中确实看到了编纂者有针对性的规训意图。这里试比较隆庆、康熙、道光三个版本县志对节妇朱氏的不同书写。

隆庆《乐清县志》记载:

> 朱氏,梁宗稔妻,年十八而嫁,甫七月,夫亡,矢志自守,以夫兄之子为嗣,独处一室,日持斋念佛,以终其身。郡守丁瓒表妻门。②

康熙《乐清县志》记载:

> 朱氏,梁宗稔妻,年十八而嫁,甫七月,夫亡,矢志自守,以夫兄之子为嗣,独处一室,持斋念佛,寿终。③

道光《乐清县志》记载:

> 梁宗稔妻朱氏,年十八而嫁,甫七月,夫亡,矢志自守,以夫兄之子为

---

① [美]杨庆堃:《中国社会中的宗教——宗教的现代功能与其历史因素之研究》,范丽珠等译,上海人民出版社2007年版,第125~126页。
② 隆庆《乐清县志》卷六。
③ 康熙《乐清县志》卷六。

嗣，独处一室。郡守丁瓒表妻门。①

如果从文化立场角度看，隆庆志和康熙志的编纂者都不会对佛教信仰持赞同态度，但他们对节妇的礼佛是宽容的，在这两个版本的朱氏传记中都有"持斋念佛"之语。而道光志却硬生生地删去了"持斋念佛"一语，以致文意颇让人感到突兀。前两志说朱氏"独处一室，持斋念佛"，文甚顺。道光志只说朱氏"独处一室"，不说她独处一室干什么。顺便说一下，隆庆志和康熙志称主人公为"朱氏"，保留了节妇的主人公地位。在道光志里，称呼主人公为"梁宗稔妻朱氏"，这反映了士绅的妇女"从夫"观念的深化。

再来看康熙志和道光志对明代节妇周允谐妻郑氏的不同书写。

康熙志记载：

郑氏，周允谐妻，年二十四而寡，守节不二，课子道储，好行其德，施楮饭僧，不计其数。文宗许公豸，旌曰"贞淑孝慈"。②

道光志记载：

周允谐妻郑氏　年二十四而寡，坚志守节，训子道储，好行德义。崇祯庚辰，阖庠公举，督学许豸旌曰"贞淑孝慈"。③

两志除了称呼不同外，语句用词也颇多不同处，但最大的差异在于康熙志提到郑氏有"饭僧"之举，并称之为"德行"。道光志只说郑氏"好行德义"，但删去了布施和尚的内容。

三志对明代节妇陈世云妻林氏的书写却是相同的，道光志并没有删去节妇远比一般信仰活动"严重"的行为——祝发为尼：

年二十五，夫亡守志。舅姑欲嫁之，乃携孤依其弟。继而孤亡，弟又被掳，则誓与弟妇共守。无何，弟妇又死，乃祝发为尼以终。④

从这简短的传记中可见，人世间最惨烈的灾祸接连不断地倾泻在林氏身

---

① 道光《乐清县志》，第569页。
② 康熙《乐清县志》卷六。
③ 道光《乐清县志》，第576页。
④ 见隆庆《乐清县志》卷六，康熙《乐清县志》卷六，道光《乐清县志》，第572~573页。

上,夫亡、因逼嫁依弟、孤亡、弟死、弟妇死,可说是"靠山山倒,靠水水干"。大概道光志的编者认为只有经受了这样程度的沉重苦难,信仰佛教才是可以被宽恕的。

除了佛教信仰外,道光志编写者认为另一个对社会具有严重危害的社会现象是寡妇"私育异姓为嗣"。按照当时的宗族制度,寡妇如果没有亲生儿子,应该在亡夫兄弟的儿子中选取一个作为继子,以继承自己的财产。这一则可以防范族内财产的流失,二则可以使亡夫的血食不绝。但从笔者所见的材料看,寡妇私育异姓为子也有其不得已处。当时的一种社会现象是,继子甫一确定,财产纠纷就很可能产生。继子的亲生父亲惦记寡妇的财产,谋求土地的经营权,而又不愿让儿子离家与寡妇生活在一起。光绪初年的平阳县令汤肇熙就审理过这样的诉讼,他的判决是:寡妇的田产应由她自行经管,理由是"该氏即明知日后产业总归继子,而此时以己之产,竟不能由己作主,则亦何乐?有此产又何乐有此继子耶?"另外,其继子应交该寡妇自行教、读、婚配,如此"方足以安孀寡之心,而洽母子之爱"。① 寡妇私育异姓实为保全亡夫的财产权之举。这种现象至迟在嘉庆时就已经普遍存在,嘉庆十三年(1808)乐清岁贡胡名秀说:

> 迩来,乐邑寡妇往往有利其夫之赀,不肯与侄,遂于夫亡时,诡称有孕,阴鬻异姓之子,假为亲产状,使伯叔不得斥其非,姒娣无由指其实,而其夫之祀遂斩矣。……余因是事得诸见闻者甚伙,恐其风日炽不可救药,且悯其夫之含冤地下,无从诉告。②

从事后的情况看,社会习俗的演变趋势恰如胡氏所担心的那样"其风日炽不可救药"。寡妇们甚至不屑于"阴"育异姓,明目张胆地异姓乱宗,比比皆是。③ 她们或公开抱养儿子,或招夫入赘,以后夫子为子。异姓乱宗容易引起财产继承权纷争而直:接危及社会秩序;另外也由于它损害宗族血统的纯洁性而破坏地方宗族秩序。这使士绅感到十分忧心。因此道光志的编纂者

---

① 汤肇熙:《谕余王氏控案族戚》,《出山草谱》卷五。温州市图书馆藏。
② 道光《乐清县志》,第970页。
③ 主要反映清代社会状况的民国《平阳县志》,也有以异姓为嗣的记载,且说明其易引发社会冲突:"贫妇夫死,有子者,多招夫养子;无子转适。或有翁姑在堂者,即招后夫为子,其生子即冒前夫之姓,而受其产业。由是前夫本宗出而争绎,涉讼者往往有之。"另也有私育异姓者:"富室有年老艰于子嗣,虑日后承继争产者,使妇诈孕,暗抱人子收养之。亦有夫死无子,妇诈遗腹,以抱养人子者。"因这些内容载于风土志,可见这些社会现象的普遍性。符璋、刘绍宽纂:《平阳县志》卷二十,民国十四年(1925)刻本。

就把"抚侄为嗣"当作寡妇的一种高贵品性在县志中予以彰显。隆庆志和康熙志的列女传记中尚没有这样的记载,由此推测自明代至清康熙二十四年(1685)间异姓乱宗的事例极为少见。在道光志的清代列女传中出现"抚侄为嗣"的有58例,①光绪志记载了道光六年(1826)以后的列女,其中出现"抚侄为嗣"内容64次。② 两者相加共122例。

综上所述,以佛道信仰和私育异姓的批判作为妇德规训的重点,实为县志作者应对现实社会秩序危机的举措。

第三节 列女书写与地域秩序

上文已经指出,在道光志列女书写中,士绅对妇女佛道信仰和私育异姓的规训具有稳固宗族以维护社会秩序的强烈意图。后来章太炎等认为宗法血缘团体阻碍全国力量的凝聚以应付国家的危局,主张用国家主义和民族主义的思想资源来融解宗族社会。③ 但在大规模的现代思想资源出现之前,面对社会危机的出现,士绅希望通过稳定宗族来重建地方秩序是非常自然的事。④

另外,列女传的编纂也有异常缜密的政治秩序的考虑。这在康熙志和光绪志中体现特别明显。笔者注意到了康熙志关于节烈妇表彰的一个矛盾表述。其凡例称:"孝子节妇湮没穷乡下里者,不可胜计,是志循名考实,必为表章。"又该志烈妇"戴氏"传下有这样的按语:"当时海寇全境,闺帏淑秀婴白刃赴清流者比比,然又安能悉为表章哉!"⑤凡例称凡节妇"必为表章",按语说"安能悉为表章"? 同一部方志里面的矛盾表述背后究竟隐藏了什么样的历史秘密呢?

康熙志收录82名明代列女,而清代列女只收录21名。⑥ 让人感到纳罕的是,从清朝1644年占领北京,至康熙县志编纂的1685年间是兵匪横行的

---

① 道光《乐清县志》,第578~630页。
② 光绪《乐清县志》卷九。
③ 相关讨论可参考以下著作:王元化:《对于"五四"的再认识答客问》,《九十年代反思录》,上海古籍出版社2000年版。王汎森:《从传统到反传统》,《中国近代思想与学术的系谱》,吉林出版集团有限责任公司2011年版。秦晖:《新文化运动中的"个性解放"与"社会主义"》,《走出帝制》,群言出版社2015年版。
④ 冯桂芬:《复宗法议》,见《校邠庐抗议》,光绪十年(1884)刻本。陈虬:《治平三议》,见胡珠生辑:《陈虬集》,中华书局2015年版。
⑤ 康熙《乐清县志》卷六。
⑥ 康熙《乐清县志》卷六。

40年,生逢乱世,妇女的贞操面临严重的威胁,期间出现的足堪示范的英烈事迹还会少吗?号称凡节妇"必为表章",为什么列女只有21名呢?这个表彰规模不符合明代以来表彰节烈风气愈来愈强的趋势。这与当时的政治环境有着密切的关系,县志编纂者可能在小心地回避清军进入温州时大量女性自杀或者抗暴身死的现象。

朱鸿瞻的《时变纪略》记载:

(1675)大清师蹑追至境,北屯太平岭山,西屯净水新桥山。彼时乘势近城,一鼓可下,但只掳掠子女,无取城意,乡村为之一空,贞女触岩、投水死不计其数。师至瑞安丽岙,丽岙子女亦遭掳。

贼在郡,筑巽山白塔一带御师,塘河桥梁皆毁坏绝渡。时人民惊疑,恐大兵恢复,玉石俱焚。幸王师不急攻城,惟溺于女色,屯住偃息。至丙辰(1676)五月,忽传令班师,营垒尽撤。子女为所掳者悉驱北去,乡都涂炭,后有往京、省赎回者。①

引文再现了耿精忠军队与清兵相持于温州府瑞安县时出现的情境。其实乐清也是两军对垒的主战场,康熙十三年(1674)七月耿军曾养性部克乐清,其后耿军进攻台州和败退回温州都要经过乐清,乐清人遭遇的惨烈当不在瑞安之下。这个材料透露了两个事实,第一,引文第一段说明,除了"贼"以外,"王师"(清兵)也在掳掠子女,导致"贞女触岩、投水死不计其数"。第二,引文第二段说明,国家军队不仅直接"造就"了数量庞大的烈女,而且还把大量温州的女子掳至杭州和北京。这些人极可能被卖为娼、为奴、为妾,多年后温州人要花钱赎回本属于他们自己的妻女。康熙《乐清县志》的编修距耿精忠之叛仅十年,如果真的要大规模地表彰烈女,那就要去鉴别哪些是国家作孽,哪些是"贼寇"为祸。这样做无异于大张旗鼓地揭露清军的罪行,容易引起百姓的"思想混乱",从而妨碍地方秩序的安定。因此只好用一句"闺帷淑秀婴白刃赴清流者比比,然又安能悉为表章哉"含糊过去。

光绪志的列女书写的政治色彩也是非常鲜明。光绪《乐清县志》修竣于光绪二十七年(1901),上距道光志修定(1826)有75年。其间乐清历史上经历了瞿振汉反叛(1855)和太平军侵入(1861~1862)的重大事变。这是乐清继清初之后遭遇的又一次惨烈的浩劫。在众多有关战乱的追忆中,尤以林大椿的《红寇记》《垂涕集》《垂涕集补遗》和《粤寇纪事诗》最为详尽。林大椿的

---

① 陈光熙编:《明清之际温州史料集》,第165页。

作品一方面揭露了政府官员临难弃民逃跑、事后邀功请赏的劣迹(见《红寇记》);另一方面也记载了大量抗节殒命的贞烈妇女,如《吊殉节诸妇女》《吊烈女张茶华》《吊黄氏二节妇》《庞妇女》和《觅雏尼》等。① 浩劫过后,政府和士绅面临尴尬的处境:一个不能保护人民、不能使人民免于涂炭的统治者如何维护统治的正当性。战后长时期的对于死难者的调查、表彰和纪念活动就具有重新确认统治合法性的政治意义。② 光绪志对节烈妇的大规模的表彰,即为消除社会混乱的思想,进行道德、文化和信仰重整的重要手段。在这里作一个不那么严谨的比较,道光《乐清县志》编竣于 1826 年,距清立国达 182 年,其所载清代节烈妇为 820 名,光绪《乐清县志》编修与道光《乐清县志》间隔只有 75 年,却新增节烈妇 1 407 名。于此可见,光绪志表彰节烈妇的规模是非常惊人的。

值得注意的是,士绅的节烈书写往往通过性别意识的运作来强化传记的教化意义。列女传所塑造的模范妇女,其教化的对象不限于妇女,更是那些读圣贤书,膺教化重任的士绅。晚清乐清廪贡生刘之屏(1856~1923)在一篇记叙烈妇的文章中议论说:

　　士大夫自号读书明大义,一至颠沛流离,患难生死之际,嗒焉自丧所守。读史者往往为之浩叹。妇人女子,生平不知诗书为何物,及一旦临大节,即舍生取义,不俟须臾。是果何道欤?③

士绅位列"四民"之首,理应成为社会的道德楷模。但现实中的情况却是如此不堪,教育者反要受以男子为天的女人的教育。光绪志"周烈女"条后有比之上述刘氏更为激烈的评论:

　　女生于农家,素不闻女师德象之训。晚近节义不多得于缙绅簪缨之班,而往往见之巾帼柏舟励操,所在多有。……君子犹急为嘅赏褒扬之,俾挂名朝籍,临艰危而蒙面苟活者,知所愧赧,而无可容于天壤之间。而以女之可无死而死,则并无所勉强急迫于其中也。其难易又何如哉!

---

① 赵挽澜编注:《林大椿集》,线装书局 2013 年版,第 263、279、282、314、323 页。
② 直到光绪八年(1882),孙诒让在论及向上呈报忠烈姓名时还说,太平天国被镇压之初,"兵燹甫定,喘息未苏,远乡僻壤,族姓衰微,未及呈报者尤复不少"。意为要继续采访被湮没的忠烈事迹。孙诒让:《瑞安县志局采访人物条例》,《孙诒让遗文辑存》,第 221 页。
③ 刘之屏:《纪蒋、金两世母投水殉节》,《盗天庐集》,第 41 页。

彼蒙面苟活者即欲女以奴婢畜之,亦乌可得哉!①

意为那些"临艰危而蒙面苟活"士绅、官员给出生于农家的周烈女当奴才都不配。于此可见,表彰节烈用意之一,也在激发男子的羞耻之心,以妇女之节烈臊男子之无节。寓居瑞安的乐清籍举人陈虬在其《瑞安何氏旌节坊记》中也采用了类似的手法。作者在叙述了节妇的事迹后不无突然地做了这样的发挥:

> 瑞安俗诞而好巫,高明之家妇女喜与巫觋、斋尼相往还,而妖妄之婢因挟以自重。每广树徒众,幻张名号,日以其诡秘邪淫之术诱妇女入教,而被其所惑者如入阱之兽,势不复得自拔,败名堕节,丧家亡身,为世道人心之患。……学士大夫有身受其毒而尚不自知者! 母以一妇人顾能早见及此,克全其节,然则由母之道,虽以防今日之瑞而有余矣,又岂仅仅凡处嫠者所当法哉!②

文末点明节母何氏的典范意义不限于"处嫠者"。这段话更重要的意义是要求人们与民间信仰(巫觋)和佛教等儒学异端划清界限,这就证明了儒家学者的节烈书写中所蕴含的维护正统文化立场的用心。

综上所述,列女书写所包含的秩序维系意义大致有三个层次:第一,批判妇女的佛道信仰和私育异姓,避免族产流失,确保宗族血统的纯正,增强宗族的凝聚力,以维系地域的社会秩序。第二,维护政权合法性,以稳定地域的政治秩序。第三,以全体民众为教化对象,保持地域的文化秩序。

本章以乐清县志之列女传为核心材料,在士绅"妇德塑造"的脉络下,比较了不同版本县志在列女传记内容和叙事策略等方面的差异,以透视不同时期士绅的妇德内涵,继而结合时代环境的变换来分析士绅的妇德规训意图。研究得出以下三点结论:

第一,清中叶以后妇德内涵建构呈现了多样化的趋势。研究发现,在明士绅的列女书写中,"节"是妇德的唯一内涵。清中叶以后士绅对节妇的表彰出现了一个新的动向,"画荻懿范"成了士绅塑造妇德的重要导向,道光志的编者塑造了大量欧阳修母亲式的、以"荻训"为特征的贤母形象。因县志列女

---

① 光绪《乐清县志》卷九。
② 胡珠生辑:《陈虬集》,第253页。

传记具有教化性质,传记内容的变化意味着士绅观念中妇德内涵的变化。沿着妇德内涵多样化的趋势,继康雍乾时期官员鼓励节妇履行家庭教育职责后,清末士绅又要求将"才媛"写进列女传。妇德除了原先的"节孝"外,还要求成为专注于教育的"贤母",并包容"才女"。这就需要重新检讨学界的这个一般性认识:明清以来妇德内涵朝着"贞烈"的单一导向而趋于"窄化"。

第二,社会环境规定着士绅的妇德建构。明清方志中的"列女传"貌似千篇一律,实则存在着种种刻意造成的差异。对这种差异分析清晰地呈现了清中叶以后由两个方面构成的妇德内容,即对以家庭教育为主要内涵的"贤母"的倡导,对佛道信仰、私育异姓的批判。这种妇德典范并非士绅书斋构想的产物,而是县志编纂者因应时代特定问题所致。

第三,士绅妇德规训牵涉到极为实在的物质层面问题。新文化运动以来对节烈观念的批判具有不容抹杀的历史意义,但也不是没有值得反思之处。本章的研究显示,士绅的列女书写具有维护地域的社会秩序、政治秩序和文化秩序三个方面的意涵。而百年来节烈观念的批判者,看到了观念对人的强大支配力量,因而其攻击的火力主要集中在道德规范层面,例如控诉节妇非人的黑暗人生,让弱女子承担"亡国"责任之不公,道学家之无心肝,礼教"吃人"的凶残,诸如此类,而没有注意到在"价值不合理"的后面,妇德规训还涉及规范财产继承、宗族人伦关系等极为实在的物质层面问题。由于没有探究妇德规训背后坚硬广阔的底座,他们无法解释古人为什么普遍肯定妇女的节烈实践。要批判一个对象,首先要理解它,理解是为了避免从表面或枝节处立论,理解是为了更深刻的批判。

从本章的梳理中可以看到,宗族制度是联结列女书写、妇德规训和地域秩序此三者的枢纽。地方士绅的列女书写以规训妇德为鹄的,规训妇德能够产生强化宗族组织凝聚力的功效,地域秩序的稳固有赖于宗族制度的完善。宗族制度是近世中国乡村社会的"定海神针",[①]不平等的男女关系和严苛的贞节观念在这里获得了某种"历史的合理性"。明末清初的三大启蒙思想家在鼎革之际发表了许多惊世骇俗的颠覆性言论,却没有把批判的锋芒指向贞节观念。非但如此,王夫之反而强调"男—女"一伦绝对不可混淆。那么,他

---

① 这也是学者们的普遍认知。萧一山说,传统社会中人民的维系"全靠以宗法为背景的乡治","平时一般的乡治,以宗祠为基础的最多"。见氏著:《清史大纲》,上海古籍出版社2005年版,第81、83页。另有学者指出,明代中后期乡绅担负移风易俗维护基层社会秩序的责任,乡约、宗族组织的普及正是这种历史的产物。见冯尔康等:《中国宗族史》,上海人民出版社2009年版,第277页。还有杜正胜、科大卫、郑振满和刘志伟等学者都充分肯定宗族对乡村社会所起的稳定作用。

们是没有看到节妇们的黑暗人生吗？抑或是由于他们人格的冷血？在此岸本美绪做出了极有洞见的评论：

> 他们思想的重点与其说在于"哪种秩序比较好的呢？"不如说在于"如何不陷入'禽兽世界'？"这个问题上。禽兽世界就是失去规范的状态。①

岸本氏的意思是顾炎武和王夫之等人具有强烈的秩序危机感，为避免"禽兽世界"（王夫之语）或"亡天下"（顾炎武语）这种最可怕局面的出现，只好维护这个不公平的人伦秩序。

---

① ［日］岸本美绪：《风俗与历史观》，《新史学》13卷3期，2002年9月。

第四章 "平民"还是"精英"

——透视19世纪中叶的监生群体的认同危机

引　言

张仲礼在他对士绅的一项经典研究中指出,皇帝爱新觉罗·胤禛力主扩大捐纳制度,并非为了增加财政收入,而是制约正途出身的士绅结为朋党。一直到太平天国运动兴起,捐纳才是我们一般认知的为了开辟财源的方式。从科名角度看,他认为捐纳监生实际上都是平民出身。在太平天国前监生总数达355 535人。① 太平天国运动兴起之后,为了弥补军费支出形成的财政亏空,政府减价出售监生头衔,监生捐纳更为兴盛,导致监生人数剧增,吴县文人对此发牢骚说:

> 捐例本极昂贵,即一从未到省,亦须实银一千有余。自粤逆犯顺,需饷孔殷,推广开捐,名为筹饷。(据)事例,京师在捐铜局上兑者,搭用银钞钱钞,折实不过二百两有零。外省防剿捐输,军营饷票并河工欠发款项,亦以开捐作抵,实纳不过一百两有零。故沈守之抱怨说:"市井牙侩、仆隶人等,无不各有官阶,一时有官多民少之谣。名器之滥,至斯为极。"②

何炳棣也说,甚至成功的小商人也常会花一二百两银捐个监生头衔,来

---

① 张仲礼:《中国绅士——关于其在19世纪中国社会中作用的研究》,李荣昌译,上海社会科学院出版社1991年版,第104页。
② 沈守之:《借巢笔记》,载《人文月刊》第7卷,第9期,第33页。又见《清朝续文献通考》卷九三,第八五三二页所载的周敬铭的奏议。

装点门面。而绝大多数的生员要靠教书、做文书工作,甚至有时靠体力劳动,勉强维持微薄的生活。① 因此,19世纪上半期,靠捐纳获得出身的监生形成了一个"有一定规模的集团",占士绅阶层的30%以上。② 张仲礼的观点似乎没有受到足够的重视,叙述近代中国社会转型的论著也常常笼统地论说"士绅"阶层角色、地位和权力的扩张,因此对士绅阶层内部分化仍然存在深化、细化研究的空间。

这个监生集团面临的处境十分尴尬,一方面,在名义上他们是士绅阶层的组成部分,属于上流社会。另一方面,监生不被人认为是地方上精英群中的一分子。③ 这就产生了严重的认同危机。本章将以乐清县19世纪中期的瞿振汉起义为例,揭示为了化解认同危机,他们如何参与地方权力角逐,最后演化为与正途出身士绅的暴力冲突。

道光、咸丰以降,民众的抗争事件日趋频繁。据学者统计,光是在1842~1849年的8年间,全国有影响的抗粮、抗税等抗争事件就达110起。④ 长期以来,人们常常在阶级斗争的框架下去理解晚清民众的抗争事件和运动。阶级斗争的确是一个有效的观察视角,晚清乡村租佃关系发达,佃农与田主矛盾的尖锐化和普遍化往往是大规模抗争事件的关键因素之一;但单一的阶级斗争视角不能穷尽抗争事件背后丰富的历史底蕴。本文试图以咸丰四年(1854)发生在浙江省温州府乐清县的瞿振汉起义为例,探究在地域视角下抗争事件所呈现的复杂面向。

咸丰四年(1854)底发生在乐清的瞿振汉起义以乐清为中心,其触角伸展到了黄岩、临海和永嘉大罗山一带,以及温州府城,并曾与海上的武装力量"粤艇"联络。起义领导人还部署过夺取温州府城进而"传檄全浙"的计划。虽然计划实施受阻,但也一度攻占乐清县城并建立政权。尽管起义延续的时间不长,在当时还是产生了很大的影响,并惊动了朝廷。起义失败后,乐清士绅留下的记述文字,大抵持正统的政治立场,将瞿振汉起义斥之为"逆党倡乱"。民国以后,开始有人把瞿振汉称为"与异族抗衡"、光复汉族河山的"革命先烈"。⑤ 此后,长期占据主流地位的看法是一场农民阶级与地主阶级的斗争。1963年《近代史资料》编辑组把瞿振汉起义视为在太平天国运动迅猛

---

① 何炳棣:《明清社会史论》,徐泓译注,联经出版事业股份有限公司,2013年,第134页。
② 张仲礼:《中国绅士——关于其在19世纪中国社会中作用的研究》,第137页。
③ 何炳棣:《明清社会史论》,徐泓译注,第42页。
④ 侯厚吉、吴其敬:《中国近代经济思想史稿》卷1,黑龙江人民出版社1982年版,第237页。
⑤ 叶莲东:《革命先烈瞿振汉公传》,乐清市图书馆藏稿本。

发展的形势下,全国各地"农民群起响应"的例证之一。① 20世纪80年代以后,学者们也多延续了这种说法,如把瞿振汉起义当作太平天国运动推动浙江"阶级斗争"发展的产物。② 邵雍在描述包括瞿振汉反叛在内的会党起义时说,团练这种军事组织形式地主阶级能够利用,农民阶级也能利用。③ 可以说以阶级斗争理论来解释瞿振汉起义是一个主旋律。

就瞿振汉起义而言,阶级斗争理论确实具有相当的说服力,但不能说明起义所呈现的一些十分突出的现象。例如,当时官方档案称"瞿党多系贡监生员,兵丁胥役"。"贡、廪、生、监;书、差、兵、役居其大半"。④ 也就是说起义的领导层有大量属于"统治阶级"的士绅,以及搜刮民脂民膏的城狐社鼠——书吏、衙役、兵丁。早在20世纪60年代,就有学者注意到了这个现象,但囿于当时的学术环境,把大量士绅参与瞿振汉起义的现象作了这样的解释:"一小部分知识分子"不满清朝的统治,起义的领导者把他们争取过来,变成了革命的力量。⑤ 长期研究瞿振汉起义的乐清籍地方学者赵一和胡牧却注意到,虽然历朝历代的农民起义都有知识分子参加,他们献计献策成为谋士、军师之类人物,但并不掌握武装力量的领导权。瞿振汉起义与此不同,贡监生员(知识分子)并非被起义领导人争取而参与暴动,士绅集团本身就是起义的发动者、组织者、领导者和指挥者。⑥ 因此,尽管给两位研究者的论著作序的学者王兴福在序言中仍然把起义称为"农民起义",胡牧却在文中说自己"一直未将他们列入农民起义的范畴中去"。进而给出了自己的解释:起义的组织领导者们,只是地主阶级中的开明人士或地主兼工商业者,以及一些城市贫民。他们有反帝、反民族压迫的积极性。⑦ 在笔者看来,作者虽然正确地指出了瞿振汉反叛的非"农民起义"特征,但给出的解释却并未得到史料的支持。瞿振汉起义的研究也随之长期陷于停滞。此后大部分相关出版物为了回避别扭尴尬的定性,往往进行与此类似的叙述:"乐清爆发了以瞿振汉为首的虹军(红巾军)起义。"⑧

---

① 周起渭:《瞿振汉起义事略》,载中国科学院近代史研究所近代史资料编辑组编辑:《近代史资料》1963年第1期,中华书局1963年版,第163页。
② 王兴福:《太平间在浙江》,浙江人民出版社1982年版,第10页。
③ 邵雍:《中国近现代史论集》,学林出版社2015年版,第136页。
④ 庆廉:《浙江盐运使庆廉奉委查办乐清县匪徒占踞城池始末详文稿》,载马允伦编:《太平天国时期温州史料汇编》,上海社会科学院出版社2002年版,第38、43页。
⑤ 胡思庸:《太平天国的知识分子问题》《开封师院学报》1963年第2期。
⑥ 赵一、胡牧:《浙南瞿振汉起义史论》,天马图书有限公司1999年版,第186页。
⑦ 赵一、胡牧:《浙南瞿振汉起义史论》,第194页。
⑧ 赵世培、郑云山:《浙江通史》(清代卷),浙江人民出版社2005年版,第116页。

2010年,罗士杰发表的《地方神明如何平定叛乱：杨府君与温州地方政治(1830～1860)》率先把地域视角引入瞿振汉起义的研究。此前的瞿振汉起义的研究成果中虽也出现大量乐清的人名,但乐清籍人物的活动都被置于国家历史的框架下,他们的行为只有在国家历史的逻辑下才获得意义。而罗士杰的研究却十分关注地方社会关系交往网络得以形成的场所,强调乐清"本地人群"在地域历史进程中的主体地位。文章极为精彩地描述了暴动善后过程中,受浙江巡抚派遣来处理此事的盐运使庆廉如何巧妙地利用地方神灵,弥合了乐清东西乡之间和官员士绅之间的矛盾,深刻地揭示了民间信仰与地方政治之间的互动关系。可是,文章根据镇压者"但闻东乡口音,立歼于路"以及杀戮1400多名起义者的记载,把瞿振汉军队被歼灭的过程视为乐清东西乡之间的"械斗","械斗"发生的原因是东西乡之间的"地方世仇"。[①] 这样的解释在说服力方面是有所欠缺的。地方社会的"械斗"从不追求大规模屠杀,文章没有交代可能导致械斗的生存资源争夺之类的内容及其证据,也没有充分解释何以大量士绅阶级和兵丁胥役领导或参与起义的重要事实。本文拟将沿用地方社会的视角,对上述问题进行深入的探讨。

第一节 起义过程中的"贡廪生监"和"兵丁胥役"

瞿振汉起义的领导集团以及在起义中起着关键作用的分别是具有"贡廪生监"身份的士绅和书吏衙役兵丁两类人。他们没有提出农民起义中常见的"均田"之类满足农民土地要求的纲领和口号。根据原先正统的说法,受地主剥削的佃农或雇农是农民阶级的典型代表,但在瞿振汉起义中,他们只出现在义军的士兵中。正因为如此,胡牧才会否认这场反叛是"农民起义"。乐清的士绅阶层和书吏衙役兵丁两类人,究竟起到了什么样的作用？ 对此赵一、胡牧有了很好的梳理。本文根据论证的需要,对他们的《红巾军人员情况表》进行改造,制作成下表,以呈现这两类人员在起义中的地位和作用。

从表4-1可见,在可以考出身份的人员中,士绅一共24名,其中有2名是武生。书吏衙役、下级军官和士兵一共15名。

[①] 罗士杰、赵肖为(译):《地方神明如何平定叛乱：杨府君与温州地方政治(1830～1860)》,《温州大学学报》(社会科学版)2010年第2期。

表 4-1 "贡廪生监"和"兵丁胥役"在义军和政权中的职务表①

序号	姓名	身份	以下为贡廪生监 在义军中的职务	在政权中的职务
1	瞿振汉	监生、商人	水陆兵马大元帅[督理大总裁]	副将
2	倪廷模	监生	水陆兵马副元帅	都司
3	刘以成	生员	军事、大总裁[参赞]	
4	傅礼淮	廪生	参军、副总裁[军师兼掌印]	
5	瞿振山	生员	安抚将军[元帅]	
6	倪廷楷	监生	安抚副将军[头目]	
7	胡鸣开	监生	赴府城联络	蒲岐官
8	金佩铨	生员、商人	[知县兼管库事]	知县
9	徐天佑	生员	[元帅]	中军
10	金佩珏	生员、商人	[头目]	
11	徐立金	监生	[头目]	
12	陆绍芳	贡生	先锋[头目]	
13	丁振南	生员	率虹桥军	总司钱谷、典史
14	张永发	监生	率蒲岐军	掌令旗
15	杨全碧	监生	率蒲岐军[头目]	掌令旗
16	万希敷	生员	率万桥军[先锋]	
17	万供竟	生员	率万桥军[先锋]	
18	张嘉瑞	贡生	探听使[头目]	
19	陆云寿	生员		掌书记
20	张亨杞	监生		管库吏
21	陆高	贡生		经历
22	连清纯	监生		

① 赵一、胡牧:《浙南瞿振汉起义史论》,第 32~35 页。

续表

序号	以下为贡廪生监			
	姓名	身份	在义军中的职务	在政权中的职务
23	徐凤飞	武生	率横山军[元帅]	守备
24	周天鹏	武生	内应[先锋]	

序号	以下为兵丁胥役			
	姓名	身份	在义军中的职务	在政权中的职务
1	洪道荣	库书	军事[内应]	
2	黄炳岳	县书		县丞
3	孔 桂	县役	[头目]	稽出入
4	徐锡礼	县书		掌案吏[管银钱账目]
5	周伯兴	营卒		司钱谷[管银钱账目]
6	周振东	营书		司钱谷[管银钱账目]
7	周如良	营书		司钱谷[管银钱账目]
8	傅礼海	库书		
9	瞿永发	胥吏、地保		
10	陈传英	县书		[书写腰牌]
11	徐瑞升	县书		[书写文檄]
12	金 荣	书役		
13	蒋如流	书役		
14	赵 松	捕役	[头目]	
15	李 泰	额外		

说明：关于瞿振汉起义，其史料最为人们所注重的是官府档案和乐清士绅林大椿之《红寇记》，上表中的起义人员担任的职务基本按照《红寇记》的记述，[ ]中注出官方档案中的说法。

有科举功名的贡廪生监在义军中居于绝对的领导地位。义军首领是瞿振汉。瞿振汉的弟弟瞿振山在义军向县城进发后任留守虹桥部队的主帅。廪生傅礼淮和刘公锐起意反叛在时间上可能还要早于瞿振汉，他们是义军中的核心人物，两人分别担任义军的参军和军师。徐天佑最早给举义提供财力支持，后任义军中军。虹桥镇的监生倪廷模、倪廷楷和徐立金都变卖家产,用于锻造兵器。起义发生后,倪廷模是义军副统帅,倪廷楷为留守虹桥副帅。从南京归来的监生金佩铨在义军入城后任乐清知县。监生胡鸣开、杨全碧、张永发,生员万希敫、万供竟、武生徐凤飞等担任义军8支路军的主帅。正是由于一批起事的领导者具备士绅的身份,起事准备阶段才可能以合法的团练组织为掩护。

除了士绅,在政府和军队中任职的书吏、衙役、兵丁也起到了不容忽视的关键作用。首先,他们是城中的内应,不断给义军提供官府和清军的准确情报。其次,当一部分军政官员警惕瞿振汉的动向时,他们起着麻痹的作用。最后,义军攻城时,他们又起到里应外合的作用。库书洪道荣多次传递重要信息,他是城中内应的军师。在义军兵临城下时,刑书徐锡礼在南门城头举号灯,同时也是开启城门的指挥者。营书周如良、周振东和兵丁周伯兴用盐卤浸湿城头火炮引信并开启城门放义军入城。可以说,没有他们义军完全可能无法攻占县城。

第二节 银贵钱贱"无差别"打击下的整体性生存危机

关于瞿振汉起义的背景,长期以来的说法是外国资本主义的侵入,清政府横征暴敛,地主阶级对农民阶级的压迫,咸丰三年(1853)的大水灾,以及太平天国运动的迅猛发展,等等,这些说法都有道理,但都未得究竟,也无法解释已经拥有相当特权的一批士绅阶层以及书吏、衙役、兵丁领导和参与这一历史现象。

笔者以为,19世纪中期爆发瞿振汉起义的根本原因在于:在多重因素交迫下,乐清民众遭遇到了空前严酷的生存危机,以及政府缓和社会矛盾机制的失灵。在这些因素中,有些并非是政治性因素,而是自然因素和经济因素。其中最重要、并被长期忽视的因素是经济史家林满红提出的"银贵钱贱危机"。她的研究表明,1808年至1856年间,白银相对于铜钱的价格约增长了2.5倍,由此引发了中国整体性的秩序变动。① 银价的变动之所以会产生这种排山倒海般的巨大威力,就在于银在19世纪前期中国货币体系中居于基轴地位。包世臣曾说"国家地丁、课程、俸饷、捐赎无不以银起数,民间买卖书券,十八九亦以银起数,钱则视银为高下"。② 自雍正时期完成摊丁入亩的改

---

① 林满红:《银线——19世纪的世界与中国》,詹庆华、林满红译,江苏人民出版社2011年版,第2页。

② 包世臣:《安吴四种》卷二六,《近代中国史料丛刊》第30辑,文海出版社1968年版,第11a页。

革以来,中国就形成了一个以白银货币为计算和支付手段的新的国家财政体系。在这个体系下,银子成为赋役征派的主要手段,因此到18世纪白银几乎已经是"国本所系"。① 白银之所以在中国经济体系中居于如此重要的地位,除了国家的财政政策外,也源于自16世纪以来巨额的白银流入,②由于东亚诸国经济发展格局的演变,1775年以后中国白银需求完全依赖拉丁美洲银元。③ 19世纪初延续了十几年的波澜壮阔的拉丁美洲独立战争,严重干扰了拉美的白银生产和全球供应,中国不仅失去了白银的来源,而且还由于鸦片贸易,以及茶叶、生丝的国际市场不景气等原因导致白银外流,其严重的后果就是银价的疯狂上涨,即每一两白银可换取的铜钱数量不断增加。1808年1 040文铜钱可以换到一两白银,到瞿振汉起义前5年的1849年,银价高达2 355文换一两。④

银价如脱缰野马般蹿升,对19世纪上半叶的中国社会造成了"无差别"打击,从国家到民间,从士绅、商人到佃户佣工,几乎每个社会阶层都深受其害。首当其冲的还是在社会底层劳作的佃户、佣工和手工业者,因为银价的疯狂升值的另一面就是铜钱的急剧贬值,而他们微薄的工资收入只能以铜钱的方式获得。农民的农副产品交易收入也是铜钱。时任翰林院编修的吴嘉宾(1803~1864)说:"凡布帛菽粟佣工技艺以钱市易者,无不受其亏损。"⑤由于铜钱贬值,有些田主要求佃农以白银缴纳地租,佃农就不得不用贬值的铜钱去购买涨价的白银。白银上涨意味着以铜钱获得者的收入大幅度缩水,原本生计艰难者就可能濒临绝境。要理解这一点,冯桂芬的《用钱不废银议》是一篇十分重要的文献,他后来曾这样回顾自己撰写此文的背景:"此壬子(1852)年作。自道光中叶以后,银价渐贵,逡巡至于咸丰三四年而极,每两钱二千文以上。"⑥而瞿振汉起事就也恰恰发生在咸丰四年(1854)。在该文中,作者指出道光中后期以来,"民穷失业,去为盗贼枭徒日多"。⑦ 佃农、佣工、铜钱收入者的日趋贫困乃至大量失业,无疑会导致社会的紧张和暴力的泛滥。

下层百姓遭遇悲惨境地大抵为人所熟知,但在银价飞涨阶段,田主的日子也不好过。一小部分田主会以收缴白银地租的方式把铜钱贬值的损失转

---

① 陈春声、刘志伟:《贡赋、市场与物质生活:试论十八世纪美洲白银输入与中国社会变迁之关系》,《清华大学学报》(哲学社会科学版),2010年第5期。
② 全汉昇估算1700~1830年间输入中国的美洲白银约为6亿元,折合约4.3亿两。参见全汉昇:《明清间美洲白银的输入中国》,见氏著:《中国经济史论丛》,稻禾出版社1996年版,第440~446页。
③ 林满红:《银线——19世纪的世界与中国》,第60页。
④ 林满红:《银线——19世纪的世界与中国》,第72页。
⑤ 吴嘉宾:《求自得之室文钞》卷四,同治五年(1866)广东刻本,页15。
⑥ 冯桂芬:《用钱不废银议》,《显志堂稿》卷十一,《清代诗文集汇编》(第632册),第677a页。
⑦ 冯桂芬:《用钱不废银议》,《清代诗文集汇编》(第632册),第678a页。

嫁给佃户，但毕竟根据国家制度，缴纳田赋的义务由田产拥有者来承担，因此大部分田主并未能完全避免铜钱贬值带来的损失。道光二十五年(1845)在致贺熙龄(蔗农)的信中，左宗棠首先指出在"银价日昂"的情况下业农者的艰辛，然后也讲到了"田主以办饷折漕为苦"的境地。[1] 政府在筹办饷银和征收漕米的过程中都要把银钱比价变换带来的损失转嫁给田主。咸丰八年(1858)赵钧在瑞安屿头教书，东家是官宦之家林若衣。赵钧发现林家也无法应付困窘的局面，他们"虽享用丰腆，究无乐意"。[2] 这虽然是发生在瞿振汉起事后三年的事，也多少能够反映田主的境况，也即士绅的境况，因为士绅大多为大小不一的田主。在此，也解释了为何咸丰三四年间乐清会产生大批士绅发起和领导抗争的现象。

商人、小贩也因银贵钱贱的危机而贫困化。咸丰二年(1852)，冯桂芬对江浙的商业困境有这样的议论："银贵以来，论银者不加而暗加，论钱者明加而实减。是以商贾利薄，裹足不前。"[3]他观察到了由此引起的商业凋敝破败："富商大贾，倒罢一空。凡百贸易，十减五、六。"[4]咸丰五年(1855)九月十五日骆秉章在一道奏折中写道："向之商贾，今变而为穷民，向之小贩，今变而为乞丐。"[5]在银贵钱贱危机中，大量的商人陷于困境，商铺纷纷倒闭，这就可以理解发生于咸丰四年(1854)的乐清这场抗争中，在领导集团中就至少有3位从商者，即瞿振汉、金佩铨和金佩珏。

银贵钱贱的危机也波及了军队，包括八旗兵与绿营兵。清代骑兵的兵饷是每月白银2两，步兵是1.5两。[6] 道光初年政府规定，一两银子折1 000文铜钱，这个价格称"例价"。而特定时间的购买白银价格称"时价"。当时价低于例价时，对士兵是有利的。可是道光中后期以来，银价飞涨，时价远远高于例价，士兵的绝大多数报酬仍以贬值的铜钱支付，由于银贵钱贱，他们的收入实际减少了。道光二十三年(1843)四月十二日，封疆大吏李星沅在奏折中反映："今则每两换钱一千六百数十文，是兵丁领钱较领银每两少钱六百余文。"[7]同年

---

[1] 左宗棠：《上贺蔗农先生》(1845)，载杨书霖编：《左文襄公(宗棠)全集》卷一《书牍》，《近代中国史料丛刊续编》第六十五辑，文海出版社1964年版，第2708a页。

[2] 周梦江整理：《赵钧〈过来语〉辑录》，《近代史资料》，1979年第4期，中华书局1980年版，第173页。

[3] 冯桂芬：《用钱不废银议》，《显志堂稿》卷十一，《清代诗文集汇编》(第632册)，第679a页。

[4] 冯桂芬：《用钱不废银议》，《显志堂稿》卷十一，《清代诗文集汇编》(第632册)，第678a页。

[5] 骆秉章：《采买淮盐济食分岸纳课济饷折》，氏著：《骆文忠公奏议》，载沈云龙主编：《近代史料丛刊》(第七辑)，文海出版社1966年版，第535页。

[6] 王庆云：《石渠余记》卷2，页39b。

[7] 李星沅：《李文恭公奏议》卷三，载《李文恭公遗集》，《清代诗文集汇编》(第596册)，上海古籍出版社2010年版，第158a页。

十二月初七日,御史张修育也在奏折中指出:"原来定例纹银一两折制钱一千,而时价则纹银一两制钱一千五六百文不等,是例价不及时价三分之二。"①因此照例折钱发放兵饷,会影响"穷苦兵丁"的生计。相关出版物对绿营兵的不屑和指责很多,但在生计日益艰难的情况下,士兵是否有战斗的意愿是大可怀疑的。因此也不难理解为什么会有那么多军队的下级军官和士兵参与了瞿振汉起义。

笔者尚未发现有关胥吏衙役的生存状况的资料,但当白银危机渗透到帝国的每个角落时,相信他们也不能幸免。

当我们发现19世纪中前期在银贵钱贱的"无差别"攻击之下,每个社会阶层和群体都受到了伤害,那么导致民众抗争的"罪魁祸首"就只能是政府了。在叙述这段历史的时候,人们也确实把政府的横征暴敛、腐败无能当作一个重要的背景或原因。但是政府为什么会横暴到这个程度,为什么会腐败无能到如此地步,却很少人去深究。除了其中的吏治的确存在不小的问题外,政府的诸般作为也不存在太多的选择。19世纪以来政府的运作在两个方面受限于历史发展的宏观格局:第一,由人口膨胀带来的治理困境。何炳棣认为1683年左右清代人口在1亿和1.5亿之间,到道光三十年(1850)人口增加到的4.3亿。② 也即人口增长到了原来的三四倍。乐清县在1731~1825年不到100年时间内人口从7.97万增至22.89万。③ 人口爆炸产生了行政经费拮据的问题,即地方政府需要管理的人口已经增加数倍,但行政经费仍然不变,因此就出现了"官不足以官之,……不为乱不止"的治理问题。④ 与此相关又出现了因聚落人口多而恃众抗法的问题:"人少尚易箝以法令,多则恃众犯

---

① 张修育:《建议仿普尔当十钱例铸大钱》,中国人民银行总行参事室金融史料组编选:《中国近代货币史资料》,中华书局1964年版,第151页。
② 何炳棣:《何炳棣思想制度史论》,中华书局2017年版,第537页。关于人口数量的变化还可参见曹树基著:《中国人口史》第5卷,复旦大学出版社2005年版。
③ 根据《乐清县志》卷六《人口》第一章第一节《人口数量》和卷十一《农业》第三章第二节《耕地》有关数据计算。中华书局2000年版,第270、404页。清代全国性的耕地与人口的比例,有学者进行过探索。乾隆十五年(1750)中国人口大约为2亿~2.5亿,到道光三十年(1850)年达到了4.1亿~4.3亿(Perkins, D. H. *Agricultural Development in China, 1368~1968.* Chicago: Aldine, 1969, 207~414)在一百年中,人口增长了2亿,总数突破4亿大关,与此相伴随的必然是人均土地资源占有率的成倍下降。嘉庆十七年(1812)年,中国人口已达到33 370万,土地为79 152万亩,人均耕地尚有2.3亩,至咸丰元年(1851),全国人均耕地只为1.75亩。以上数据根据梁方仲编:《中国历代户口、田地、田赋统计》中的资料计算,上海人民出版社1980年版。
④ 汪士铎:《汪悔翁(士铎)乙丙日记》,沈云龙主编《近代中国史料丛刊》第十三辑,第149页。

令……村大人众,差役不敢拿人。"① 因此,19世纪中叶地方政府的无能,确乎与人口爆发式增长的这个大势相关。清代地方政府自乾隆后期开始治理危机日益加深,原因是多方面的,人口剧增是一个根本性的背景。第二,养廉银制度的崩溃导致了地方政府依靠陋规来维持运行的局面。《治浙成规》载乐清知县的养廉银每年600两。② 根据清代制度规定,这600两银子要覆盖所有行政开支和知县的家庭开支。③ 但由于从18世纪的前半期开始大约100年间,物价的总趋势上升(即银的相对贬值),银的购买力贬值了三分之二左右。④ 物价的上涨意味着养廉银的大幅度缩水。据长期担任幕友的汪辉祖回忆,乾隆十七年(1752)雇一个钱谷幕友不过220两,到乾隆乙巳(1785)需要800两。⑤ 也就是说,到乾隆末期乐清知县的600两养廉银还不够雇一个幕友。根据清代的官箴书,清代州县官的基本开支有:州县的基本行政费用,地方官本人及家属的日用花销,幕友、长随、衙役、书吏的酬金和饭食,上司"三节两寿"的馈赠,上司到任、过境及谒见时赠送规礼,知府、道台进省一次,州县官赠送的盘费,负担来自各上级衙门的摊款,等等。19世纪以来摊捐名目繁多,光是大类就有常年摊捐、遇事摊捐和由军需、河工、亏空等引起的另案摊捐,且极为频繁。这里姑举一例,道光三年(1823)浙江省亏空白银433 100余两,道光三年(1823)起,分十三年扣完。⑥ 这些亏空都分摊到浙江省的州县承担。州县地方官的廉俸仅摊捐一项都不够用。⑦ 州县官的养廉银对州县官的开销来说,不啻杯水车薪。以至于皇帝旻宁也说,即便那些清廉的有节操的官员也不得不收取陋规。他指出陋规"相沿已久,名为例禁,其实无人不取,无地不然"。⑧ 政府依靠大量非法的陋规以维持地方行政的运行,士绅、田主无不怨声载道,这不能不是政府合法性的急剧流失,以至于林大椿站在瞿振汉对立的立场、痛斥义军《红寇记》中,也不得不承认瞿振

---

① 汪士铎:《汪悔翁(士铎)乙丙日记》,沈云龙主编:《近代中国史料丛刊》第十三辑,第150~151页。
② 昆冈等修:《钦定大清会典事例》卷二百六十一《户部·俸饷·外官养廉一》,载《续修四库全书》第802册,上海古籍出版社2002年版,第182b页。
③ 瞿同祖:《清代地方政府》,范忠信等译,法律出版社2003年版,第42页。
④ 岩井茂树:《中国近代财政史研究》,付勇译,社会科学文献出版社2011年版,第39页。
⑤ 汪辉祖:《病榻梦痕录》卷上,梁文生校注,江西人民出版社2012年版,第41页。
⑥ 周健:《陋规与清嘉道之际的地方财政——以嘉庆二十五年清查陋规事件为线索》,台湾"中央研究院":《近代史研究所集刊》第75期,2012年3月。
⑦ 道光二年(1822),浙江会稽知县禀称:"年例捐摊及奉文特派,并在县应捐各款,几及七千金,核之岁入,并应得养廉之数,已不敷甚多"(见《会稽县奉派捐款禀请改为中缺派捐》,浙江布政司与按察司共同编纂:《治浙成规》卷四《藩政四》,道光刻本)。该邑额廉1 200两(见《续修四库全书》第802册,第182b页),核之每年7 000两的摊捐,的确远不敷摊扣。
⑧ 中国第一历史档案馆编:《嘉庆道光两朝上谕档》第25册,第421页下。

汉发布的文告对地方政府的指控,"颇中时弊"。①

由于银贵钱贱,政府不但收入减少,还要花费更多的钱来应付原有的支出项目。原因在于大部分公共支出,例如制钱铸造,需用白银支付。尽管政府用制钱支付一些公共支出,但当公共支出主要用银计算时,一些制钱不得不在钱庄换成白银。② 虽然地方官员也设法把银贵钱贱的负担转嫁给民众,但由于民众普遍受到危机冲击而贫困化,缴纳赋税的能力也急剧弱化,政府的收入不可避免地削减。这就能够说明19世纪中期以后,地方政府汲取民众财富时为什么会显得特别横暴。我们看到,在银贵钱贱危机的侵逼下,民众流离失所,辗转沟壑,社会抗争暴动,政治腐败和道德沦丧等问题接踵而至。地方政府受限于历史长期演进的大势,已经不堪重负,摇摇欲坠。如果不是咸丰后期白银重新回流中国,③19世纪前期出现的银贵钱贱危机几乎就是压垮骆驼的最后一根稻草。

咸丰癸丑(1853)夏秋之交,广东海盗进犯温州府城,温州镇总兵池建功不敢应敌,拥兵不出,反而一个镇守海岸的武官被海盗劫持,最后通过给海盗支付赎金才得以脱险。与国家正规军给海盗出钱赎买人质的丑事形成鲜明的对照,永嘉的蒲州、玉环的灵昆、乐清的洋田和黄华等地,都是依靠地方武装组织击败海盗。林大椿评论说,"民间益知官兵为无用,乱机渐萌于此矣"。④ 官府的治理危机和对民间财富的强力汲取,于是对政府的怨恨和藐视情绪弥漫在地域民众之中。那么,在社会各基层、各个社会群体都受到"无差别"的伤害且都看到了政府的衰弱无能的情况下,是哪些人会起意反叛政府,哪些人仍然坚持"卫道"的立场呢?

第三节 "儒士"与"儒枭"

何以众多廪贡生监在1850年代会挑战清政府?理解这种现象的关键线索即是在士绅阶层内部分化出了一个通过捐纳获得功名的群体。在24名有科举功名起义人员中,明确具有监生身份的共有9个,他们是连清纯、瞿振

---

① 林大椿:《林大椿集》,赵挽澜编注,线装书局2013年版,第207页。
② 包世臣:《安吴四种》卷26,第16a页记载:"部饷、甘饷、贵饷等项,万不能不解银。至如本省公项、坛庙、祭品、文武、廉俸、兵饷、役食私用,则延请幕友捐摊纸饭衙门陋规朝务兑费,斯在受者,仍皆以银易钱应用,故出入之利,皆归钱店,使市桧操利权,以上困官而下困民。"
③ 林满红:《银线——19世纪的世界与中国》,第91页。
④ 林大椿:《林大椿集》,第199~200页。

汉、倪廷模、倪廷楷、胡鸣开、徐立金、张永发、杨全碧和张亨杞。笔者推测义军中还有不少生员、贡生,其身份都是通过捐纳获得的。参加起义的三个贡生陆高、陆绍芳和张嘉瑞,在光绪《乐清县志·选举志》中只查到陆高一个,他是道光庚戌(1850)岁贡。① 其余二人付诸阙如,极有可能他们的贡生系捐纳所得。

关于监生捐纳,雍正七年(1729)和乾隆十年(1745)朝廷都有具体的规定。② 许大龄对捐纳的历史沿革,清代捐纳制度的形成、发展阶段的具体情况,以及捐纳制度的内容及其影响等问题进行了系统的研究。他指出,在众多的捐纳名目中,捐出身是一个重要的内容,即捐监生、贡生、生员与举人。③ 晚清以来政府财政空虚,捐纳之门更是大开,太平天国运动兴起之后,捐纳之滥登峰造极。咸同间在浙江有游历和为官经历的上海人毛祥麟说:"道光辛丑(1841)、壬寅(1842)间海疆用兵,始大开捐例。咸丰初,粤匪继起,蔓延十五、六省,军饷浩繁,例遂久开不闭。"④在持续而沉重的军费筹措压力下,政府出卖朝廷"名器"实行了"薄利多销"的政策。在雍正朝(1723~1735),捐纳"俊秀监生"需要300两银子。⑤ 乾隆元年(1736)庶民捐监生需银子108两。⑥ 至瞿振汉起事后一年的咸丰六年(1856),捐一个监生只需廿二、三元至廿六、七元。⑦ 在这种情况下,略有家底的人都可以捐钱获得一个监生的头衔,由此形成了一个庞大的"异途"出身的生员群体。在瞿振汉起事的咸丰四年(1854)底,这个群体的人数可能会超过在考场上获取功名的人数。⑧ 这个士绅群体的出现极大地改变了地方的政治文化生态。

异途出身的士绅虽然与正途出身的士绅有着一样的衣冠顶戴,但实质上还是界线分明的两类人。在传统社会,"士"区别于其他社会群体的显著标志就是"读书"。"读书明理"奠定了其四民之首的优越地位。而通过捐纳获得功名的很大一部分人是不读书的,他们买一个科名不过是为了提升自身的社

---

① 李登云修,陈珅纂:《乐清县志》卷十《选举》,光绪辛丑(1901),东瓯郭博古斋刻印。
② 素尔讷纂修:《钦定学政全书》,霍有明、郭海文校注,武汉大学出版社2009年版,第149页。
③ 许大龄:《清代捐纳制度》,《燕京学报》专号之二十二,哈佛燕京出版社1950年版。
④ 毛祥麟:《墨余录》,上海古籍出版社1985年版,第212页。
⑤ 萧奭:《永宪录》,中华书局1959年版,第333页。
⑥ 《上谕条例》,乾隆刊本,中国第一历史档案馆编:《乾隆帝起居注》影印件第一册,广西师范大学出版社2002年版,第21页。
⑦ 柯悟迟:《漏网喁鱼集》,中华书局1959年版,第24~25页。
⑧ 在瞿振汉起事后三十多年后,英国传教士海和德了解到,永嘉仅枫林一个村依靠捐钱获得功名的人就达六七十人。见《枫林——一个中国基督徒受逼迫的真实故事》,载沈迦:《一条开往中国的船——赴华传教士的家国回忆》,新星出版社2016年版,第191页。

会地位。瞿振汉、金佩铨等人功名傍身却仍做着各自的营生,或经商或经营土地。他们根本没有操练制艺赴乡试的打算。对瞿振汉这样不读书的"儒生"深受正途出身士绅的歧视。被瞿振汉视为死敌的县城姜公桥徐氏宗族就规定,族内二十亩族产的收入用于补贴正途出身的生员;其族规特意规定:"其纳粟入监及行伍者,虽名列仕途,不得分取。所以劝书香,励子孙也。"①起草此规定的徐乃康曾被瞿振汉关押,在他眼里,捐钱得来的生员就根本不算什么士绅。

与瞿振汉同时代的、正途出身的"儒士"却有着截然不同的生活方式。林启亨、林大椿、徐献廷和徐德元这些正途出身的人,他们的日常生活就是准备科考,沿着功名的阶梯往上爬。家资丰饶者除了应考无他事;家境贫寒者则受聘私塾,靠"舌耕"过活。此外,他们也享受着校书、藏书、晒书、借书和还书的娴雅生活。翻检他们的诗文集,对藏书的描写有"古书早蠹文多缺,旧画经霉纸有斑。"②林大椿校书诗云"春雨廉纤春画迟,小斋闲坐校书时,遗文容易讹三豕,善本凭谁借一鸱! 落叶满庭劳久扫,雌黄著纸费沉思"。③ 徐德元追溯父亲徐献廷藏书活动时有晒书的内容:"生平无他嗜好,好置图籍,购藏颇富,每岁辄暴之,躬自排比。"④林大椿有咏借还书的诗句:"一痴借我一痴还,两个书痴对碧山。"⑤陈肆尝向林大椿借书,有诗云:"与君托同心,同有好书癖,君家富收藏,四部羡充积,内有南雍史,书城真秘籍。"⑥还有对直接书写藏书楼主人享受书香的诗句:"嬛嬛遍地是书香,消受年华不觉长。"⑦"兰室芸编贮满囊,主人门第号书香。机云兄弟东西屋,陈许宾朋上下床。"⑧总之,他们的生活离不开"读书",与瞿振汉们的生活构成了两个世界。

与捐钱得功名者的另一种身份区隔是儒士们的吟诗或雅集,以此来显示自身高度的文化素养。与瞿振汉对立的士绅集团的成员,有很多人都刊刻过诗文集(见表三)。另外,除了一般性的诗词唱和外,也经常举办诗社,即所谓的"雅集"。咸丰初年乐清就出现过叫"秋社"的诗社,社友写的诗集称为《秋社联

---

① 徐乃康:《昭人、蔚文公拨置书田记》,载氏著:《徐乃康集》,王志成编注,线装书局2009年版,第509页。
② 林大椿:《林大椿集》,第106页。
③ 孙延钊:《温州藏书家考》,浙献足征丛编之五,《蓼绥》创刊号抽印本,1937年,温州市图书馆藏。
④ 徐德元:《徐德元集》,王志成、高知贤编注,线装书局2009年版,第213页。
⑤ 林大椿:《林大椿集》,第79页。
⑥ 孙延钊:《温州藏书家考》,《蓼绥》创刊号抽印本,1937年。
⑦ 叶正阳:《鹿迹山房诗文集》,黄岳清编注,线装书局2013年版,第212页。
⑧ 林大椿:《林大椿集》,第215页。

吟草》，在瞿振汉起事的这一年完成编辑。① 同治元年(1860)二月，太平军攻陷乐清县城。在此后的几个月里，乐清城乡遭到严重的破坏。战事甫一结束，硝烟尚未散尽，林大椿的门生黄梦香邀同好于中秋节集会于自家藏书楼——古香楼。"开筵坐花，飞觞醉月""藻思绮合，逸兴遄飞"，极一时之盛。因为该年闰八月，过了一个月后又是一个中秋，同人再续前游，"再歌再和"。他们的唱和之作，编为《两秋酬唱集》。② 像雅集胜会这样具有一定仪式性的活动不但具有象征意义，更是产生新的意义的文化演绎。③ 他们诗歌吟唱活动不只展现了"儒士"的高雅情趣，还借此与瞿振汉那样的"粗鄙无文"的"儒枭"区别开来。

正途出身的儒士通过两种方式牢固地掌握了地方的文化权力。其一，通过地方理学传统的书写，确立自身的文化权威。例如林大椿编订《刘蒙川年谱》就包含有这样的意图。刘蒙川即南宋著名的忠贞之臣刘黻(1217～1276)，乐清大桥头人。刘黻是国家忠义文化地方化的一个重要符号。林大椿给刘黻编修年谱的同时，自身也以理学传统的书写者身份融入了地方忠义思想传承的谱系。其二，他们掌握了地方史志书写的主导权。观道光《乐清县志》的编修职员表，后来成为瞿振汉敌人的文化世家的族人多列名其中，如吕岙徐氏、高垟林氏、姜公桥徐氏、荷盛郑氏、后所董氏和柳市吴氏等。参加县志编写具有确认和宣示地方文化领导地位的意义。县志中"名臣""忠臣""儒林""孝友""义行"和"列女"等人物小传的书写就是对忠孝节义的宣扬，而县志编写者因此也获得了国家意识形态的地方代言人地位。普通的"愚夫愚妇"自不必说，即便像瞿振汉那样具有生员身份的地方豪强，因为没有获得这种文化的领导地位，同样会被地方官以及林大椿、徐德元等人视为社会的边缘人物。④

这些正途出身的书香人家不仅掌握了地方文化权力，同时也主导了地域社会中的公共事务的经营管理。

表4-2 嘉道咸时期乐清书香世家在县域中的活动和能量

姓　　氏	主要族人	在县域中的活动
高垟林氏	林兴运 林启亨	修石马、兰盘及沙埭诸陡门，管理陡门启闭。以网罗邑中文献为己任。

---

① 黄式苏：《黄式苏集》，张炳勋编注，线装书局2009年版，第533页。
② 徐德元：《徐德元集》，第240页。
③ Clifford Geertz, *Local Knowledge: Further Essays in Interpretative Anthropology*, New York: Basic Books, 1983: 121~146.
④ 邓利萍：《晚清乡村藏书楼及其地方文化活动管窥》，《图书馆研究与工作》2020年第12期。

续表

姓　　氏	主要族人	在县域中的活动
吕岙徐家	徐献廷 徐德元	出资独建校士馆,筑塘埭、葺两庠、重建梅溪书院。
荷盛郑氏	郑振东 郑耀庭 郑逢源	圣庙两庑剥识,捐千金新之。道光初年修辑邑志,慨助二千金。独资修筑地团王家陡门。

资料来源:光绪《乐清县志》卷之八《人物上》。

他们在地方社会活动中表现出了巨大的能量。修筑和管理水利设施,兴建书院,使得他们在地方公共事务上具有很大的话语权,对民众拥有强大的感召力;同时又由于他们出资修葺校士馆和孔庙等官方文教设施,与地方官也维持着良好的关系。这些都使他们在地方政治中掌控着显著的支配权。

观高垟《林氏宗谱》①和吕岙《徐氏宗谱》②,两个宗族成为书香门第经过了好几代人的努力。林氏、吕氏都因政府的迁界令背井离乡。林氏十年后回到故土后看到的景象是"村落为墟,田园荒废"。经过三代人的艰苦努力,第四代的林方乘终于成为县学生员,此为林大椿的曾祖,世代农耕的家庭出了一个生员,家族地位跃升到了一个更高的层次。③

其实虹桥瞿氏宗族也曾攀爬过科举的阶梯。瞿氏宗族至瞿振汉的祖父瞿朝洸时,已经积累了相当的财力。嘉庆癸亥(1803),他送长子去蒲岐的崇文书院就读。嘉庆十三年(1808),瞿朝洸聘请邬家桥人林浩到虹桥瞿氏宗祠任塾师,瞿振汉的父亲瞿嘉秀就读其中。可是瞿嘉秀的科举之路并不顺利,在经过多次挫败后,才于道光辛巳(1821)成为府学生员。科举功名的获得,似乎预示着瞿氏家族社会地位的提升,可是在贡生包贡茅撰写的瞿嘉秀传记中却说:"数奇不遇,应童试,连不得志于有司,而家道亦落矣。"④年复一年的应考一方面显示了自瞿振汉祖父开始,瞿氏宗族通过获得科举功名成为书香

---

① 高垟:《林氏宗谱》,乐清,民国三十三年(1944),温州市图书馆藏。
② 《姜公桥徐氏宗谱》,乐清,民国二十二年(1933),温州市图书馆藏。宗谱中载有吕岙徐氏的世系表。
③ 黄仁宇在论说明代李贽所应承担家族的集体责任时,论及了从农耕之家递升为书香之家的艰苦历程:创业祖先不断地劳作,勤俭节约,积铢累寸,以巩固自己耕地的所有权,然后获得别人耕地的抵押权,逐步上升为田主。这一过程常常需要几代的时间。经济条件初步具备,子孙得到了受教育的机会。这其中,母亲和妻子的自我牺牲,在多数情形之下也为必不可少。所以表面看来,考场内的笔墨,可以使一代清贫立即成为显达,其实幕后的惨淡经营历时至久。见氏著:《万历十五年》,生活·读书·新知三联书店1997年版,第215页。
④ 包贡茅:《瞿云峰传》,载《虹川瞿氏宗谱》卷四,道光二十五年(1845)。温州图书馆藏。

之家的愿望甚为强烈；另一方面也由于应考花费巨大的资财而家道中落。道光辛卯（1831），年仅四十一岁的瞿嘉秀的病殁对瞿振汉一家又是一次沉重的打击。如果不是家道中落及父亲过早去世，瞿振汉未始不可继续走科举之路。既然科举之路不通，被迫经商谋生的瞿振汉只好寻找另外改变命运的机会。

假使生活在康乾"盛世"，瞿氏可能走通与林氏和徐氏一样的崛起之路，但到了人口危机、治理危机和银贵钱贱危机交相并发的道光朝，却让瞿氏跌入谷底。其父应考导致家道中落未始与银贵钱贱无关。但是，道咸时期捐例大开，以及太平天国运动狂飙突起，也给瞿振汉一个另外的崛起机会，他得以监生的身份联络境遇相仿者，逐渐形成了靠经商为业、以习武组织为工具的地方竞争势力，即瞿振汉身边集结了一个以武力和财力为后盾的边缘士绅集团。这些以财力与武力见长的"儒枭"参与地方政治角逐，使得正途出身的地方权力掌控者产生了深刻的政治秩序危机。在林大椿眼里，瞿振汉虽然是一个"监生"，但"素不知书"。林大椿指控他们"舞弄文法，武断乡间，灭裂其廉耻，而肥润其身家"。"儒枭"的名号即为林大椿所赐。[①] 如果剔除"儒枭"所蕴含的贬义，这个词可以说是非常传神地描绘了这些非正途出身的人，那种不可遏制的进取意态。他们通过自己建立的武力组织参与角逐地方社会的权力。可以说，瞿振汉的反叛，在很大程度上可以视为，通过捐纳获得功名的"儒枭"向把持地域社会权力的、正途出身的"儒士"发起挑战；相应地，"儒士"集团对瞿振汉反叛的镇压也可以被视为，正途出身的"儒士"成功地捍卫了自身在地域社会中的统治地位。

第四节　东乡与西乡

罗士杰把瞿振汉起义被镇压视为乐清"西乡"与"东乡"之间的械斗，虽然不甚确切，但确实看到了两个地域空间之间的相互疏离和对立。

乐清人习称县城乐成镇以西、以南的地区为西乡，乐成镇以北、以东的地区为东乡。在乐清历史上，东乡也曾出现了一些位高权重的政治人物，以及具有很大影响力的学者和文学家，例如南宋文状元侍御史王十朋、南宋吏部尚书兼工部尚书刘黻、元代文学家秘书监丞李孝光、明代礼部侍郎章纶、明代江西左布政使侯一元，等等。这些人物的出现都在一定程度上影响到了乐清

---

①　赵挽澜编注：《林大椿集》，第197页。

地方政治的格局。但到了清代,自清初至瞿振汉起义前后的咸同时期,地方文化权力和政治权力则向西乡严重倾斜。

首先,在诗文创作和经史子集的研究的人数和作品方面,西乡具有压倒性的优势。具体情况看下表。

表4-3 清代咸同以前乐清东西乡诗文论著写作情况

位置	村庄	作者	身份	诗文集和论著	活动年代
西乡	一都后所①	董佐	布衣	吟馨馆集	道咸
	一都石马	杨森秀	进士	芝峰笔记	康熙
	一都吕岙	徐献廷	贡生	二酉轩陶陶集	嘉道
	一都吕岙	徐德元	贡生	小酉山房倚声、小酉山房文集	道咸
	五都林垟	林启亨	贡生	新志后议、水田吟草	嘉道
	五都林垟	林大椿	贡生	求是斋诗钞、垂涕集	道咸
	五都荷盛	郑锡庆	贡生	传经堂文稿、无闻集	道咸
	五都荷盛	郑梦江	贡生	雪涛诗稿	咸同
	五都荷盛	郑协和	贡生	水竹居文集、水竹居说佛卮言	咸同
	五都高园	黄梦香	贡生	草草庐诗文钞、午窗梦呓词	咸同
	六都岐头	朱德立	僧人	藕华园诗、鉴公诗	清初
	六都翁垟	陈诰	布衣	苹洲渔唱集	咸同
	六都门前	陈锦江	生员	栎室文钞、栎室日录	道咸
	八都横带桥	郑作朋	贡生	释耒园吟草	乾嘉
	八都柳市	吴郑衡	生员	荆山吟草	咸同
	八都薛宅	薛英	举人	清晓园雪堂诗文集	康熙

① 后所在县城以东,为"东郊孔道",本应划归东乡。但乐清人却把后所视为西乡,光绪《乐清县志》卷一《隅都》把后所编入一都三图,并称"一都在县西,故先叙县西"。后所大族董氏认同西乡士绅集团,并与高垟林氏通婚。瞿振汉也把后所视为西乡的敌对力量,虹军向县城进发途中绕道避开后所。

续表

位置	村庄	作者	身份	诗文集和论著	活动年代
西乡	九都白石	钱存谐	贡生	秋鸣杂录	乾隆
		翁效曾	生员	蓉江吟草	乾隆
	十都蟾河堡	施元孚	生员	雁山志、白石山志、释末集	康熙
	十都鲤岙	陈珒	贡生	闻妙香斋吟草	咸同
		陈珅	贡生	光绪乐清县志	咸同
	十都万家	倪兆禧	生员	梧石山房诗抄	道咸
县城	下垟郭	梁祉	贡生	池上编	康熙
	北门	徐炯文	贡生	翔云易义、翔云书经义、翔云诗经义、翔云孝经义	雍正
	不详	徐邦垓	生员	慕南文集	道光
	不详	蔡保东	举人	梅阁诗文集	咸同
	不详	徐乃康	生员	茹古轩诗钞	咸同
东乡	三都贾岙	叶正阳	贡生	鹿迹山房吟草	道咸
	十三都湖边	林培德	生员	书绅雅咏、味腴轩诗草	道咸
		徐沛膏	贡生	华堂诗稿	道咸
		林瑶	贡生	霭堂诗稿	咸同
		林希绩	贡生	居易斋吟草、梅屿怀古诗	乾隆
		林清涛	生员	旭迎楼吟草、桂岩怀古	乾嘉
		林琪	贡生	棣萼楼古今体诗	嘉道
	十四都蒲岐	张考吉	廪生	履斋诗钞	咸同
	十四都杏庄	胡名秀	贡生	率尔吟	乾嘉
		胡维宽	生员	杏桥诗草	咸同
		胡维勋	生员	石帆诗草	咸同

续表

位置	村庄	作者	身份	诗文集和论著	活动年代
东乡	十四都虹桥	瞿霁春	生员	朗斋小草	乾嘉
	十五都侯宅	侯思炳	布衣	渔村诗集	康熙
	十五都凰岙	冯蒍	布衣	半耕轩吟草	咸同
	十七都芙蓉	李象坤	贡生	匊庵集选	康熙
		李象震	生员	慕庵集	康熙
		林文朗	生员	静斋集陶小草	康雍
		林文焕	生员	博笑集	乾隆
		林宗瑛	贡生	学庸会意	乾嘉
	十七都乌石	吴永佶	生员	鸥闲轩诗草	咸同

资料来源：道光《乐清县志》卷八《人物》上，卷十一《艺文》上，卷十二《艺文》中，卷十三《艺文》下。光绪《乐清县志》卷八《人物志》上，卷十一《经籍志》。《高谊集》。

上表中的资料来源为方志和《高谊集》。高谊（1868~1959）长期保持对搜集整理乡邦文献的浓厚兴趣。他利用在乐清各地任教私塾、学堂的机会，四处挖掘湮没的文献。1935 年后，他参加了温州地方政府的"征辑乡哲遗著会"项目。与他共事的孙诒让之子孙延钊说他"与乐清一邑搜罗最力，其所甄采往往出故家凿楹"，还说他"传写一书，必手下丹黄，随笔为之序跋"。[1] 尽管如此，上述表格并不足以准确反映乐清清代著述状况，它只能粗略地呈现乐清东西乡文化活动的一般概貌。据上表，西乡著述者有 32 人分别来自 16 个村庄；东乡的著述者 28 人，涉及 9 个村庄。西乡诗人、学者只比东乡多了 4 个，但仍然称之为具有压倒性优势，是考虑到了东西乡所占的面积太过悬殊。据 2000 年出版的新编《乐清市志》，[2] 20 世纪 90 年代末的柳市区相当于西乡，面积为 256.75 平方公里，略高于乐清县陆域面积 1 174 平方公里的五分之一。[3] 据此东乡的面积高达 917.25 平方公里。西乡的"文化密度"远高于东乡。

---

[1] 孙延钊：《高谊集·序》，高谊：《高谊集》，高益登编注，线装书局 2013 年版，第 5~6 页。
[2] 乐清市地方志编纂委员会编：《乐清县志》，中华书局 2000 年版，第 155 页。
[3] 乐清市地方志编纂委员会编：《乐清县志》，第 85 页。

如果说诗人、学者的数量对比还稍显朦胧,那么乐清藏书家、藏书楼的分布则使西乡为乐清文化高地的地位卓然可见。孙延钊《温州藏书家考》一文,一共提到清代乐清14位藏书家的11个藏书楼。① 笔者以孙氏文章为线索,利用光绪乐清县志和士人文集完善了一些基础信息,制成下表。为了更加明了瞿振汉起义时东西乡文化对比的态势,表格略去了清代前期康熙、乾隆时候的藏书家李象坤、侯思炳、薛英和郑作朋。

表4-4 道咸时期乐清藏书家、藏书楼一览表

藏书家	居住地	生卒年代	科　　名	藏书楼	坐落
林启亨	高垟村	1772~1856	嘉庆庚辰(1820)恩贡	菜香楼	西乡
林大椿	高垟村	1812~1863	咸丰己未(1859)岁贡		西乡
徐献廷	吕岙村	1792~1867	道光壬辰(1832)岁贡	二酉轩	西乡
徐德元	吕岙村	1809~1868	道光丁酉(1837)选贡		西乡
叶正阳	鹿岩村	1781~1866	道光乙未(1835)恩贡	鹿迹山房	东乡
郑锡庆	荷盛村	1793~1856	道光戊戌(1838)岁贡	不　详	西乡
陈　犀	鲤岙村	1807~1885	咸丰戊午(1858)岁贡	芸香精舍	西乡
黄梦香	高园村	1832~1867	生员	古香楼	西乡
蔡保东	县城	1829~1875	咸丰九年(1859)举人	不　详	县城
徐乃康	县城	1828~1892	同治壬戌(1862)岁贡	不　详	县城

表4-4罗列了道咸时期乐清10位藏书家、8个藏书楼。其中属于西乡的有5个藏书楼,东乡只有1个;属于西乡的藏书家有7位,东乡只有1位。藏书楼是地方乡村重要的文化地标,藏书楼主人往往会把藏书楼打造成一个综合性的文化活动空间。它首先是藏书的处所。藏书楼丰富的藏书为主人具备了著书立说的优越条件,从而有利于藏书家们积累自身的文化资本。例如林大椿多方面的学术研究就深深获益于自己的藏书。其次,藏书楼也是设帐授徒的场所。县城人徐乃康、蔡保东和万家的倪一清都曾

---

① 孙延钊:《温州藏书家考》,浙献足征丛编之五,《蓉绥》创刊号抽印本,1937年,温州图书馆藏。

到吕岙徐氏藏书楼二酉轩师从徐献廷读书。林大椿在菜香楼开办私塾,就学的生徒有来自高园黄梦香,来自翁垟陈诰和来自荷盛郑氏三兄弟(梦松、梦白、梦江)。① 他们依托藏书楼创办的私塾往往能吸引士绅之家和富户来就读,由此编织了一个由师生关系和同门关系构成的社会网络,从而增强了地方权力角逐中的竞争力。再次,藏书楼也是一个士人雅集的空间。正途出身的士绅们通过雅集形成并巩固群体认同,同时也强化了与异途出身的"儒枭"的区隔。

道咸以降,西乡形成了一个由正途出身的士绅构成,以师生关系、同窗关系与世代婚姻关系交织连接而成的地域集团。这个地域政治集团和文化联盟主要由吕岙徐氏、万家倪氏、后所董氏、高垟林氏、荷盛郑氏、蟾河堡施氏等文士家族构成。在诸种凝聚地域社会的纽带中,最牢固、最稳定的当属联姻。图4-1呈现上述6个宗族间的通婚关系。

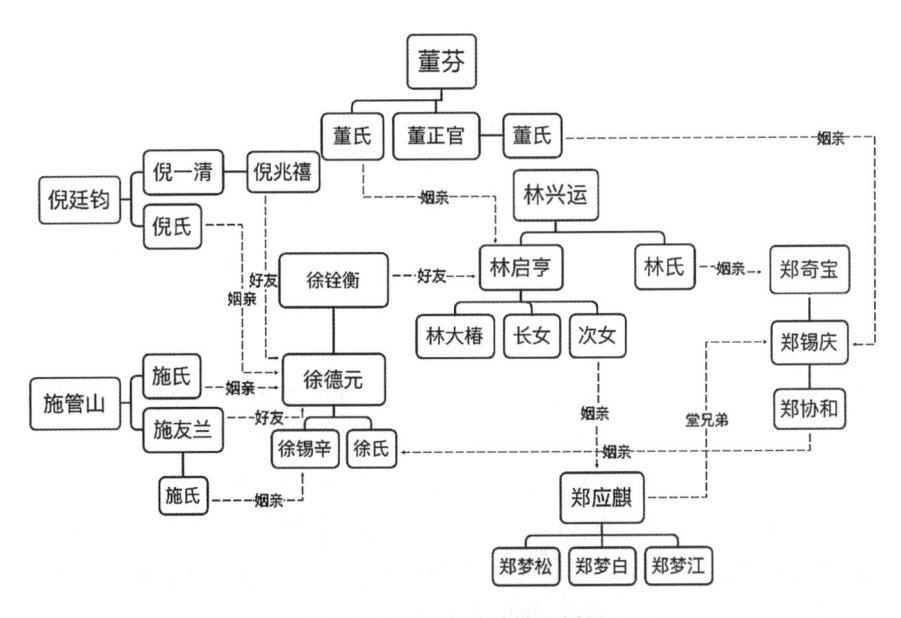

图4-1 西乡儒士宗族通婚图

当然,这不是说东乡生员都是异途出身,西乡生员都是正途出身,也不是说,参加反叛政府的士绅都是异途出身的士绅;而是说道咸间,西乡存在着一个具有高度凝聚性的、以书香门第构成的地域政治集团,东乡出现了一个以捐纳生监为主体构成的、在地域政治中极具进取性的政治集团。两个士绅集团的分野与地域的东西乡两个空间分布呈现出十分清晰的对应关系,且双方

---

① 徐德元:《徐德元集》,第193页。

各具较为强烈的地域认同。

县城乐成本来是乐清县的政治中心,但由于县城中的大族主要是跟西乡结成师生关系、同窗关系和婚姻关系网络,实际上从属于西乡士绅集团。这也是后来瞿振汉袭取县城以后即身陷险地的原因。咸丰四年(1854)冬,瞿振汉攻击县城的风声越来越紧,县城官绅首先想到的是"招西乡士兵",但因经费无着落,此事不了了之。① 咸丰四年(1854)十二月十八日,瞿振汉率义军入城,瞿振汉的主要攻击对手徐牧谦躲过义军的搜捕后,立即送儿子徐乃康"投西乡姻戚"。徐牧谦自己也是靠徐德元的帮助,才得以顺利离开乐清到瑞安孙锵鸣处搬救兵。原先竭力防御东乡义军的生员周应春在城破之日奔逃西乡,才"得免于难"。② 在瞿振汉踞城的7日间,西乡士绅就积极酝酿对县城的瞿振汉的攻击,柳市吴郑衡、吕岙徐德元、池头陈瑞荣陈配锦兄弟、横带桥郑煛、黄华郑济康等积极集结力量,图谋绞杀红巾军。③ 攻占县城后,防止义军残余力量的报复以及负责治安事宜的也是西乡士绅。④

反过来,红巾军分8支路军,覆盖了东乡蒲岐、万桥、虹桥、后垟、南垟、马寮(今称"马鸟")、南充、湖上庄和横山,共计9个村庄。瞿振汉之所以能够动员辽阔东乡中的上述村落民众参加,东乡人对西乡控制县域政治权力和文化权力的不满应该是一个重要原因。另外,瞿振汉命名自己的军队为"虹军",⑤ 显然得名于起义酝酿的中心地——虹桥,这也颇具地域认同的意味。

清朝长期以来,以出卖王朝"名器"——科举功名——的方式来弥补财政空缺,嘉庆朝的白莲教起义耗竭了财政储备,至太平天国运动兴起,朝廷捐纳之门大开,为提升自身的社会地位、政治地位,大量平民和商人纷纷以白银换取贡生、监生和生员的身份,由此形成了一个庞大的"异途"出身的生员群体。他们往往以经商为业、以习武组织为工具挑战原先由正途出身的"儒士"为主导的地域秩序。由于他们极具侵略性和进取心,在浙江省乐清县被名之曰"儒枭"。正途出身的正统"儒士"与异途出身的"儒枭"在地域社会展开或明或暗的权力角逐,这或许是19世纪中期以降中国社会的常态,但在二者的矛盾冲突尚未爆发为公开的武力搏杀前,不易为人所觉察。

在乐清,这两个地域集团冲突的表面化和尖锐化看似偶然,但其深层的

---

① 林大椿:《林大椿集》第203页。
② 林大椿:《林大椿集》,第208页。
③ 林大椿:《林大椿集》,第217页。
④ 林大椿:《林大椿集》,第213页。
⑤ 马允伦编:《太平天国时期温州史料汇编》,第4页。

背景实为历史发展大势所迫。概而言之,19世纪以来,番薯、玉米等美洲作物普遍种植引发的人口爆炸,养廉银制度名存实亡导致的陋规泛滥,致使王朝统治合法性急剧流失,地方政府深陷治理危机。嘉庆后期"银贵钱贱"危机引爆了严重的社会冲突,从而导致了瞿振汉起义的发生。瞿振汉事件夹杂着地域歧视和正统意识形态的扭曲等因素而复杂化,但究其实质,实为两个政治文化集团之间的仇恨不断恶化的结果。

那么,乐清异途出身之"儒枭"的崛起,究竟有多少代表性呢?这恐怕需要有更多实证性的地域史研究才能作出可靠的判断。但是在观察19世纪中前期各地的造反故事中我们可以看到许多异途出身的"儒枭"的身影。例如道光十六年(1836)湖南新宁蓝正樽领导的抗争,据《新宁县志》蓝正樽的监生身份即系捐纳所得。[①] 嘉庆十九年(1814)福建建宁杨克荣组建"红钱会",多种相关史料称杨克荣系贡生。[②] 但民国《建宁县志·选举表》的贡生一栏,并未出现"杨克荣"的名字。[③] 因此,杨克荣的贡生身份很可能为捐纳所得。咸丰三年(1853),闽中爆发了由林俊领导的反政府武装暴动。林俊的身份是武生员,[④]林俊之父林捷云为道光元年(1821)的恩科武举人。[⑤] 虽然武生员、武举人也算"正途"出生,但与文举人、文生员相比,无疑是属于边缘化的。值得注意的是早就有学者注意到闽中红钱会的起事,并未跳脱乡土社会,以及宗族的庇护。[⑥] 显然其中也具有地域政治角逐的性质。当然,我们目前还不清楚以上几个事件的地方背景。19世纪中前期地方社会的抗争事件在地域社会中的确切含义很值得深入探讨。

---

① 《新宁县志》卷十六《兵事志》,光绪十九年(1893)刻本。
② 秦宝琦:《洪门真史》,福建人民出版社1995年版,第245页。
③ 《建宁县志》,民国五年(1916)刊本。
④ 徐宗幹:《斯未信斋杂录》卷五《癸丑日记》,清代诗文集汇编纂委员会:《清代诗文集汇编》(第593册),上海古籍出版社2010年版,第369页。
⑤ 《永春县志》卷十四《选举志下》,民国十七年(1928)刊本。
⑥ 周育民、邵雍:《中国帮会史》,上海人民出版社1993年版,第181页。

第五章 "俗吏"还是"循吏"
——同光时期平阳县令汤肇熙的治理实践

引　言

江西万载进士汤肇熙在任京官10年后，于同治十年（1871）外放至浙中任知县。离别在即，给京城同僚、朋友的赠诗云：

> 无端风雨怅歌骊，酒绿灯红有所思。髀肉已生徒感我，血腔犹热待酬谁？江湖后梦觚棱远，书剑新装款段迟。别意请将流水看，出山仍似在山时。①

这其实是一个"出山"宣告书。诗歌中虽有髀肉之叹的感伤，但更多的是建功立业的豪情。其同僚好友的赠诗几乎都有"循吏"一词或循吏的代称"龚黄"，如"湖山再造须循吏，苏白重来见使君"②"报最循良登上考，眼前赤子唤青天"③"龚黄饰治惟经术，苏白能文信雅人"。④ 不管汤肇熙是否透露过以"循吏"自勉的心曲，这确实是朋友们的期许。

汤肇熙在浙江严州府的开化和温州府的平阳任县令16年，于光绪十四年（1888）辞官回乡时，温州知府李士彬有如下评语：

> 开、平二邑均号称难治，执事将之以诚，行之以勤，如此实邑人厚

---

① 汤肇熙：《同治壬申四月初旬将赴官浙中留别都门同人六首·其一》，《出山草谱》卷七。
② 谭定澍：《赠诗》，《出山草谱》卷七。
③ 刘云：《赠诗》，《出山草谱》卷七。
④ 郭子钧：《赠诗》，《出山草谱》卷七。

幸。……循吏传中当分一席。①

浙江布政使任道镕的评语为：

> 捧读治开、平各邑政书中祭告文与夫公牍条教，直无一事不洽人情，亦无一刻自逸。化成久道，循吏本于循儒，舍公，奚属哉？镕任浙藩时，即已知宅心行事迥异恒流，今治行已足千古。②

也就是说知府和布政使在给汤肇熙治理生涯的总结中也名之曰"循吏"。余英时在论及汉代的循吏时说：

> "吏"代表以法令为中心的政治秩序，"师"则代表以教化为主的文化秩序；用中国原有的概念说，即是"政"与"教"两个传统，也可以称之为"政统"与"道统"。循吏恰好处在这两个传统的交叉点上，因此，对循吏的研究，特别有助于我们理解中国传统中的政教关系。③

余英时把循吏的角色定位为处于政治秩序和文化秩序的交叉点上。从各种温州地方志、汤肇熙的往来书信和公牍等资料看，汤肇熙确实是一个工作十分勤勉的官员。其工作内容也不限于钱粮和刑名，花了大量的时间和精力用于移风易俗上，也就是说建立地方"文化秩序"是他施政的重要内容，以实现成为"循吏"的抱负。

第一节 汤肇熙莅任时的平阳社会

汤肇熙，江西省袁州府万载县人。由附生中道光二十六年（1846）丙午科举人。④ 同治元年（1862）壬戌科大挑一等，分发直隶试用知县。由直省告假回籍二年，入都会试中癸亥恩科进士，以主事用，签分户部派四川司兼山东司行走。是年九月告假回籍，至七年三月入都供职。同治十一年（1872）二月选

---

① 汤肇熙：《出山草谱》卷八。李士彬（1835～1913）字百之，晚号石叟，安徽英山南河鸡鸣河人（今属湖北）。
② 汤肇熙：《出山草谱》，卷八。任道镕（1823～1906）字筱沅，一字砺甫，号寄鸥，江苏宜兴人。
③ 余英时：《士与中国文化》，上海人民出版社 2003 年版，第 147 页。
④ 本章中所署的年、月、日，均为农历。

授浙江开化县知县。此后两度派充同考试官,在谳局担任审判官两年,代理过钱塘知县。光绪八年(1882)正月初十日抵达平阳,开始了他的平阳县治理生涯。从上述汤氏的简历中看到,任平阳知县前,他当过京官,也当过地方官,特别值得注意的是还有过担任专职审判官的经历,丰富的阅历把他历练成一名"能吏",这些都对他的地方治理风格产生了显著影响。

汤肇熙所著的《出山草谱》共八卷。其中卷三、卷四、卷五和卷六收录了他任平阳县令七年间的文告、公牍、示谕和记序等,共计108篇。其中既有一般的原则性导向,又有具体的案件审理,资料显得相当立体。另外还有大量的汤氏与上司、同僚、友人、士民的唱和诗歌。所有这些篇什细致而又全面地反映了汤氏人格个性以及他在平阳县的治理状况。

汤氏鲜明的循吏特色至少体现在以下几个方面:

第一,不同于一般的得过且过、以敷衍为事的"俗吏",汤肇熙有着成就一番事业的强烈愿望。在往任开化县令临出都之际,留别京城同事、好友的诗中有这样的句子:"髀肉已生徒感我,血腔犹热待酬谁?""如许头颅镜影中,光阴弹指太匆匆。"①时不我待的急切心情跃然纸上。他的公牍、文告、示谕以《出山草谱》名之,其"出山"一词隐然有大展身手、大干一场之意。作为一个小小的七品知县,当然不是要做一个指点江山、呼风唤雨的豪杰,汤氏之自我期许是一个化民成俗的循吏,其好友同道在这一点上也很看好他。以下摘录的是和诗中的一小部分诗句:湖山再造须循吏,苏白重来见使君(益阳谭定澍)。循吏传容经术有,登科录更少年谁(德化欧阳云)?历代循吏史册传,殚心抚字迓丰年(临川刘卓栻)。面目不妨安下士,心期惟愿作良臣(德化刘瑞祺)。龚黄饰治惟经术,②苏白能文信雅人。日兼冬夏称循吏,年富春秋仰圣君(万载郭赓平)。每说教民先牧令,可知循吏半名臣(安邱李端遇)。料应德政口碑传,绩懋龚黄似昔年。……报最循良登上考,眼前赤子唤青天(安福刘云)。绩奏司农聊复尔,政称循吏又输谁(张学翰)?③

第二,以教化为手段的移风易俗是他施政的核心。虽然清廷已经把教化划定为州县官的职务范围之内,但并未列入考核内容。一般地方官把时间和精力用于列入地方官"考成"的刑名、钱粮两项工作,而对不影响考成的包括教化在内的其他,只以很少的精力去应付。④

---

① 汤肇熙:《同治壬申四月初旬将赴官浙中留别都门同人六首》,《出山草谱》卷七。
② 龚黄:典故名,典出《汉书》卷八十九《循吏传序》。为汉循吏龚遂与黄霸的并称。亦泛指循吏。
③ 以上诗句见《出山草谱》卷七。
④ 瞿同祖:《清代地方政府》,范忠信等译,法律出版社2003年版,第29页。

教化工作既不列入考绩范围，又很难见效，显示度又不高，且很难量化；但这却是汤肇熙的施政核心。综观汤肇熙的所有文告，我们看到他的工作几乎全部指向一个目标——移风易俗。"一切弊俗皆关风化人心"，汤肇熙在《到任后禀地方情形》中的这句话说明了自己挽回教化的切入点，即移风易俗。在任平阳县令任上，胪列地方种种"恶俗"并要求予以革除的文告有三个，即《胪列各条告示》《胪款禁除恶习示》和《申明严禁示》。另外单项示禁的文告也很多，仅标题上出现"禁"的字样的就有 28 个文告。更多的文稿虽然没有申禁字样，但内容实为示禁，如《访拿讼棍事》是禁止绅衿和"土恶地棍"等挑唆、插手案件审理的。仔细检阅所有 108 个文本，与革除"弊俗"完全无关的仅 8 篇。①

第三，鲜明的亲民风格。汤肇熙在平阳治理实践中，处处考虑减轻乡民负担，无繁重，无苛刻，对衙役书吏多方约束。凡事先用情理剖析，非万不得已不使用法律惩治，详细分析详后。另外他的告示并不一味地冷冰冰示禁，其中多肺腑之言。即便是征收钱粮这样的考成攸关的紧迫公事，汤氏也是在告示中倾诉衷肠告知自身的处境，以求百姓体谅：

  官虽爱民，催科不力，例有处分。况当此库款支绌之时，迭奉大宪札饬批解，急如星火。本县一介贫官，力既不能自垫，法又无可通融，惟望尔民踊跃输将，免致以误公贻咎。……本县非不爱民之官，亦并非爱钱之官。②

分巡温处道道员温忠翰在给《出山草谱》所作的序中说："（汤肇熙）凡所历治，官书以及告祭之文，公牍示谕，皆自为之。……其约束于民者，皆民所易知易行，齐人心风俗而轨于正，虽贤父兄之教子弟不是过也。……古所谓名儒循吏者，将复见于今日也。"民国《平阳县志》把汤氏载入《名宦列传》，称其："所出条教皆谆谆诰诫，如家人父子语。故令行禁止，少有违者。温处兵备道温忠翰赠以联云：'政兼教养古循吏，学有根柢今通儒。'"③"虽贤父兄之教子弟不是过也""所出条教皆谆谆诰诫，如家人父子语"，以上两语是对《出山草谱》极真切的评语。

---

① 这 8 篇的篇名为：《告平阳县城隍文》《平阳观风告示》《饬办团防示》《禀复平阳最要海口形势手折》《请开缺回籍养亲禀》《游南雁荡山记》《平阳县新建文明塔记》和《重修平阳县十七都陡门记》。
② 《催征示》，《出山草谱》卷四。
③ 民国《平阳县志》卷二十六，《职官志·名宦列传·县职》。

汤肇熙担任开化、平阳县令循声卓著,好评如潮。他的上司、同僚、居官地的士绅对他也是赞誉有加。除上引分巡温处道道员温忠翰的评价外,温州知府李士彬褒扬他"将之以诚,行之以勤",并说"《循吏传》中当分一席"。浙江布政使任道镕的评语:"捧读治开、平各邑政书中祭告文与夫公牍条教,直无一事不洽人情,亦无一刻自逸。化成久道,循吏本于循儒,舍公,奚属哉?……今治行已足千古。"汤肇熙的地方社会治理在当时就产生了很大的影响,其声名旁及平阳县临县瑞安县。瑞安著名大绅孙衣言、孙锵鸣兄弟都对汤肇熙作出了很高的评价。[1] 孙衣言说:"万载汤侯来为平阳不数月,威惠大行,循良之颂达乎四境,予闻而心慕之。"[2]孙锵鸣也叙说了汤肇熙一担任县令县治迅速改观的状况:"始候下车甫数月,神明之称洋溢乎四境,旁达我邻封。"[3]平阳普通士民对汤氏的赞颂之声记不胜记,在此不赘。

这些评价出于客套而稍有溢美容或有之,但应该想到他的上司和临县在籍大绅都没有讨好他的必要,他所获得的普遍肯定,在一定程度上反映了他的治理业绩。上引民国《平阳县志》系汤氏去任几十年后编纂,其所赞颂之言应该是具备相当的客观性的。

汤肇熙莅任平阳县令为19世纪80年代。从表面看,与平阳县相关的《出山草谱》108篇公牍告示似乎多为行为的导向和约束,然而在规范性的宣示中反映了异常丰富的社会内容。我们从中看到当时的平阳正处于一个传统经济秩序、社会秩序和道德秩序崩坏的时代。在汤肇熙的文告中,"人心诈伪,俗习浇漓""人心浇薄,惟利是趋""民情浇漓"之类的用语随处可见。在《胪款禁除恶习示》中直陈:"境内种种恶俗,不独科条有犯,贻身家性命之忧,亦且流弊无穷,为世道人心之患。"[4]悖谬正常人情的触目惊心的社会现象频频出现于文告之中。

自明至18世纪中期的清乾隆年间,平阳社会似是别有一番安宁景象:

万历府志云:"平阳尚简朴,不事争斗。"(乾隆府志引)李琬[5]序前志云:"平邑虽介两省之间,然地稍僻左,四方舟车商贾所不至,无末富淫巧之荡其心,故风气较淳朴。"徐恕[6]序云:"士安于塾,农安于野,工安于

---

[1] 孙衣言,道光三十年(1850)进士,官至太仆寺卿。孙锵鸣,道光二十一年(1841)进士,官至侍读学士,李鸿章的房师。
[2] 汤肇熙:《出山草谱》卷三。
[3] 汤肇熙:《出山草谱》卷四。
[4] 汤肇熙:《胪款禁除恶习示》,《出山草谱》卷三。
[5] 李琬于乾隆二十二年(1757)任温州知府。
[6] 徐恕于乾隆二十一年(1756)任平阳县令。这里提到的"序",应为乾隆县志序。1760年刊行。

肆,贾安于市,风近古矣。"(皆旧志序)综观诸说,尤以李序为能探原立论。惟其地僻左,不染嚣喧,故其善者,能留淳朴,而其弊也失之鄙。今则交通渐便,风气渐漓。就境内分别观之,城市之区,俗稍浮薄,乡村之地,真朴犹存。海滨喜械斗,山陬多讼争。察其原因,皆为干糇致愆刀锥竞末,总不离于鄙之一字。大抵平阳地瘠民庶,生事微薄,饮食日用之间,一去俭朴而事侈靡,生计立绌,争竞之风由是起。①

  18世纪中期的平阳风气是"尚简朴""风气淳朴",士农工商各安本分,"风近古矣"。知府李琬、知县徐恕把平阳得以保持良风美俗的原因归之于交通的闭塞。由于平阳地处偏僻,罕有跨地区商业活动,即"四方舟车商贾所不至"。民国《平阳县志》的编者认同这样的分析,因而逻辑地推论后来"交通渐便"导致"风气渐漓"。细读上述引文,平阳风气衰变,由淳朴到浮薄,原因有两个:一是因交通状况的改善,商业活动活跃,进而引发了人们的趋利之心;一是生存环境的恶劣导致了生计艰难,民人由原先的"不事争斗"变为"争竞成风"。

  从18世纪中期到19世纪80年代(汤肇熙莅任平阳)的100多年间,平阳社会出现了两大变化,即商业的发展和人口的剧增。何子祥乾隆三十年(1765)任平阳知县,在其《蓉林笔钞》中,看不到外地客商、商帮在平阳活动的踪迹;而在汤肇熙的《出山草谱》中,出现多处宁波、福建商人到平阳的记载。资料显示,光在平阳的鳌江镇就有十几家宁波人开的商号。② 汤肇熙处理过一个宁波商船遇风触礁遭平阳人哄抢的案件,该船装载木头达数千株,可见平阳港可以进出远距离贸易的大船。③ 另外一个案件是宁波商人向汤肇熙告状,有平阳渔民在港口设网捕鱼,宁波进出口商船如果有所撞碍,就被这些渔民勒索。④ 还有一个案件是,一艘福建商船被人污指为劫掠渔民的盗船(背后有平阳的卫所营兵在唆使),汤肇熙在给幕友的函件中列出劫掠事件不成立的十个理由。⑤ 据《瓯海关十年报告1882年至1891年·附件一》,⑥温州港与宁波和兴化联系十分紧密;而平阳港与温州港往来稀少。据此可以推定,平阳港直接与宁波和福建兴化展开频繁的贸易。

---

① 民国《平阳县志》卷十九,风土志一。
② 汤肇熙:《招告诈商地痞示》,《出山草谱》卷五。
③ 汤肇熙:《渔民攘取商船木株限缴示》,《出山草谱》卷五。
④ 汤肇熙:《赤溪谕各渔民》,《出山草谱》卷五。
⑤ 汤肇熙:《奉札委审案件与幕友辨陈函》,《出山草谱》卷五。
⑥ 赵肖为等编译:《瓯海关贸易报告与十年报告译编》,上海三联书店2014年版。

有关人口增长情况为：康熙六十年(1721)，丁口248 123人；乾隆二十一年(1756)，人口260 900人；宣统三年(1911)，男258 674、女209 286，总人口为467 960。① 粗略估算在19世纪80年代，平阳大约为40万人，比18世纪中期人口增加了大约15万。在短短的时间内，增加这么多的人口，平阳人的生计艰辛可想而知。何子祥说平阳土地肥衍，五谷滋生，号"百万仓"，温州、处州(两府计15县)仰赖平阳供给短缺的粮食。② 但是到了汤肇熙莅任平阳的时候，屡次颁示罂粟种植禁令，其理由是"本邑产米不多"，鸦片挤占了种杂粮的田亩。③ 19世纪晚期平阳道德秩序和社会秩序的崩坏似乎都能从上述两个变化中找到根子。

商业发展导致平阳社会的价值观念的畸变。民众利欲熏心，追逐金钱，好斗好讼，以致撕破了家庭成员间温情脉脉的面纱。汤氏称平阳"人心浇薄，惟利是趋。利之所在，虽至亲骨肉不免计较锱铢"。④ 追求体面成为普遍的社会风尚，"务体面""好体面""装体面""示体面"和"作体面"之类的字眼在《出山草谱》中触目皆是，而大量在汤氏看来是合乎正常人情的事，却被平阳人视为"有碍体面"，千方百计规避之。好体面导致好靡费，奢靡之风大盛。这突出体现在厚嫁、厚葬和演戏谢神等。

平阳人嫁女则倾家不惜。⑤ 汤氏告示称："平俗嫁女，上户逾千金，中户数百金，下户亦一二百金，往往鬻产罄货亦所不顾。语云：有千金嫁女，无千金教子。何人情颠倒，一至于此？"⑥虽然家庭有贫富差异，但上户、中户、下户倾其所有置办嫁妆则皆竭尽全力，甚至不惜卖房卖田。"嫁女之家，饰必金银珠玉，力不足以鬻产为之，衾既具又分田遣之。"十分吊诡的是，从表面看厚嫁是对女儿的无尽的疼爱，但正因为"疼"之太过，成本太高，养女养不起，"而致有溺女之俗"。同为女子，一则倾家不惜；一则置之死地。汤氏斥之"伤天理、绝人道"。⑦

厚嫁之外还有厚葬。丧葬之家往往亲友往来相吊，大摆筵席。坟墓造价

---

① 民国《平阳县志》卷十二，食货志一。
② 见何子祥：《龙湖书院旧志总序》和《平阳新社仓记》，《蓉林笔钞》卷三。《蓉林笔钞》温州市图书馆藏。
③ 汤肇熙：《禁栽罂粟示》和《申明严禁示》，《出山草谱》卷四。
④ 汤肇熙：《谕戒浮费示》，《出山草谱》卷五。
⑤ 平阳邻县瑞安县也有此习俗。瑞安士绅张棡的1910年二月廿七日记载："谚云'盗不过五女之门'。予仅嫁二女，已觉倾箱倒箧，债台高筑，既自怜亦自笑也。"同年十二月二十日日记载："本年又遣女出阁，遂至入不敷出，亏空颇多。"张棡：《张棡日记》，温州市图书馆编《温州市图书馆藏日记稿钞本丛刊》，中华书局2017年版，第8643页。
⑥ 汤肇熙：《胪款禁除恶习示》，《出山草谱》卷三。
⑦ 汤肇熙：《谕戒浮费示》，《出山草谱》卷五。

更是不菲，平阳人造坟"必以砖灰为圹，以石为茔。若堂若防，规模宽广"。花费甚巨，"费多者千缗、数百缗，少亦数十缗或十数缗"。有钱人如此，贫穷者也仿效之，以至于"相沿成习，举国若狂"。那些力不能胜者，就停葬，以待将来，如若停了若干年仍无力奢靡铺张，则有"不葬而已"。①

平阳人奢靡之风还体现在各种节庆之铺张，比较著名的有平阳城内的迎会、鳌江的大龙灯和金乡的抬阁，耗费往往达数百钱缗。演戏更是无地无之，"有村庄必有社庙，有社庙必有戏台。就江南一乡而论，闻戏台不下八百之多"。汤氏算了一笔账，"以一戏台演戏需费十千计，合一乡每年费八千缗"。②

厚嫁导致溺女，厚葬导致不葬。汤氏的告示仅止于财物的浪费，但以他对世道人心的深切关怀，想必也能看到亲情的丧失（溺婴）和人伦关系的扭曲（以儒家价值观视"不葬"为"不孝"）。而频繁的演戏也对男女大防构成了有力的冲击。所有这些其实质都是道德秩序的解体。

同样让汤肇熙感到不可思议的是平阳社会秩序和经济秩序的坍塌。他在一个文告中怀着痛恨的心情谴责他眼中的正常社会关系的颠倒：富户畏扰害于贫民，善类惧得罪于小人；以窃贼而反制良民，以佃户而敢欺压业主。③ 所谓"窃贼反制良民"，即汤氏在文告中反复提到的"赎赃"。失窃之家即使知道谁是窃贼，贼窝何处，也不敢报官，更不敢理直气壮取回失窃之物，反而要"央人说合，出钱取赎"。"赎赃"并不是偶然现象，而是成了一种风俗。

在诸种紊乱的社会关系秩序中，汤氏感到特别严重的是佃户与业主关系的颠倒。他在多个文告中叙说了佃户的强势地位。在租佃关系成立时，业主根据契约向佃户收取具有押租性质的"札根钱"，数量大概在二三千文～五六千文。契约规定，如佃户欠租，听凭业主从"札根钱"中扣除。"札根钱"被扣除完后，佃户就真正处于欠租状态。佃户欠租是一种常态，不仅如此，而且往往在业主不知情的情况下，佃户私自以高额租金把田转租给别人。当业主去收租时，则两个佃户互相推诿。业主无奈要把田收回，佃户霸占不依。即便哪个业主能够把田强行收回，也没有人敢承租。因为佃户会作出种种匪夷所思的举动找业主或新佃户为难，他们或以"老病相吓制"，或让妇女、残疾人上门以死相威胁，或把装人遗骨的瓶、尸首、棺材置于业主或新佃户家，故意敲

---

① 汤肇熙：《谕戒浮费示》，《出山草谱》卷五。
② 汤肇熙：《谕戒浮费示》，《出山草谱》卷五。
③ 汤肇熙：《谕事主与业主遵照章程示》，《出山草谱》卷五。

诈。因此，假使业主把收回之田出卖，则必须先给原承租佃户一笔钱，名"拦力钱"，又称"上岸钱"；否则没有人敢买。如若业主胆敢向官府控告，那无异于自讨苦吃。被勒提到案的佃户的住宿，以及佃户和衙门差役的伙食等种种开支，全由业主供给，当时的俗语称此种情形为"开井吃水"。所以业主视打官司为畏途。①《出山草谱》中提到佃户时惯常的用语是"顽佃""强佃"和"悍佃"，他们往往全年不交租，比较极端者有十几年不交租。那么普通的佃户又如何呢？汤氏的说法是"他处悍佃逋租亦所常有，而卑县则佃不必悍，租无不逋"。②

佃户的强势地位还反映在他们具有减租的权利和议定租谷折钱的比率的权利，这种习俗并非在悄无声息中约定俗成。我们从《出山草谱》中看到有领导、有组织的集体力量：

> 届秋获后即有开庙门，击神鼓，倡议租交几分，不计年岁如何也。每租百斛折钱若干，不以时价为准也。一人首之，众口和之。各佃户遂据以定租，业主亦无如之何。③

上述佃户那种无所不用其极的抗租行为多少折射了人口激增情势下百姓生计的艰辛。不少人已经被抛到了接近最低生存线的极限状态。在这种情况下，盗贼的猖獗（比如盗割渔网成风），赇赃习俗的产生，漫山遍野的鸦片种植，城乡烟馆林立，社会一片乱象，社会秩序、经济秩序出于极为不安的状态。

除了上述提及的奢靡、佃户逋租私顶、开花会、赛龙舟种种社会问题外，汤肇熙十分关注两个具有政治性质的现象：结党成风，斋教盛行。

让我们先来观察地方社会的"结党"问题。汤氏在一个告示中称："各村镇有等刁棍，招引多人，设立名目，在神庙饮香灰酒。遇事滋闹，挟制扛帮。"④从中看到，这种组织的成立非常正式，地点是在神庙中，集体在神面前举行"饮香灰酒"的神圣仪式。地方官和士绅对他们的称谓是"刁棍""地棍"或"棍徒"，因此，从其性质上看应该是乡村中的社会边缘群体。

在此特别应该注意的是他们存在的两个特点：普遍性和组织性。汤氏

---

① 以上情形集中见于《出山草谱》卷三之《胪款禁除恶习示》和《到任后禀地方情形》，卷五之《谕事主与业主遵照章程示》和《禀道府宪为佃户积弊定章请批示立案》。
② 汤肇熙：《禀道府宪为佃户积弊定章请批示立案》，《出山草谱》卷五。
③ 汤肇熙：《谕禁佃户逋租并勒折租价示》，《出山草谱》卷五。
④ 汤肇熙：《禁结党饮香灰酒示》，《出山草谱》卷三。

说他们存在于"各村镇"。平阳人宋恕写于1892年的《六字课斋卑议》也说：古称"十室之内，必有忠信"，今则三家之村，必有地棍。① 另一个特点是"组织性"，他们用神圣的"宣誓"仪式来强化组织内部的联系纽带，在社会中常常付诸集体行动。正因为如此，县官就不能简单地视之为一个影响地方治安的团体；因为20年前平阳大规模的金钱会事件已经成为地方官的梦魇。汤氏在同一个告示中说，"先年金钱会匪事，皆由此而起"。当时，平阳地方的习武组织、龙舟组织和抗租组织，其成立的方式大抵相同，都是对地方社会中对士绅和官府的正统力量构成挑战的不容忽视的力量，因此汤氏不能不把他们看成对地方社会秩序的强大威胁。

除结党外，斋教盛行也是一个危及既有社会政治秩序的现象。温州是一个具有深厚斋教传统的地区。据现存可考的文献记载，至迟在北宋末温州就有斋教活动。此后绵延近千年，有关斋教的踪影史不绝书。民国《平阳县志》追溯明清以来的宗教信仰状况时说："至于优婆斋舍，则望村而是，大抵村氓妇女类多崇信佛法。每数百家辄辟一舍，为聚会膜拜之地。其惸独无归者，即栖身其中，藉以送老，此其所以众也。"从这里的叙述内容看，有学者仅把这些吃斋拜经组织称为"丧葬互助团体"显然是过于狭隘了。较之丧葬，养老是更为重要的功能。因为丧葬只为一时，养老才会有相当长的时间持续，因而可以使团体维系久远。另外，由一个具有神奇魅力的领袖统领分布区域广、组织严密的斋教形态，应该是斋教非同寻常的变态，②较为常见的应该是如民国《平阳县志》所呈现的互不统属的点状分布。

我们在《出山草谱》中可以窥见平阳斋教活动的繁盛：

> 每次因公下乡路过万全、江南、小南各处，凡属神庙、佛堂辄见有聚众拜经。……茹素拜斋多是邪教流传，并非好事。念经忏罪，托名诚心修善，实非好人。③

在另一个告示中说：

> 愚民惑于茹素拜斋，而狡狯僧尼从中渔利，即造香头之名，雇船主率众男女，航海进香。又有名为"经会"，或逢三而拜血盆经，或逢六而拜

---

① 胡珠生编：《宋恕集》，中华书局1993年版，第4页。
② 马西沙、韩秉方：《中国民间宗教史》，上海人民出版社1991年版，第145~146页。
③ 汤肇熙：《禁拜经示》，《出山草谱》卷四。

大乘经,或逢甲子而拜甲子会。尤奇者,邀集四十八人,经行四十八寺,谓之四十八愿,为来生广结因缘,甚而流入二祖、三祖教门。①

这些吃斋拜经组织对社会无害,也没有任何造反企图和行动。但它们没有如一些道观寺院那样接受政府专门机构的管辖,而是处于政府监控之外,从以往的历史经验看,一旦出现一个具有政治野心的领袖,这些组织很容易成为反叛的工具。因此,政府官员对这些貌似温和柔弱的非政治性团体怀有一种习惯性的恐惧。这里汤氏就明言,茹素拜斋在某种情况下,"流入二祖、三祖教门"之类属于白莲教支派。

综上,在汤肇熙面临的是一个乱象纷呈的平阳。一方面商业发展导致平阳人的奢靡之风:厚嫁,厚葬,演剧,好体面。追逐金钱导致人伦关系扭曲,道德观念畸变。另一方面,处于最低生存极限状态的人们以极端的手段维护自身的生存权,耍赖明目张胆,盗窃理直气壮,抗租云集景从。生存权主张和财产权利主张激烈对抗,社会秩序、经济秩序受到严峻的挑战。结党成风和斋教盛行严重威胁着地方政治秩序,让汤氏感到栗栗危惧。

第二节 移风易俗之"条教"

面对如此严峻的社会形势,汤肇熙如何开展秩序重建工作?虽说秩序是州县令一级的地方官的首要关注点,但一般的庸官俗吏只从社会治安的意义上去理解。积极有为的具有文化理想的"循吏"认为风俗是社会秩序的关键。形成醇美的风俗,既是治理的手段,更是治理的目的,甚至可以说醇美的风俗本身就是理想秩序的同义词。

在到任后仅4个月的1882年五月份,汤肇熙向知府、道台、布政使和按察使呈递了一个题为《到任后禀地方情形》的报告。② 这个近5 000字的报告反映了汤肇熙对平阳地理、历史、社会各方面状况的调研成果,并提出了他的三大施政要点:安靖地方、整顿公事和挽回风气。在这个纲领性的文献中,作者系统而细致地阐明了其治理方略。在安靖地方方面,既讲了陆地治安之策,又讲了如何对付来自海上的威胁。在报告中强调了整顿公事的重要性,把整顿公事视为事关治理全局的基础,称"必能治署以内之人,乃能治署以外

---

① 汤肇熙:《胪款禁除恶习示》,《出山草谱》卷三。
② 汤肇熙:《出山草谱》卷三。

之事"。他分析了幕友、书吏、衙役、家丁的权限和特点,提出的治理思路是"清源必先正己"和"使权不下移"。① 这一方面意味着自己失去了与书吏串弊而收取各种好处的机会,另一方面也预示着必须付出巨大的时间和精力去处理各方面的事务。② 第三个方面是汤肇熙地方治理思想和治理实践的核心和重点,在他的三大治理要点中,这部分内容篇幅最长。首先逐一列出并介绍了自己通过"周咨博访"了解到的平阳县 14 条"弊俗",加上其后没有专门列出之作罗列的 4 条,一共是 18 条弊俗,报告中又说曾胪列 20 条在平阳县城乡刊刷示禁。③ 他指出"一切弊俗皆关风化人心",意为挽回风气的抓手即是去除弊俗,这是他治理平阳的施政重点。后来汤氏在平阳 7 年的实践活动确实是从这三个方面展开的。

在汤肇熙眼里,平阳社会的"恶俗""弊俗"是很突出的,在文告、公牍中屡屡出现"本县浇风恶俗不可枚举"的说法。④ 胪列恶俗最多的是《胪款禁除恶习示》,计 20 项:械斗、私铸、强佃抗租、棍徒聚党、传染邪教、假托鬼神、花会、龙舟、溺婴、停葬、乱伦、混宗、找契、盗卖、田祖、尼徒、烟馆、埠夫索扰、迎神和厚嫁。除了 20 项外,108 篇中还有一些汤氏认为必须予以"专项治理"的"弊俗",如男女议婚不用龙凤庚书被他指为"婚姻草率",农民栽种罂粟成风,城隍出巡时男女扮神、扮罪犯,拐卖小孩,良家子弟演戏,出钱赎赃,等等。平阳社会弊俗之多,在汤肇熙看来主要是因为百姓不明事理。"乡曲少明理之人,故多妄为之举,"⑤"地方少读书明理之人,故多违理妄行之事"。⑥ 这个"理"主要指的是儒家的"理",特别是程朱理学中的"理"。他认为儒家的"理"与社会的"歪风邪气"是一种互相消长的关系。所以他说:"近今数十年士气不扬,鹿鸣响绝。推原其故,作育无方,儒术衰而民情益趋浇薄,故欲厚风俗必兴文教,诚当务之为急也。"⑦ 又说:"弦歌盛而成礼让之化,正学明而少异

---

① 从以下 9 个告示中可以看到汤肇熙控制衙役、书吏侵渔的许多措施。《禁用小票法》《编审案件示》《谕禁招摇示》《谕歇寓示》《谕管都差保》《禁衙役诈扰示》,还有三个题目一样内容有别的《谕各役》。
② 汤氏在《晓谕欺骗示》中说自己:"事无巨细皆由亲自裁决。从无假人耳目,亦无徇人情面。至于判决,不存成见,但有思虑不周之处,必无听断不公之心。区区此衷。诚以州县一官职轻任重,为地方造福难,为自己造孽易也。生平淡泊明志,非分之钱,一无苟取。且若贪赃鬻狱等事,前在开化即已自誓神前。莅平两年,谅已阖邑士民亦早能共信。"(《出山草谱》卷四)他的朋友也说他往往处理公事通宵达旦。
③ 即指汤肇熙:《胪款禁除恶习示》,《出山草谱》卷三。
④ 见汤肇熙:《禁停葬示》,《出山草谱》卷四。《禀奉臬宪饬办事件》,《出山草谱》卷五。
⑤ 汤肇熙:《谕禁添造神庙示》,《出山草谱》卷四。
⑥ 汤肇熙:《到任后禀地方情形》,《出山草谱》卷三。
⑦ 汤肇熙:《禀金乡镇议建书院以积谷案内余李氏捐田改充膏火经费请批示遵办》,《出山草谱》卷五。

端之教。"①总之,他把平阳"浇风恶俗不可枚举"的原因推究为学校少和儒学的衰微。

以上诸种恶俗大多流行于乡民中于是形成"民风";而民风浇薄又由于"士气不扬"、儒术衰微,此即"士风"。这里出现了两者教化对象,其一是士,即读书人;其二是普通的乡民,即"愚夫愚妇"。

读书才能明理,因此接下去合乎逻辑的做法就是建立学校。汤肇熙在任期间审理过一个涉及宗教建筑普安院的案件。亲仁乡三十一都兰松洋村的普安院原先是佛教寺院,因僧人行为"不谨",改由道士管业。这个道院后来又卷入官司,汤氏就决意要在道院原址建立学校。他在判词中说:

> 至所称建造书院一节,本县详思该地方向来风俗未善,良莠杂居,欲正人心宜兴学校。……与其以产业养无用之僧道而善属虚名,不如以租息培有造之子弟而事归实际。……《记》曰:化民成俗,必由于学,文教兴而风俗美。本县实有厚望焉。本县预为命名曰:培风书院。……昔平邑宰王公约、何公子祥,以寺院改书院者甚多,毋惑于俗见,毋设以私心,凡事有志竟成。教子课孙,发名成业,胜于饭僧斋佛自谓功德者,不可道里计矣。②

这个判语一方面作者以"无用"和"有造""虚名"和"实际"来对举僧道与学校,反映了作者崇儒学而抑僧道的"醇儒"思想面貌,另一方面也清晰地展现了他易俗移风的"路线图":"兴学校"—"正人心"—"美风俗"。

据《出山草谱》记载,汤氏还曾将金乡的卫国寺改作狮山书院。③ 当然,汤氏的类似行为不止上述两例,民国《平阳县志》说他"于各乡劝立书院社学"。④ 另外,也积极为书院社学筹备办学经费。总之,他在书院的活动是他任内最重要的工作之一。上述他把兰松洋的书院以"培风"名之,显然寄寓了在学校中培育士人进而纯化良风美俗的理路。读书人、士绅因明理而成为道德楷模、社会标杆,这就是他所说的"民风视士风为转移"。⑤ 因此,他以极大的热情投入书院的制度建设,而身体力行之:

---

① 汤肇熙:《到任后禀地方情形》,《出山草谱》卷三。
② 汤肇熙:《三十一都欧阳骅等控案悬牌示》,《出山草谱》卷五。
③ 汤肇熙:《寺院拟改作书院谕帖》,《出山草谱》卷五。
④ 民国《平阳县志》卷二十六,名宦列传。
⑤ 汤肇熙:《到任后禀地方情形》,《出山草谱》卷三。

第五章 "俗吏"还是"循吏"

> 卑职自光绪八年履任，因城内向有龙湖书院，每月亲课一次外，为万全乡有逢源书院亦仿照月课之法，由是各乡士心鼓舞，争欲建塾培才，如江南乡之亲仁书社，南港乡之吾南书院，北港乡之会文书院，皆为前所未有。其课卷均由卑职亲评甲乙，给奖花红，鼓励之余，常谆谆以力学端品为勖。①

汤氏亲自考核书院学生并出资对优等生予以奖励，这一点民国《平阳县志》也有两处记载。其一，在神教志中。"光绪九年(1883)邑令汤肇熙设学其(杨公祠)内，月课诸生文艺，名曰亲仁社学。"②其二，在职官志中。称汤氏"于各乡劝立书院社学，月有课艺，皆手评阅，分俸奖励"。③ 上面所引汤氏自述"每月亲课"段落中有"前所未有"一语。县令亲课不仅平阳历史上"前所未有"，即使是教谕、训导之类专职"教官"主持的考核在光绪一朝估计也不会很多。《清史稿》有这样的记载："教官考校之法，有月课、季考，'四书'之外，兼有策论……迄于嘉庆，月课渐不举行。"④嘉庆以后，又历经道光、咸丰、同治，再到光绪，月课制度废弛已经近百年了，现在汤氏凭一己之力，得以恢复。

汤氏把学校看成是"化民成俗"的"根据地"，把读书的士子看成是教化乡民的"干部队伍"。然而，他对平阳的"干部队伍"深感失望，他认为平阳的读书人并没有负起与他们身份相符的社会责任。他在一个文告中痛心疾首地写道："本邑风气浇漓，人心莫测，利之所在，即身厕衣冠，几不知名节为何物。"⑤在汤氏看来，"士风"不正与"民风"败坏之间具有直接的因果关系，用他自己的语言来表述就是"今士风既替，民风亦日即浇漓"。⑥ 因此，他的不少文告是涉及士风整顿内容的，比较明显的就有以下9个：《访拿讼棍示》《严禁讼师示》《告诫士子示》《讯结三都滋闹社仓案悬牌示谕》《招告讼棍示》《招告讼棍示》《县试童场示》《禀奉臬宪饬办事件》和《到任后禀地方情形》。

细读上述诸篇，汤氏眼中的士风不正现象大抵分三类：第一类是充当讼师。当时在社会上这类"以刀笔为能者"往往为读书人，且多有功名者。他们进一步追求功名的热情已经消退，也丧失了维护社会良好声誉的要求，被汤氏斥为忍心害理，唯利是图。汤氏认为平阳社会的健讼之风与这些人的推波

---

① 汤肇熙：《禀金乡镇议建书院以积谷案内余李氏捐田改充膏火经费请批示遵办》，《出山草谱》卷五。
② 民国《平阳县志·神教志一》卷四十五。
③ 民国《平阳县志·职官志·名宦列传》卷二十六。
④ 赵尔巽等撰：《清史稿》卷一百六，志八十一，中华书局1977年版，第3116页。
⑤ 汤肇熙：《禁招摇示》，《出山草谱》卷五。
⑥ 汤肇熙：《到任后禀地方情形》，《出山草谱》卷三。

助澜有着极大的关系,他在文告中用激烈的言词表达了自己的痛恨之情:"惟彼潜人,宜畀投畀之食。"①他对这些人打击力度很大,足以令他们斯文扫地,在处理万全乡三都一个生员的文告中,他又不无温情地殷殷劝告这些士绅们"咸知自爱,兢兢怀刑",自己与他们同为士子,不要让他受"物伤其类之过,则幸甚"。② 第二类是"不安分",当社会上发生群体事件时,"事非干己,妄思出头"。③ 第三类是社会责任心淡薄。社会上赌博之风盛行,赌徒猖獗,花会的组织者横行无忌。对此士绅无所作为,没有人出头订立禁约,也没有采取其他措施,"但有旁观"。④

当然,把士绅看成教化的基本力量并非汤氏独创。儒家历来认为移风易俗的动力来自社会上层,这种思想在儒家经典中随处可见。《尚书·君陈》,"尔惟风,下民惟草。"汉孔安国传:"民从上教而变,犹草应风而偃。"《论语·颜渊》:"君子之德风,小人之德草。草上之风必偃。"

第三节　整治"恶俗":"以理法齐风俗"

针对平阳县众多影响社会秩序的"弊俗"或"陋俗",应该如何加以整治呢?汤肇熙说:"人情风俗即有不齐,而理法则一。"⑤显然"理法"是他用以移风易俗的主要工具。什么是"理"?检索108篇文告,具有道理、事理意思的"理"共有95处。⑥ 主要有三个方面的意思:

第一是指事物的道理,如汤肇熙在解释赛龙舟为什么不能祛除瘟疫时说:"瘟疫流行,时令使然,岂龙舟所能祈保?尔等往年划龙舟之处,果遂从无瘟疫耶?……无论不划龙舟,断无不保太平之理。"⑦在整治停棺不葬风俗时,汤氏讲了不葬的后果:"凡停棺不葬,时当炎热则秽气熏蒸,地近溪井,则恶流吸引,人受之,即酿为疫。"然后总结说"天下事不外一理"。⑧

第二,偏重常识性的"道理",犹如日常生活中人们有争执时经常产生的

---

① 汤肇熙:《严禁讼师示》,《出山草谱》卷三。
② 汤肇熙:《讯结三都滋闹社仓案,悬牌示谕》,《出山草谱》卷三。
③ 汤肇熙:《讯结三都滋闹社仓案,悬牌示谕》,《出山草谱》卷三。
④ 汤肇熙:《申禁花会示》,《出山草谱》卷五。
⑤ 汤肇熙:《到任后并地方情形》,《出山草谱》卷三。
⑥ 其他的"理"字,一般与其他字组成以下词语:办理、清理、管理、代理、修理、料理、总理、经理、商理、审理和署理等。即使仍然是以单音词的形式出现,意思也没有超出以上双音词的范围。
⑦ 汤肇熙:《再谕禁龙舟示》,《出山草谱》卷三。
⑧ 汤肇熙:《因疫谕葬停棺示》,《出山草谱》卷五。

质问:"还讲不讲理?"金乡孀妇余李氏以废产被宗族告上公庭。针对继子的亲生父亲惦记着寡妇的财产,而不愿让儿子离家与寡妇生活在一起,汤氏在判谕示中说继子"于李氏有母子之名分,理应由李氏抚养。"①。针对平阳佃农欠租又不肯让业主收回耕地(当时叫"霸耕"),文告就有这样的表述:"业听主便,即佃不欠租亦无业主不可收回之理。"②针对停棺不葬风俗,文告讲的道理是:"论理则营葬为送死大事。人非至贫同乞丐,即当设法自为。"③

第三,含有宋明理学之"理"中的那种道德良知意味。如谴责拐卖儿童贩子"离人骨肉,绝人子嗣,忍心害理,罪不容诛";④谴责殷实人家溺女婴"忍心害理";⑤谴责停棺不葬的不孝子孙"忍心害理";⑥谴责"劣监刁生"为满足自己的贪欲不顾诉讼两造身家性命为"忍心害理"。⑦ 在这里值得说明的是,上述各例中出现的"理",并不具有纯粹意义上的理学之"理";但滋贺秀三完全否定清代民事审判中所见的"理"字的理学色彩,⑧似又太过绝对化。我们从上述所举例子中看到,汤氏把"理"用来对"人欲"膨胀的批判,对"不孝"的斥责,难道理学色彩还不够浓烈吗? 也许他对自己的断语感到不安,所以在文章的第71个注释中以猜测的口吻说:常识性的"理"的概念的流行,或许从根本上说是宋代理学使然。

还有一些"理"字,应该是涵盖上述三种意思而具有整体性的意义。如"地方少读书明理之人,故多违理妄行之事"⑨"此皆由乡曲少明理之人,故多妄为之举"⑩"尔等渔民既少明理之人,不知何者为犯法之事,官府禁令置若罔闻,"⑪"尔等如能听本县教诲,但见有利决无有害,是在晓事明理"。⑫

在文告中,有几处"理"与"情"连用,即"情理"。细细玩味其意,"情"当指正常的人情。"情理"体现了世上一种极高的价值。一种风俗是否为"良俗""美俗",就要察其是否合乎"情理",这样"情理"就成了衡量风俗美恶的标准。

---

① 汤肇熙:《悬牌示谕金镇余姓案》,《出山草谱》卷四。
② 汤肇熙:《申明严禁示》,《出山草谱》卷四。
③ 汤肇熙:《批城隅廪生黄体中等议助葬条规禀》,《出山草谱》卷五。
④ 汤肇熙:《严办拐匪示》,《出山草谱》卷五。
⑤ 汤肇熙:《谕戒浮费示》《申禁溺婴示》,《出山草谱》卷五。
⑥ 汤肇熙:《胪款禁除恶习示》,《出山草谱》卷三。《因疫谕葬停棺示》,《出山草谱》卷五。
⑦ 汤肇熙:《严禁讼师示》《访拿讼棍示》《告诫士子示》,《出山草谱》卷三。
⑧ [日]滋贺秀三:《清代诉讼制度之民事法源的概括性思考——情、理、法》,载[日]滋贺秀三等著《明清时期的民事审判与民间契约》,法律出版社1998年版,第36~37页。注释71,第49页。
⑨ 汤肇熙:《到任后并地方情形》,《出山草谱》卷三。
⑩ 汤肇熙:《谕禁添造神庙示》,《出山草谱》卷四。
⑪ 汤肇熙:《赤溪谕各渔民》,《出山草谱》卷五。
⑫ 汤肇熙:《谕戒浮费示》,《出山草谱》卷五。

在大规模清理佃农欠租霸耕前给温处道和温州府的报告中,汤肇熙写道:"卑县弊俗常有出乎情理之外者,习为故常,不可枚举。"①在一个号召全面整顿"弊俗"的文告中说:"本邑浇风弊俗,类多出乎情理之外。"②正因为"习为故常",在乡民眼中这重重"弊俗""恶俗"就获得了某种正当性和优越性,这也让汤氏感受到了移风易俗的艰巨性。他在《胪款禁除恶习示》中说:"相沿积习,事出情理之外,执迷不明,辄藉口以乡风向来如此。"③于此可见,在汤氏这里,"弊俗"与"情理"呈现了一种尖锐的对立关系。

有学者对理性特征作出过深入的分析,认为理性分知识理性和伦理理性。知识理性关乎以辨真假为目的的事实认知,伦理理性关乎明善恶为目的的道德评价。④ 汤肇熙在对"弊俗"的整治中,这两种理性都得到了充分的显示。

赛龙舟在水乡温州可谓源远流长,至迟在南宋时就有大量文献涉及。这是在民间植根很深的顽强风俗。由于赛龙舟总是与打架、械斗这类治安问题相伴随,禁赛是官方较为一致的态度。龙舟竞渡活动组织者,多强调这项活动的"神圣"一面,不仅活动过程中之祭祀神祇是"神圣"的,祛除瘟疫为地方社会保太平的高尚动机也是"神圣"的。汤氏发布的关于禁赛龙舟的"专项治理"告示有两个。汤肇熙汤氏在布告中凸显这个活动的"世俗"一面,以消解其"神圣性"。首先把龙舟竞渡定位为"游戏""嬉戏",此外青年人的好勇斗狠,组织者的集聚钱财动机等,都是俗而又俗的。第一个告示发出后,违禁的事例迭出,汤氏就刊示了一个长达一千多字的布告。在这个布告中,他讲了不应当赛龙舟的四个理由。第一,你们不是声称赛龙舟是为地方保太平吗?赛龙舟就有争斗,就要出人命,"贻害身家,株连乡里",这难道就是神给你们保的太平吗?我禁赛龙舟恰恰是真正为地方保太平的。第二,瘟疫流行,系"时令使然",不是赛龙舟所能幸免的。你们往年都划龙舟,瘟疫就没有了吗?第三,如说不划龙舟就要受鬼神阴谴,"事属无凭";坚持要划,抗官法办,枷责严惩,吃苦就在眼前。第四,如果不划龙舟,鬼神要降罪,就由我来承受灾祸好了,因为是我禁止你们划龙舟的。⑤

以上四点理由都是以"眼见为实"的简明逻辑推衍出来的,其中第二点尤具知识理性特征。在禁止扮神习俗的通告中也同样充满理性精神。温州府

---

① 汤肇熙:《禀道府宪为佃户积弊定章请批示立案》,《出山草谱》卷五。
② 汤肇熙:《申明严禁示》,《出山草谱》卷四。
③ 汤肇熙:《胪款禁除恶习示》,《出山草谱》卷三。
④ 陈卫平:《人道与理性:先秦儒学的基本特征》,《学术月刊》2010 年第 11 期。
⑤ 汤肇熙:《禁端午龙舟示》《再谕禁龙舟示》,《出山草谱》卷三。

的瑞安和平阳等县,都有在县城隍出巡时扮神的习俗。汤氏在其布告中描绘了平阳城隍神出巡的盛况。百姓涂面挂须扮作阴曹,披枷带锁扮作囚犯,还有数千人扮无常,以上种种其目的是消灾免厄。其中扮罪犯尤蔚为壮观,不仅有儿童,而且有成人;不仅有男子,而且有妇女。其含义为扮作罪犯,已经在阴间由阴曹判官和城隍神审判过了,那么在阳间犯什么事就可以幸免。民间认为无常能够勾人魂魄,扮过无常之后,真正的无常因"物伤其类"就不会来勾魂了。乡民这些极具想象力的举动,汤氏的感受是"诡异""骇人耳目"。汤氏在布告中逐条加以理性批判:针对办阴曹判官布告说:如果真的有这个神,人去扮神,那就是"欺神";如果这个神不存在,以人为神,那就是"欺人"。针对披枷带锁扮罪犯布告说:假如有罪,阴间的枷锁我们怎么见得到? 假如无罪,聪明正直之神,怎肯"以枷锁枉用"? 汤氏直斥之"无理取闹"。针对扮无常,汤氏认同民间俗语的解释:"无常"应解为"一旦无常万事休"之"无常"。斥"以无常为冥司鬼卒"为"怪诞不经"。而愚民乃又相率扮作,填街塞巷。汤氏还不无戏谑地称,要模仿西门豹处治为河伯娶妇的巫祝那样,对付这些扮神者。①

如果说汤肇熙是一个无神论者,容或过当;但纵观他撰写的告示,对民间信仰基本上持否定态度。即便是对所谓的"正祀",由于其职务关系不便用他的理性逻辑去否定,但也只肯定其教育感化意义:"列在祀典者,皆聪明正直之神,其人或为忠孝节义,或有功德在民,后世立庙奉祀,以示尊崇。""神主"多为道德楷模,神性身为稀薄,因此他从未暗示信奉正祀会得到丰厚的报偿,丝毫没有乱力怪神的味道。平阳是民间信仰特别繁盛的地区,因而汤肇熙的移风易俗活动在这方面突出地体现了士大夫的理性文化与民间文化极度紧张的关系。平阳"淫祀"的"怪诞不经"给了汤氏异常深刻的印象,他说:

> 他处淫祀之神,大都出于演义小说,而平人之神则其名更闻所未闻。他处淫祀之神,大小犹是庙宇,而平人之神则树悬一龛、墙穴一像,不必皆庙宇。他处淫祀之神,不过岁时赛会演戏张灯,以为神欢人乐,而平人之神则无赖藉此勒诈钱米。捧炉而至,则家听其罚。②

因此,他的结论是"地方多一庙,即地方多一患"。从汤氏的理性眼光看,最可笑的是莫过于平阳人认为偷窃来的神更加灵验,神圣的神沦为盗贼的

---

① 汤肇熙:《禁扮神会示》,《出山草谱》卷四。
② 汤肇熙:《谕禁添造社庙示》,《出山草谱》卷四。

"窃赃"。所有这些,汤氏认为都是由于地方上"明理"的人太少了。所以他一再强调"理"的重要性,"凡事理得乃能心安"。① 要挽回风气,更是要借助"理"的力量,"挽回风气皆相助为理之力也。"②

法也是汤肇熙移风易俗重建社会秩序的另一个重要工具。108 篇文告中,具有法律含义的"法"字出现 93 次。③ 另外同样具有法律含义的"例"出现 52 次,④"律"出现 24 次。文中如出现"律"与"法"并用("律法")和"律"与"例"并用("律例"),本章统计时不予重复,只合作一次计算。三个数字相加为 169 次。从表面看,比出现理的次数 95 次,还多了 74 次;但不能由此得出汤肇熙在重建社会秩序中"法"比"理"重要。与"理"相比,用"法"是汤氏次要考虑的事。在布告中,屡屡提到国法、官法、王法,要求百姓知法、畏法、守法。但凡提到"法",大多用于警告。以下试举几例,如"其不肖者,则必教诫之。不得已始以法治之"。⑤ 此强调用"法"之不得已。又"济婴原为贫户而设,若殷户不能以理谕,即当以法治"。⑥ 此强调说"理"不通而后用"法"。又"官之所以治民者,法也,所以不遽治以法者,爱民之心也"。⑦ 在汤氏的布告中,是没有"违法必究"之说的,违法是否追究全靠汤氏自己把握。

与理法的先后次序相关,理和法也有整治对象的区分,汤肇熙说:"本县当官而行,惟有据理断事,秉法惩强,无稍瞻徇迁就也。"⑧另外汤氏也强调说明理法治民的公正性和严肃性,称"理贵治平,法当划一"。⑨ 情是否可以枉法? 滋贺秀三在论述情与法的关系时说:"情具有修正、缓和法与理的严格性的作用。"⑩从汤氏的实践来看,似也不宜一概而论。也许与汤氏当过职业审判官的特殊经历有关,就情与法的关系而论,他对法律运用的严格性的维护是相当坚决的。他在关于革除溺婴习俗的告示中说:

查律载,有尊长无故擅杀卑幼一条。父母即是尊长,女婴即是卑

---

① 汤肇熙:《奉札委审案件与幕友辨陈函》,《出山草谱》卷五。
② 汤肇熙:《谕保甲董事》,《出山草谱》卷五。
③ 布告中"法"字的其他用法如下:设法、法喜、符法、作法自毙、法夷、方法、办法,还有把"法"字用作人名的。
④ 布告中"例"字的其他用法有:例贡生、俗例、乡例、习惯、举例子、常例、向例,还有表示常规的。
⑤ 汤肇熙:《胪列各条告示》,《出山草谱》卷三。
⑥ 汤肇熙:《申禁溺婴示》,《出山草谱》卷三。
⑦ 汤肇熙:《桥墩会哨晓谕居民示》,《出山草谱》卷五。
⑧ 汤肇熙:《悬牌示张姓网门租控案》,《出山草谱》卷四。
⑨ 汤肇熙:《平价粜谷示》,《出山草谱》卷五。
⑩ [日]滋贺秀三:《清代诉讼制度之民事法源的概括性思考——情、理、法》,载[日]滋贺秀三等:《明清时期的民事审判与民间契约》,第 38 页。

幼,溺毙即是擅杀。按律科断,罪所应得。所以筹费设立济婴局者,原为体念贫户起见。贫户溺女,罪虽不能独宽,而养女艰难,情实不无可悯,是以准其抱送公局,雇用乳媪代其抚养。①

虽然汤氏体谅贫户溺婴的"情",但强调法律无情。对这"情"的悲悯,体现在法律外的救助,即准许贫户送女婴至育婴堂。

第四节　重建社会秩序的尝试：维护宗族制度

一个具有较为完整形态的宗族结构包括族谱、祠堂和族产。学者的研究表明,这样的宗族是产生于宋代、盛行于明清的"新社会",并非原始社会的"遗留"。乡村社会的这种具有普遍意义的变迁始于16世纪的礼仪革命。②宗族举行的祖宗祭祀把地域社会与王朝国家联系在一起,对国家来说宗族不仅是一个征税的基本单位,也是一个教化的工具。因此,家族关系的安定正是王朝秩序的基础。③康熙皇帝十六条《圣谕》的前两条——敦孝弟以重人伦,笃宗族以昭雍睦——就是从规范宗族内部人际关系上着力的;因为统治者认识到祭祀祖宗体现的孝与国家要求的忠是一致的。

在嘉靖皇帝登基时的大礼仪之争中,温州籍官员张璁正是嘉靖皇帝奉祀自己亲生父亲的支持者,④这对温州地区宗族发展应该起到推波助澜的作用。然而到19世纪80年代,汤肇熙已经观察到平阳民间信仰的繁荣到了不可思议的程度,各种宗教组织、龙舟组织、习武组织遍布城乡,宗族的影响力受到了很大的压缩和抑制,宗族组织对内部成员的控制力和保护力也已经相当的微弱。这里仅举三例：

第一例,某村"周陈氏为周上焕之妻。其夫兄上炳生子寿初,再传佩杰。杰妻许氏,即许庆芝之女兄,生一女一子,子名镜涵"。从以上介绍可以理出两种亲属关系,周镜涵是周陈氏的侄孙;许庆芝是周镜涵的舅舅。父亲周佩杰去世后,周镜涵跟着母亲住外祖母家。舅舅许庆芝照顾孤儿寡母,并经管

---

① 汤肇熙：《申禁溺婴示》,《出山草谱》卷五。
② [英]科大卫：《皇帝与祖宗——华南的国家与宗族》,卜永坚译,江苏人民出版社2009年版,第176、257页。
③ [日]井上彻：《中国的宗族与国家礼制——从宗法主义角度所作的分析》,钱杭译,上海书店出版社2008年版,第184页。
④ 张宪文、张卫中：《张璁年谱》,上海古籍出版社1999年版,第66~71页。

其田产。周镜涵的母亲逝世后,周陈氏借口其夫尚未下葬,向许庆芝索取费用,并强迫收取周镜涵名下田亩的租息,邀亲族联名具控,许庆芝名为照管,其实是要侵吞周镜涵的家产。周陈氏的理由是,丈夫周上焕有遗嘱,以周镜涵的父亲见做其嗣子(是为兼祧),因此周镜涵应当承担以上义务。汤肇熙在对这个案件的批示中表达了对周氏宗族的指责:当年许氏(周镜涵母)"夫亡子幼",正是因为这个宗族没有承担照管的责任,不得已移居母家。现在周陈氏连同周氏家族以"抚孤"为借口索回周镜涵田产及其收益权,"何以前许氏移居,则置之不问"? 周镜涵父为兼祧,周镜涵本来有权利继承周陈氏的财产,现在周镜涵周陈氏;周陈氏反而觊觎周镜涵的产业。虽然汤氏有力地批驳了周陈氏种种理由"一无是处""无端生衅",但其批判的锋芒还是其宗族,称"在该氏谅亦非出自本心,皆由亲族主唆,掇该氏出头"。在汤氏眼中,这个宗族既不想承担保护族人的责任,又想侵吞该族人的产业。①

第二例,某地余书勋的儿子过继给孀妇王氏,因此他的儿子拥有承继余王氏产业的权利。余书勋以自己的儿子为余王氏产业合法继承人的理由,在宗族的支持下以强硬的手段夺取余王氏产业的经营权。两者产生尖锐的矛盾,余王氏提起诉讼。汤肇熙对宗族的禀覆的批语是"察核所议,实多未臻妥洽"。汤氏的意思是,如果现在余王氏的产业由余书勋主持管理,余王氏的继子(即余书勋子)长大后"亦可不必听命于该氏"。余王氏自己的产业不能由自己做主,那还有什么乐趣?"有此产又何乐有此继子耶"? 在判词中,汤氏要求把具有产业管理权标志意义的契札交还余王氏执管,其继子应交余王氏自行教读婚配,"方足以安孀寡之心,而洽母子之爱"。直截了当地指出余书勋及其族人"惟孳孳谋及家产",有违"天道人心""有乖大义"。② 这个余氏宗族不仅没有对守节孀妇提供必要的保护,而且也没有能力处理好宗族内部的事务。

第三例,金乡某村余卓章原配陈氏、续娶李氏均无出,余卓章于光绪元年(1875)身故,五年议立嫡长房生员余庆祥之遗腹子惟熤为嗣。此时孀妇余李氏的田产尚有1 609亩。在余李氏的经手下,有的捐给义仓、宗祠,有的捐给寺庙庵堂,有的赠给义女,有的被经管人侵渔,最后只交给余惟熤母卫氏240亩。这在实质上极大地损害了合法继承人余惟熤的利益,余李氏被余氏宗族的余尧年、余步洲等告上公堂。汤肇熙的告示用很长的篇幅批评"祸首"余李氏,但仍有谅解之意,谓"余李氏犹女流,不足言也,何也? 彼虽不明大义,未

---

① 汤肇熙:《悬牌示周陈氏控许庆芝案》,《出山草谱》卷四。
② 汤肇熙:《谕余王氏控案族戚》,《出山草谱》卷五。

必不恤人言"。对余氏家族的原告的指责也非常严厉:"余尧年等分居房族,坐视李氏之浪费而不早为之计。……向使该氏不交,即此二百四十亩不转瞬又化为乌有？谁复过而问者？"①由此可见,余氏宗族的责任心和对族内成员的约束力都很有限。

以上三例足见19世纪平阳宗族控制力的衰微。另外,平阳宗族内部盗卖田产之风盛行,汤肇熙在多个告示中反复提及。"兄弟别居异财,贫富不等。乃贫者辄将兄弟已析之产盗卖于人。"此风遍布平阳,其中尤以南港和北港最为盛行。② 本来从16世纪起开始盛行的新型宗族能够以祖先的名义集体控制财产,平阳此时盗卖族内田产,而至成风气,足见宗族的这项功能衰退已经非常严重。

对地方官来说,宗族是稳定地方社会秩序的一块基石。宗族对族内成员失去控制力和约束力,才会导致社会其他组织产生,龙舟竞渡,饮香灰酒,结党,习武团体、民间宗教团体涌现。就以民间信仰中的"淫祀"与宗族关系而言,尤以科大卫的说法最为精当:"宋明理学家反对的,正是各种带有姓名的地方神灵扩散这个现象,也正是为了与之抗衡,理学家们才会设计出一套祭祖礼仪,教导百姓在特别建造的厅堂内祭祀祖先。"③可见即便是从打击"淫祀"角度看,维护宗法制度也是必要的。汤肇熙在重整社会秩序的过程中,着眼于宗族制度建设应该说是抓住了问题的关键。当然其社会实际效果如何,那是另外一回事。

维护宗族制度首重保全宗族的财产权。在上述第三例的金乡余姓案中,汤肇熙虽对原被告双方都有指责,但其核心在保全余氏财产。汤氏判词的中心思想为"夫产为余产,承余嗣者即当承余产",他对余李氏虽不无谅解,但对她的作为的谴责也是毫不容情的,其落点也是在财产上:"既叙及义女妆奁,而又抽田补嫁,又抽田作二女情仪费用。一事再三,直以夺余氏之产而为他姓之物。割嗣子之田而供私戚之用。"④民国《平阳县志·名宦列传》中之汤肇熙传不过短短二百多字,编撰者就把此事列出:"孀妇余李氏以废产为族所讼,肇熙谕其戚族委曲调停,力保遗业,尤为世所称诵。"在汤氏眼中,保护宗族财产权不是他判案的最终目的,而是使宗族的事业得以绵延的手段。他说:"试问凡人在世,求田问舍,皆为承先启后之计,若先不能承,后不能启,此

---

① 汤肇熙:《悬牌示谕金镇余姓案》,《出山草谱》卷四。
② 汤肇熙:《胪款禁除恶习示》,《出山草谱》卷三。《谕平邑置产议婚二事》,《出山草谱》卷四。
③ 科大卫:《皇帝与祖宗——华南的国家与宗族》,第415页。
④ 汤肇熙:《悬牌示谕金镇余姓案》,《出山草谱》卷四。

财产又将何所为也！"①显然在他看来，财产的全部意义就在于奉祀祖先神灵、繁衍宗族子嗣。这里宗族财产已经被赋予了神圣的色彩。

汤氏对佛教和民间信仰的批判固然也出于他保持儒学正统地位的文化立场，另外也是由于宗教信仰对地方宗族财产的侵蚀。金乡余李氏使得余氏宗族财产流失的原因之一就是"僧尼哄诱"，以致她妄加布施，"百计阿顺道场，斋供动辄费洋千百"；因此判词中作为亡羊补牢的措施是"李氏虽听其供佛持斋，惟僧尼概不许入门"，②即把僧尼堵在门外。另外汤氏在给余李氏具有功名的亲戚的谕帖中也说，余李氏"不知保家"是"以女流无识，惑于因果之说"。③

除保全宗族家产外，维护宗族血统的纯洁性是汤肇熙另一个关注重点。平阳有一个习俗，汤氏称之为"混宗"，或曰"乱宗"，指的是四种情况。第一，娶妻无子，就抱养一个儿子，把他载入本宗族谱系。第二，岳丈没有儿子，女婿就充当儿子，称"儿婿两当"。第三，亲戚没有儿子，就让自己去兼祧，一名两姓，如本姓李，而为张后，自称张李某。第四，改易本姓，如随母出嫁，以其母亲的后夫的姓为姓。混宗现象在平阳极为普遍，汤氏说："异姓乱宗，比比皆是。"④汤氏屡次发起对混宗现象的整治，一方面固然是由于容易引起财产继承权纷争而直接危及社会秩序；另一方面也由于它损害宗族血统的纯洁性而破坏地方宗族秩序。与其他宗教相比，儒学的宗教意味比较稀薄，这应该说是学界的一个公论。我以为汤氏对宗族延续意义的阐释所赋予的神圣色彩，具有明显的宗教意义。他说："夫妇为五伦一端，宗姓为此身根本。"⑤也就是说人生在世，宗族是一个人安身立命的所在。安身立命正是一个典型的宗教命题。因此，他对孀妇改嫁有责备，对入赘为夫者则是毫不留情地痛斥："入赘为夫者，弃己之父母于不顾，改易本姓，以他人妻为妻，因谓他人之父母为父母，而及其生子亦冒认他人之姓为姓，忘本原而昧廉耻。"

汤肇熙治理平阳的成绩到底如何呢？汤氏对自己在审理案件、惩办讼师，以及随事施教方面的成绩作较多肯定，他在向上级的报告中称：

> 卑职随事施教，冀于世道人心得少补救。凡有词讼，随审随结，往往不用衙门常式，寸纸朱谕传到，即可了事。初年每告期，呈词约三四十

---

① 汤肇熙：《谕平邑弊俗二事》，《出山草谱》卷四。
② 汤肇熙：《悬牌示谕金镇余姓案》，《出山草谱》卷四。
③ 汤肇熙：《谕夏陈二生帖》，《出山草谱》卷四。
④ 汤肇熙：《胪款禁除恶习示》、《到任后并地方情形》，《出山草谱》卷三。
⑤ 汤肇熙：《谕平邑弊俗二事》，《出山草谱》卷四。

纸,近则寥寥数呈,类皆寻常细故。……乡里棍徒但有所知无不即时勒差,提到重加惩创。下车之始,颇有邻邑讼师隐匿潜藏,后俱绝迹不至。若本境不自爱之流,偶为人作呈词营利者,亦所不免,而著名刀笔则从未有闻,计六七年来,不惟无省控案件,即府控亦间或有之,其无积惯讼棍讼师,实于此可见。惟是士习不可不端,此等不自爱之劣衿,亦不可不儆一二,以惩千百,假法令以悚人心。①

1887年汤氏请求开缺回乡养亲,平阳绅耆士民集体到道府递交报告乞留。报告对汤氏治绩作了一个较为全面的评价:

> 事窃平阳县汤邑尊于光绪八年春莅任,清廉自矢,勤慎办公,除暴安良,兴利祛弊。建义塾于七乡,弦诵不绝;浚河渠于四境,舟楫所至皆通。而且地棍土豪并用恩威,皆销声匿迹。蠹书悍役谨遵约束,无舞弊而作奸。至于判谳,颂神明,泯鼠牙之争竞。衡文精月旦,分鹤俸以激扬。种种实惠善政,笔难罄述。……至如邑中修纂志书,濬筑水陡,及革除万全乡霸佃恶俗,凡经举行诸公事。②

这段话看上去不无溢美成分,但也不会是无中生有。我们并没能从更多的史料去评估汤肇熙治理的效果。从汤肇熙的勤政和超拔的行政能力,以及他对各种现有的政治资源与管道的充分利用看,我们应该相信在他的治理下,平阳的社会秩序会有较大的改观,但从《宋恕集》和刘绍宽的《厚庄日记》来看,汤氏在告示中提到的那些恶俗一种也没少,汤肇熙的治理成果并没有得到继任者的传承。即便汤氏在任时,其治理效果的确如平阳绅耆所陈述的那样完美,如果衡诸汤氏的理想,即建立士农工商各安本分,风俗淳厚,尊奉儒学,排斥异端的社会秩序,也不能说他的治理是成功的;更何况对他心目中的社会秩序构成更大威胁的许多习俗(如"地棍"结党、"淫祀"泛滥、宗教聚会、龙舟竞渡等),似乎他当时就没有什么有效的办法。也许正是对社会风气欲振乏力的无奈,心灰意冷之下,决意归里养亲。

我们应该如何理解汤肇熙的治理活动呢?汤氏治理平阳的时代(1882~1888)是平阳历史上一个非常关键的节点,处于现代性因素大规模渗入的前夜。后来在平阳建立一个以实践颜李之学为宗旨的学术团体的金晦1888年

---

① 汤肇熙:《禀奉臬宪饬办事件》,《出山草谱》卷五。
② 汤肇熙:《平阳县绅士禀》,《出山草谱》卷五。

才到平阳，①后来成为向平阳输入新学的黄庆澄要到 1890 年 8 月才移居上海，②刘绍宽订平阳县第一份《申报》为 1891 年。根据《中英烟台条约》，温州虽已在 1877 年开埠，但无论从商业贸易上还是其他信息通讯上，对平阳的影响不大，1884 年温州发生的甲申教案似乎没有波及平阳，以此推测平阳的基督教发展与永嘉、瑞安相比相对滞后。因此，这时的平阳社会虽然相较于乾隆时代有了很大的变化，但无疑还属于传统社会。汤肇熙是在平阳社会近代变迁发轫的最后关头，以传统的治理理念、传统的治理技术进行治理实践。③

纵观汤氏的治理实践，可以得到如下结论：

第一，在传统社会末期，传统的儒学意识形态已经失灵；民间文化呈现高度散化倾向。早在乾隆年间，何子祥就发现，平阳的士人一得生员功名即满足，此后往往"习商贾事"。④ 邑人毛锦涛启元在《社题名记》也说平阳士人，"甫游庠，辄束书高阁，营十一利，不然亦自视满足，不复切磋，以底有成"。⑤这其中的原因也许是多方面的，但士人重商至少可以说明商业对士人的巨大吸引力，金钱成为举业以外的一种重要价值，商人社会地位的提升。一个人兼具"士"和"商"两者身份，在当时那种社会氛围中，恐怕社会更认同的是其"商"的地位，这足以说明"士"在地方社会中权威的下降，从而失去了社会唯一重心的地位。在这种情况下，"士"又有什么力量来影响民风？儒学作为一种意识形态，因为其"肉身"的衰弱而无力在地方社会中扎根，不能沉入社会底层，只能漂浮于士绅活动的书院、乡贤祠之类的社会空间之中，这正是汤肇熙遭遇到的深刻的历史困境。从中可见以儒学为主要思想资源重整社会秩序的局限，传统的儒学已经无法适应社会经济的变迁，是该作转变的时候了。

19 世纪 80 年代的平阳，人口剧增，谋生艰辛，商业繁盛，在这样的历史

---

① 刘师培认为当时的知识分子把颜李之学当作沟通中西学术的工具，他说："近世以来，中土士庶惕于强权，而震于泰西科学，以为颜氏施教，旁及水火工虞，略近西洋之致用，而贵兵之论，又足矫法弱之风，乃尊崇其术，以为可见施行。"（《非六子论》引自《中国哲学》第 1 辑，第 448 页）颜李之学在平阳的出现的确具有这种特征。温州极具盛名的维新思想家陈虬（乐清人，寓居瑞安）、宋恕（平阳籍）对颜李之学极为推崇。
② 黄庆澄经常与平阳的师友金晦和刘绍宽等通信，传递新学。见王理孚：《王理孚集》，张禹、陈盛奖编注，上海社会科学院出版社 2006 年出版，第 173 页。黄源初，即黄庆澄，曾于 1893 年游历日本，其所著《东游日记》，孙诒让为之作序。钟叔河：《走向世界——近代中国知识分子考察西方的历史》（中华书局 2000 年版）专门给黄庆澄列了一目。
③ 汤肇熙的治理技术，比如对理、情、法的运用情形，虽与滋贺秀三和寺田浩明的描述有些许出入，但大体符合，这是极为规范、极为正统的治理手段。参见［日］滋贺秀三：《清代诉讼之民事法源的概括性考察》、寺田浩明：《明清时期法秩序中"约"的性质》和《权利与冤抑》，载［日］滋贺秀三等：《明清时期的民事审判与民间契约》，法律出版社 1998 年版。
④ 何子祥：《南和书院记》，《蓉林笔钞》卷三。
⑤ 民国《平阳县志》卷十九，风土志一。

条件下，正统儒学因其突出的"现世特征"给其他宗教留下了精神空间。汤肇熙在告示中给民众所描绘的幸福生活就显得相当的粗陋，说来说去就是"不欠粮，不犯案，安所乐生"，①或者是"做好人，安本分，有钱早完国课，勿费无益之钱。无事莫入公门，勿作有害之事"。② 汤氏在告示中所提倡的忠、信、孝、悌，即便能够处理人伦关系，建立人伦秩序，但"愚夫愚妇"不能像士大夫一样通过凭借儒学义理来修身养性，以解决人生意义问题。儒家对他们的教化内容，是人伦道德规范，是行为指南，并非提供人生的精神归宿。但"愚夫愚妇"也是人，也有异于禽兽的"几稀"的地方，即他们的精神世界不能是一个空白。汤氏上述那种幸福观我们可以称之为"无心灵的幸福观"，属于缺乏超自然的解说的儒家思想无法满足百姓的精神需求。

在汤肇熙莅任平阳的时代，儒学不仅不能满足民众的精神需求，也不能满足百姓生存的基本物质需要。因此才有道教组织、佛教组织以及其他各种民间信仰的繁盛。汤氏告示中几个孀妇对僧尼的布施，在道场上的花费，体现了她们寻求精神解脱的渴望。杨庆堃曾说儒家思想的衰落是由于该学说缺乏超自然的解说，不能解决不断变化的现实和人类对来世的执著及最终命运的矛盾，因此佛教的一些基本观念，如灵魂的轮回和因果报应等，才被大众普遍接受。③ 这是很有道理的。

正因为如此，汤肇熙在告示中对形形色色的"异端"的批判不乏激烈的言辞，但在实际的事件处理中却与现实有相当的妥协。在《悬牌示谕金镇余姓案》中，由于"僧尼哄诱而妄布施"是余氏族产流失的原因之一，因而汤氏严令"僧尼概不许入门"，但同时又有听凭李氏"供佛持斋"之谕。"弦歌盛而成礼让之化，正学明而少异端之教"是汤氏推行教化重整社会秩序的总纲领，因此兴建社学是他不遗余力为之的事。从《出山草谱》和民国《平阳县志》看，他取得了相当不俗的成绩，但如果与明代的两个县令相比，则相形见绌。明弘治时县令王约将"所有僧尼寺院悉改为社学"，达六十余处。万历时县令万民华，也建又添建了三十余所社学。④ 这在汤肇熙惟有仰慕而已，平白无故改寺院为社学对汤氏来说那是不可想象的事，只有当哪个寺庙里的僧尼、道士的劣迹导致绅士声讨时，他才敢下令把庙宇、庙产改为学校。乾隆时平阳县

---

① 汤肇熙：《禁结党饮香灰酒示》，《出山草谱》卷三。
② 汤肇熙：《谕禁添造神庙示》，《出山草谱》卷四。
③ [美]杨庆堃：《中国社会中的宗教——宗教的现代功能与其历史因素之研究》，范丽珠等译，第126页。
④ 何子祥：《逢源书院序》，《蓉林笔钞》卷三。

令何子祥还敢把涉案寺庙的神像投之于水,①汤肇熙则晓谕士绅考虑如何安置涉案寺庙的神像。②

第二,地方社会内生的组织力与地方官的整合力构成了地方社会的基本秩序。平阳社会具有高度的组织化倾向,前面曾提到各种类型的地方组织。这种情形的出现是与宗族组织内部联系纽带的松弛互为表里、互为因果的。赛龙舟、开会花和结党等都是为宗族"招祸"之道,这些活动的盛行足见宗族对族内财产权的支配力和对族众约束力的下降。宗族原先承担的一些社会功能被发达的社会组织所替代,尽管它仍然在地方社会中发挥着重要的作用,但其"独尊"地位已不复存在。而前揭民国《平阳县志》对遍布平阳的带有浓厚斋教色彩的佛堂的互助功能,也反映了面临社会转型过程中人们在物质方面的调适和应对。即便是在被政府机构管控之下的合法寺庙,也具有救济职能。民国《平阳县志》载:

> 明清以还,佛法渐替,虽县设僧会为之纲纪,而教微宗乱,已非一朝。大众比丘都为衣食计,求其能明宗派深通教典者,盖千百而十一矣。闲考邑中僧尼多出于贫家子女,横江以南贫民多子或失业者往往为僧,江北则多送女为尼,以故江北多尼院而江南多僧徒。③

社会组织的广泛存在,其原因要追溯到自乾隆中期以来百姓生计的日渐艰辛。"赎赃""佃农霸耕"和佃农议定租价等种种令汤肇熙感到匪夷所思的现象,恰似岸本美绪所说的:"社会边缘的行为者"构造社会秩序的过程时,"存在以不安为媒介的结合"的路径。④ 正是谋生艰难、朝不保夕的"不安",佃农、"棍徒"、无赖们结成了内部紧密程度超过宗族的群体,把"赎赃""佃农霸耕"、佃农议定租价(往往借助"神"的力量)变成新"习俗",以取代原先的为汤氏所习惯的老"常识"、老"习俗",从而在地方上具有一种不言自明的合法性,当汤肇熙试图移易种种"恶俗"时,乡民们"辄藉口以乡风向来如此"。⑤

考量社会组织的广泛性不得不提到平阳的"县情"——戏曲演出的高度繁荣。在温州有"瑞安出才子,平阳出戏子"的说法。这也是汤肇熙描述了戏

---

① 汤肇熙:《谕禁添造神庙示》,《出山草谱》卷四。
② 汤肇熙:《寺院拟改作书院谕帖》《三十一都欧阳驿等控案悬牌示》,《出山草谱》卷五。
③ 民国《平阳县志》,卷四十六,神教志二·佛教。
④ [日]岸本美绪:《场、常识与秩序》,载黄东兰主编:《身体·心性·权力》,浙江人民出版社2005年版,第322页。
⑤ 汤肇熙:《胪款禁除恶习示》,《出山草谱》卷三。

剧活动的盛况："演习歌唱,扮成戏班,父兄不以为耻,亲族不以为辱,靡然相从,日事征逐。甚至严肃神宫,清净佛地,亦可聚作梨园,竟有衣食中产诗礼清门,不妨甘居贱类。"①戏曲演出往往有较为可靠的财务支持。在各类演出中也有相当一部分不是由地方社会的上层正统力量操办的,而是由"无赖""地棍"之类好事者来组织。田仲一成在他的《中国戏剧史》中令人信服地展示了下层民众是如何借助操办戏剧演出掌控社区权力。佃户们因乡村戏剧的演出而团结,经常发生针对地主的抗租和暴动行为。② 田仲一成虽然讲的是江南的情况,以温州演戏、演出之盛,佃农在地方社会之强势,抗租活动之频繁,可以推论以戏剧演出来集结力量是完全可能的。前引汤肇熙说,"有村庄必有社庙,有社庙必有戏台。就江南一乡而论,闻戏台不下八百之多",从这个句子看,江南乡八百多个戏台,还不包括宗祠里的戏台,以平阳宗祠之盛,而宗祠都有戏台,宗祠戏台大概也不会少于八百,两者相加达一千六百左右。而这个数目仅系江南一乡,平阳县有七个乡,那戏台究竟会有多少呢?这里面又有多少戏台,又在多大程度上成为权力角逐的舞台呢?

从《出山草谱》看,地方社会不仅具有广泛的组织性,而且组织内部的联结紧密度相当高。地棍结党、寺庙组织、进香组织等因其形成求诸超自然力量的见证和支持,其内部凝聚力之强自不待言;即便是遍布村落市镇的"优婆斋舍",其团体的稳固性也不容低估;因为中国社会之最牢固持久的纽带之一——师徒关系被引进,即此类组织往往由"斋公""斋婆"来统领一般的善男信女。而如果这些斋公、斋婆控制了一些较大的寺庙,他们组织就具有跨宗族、跨村落的性质,这时往往会遭到士绅和地方官的联合打击。以下是金乡会所城内斋教组织被取缔的一个例子:

> 照得寺院拜经,男女混乱。早经本县示禁在案,兹据生员陈庆安等具禀,乡间近仍阳奉阴违,邪教惑人,不一而足。即如金乡城内之卫国寺、玉泉庵,每年于二月初三、十六两日行教念经,大开胜会,请再严禁等情,除批示外,当即签差提究。已据将卫国寺主持高登水带案讯。……本县以此等斋公斋妈,名为带发修行,非僧非道,专恃吃斋拜经,诱人入教,非严行驱除,不足以端风化。当将高登水惩责,饬差仍带该寺,令其搬出,一面查明有无交堂钱文,禀覆核夺。……至金乡城内共有寺院九

---

① 汤肇熙:《禁良家子弟演习戏唱示》,《出山草谱》卷四。
② [日]田仲一成:《中国戏剧史》,布和译,吴真校译,北京大学出版社2011年版,第269页。

处,是否主持皆斋公斋妈,有无田产,并着一体查禀。①

总之,从地方官汤肇熙的立场看,19 世纪 80 年代的平阳社会存在着相当高的组织性,村落内部的结构尤其如此。就村落而言,既非一盘散沙,也非和谐自治的内聚性小共同体。

寺田浩明想象清代地域性秩序的图景是,一个高高在上的皇帝,下面是各自依靠一定生业谋生的无数小农或万民。清代社会的现实是一个个小家之间进行着的激烈竞争且沉浮无常的世界。② 这种描述近似于以往我们耳熟能详的"一盘散沙"的说法。揆诸平阳的社会状况,寺田浩明的认识与事实有不小的距离。他描述的乡村社会是一个极度不安的社会,既没有充分考虑到文化的整合力,也低估了县令的整合力。平阳的基本社会政治构造大致可概括为:无明显居于支配地位的意识形态,具有多中心的地方势力格局。在这种情况下,社会虽然动荡不安,但也没有完全沦为丛林社会。这一方面固然是由于地方内部存在着有效的自我调节机制,③另一方面也因为地方官的存在。晚清地方官往往会给人一种软弱无力的感觉。以汤肇熙之能、之勤,也难免遭遇到深深的挫败感,面对新"常识"、新"习俗"的无奈,有些"晓谕"执行被当事人一再延宕,④作为政府告示执行者的非正式行政人员的地保和承管把汤氏的禁令视作具文。⑤ 更不要说还要面对铺天盖地的"淫祀",多如牛毛的地方组织。作为国家在地方代表的县令大多已经失去了威严肃杀的面相,甚至难免被人欺瞒、被人捉弄,瑞安还有一个县令被人用漫话予以丑化。尽管如此,县令并没有被完全符号化,他们仍然是维持社会基本秩序的最后一道屏障。不管县令如何昏庸,哪怕成天躺在床榻上吸食鸦片,只要他存在就意味着国家的在场。这一点只要看看 1911 年辛亥之变就可以了然,武昌革命初起,对地处偏僻的温州来说,都没有什么确切的消息,一旦知道瑞安、平阳县令不正常办公了,会党土匪就走出山林,胸怀异志的"儒枭"就蠢蠢

---

① 汤肇熙:《寺院拟改作书院谕帖》,《出山草谱》卷五。
② [日]寺田浩明:《权利与冤抑——清代听讼与民众的民事法秩序》,载[日]滋贺秀三等:《明清时期的民事审判与民间契约》,第 210、246 页。
③ 比如说,地方上的龙舟竞渡一方面确实会酿成大规模的械斗,但其实内部也存在一种"龙船娘"制度。这种制度一方面控制了动乱的暴烈程度,另一方面也提供了解决冲突的平台和冲突双方对话协商的渠道。
④ 参见汤肇熙:《悬牌示张姓冈门租控案》,《出山草谱》卷四。县令也的确如寺田浩明所说地方官与民众之间的关系仍不过是首唱和唱的关系。[日]滋贺秀三等:《明清时期的民事审判与民间契约》,第 247 页。
⑤ 有承管违反赌博禁令,在给花会会首的信中说"待官晋省不妨再开"。汤氏愤恨地说"胆大如此,虽毙之杖下亦罪所应得"。见《申禁花会示》,《出山草谱》卷五。

欲动。

第三,政教互为一体,政是治标,教为治本。在此从循吏的历史发展脉络,对中国传统之政教关系略加讨论。

在汉代,循吏身上的"政"与"教"两种职能充满了紧张。这是因为礼乐教化不是守令的法定职权之内,循吏致力于文化秩序的建立完全处于自作主张。建立文化秩序的最终动力来自延续民间的儒教传统。但到了清代,循吏们所处的制度环境有了根本不同。教化成为一项国家高调倡导并由最高统治者督促实施的治理策略。政治行为与教化措施的关系也发生了根本的变化。"政治秩序"与"文化秩序""政"与"教""政统"与"道统"等种种清晰的两分对举,作为事实概念已经不能成立,只能作为分析概念加以运用。这是因为两者完全已经完全融为一体。比如,听讼属于"政"的范畴,但知县往往在寓"教"于"政"。汤肇熙在案件的审理中,对是非曲直的剖析就是一个说理的过程,并不是一个冷冰冰的技术性演示。汤肇熙在告示中说:"官之与民情同一体,事同一家。譬如家中子弟,贤则爱之,不肖则恶之,教而不改则治之。"①这句话中出现了"教"和"治"两字。"教"为讲道理,属教化范畴;"治"为惩治,属行政范畴。汤氏把惩治布告的张贴就是对"愚民"何事当做、何事不当做的教化,从而对乡民的行为规范进行统合。这本身就是一种教化行为,以及对社会秩序的建构举措。

如果一定要把县令的治理行为中作一个"政"与"教"之间的区分,那么我们可以把汤肇熙示禁类的带有惩治色彩的挽浇俗举措叫做"政",而把针对士绅宣讲如何读书明理的行为称为"教"。那么从社会秩序建设角度看,两者的关系可以表述为"政是治标,教是治本"。因为县令没有可能对分布在山村海滨的千门万户的"愚民"直接进行教化。士人才是对乡民进行普遍教化的主力军,移风易俗的"种子",只有"种子"遍布才可望有一个好收成,故汤氏反复说"民风视士风为转移"。正因为有这样的理解,汤肇熙花了很多精力用于学校的创办,学校的制度建设,并直接给士人讲学和考核。学校是移风易俗的大本营或根据地,他说:"书院所以讲学,学所以明道,讲所以育才。"②又说:"欲正人心宜兴学校。"③

---

① 汤肇熙:《桥墩会哨晓谕居民示》,《出山草谱》卷五。
② 汤肇熙:《重建平阳会文书院记》,《出山草谱》卷六。
③ 汤肇熙:《三十一都欧阳骍等控案悬牌示》,《出山草谱》卷五。

第六章　晚清价值认同危机的爆发及其士人的应对

引　言

光绪二十年(1894)三月初十日,平阳士人刘绍宽在日记中写道:

> 源初(即黄庆澄——引者)谓五伦凑合而成,非确定人伦为五。余谓不特此也,"四端":仁、义、礼、智,五德则加一"信"。然孔门专言仁,孟子兼言仁义。《周礼》乡三物之"六德",又于四端去礼,加入圣、忠、和。此可见四端、五德、六德皆随举凑合,非定数也。凡经传中数目条件多类此。
>
> 西人不信中国五行之说,按《皇极经世》以水、火、土、石为四质,而五行则并石为土矣。佛家又以地、水、火、风为四质①。至于世间之色不止有五,声不止有五,此更彰明较着。即五行配五色,金色不止一白,水色非真为黑,皆勉强配合者也。
>
> 与雨亭议置书社,陈筱垞拟购西书,余拟购《九通》及《三礼通考》等书。雨亭谓古礼迂琐,非今急务。余谓不学礼,无以立,今后礼制必尽崩坏,生民祸亟。存其书,冀有能考索而兴之者。礼以义起,变通从时,不必泥古也。若西学之书,不过十年即成尘羹土饭矣。如购西书,讲西学,必须兼购仪器,联学会,随看随学,方有所得。否则纸上研求,徒资口耳涉猎之用,则不若勿购之为愈也。

---

① 四质,即"四大"。佛教以地、水、火、风为四大。认为四者分别包含坚、湿、暖、动四种性能,人身即由此构成。

日记透露了十分重要的历史信息。第一段文字显示,宋儒以来纲常伦理原本被论定为一种"天理"。这时,五伦、五常、五德被黄庆澄、刘绍宽认为是人为硬凑而成。第二段说明传统的宇宙观在士人的心目中也是摇摇欲坠。第三段,在讨论购书计划时,刘绍宽要求购买礼学类著作,称"不学礼,无以立,今后礼制必尽崩坏,生民祸亟"。于此可见,随着西学的输入,儒家的宇宙观和价值观在敏感的士人心中已经崩塌。我们从买礼学书还是西书的争论中,可窥见士人的纠结和焦虑,也就是说在士人的精神层面爆发了强烈的认同危机。思想史家张灏在论及转型时代时说:

> 传统儒家的宇宙观与价值观在转型时代受到严重挑战,这代表传统意义架构的动摇,使中国人重新面临一些传统文化中已经有所安顿的生命和宇宙的基本意义问题。这些问题的出现和由之产生的普遍困惑与焦虑,就是我所谓的精神取向危机。……这个发展我们不能完全从政治社会的角度去看,它不仅是对传统政治社会秩序瓦解的回应,它也是传统意义架构动摇以后,人们必需对生命重建意义架构所作的精神努力。康有为、梁启超、谭嗣同、章炳麟这些人之走向佛学,都与这种取向危机所产生的精神挣扎有关系。①

我以为张灏所谓的"取向危机"其实就是"认同危机"。张灏所谓的转型时代的时间跨度为自 1895 年至 1925 年。上引《刘绍宽日记》为 1894 年,地处偏僻、信息相对滞后的平阳士人已经出现了显著的焦灼心态,转型时代的时间上限似可提前。到了民国初,由于新式中小学堂的广泛兴起,西学已经处于无可争辩的优势地位,乐清士绅刘之屏还对"国学"衰微,道学之不昌深感痛惜,他说:

> 自唐以科目取士,宋以经义;明清变而为八股文。圣贤经传,徒供学者之剽窃,国学遂为世所诟病。谈时务者,往往比之焚书坑儒。然济世之俊杰,平乱之英雄,多从科举而出。如前清胡、曾、左、李诸公是也,以是知国学亦无可厚非。清季激于外界之侵侮,废科举设学堂,大更旧日之科程,以算数技术、外国语言文字为教旨。民国成立,其风益炽。废经传,灭人伦,龈龈以趋时骛俗为事。②

---

① 张灏:《幽暗意识与民主传统》,新星出版社 2010 年版,第 145 页。
② 刘之屏:《乐清东乡高等小学碑记》,刘之屏:《盗天庐集》,线装书局 2012 年版,第 48 页。

本章将揭示士人认同危机产生的背景、原因,以及他们深陷认同危机处境下的挣扎,以及为走出危机所作的努力。

第一节 西潮冲刷下的温州社会

温州与上海、宁波的轮船通航,基督教传教士在温州传教事业的发展,导致近代西方文明对温州社会的渗透。举凡近代新学教育、西医、气象观测、卫生检疫、消防"洋龙"设备、西式建筑等在同治以后相继出现在温州。本节着力呈现近代温州社会出现的大量非传统因素。

一、新 型 传 媒

(一)邮政

温州的邮驿始于西汉,东瓯建有亭(即邮亭),传递军政文书。① 在此后漫长的历史中,有一些小步的发展。唐开元年间(713~741),温台驿道上设上浦馆(位于今永嘉乌牛)。南宋绍兴三十一年(1161),温州沿海置烽火斥堠36处。清乾隆二十一年(1756),温州有铺舍108处,城区有3家民信局,办理民间通信业务。② 由各地民信局构成的民信组织自明清发展起来,到民国后才消亡。但温州在光绪三年(1877)有了突破性的发展,这年温州海关成立,兼办邮政。

近代蒸汽轮船的开通促进了邮政的发展。清光绪三年(1877)温州海关成立。海关文件和英驻温领事馆、各国洋行及外籍传教士的来往信件都通过海关传递,这虽然不是规范意义上的近代邮政,但开启了邮递的近代化进程。温州的3家民信局,也借助于汽船运送邮件。③ 光绪八年(1878),《海关邮局章程》规定:"温州及其以北各海关办事处一律对外设置信箱,接受公众交寄信件并出售邮票。"这意味着瓯海关扩大邮递业务,开始办理民间信件的邮递业务,标志着温州近代邮政的兴起。④ 光绪二十二年(1896)九月,大清温州邮政总局成立。十二月,瓯海关税务司、法国人那威勇(A. Novion)兼首任

---

① 《永嘉记》载:"水出永宁山,行二十余里,去郡城五里入江,昔有东瓯王都城有亭,积石为道,今犹在也。"
② 吴炎主编:《温州市交通志》,海洋出版社1994年版,第2页。
③ [英]马吉(Jas Mackey):《光绪五年(1879)瓯海关贸易报告》,赵肖为译编:《近代温州社会经济发展概况:瓯海关贸易报告与十年报告译编》,上海三联书店2014年版,第63页。
④ 吴炎主编:《温州市交通志》,第6页。

邮政司。十月,邮传部在温州邮政局成立。光绪二十九年(1903)四月,温州相继开设乐清、瑞安、平阳、古鳌头(今鳌江)等邮政代办所。宣统二年(1910),温州副邮界局所增至34处。宣统三年(1911)五月二十八日,海关把邮政业务移交邮传部。①

近代邮政与传统民信系统构成竞争关系。瓯海关两个十年报告,即《瓯海关十年报告(光绪八年至光绪十七年,1882～1891)》和《瓯海关十年报告(光绪十八年至光绪二十七年,1892～1901)》,都记载了民信局寄送信件和包裹的费用,尽管相隔10年,民信局信件往来于上海和宁波的资费没有变化,每封信的邮费分别为100文和70文。据后一个10年报告,至迟在光绪二十七年(1901),寄往天津要花200文,寄往北京400文。② 光绪二十八年(1902)四月起,大清邮政在信件收费问题上进行了重大改革,采取英国"不分远近,按单一资费收取"办法,大幅度降低平信资费。国内平信由银4分降为1分,本埠降为半分,近代邮政局的邮件成倍增长。③ 这样近代邮政寄往上海、宁波、天津和北京等所有外埠城市邮费均为1分,即大约制钱10文。由于资费的便宜,改革的当年温处两府递送邮件就达到286 846件,到宣统三年(1911)增至788 360件。同时,汇兑款项从光绪三十年(1904)11 498元升至宣统三年(1911)54 604元。在清末的最后十年里,邮政取得长足进步,邮政代办所相继在温州和处州开办。光绪二十八年(1902)才开设2家邮局,宣统三年(1911)达到35家。光绪二十八年(1902)开设的这两家分别在温州和处州,其中只有温州局是汇兑局。在此期间,温州城区和瑞安设立分局(两家都是汇兑局),平阳县、青田(两家都是汇兑局)和乐清设立内地局。此外,还有27家内地代办所,分别在虹桥、大荆、缙云、林溪、古鳌头、仪山、金乡、松阳、遂昌、龙泉、玉环厅、坎门、碧湖、云和、庆元、古市、莘塍、双穗场、永嘉场、楚门、柳市、八都、小梅、景宁、泰顺、大峃和宣平。④ 无论从代办所覆盖的地域,还是投递邮件的业务量、汇兑款项的大小,都可以说是发展迅速。特别是信件一项数量达几十万之多,真的是惠及了千家万户。

近代温州邮政的飞速发展,使得人际交往更加密切,信息钱物传递更加

---

① 温州市邮电局编:《温州市邮电志》,第7～8页。
② [法]那威勇(A. Novion)的《瓯海关十年报告(光绪八年至光绪十七年,1882～1891)》、[英]李明良(A. Lay)的《瓯海关十年报告(光绪十八年至光绪二十七年,1892～1901)》,赵肖为译编:《近代温州社会经济发展概况:瓯海关贸易报告与十年报告译编》,第218、240页。
③ 温州市邮电局编:《温州邮电志》,第8页。
④ [英]包来翎(C. Talbot Bowring):《瓯海关十年报告(光绪二十八年至宣统三年,1902～1911)》,赵肖为译编:《近代温州社会经济发展概况:瓯海关贸易报告与十年报告译编》,第254～255页。

便利。当时的一首竹枝词写出了近代邮政给人带来的快捷沟通:"邮路于今世界通,天涯莫漫怨飘篷。料应一纸相思字,寄到郎前泪尚红。"①在诗人看来,近代邮政具有变天涯为咫尺的魔力。宋恕、黄庆澄在上海,通过书信把上海的新思想、新思潮传到平阳。刘绍宽回忆说:当时局势日变,新学萌生,宋平子(衡)在上海大倡广兴西学之说,黄源初(庆澄)与之游,时常写信给金晦,金出以相示。于是知经世之务,不在手戈戈之科举。从此思想变化,无意致力应举,人生观"自志学以来,至此始一转乎"。②

(二) 电报

电报在当时属于"高科技"。同治八年(1869)四月三十日,英国驻华大使威妥玛(Thomas Francis Wade)要求由香港设电报水线经汕头、厦门、福州、温州、宁波到上海。五月七日,清政府批准在沿海内洋水底安放,"唯线端不得上岸"。③ 这是"电报"一词与温州最早的联系。但是瓯海关带来税务司李明良(A. Lay)在光绪二十七年(1901)底撰写10年报告时,温州与其他口岸还是没有电报通讯,距温州最近的电报线在大约210英里以外的兰溪。④ 光绪二十八年(1902)十一月,温州在墨池坊设立电报子局。⑤ 十二月二十三日与外界正式开通电报通讯。虽然电报带来了许多便利,但当时由于电杆质劣,经常导致通讯中断,每周至少1次。⑥ 电报慢慢地进入了士民的生活,张棡在宣统元年(1909)二月廿五日记载了一则发生在瑞安城的笑话。举人王佑宸有亲戚在杭患喉病,电信带归,电码本云:"某君患喉疾,务速寄银"云云,下文有一"秘"字,王君不知电文横看,误将"喉秘"二字连读,谓己不救,至于泣下。⑦ 这个笑话是电报最初进入温州人的生活世界时的生动写照。"电学原将造无穷,倏然来去夺天工。漫言东渐风声早,赖有音书顷刻通。"⑧这首竹枝词系作于民国初年,反映了时人对电报的新鲜和惊奇。

---

① 芙蓉吟馆主人:《新竹枝词》,载叶大兵辑注:《温州竹枝词》,第240页。
② 政协浙江省苍南县委员会文史资料委员会编:《刘绍宽专辑》(《苍南文史资料》第十六辑),平阳:2001年,第379~381页。
③ 吴炎主编:《温州市交通志》,第2页。
④ [英]李明良(A. Lay):《瓯海关十年报告(光绪八年至光绪十七年,1892~1901)》,赵肖为译编:《近代温州社会经济发展概况:瓯海关贸易报告与十年报告译编》,第233页。
⑤ 吴炎主编:《温州市交通志》,第10页。当时全国电报局共分总局、分局、子局、子店、报房五等。
⑥ [英]包来翎(C. Talbot Bowring):《瓯海关十年报告(光绪二十八年至宣统三年,1902~1911)》,赵肖为译编:《近代温州社会经济发展概况:瓯海关贸易报告与十年报告译编》,第254页。
⑦ 张棡:《张棡日记》,俞雄选编,上海社会科学院出版社2003年版,第143页。王佑宸,字君辅,或作经郛,原籍乐清,后迁瑞安,光绪廿八年举人。
⑧ 章安潜庵:《新竹枝词》,叶大兵辑注:《温州竹枝词》,文化艺术出版社2008年版,第249页。

（三）报刊

报刊系定期的、连续性的出版品，如果办得好，就能够产生较大的社会效应。晚清维新运动以后，温州具有一定影响的报刊见下表：

表6-1 清末温州创办报刊一览表①

报刊名称	创刊日期	创办或主持人	刊 期	地 址	备 注
利济学堂报	1897.1	陈 虬	半月刊	温州	
算学报	1897.6～	黄庆澄	月 刊	温州	
史学报	1899	黄庆澄	月 刊	温州	仅出2期
瓯学报	1901.3～1902	黄庆澄	月 刊	温州	由《史学报》改
讲学丛报	1910.10～	曹志旦	月 刊	乐清	

表6-1中的所谓"报"，不是报纸，其实质还是"刊"，它们欠缺报纸所应具备的时效性和新闻性，它们更像我们今天说的杂志。其中陈虬办的《利济学堂报》和黄庆澄版的《算学报》在当时具有很大的影响。温州第一份真正的报纸创办于辛亥年（1911）十二月十二日，名叫《东瓯日报》，发行量600份，每月订费40分，刊载忌言、上海电讯、各地报道、本地新闻、诗歌和小说。② 这份报刊创办时，清朝已经灭亡。报纸的出现对民国初年的温州影响极大。当时的人从报纸中感受到了言论的自由和开民智的功效。温州的二首竹枝词云："自由言论渐文明，一纸乡评遍鹿城。漫羡汝南公月旦，近从瓯海听湖声。"③"报章自可开民智，清议难逃笔削权。瓯海风声收笔底，是非黑白谅无偏。"④这些，反映了新式报章杂志的广泛刊行，给当地社会带来的重要影响。来自上海的报纸开阔了温州人的眼界。

晚清温州本地虽然没有出现真正意义的报纸，但温州士人很早就阅读上海等地发行的报纸。我们在《张棡日记》和《厚庄日记》中看到，至迟在光绪十

---

① 摘自《清末浙江创办报刊一览表》，汪林茂主编：《浙江辛亥革命史料集》（第一卷），浙江古籍出版社2014年版，第305页。
② ［英］包来翎（C.Talbot Bowring）：《瓯海关十年报告（光绪二十八年至宣统三年，1902～1911）》，赵小为译编：《近代温州社会经济发展概况：瓯海关贸易报告与十年报告译编》，第264～265页。
③ 仲宽：《新竹枝词》，叶大兵辑注：《温州竹枝词》，文化艺术出版社2008年版，第248页。
④ 章安潜庵：《新竹枝词》，叶大兵辑注：《温州竹枝词》，第249页。

四年(1888)读报就融入了张棡、刘绍宽的日常生活。张棡读的最勤的是《申报》,另外见诸他的日记的还有《沪报》《新闻报》《字林沪报》《沪上画报》和《时务报》等报纸。光绪二十三年(1897)七月十六日,赴杭州乡试途经上海的张棡,花40文买了《沪报》《新闻报》《苏海彙报》《苏报》《游戏报》《申报》6种报纸。可见读报已经成了张棡的习惯。①

因为报纸容易激成社会舆论,造成巨大的社会影响,温州地方势力自然不会放过利用的机会。由瑞安中学村废之争导致矛盾公开化的陈黻宸和项崧,宣统元年(1909)把斗争的主战场转移到了《全浙公报》《白话报》《浙江公报》和《浙江日报》等报纸。② 张棡则通过《浙江日报》中旁观了双方的角力。③

二、新式教育

在晚清,新式教育的推行和普及是温州近代化过程中十分重要的一环,也是晚清新政的核心内容。光绪二十七年(1901)新政的颁行与三十一年(1905)科举制度的废除,把兴办新学推向高潮。但是蔚为巨潮的兴学运动却滥觞于传教士创办的小学。基督教会办学目的是布道,但客观上成了新式教育的助产士。

同治六年(1667),英国内地会(China Inland Mission)跛足牧师曹雅直(George Stott)从宁波来温传教。④ 他在花园巷设点布道,建立温州基督教内地会,基督教新教自此传入温州。同治七年(1668)曹雅直创办了男童寄膳寄宿学校。⑤ 但不知道其教学科目和内容,只知道其教育已经偏离了传统教育为了科举的目的。

传统中国的一个根深蒂固的观念是"女子无才便是德",女子该学习的就是女红和操持家务,所以女子普遍入学那是20世纪六七十年代的事。但在温州基督教会办女学很早,当然目的还是传教。1874年曹雅直夫妇在温州创办了第一所女子寄宿学校。⑥ 曹雅直的妻子曹明道(Grace Ciggie Ctott)叙述了他们办学的原因:

---

① 张棡:《张棡日记》,温州市图书馆编:《温州市图书馆藏日记稿钞本丛刊》,中华书局2017年版,第6925页。
② 陈黻宸:《致项申甫公开信》《致孟聪侄书第四》,陈德溥编:《陈黻宸集》,中华书局1995年版,第1026~1028、1107页。
③ 张棡:《张棡日记》,温州市图书馆编:《温州市图书馆藏日记稿钞本丛刊》,第8424页。
④ 内地会是英国人戴德生(J. H. Taylor)创办于1865年的一个基督教差会。1866年,戴德生率领第一批传教士来到中国,选定的第一个传教站是杭州,并以为基地迅速扩展到浙江许多城市。
⑤ 高建国:《基督教最初传入温州片断》,《温州文史资料》第7辑,1991年,第344页。
⑥ 陈丰盛:《温州基督教编年史》,(香港地区)方舟机构有限公司2017年版,第27页。

1872年,我们的厨师,就是那个在我们结婚第二天受洗的弟兄,娶了个不信主的女子为妻。虽然我们感到很痛心,但又能做什么呢?如果坚持基督徒"只在主里嫁娶",实际上就等于禁止婚姻,因为在团契里根本就没有基督徒姐妹。这个不信的妻子给他带来的影响很快就显明了,首先是他对主的热心减退,接着是灵性冷漠。两年后,我们不得不让他离开教会工作。这让我们看到,如果要建立一个健康、有生机的教会,就必须为教会弟兄预备主内的妻子。经过多次祷告和反复考虑,我们决定开办一所女子寄宿学校。①

曹明道回忆告诉我们,教内人士娶教外女子为妻,不利于巩固他们对耶稣的信心。创办女校是为了基督徒的婚配,有利于基督教的传播和发展。1878年,曹雅植夫妇又创办了温州第一所女书院(育德女子学校前身)。② 关于创建书院目的,苏虹有如下的记载:

曹氏夫妇费了九牛二虎之力,愿意信教的女子仍寥寥无几。几年后曹氏夫妇一筹莫展。随后,他们决定仿效宁波的做法,增设一所女书院,藉以吸引女信徒(宁波英籍传教士爱尔德赛,早在1844年创办了我国第一所女书院。从此女信徒日益增多)。曹氏夫妇经一番筹划之后,温州第一所女书院于1878年在曹氏寓所诞生了,后取名为"育德女学"。③

1911年《中西教会报》发表一篇文章,赞扬了曹雅直夫妇在温州女子教育中的开创性贡献,特别指出在当时严苛的传统道德氛围中,兴办女学遭到围攻的险恶处境:

吾瓯教会女学之设,肇始英国曹公雅直牧师,乃温属五邑伊古未有之创举也。今几四十年矣,维时风气未开,视女子入校肄业为迂陋,拘守闺门为妇德,缠缚尖足为雅观,骤觇女子放足读书,见所未见,骇异殊甚,群起诋毁,聒耳不绝。④

---

① [英]曹明道:《二十六年:曹雅直夫妇温州宣教回忆录》,温州恩际团契译,宇宙光全人关怀2015年版,第65、67页。
② 莫法有:《温州基督教史》,建道神学院基督教与中国文化研究中心,1998年,第55页。
③ 苏虹:《温州第一所女学—育德女学》,中国人民政治协商会议温州市鹿城区委员会文史资料委员会编:《鹿城文史资料》(第11辑),1997年,第160~161页。
④ 蒋德新:《温州教会女学盛观》,载《中西教会报》第19卷第226册,1911年6月。转引自陈丰盛:《温州基督教编年史》,第353页。

在后继者的努力下,这个女学也形成了完备的课程体系,开设的课程有圣经、国文、修身、历史、地理、算术、手工、唱歌、图画、罗马字、体操等。①

温州基督教另一个差会偕我会(English United Methodist Free Church Mission)也试图在女子教育方面有所建树,②苏慧廉的妻子苏路熙早在1885年初来温州就开始着手女学的工作。③ 但真正成为有规模的女校,应该就是1904年再次回温,称为艺文女学。学校规定不裹足的女孩可以入学。开设的课程有温州方言、数学、音乐(唱歌)、女红(刺绣、编草鞋)等。④ 这里面真正具有现代意义的学科只有一门数学。

如果说在新式女子教育方面,基督教偕我会远逊于基督教内地会,那么在男子新式教育方面则反之,偕我会取得了十分辉煌的成就。偕我会牧师李华庆(Rev. R. Inkermann Exley)光绪四年(1878)二月来温州,成为温州第一任偕我会牧师。次年创办了一个学塾,学塾还没有沿用西方的教学模式。学生读的还是《幼学》《蒙求》《千字文》《神童》《百家姓》和《三字经》等中国传统蒙学读物。学生还得背儒家经典:《四书》《五经》,并要读朱子(朱熹)对这些经典的注解。李华庆于光绪七年(1881)六月八日病逝。光绪九年(1883)年一月苏慧廉(W. E. Soothill)来到温州继任偕我会牧师。光绪二十三年(1997),苏慧廉下决心开始新学制教育。根据苏氏自述,除了宗教的原因外,似乎也有传播西学的意图。他说:

> 影响我们初衷的主要因素是一位新来的男子学校校长,他从上海学到一点算术、代数、几何知识;我的好友约翰·傅兰雅(John Fryer)博士和其他人一起,在翻译教育用书方面做了出色的开创性工作,这些就是未读过大学的中国学生唯一的知识来源。然而,教育界的迅速变化,这在十年前是很难理解的。那时我们尚没有现在手头用的课本,每个传教组织的教授几乎必须自己翻译教科书。⑤

艺文学堂教授算数、代数和几何等均为最正宗的"西学"。使用的教材是傅兰雅主持翻译、上海江南制造局出版的教科书。瓯海关报告对艺文学堂有

---

① 蒋德新:《温州教会女学盛观》,载《中西教会报》第19卷第226册,1911年6月。转引自陈丰盛:《温州基督教编年史》,第354页。
② 1877年,英国偕我会李华庆(Robert Inkerman Exley)教士到温州建立教会。1882年,苏慧廉(William Edward Soothill)教士接任。
③ 沈迦:《寻找·苏慧廉》,新星出版社2013年版,第204页。
④ [英]苏路熙:《乐往中国》,吴慧译,转引自陈丰盛:《温州基督教编年史》,第282页。
⑤ [英]苏慧廉:《晚清温州纪事》,张永苏、李新德译,宁波出版社2011年版,第142页。

一个较为全面的介绍:

> 英国偕我会办的艺文学堂,现如今是城里一座壮观的建筑,招收 80 名学生,其中 35 名是住在校外的走读生。学堂有 1 位洋籍校长和 10 位华籍教员,每人各专一门科目。满清政府规定,在洋人管理的学堂里就读的学子不得参加科举考试,因而限制了艺文学堂的就学人数。所授课程包括:中国典籍、伦理、文言和历史,算学(包括三角学)、博物、化学和格致,英国语言、文学、语法和会话,以及操练。①

关于课程设置,蔡钢铁的文章与海关报告大同小异,开设课程有国文、算术、物理、化学、历史、地理、英文、体操、图画、神学和修身等课。初级英语作为选修课。三四年级的地理、算术等课用英文授课。② 除了蔡钢铁文中提到"神学"一门,这完全是一个现代中学的科目设置。光绪二十九年(1903)九月初一,苏慧廉在海坛山麓建新校舍,改称艺文学堂(中学)。开学典礼那天,道、镇、府、县官员,经学大师孙诒让,以及英国著名传教士李提摩太等均到校庆贺。孙诒让发表演说,称赞苏慧廉"以西国之文明,教训吾温少年子弟""用西洋文明开发我温州地方民智"。③

三、现代医学

温州具有深厚的中医传统,近代更是名医辈出。在温州开埠前的同治年间,英国医生詹纳(E.Jenner)于 1796 年发明的预防天花的牛痘苗就传入了温州。④ 同治时刊刻的方鼎锐《温州竹枝词》有一首云:"海疆天气殊寒燠,赤子天花保护难。近设全婴牛痘局,及人之幼万人欢。"作者自注:此间有善种牛痘之徐生,手法灵敏。予率府县倡捐经费设局施种,贫者不取一钱,岁活婴孩七八百口。⑤ 根据作者叙述,如此高效的牛痘,应为"洋痘"。同治十一年

---

① [英] 包来翎(C.Talbot Bowring):《瓯海关十年报告(光绪二十八年至宣统三年,1902~1911)》,赵肖为译编:《近代温州社会经济发展概况:瓯海关贸易报告与十年报告译编》,第 260 页。
② 蔡钢铁:《艺文学校始末》,温州市鹿城区政协文史会编《鹿城文史资料》(第 9 辑),1995 年,第 141~143 页。
③ 孙诒让:《温州艺文学校开学典礼演说辞》,张宪文辑:《孙诒让遗文辑存》,浙江人民出版社 1990 年版,第 435、437 页。
④ 有一种说法,中国在宋朝就发明了种痘术,且在明朝得到了推广。可是清朝还有皇帝死于天花,玄烨能够当皇帝的一个重要原因,是他已经出过天花,说明当时对天花基本还是束手无策。
⑤ 方鼎锐:《温州竹枝词》,雷梦水、潘超等编:《中华竹枝词》,第 2189 页。同治十一年

(1872)玉环同知黄维诰创设洋痘局于节孝祠内,每年三、四、五及八、九、十月开局,引种洋痘。① 这里明确说明创设"洋痘局",引种"洋痘"。洋痘,大概是温州人对西医最早的认知。光绪初年,在温州流行西医灵验的神奇传说。光绪三年(1877)八月二日《申报》报道:"温州之吞烟自尽者甚多,每于人死后请西医救治,西医告以无可挽回,而死者之亲属转共诧以为奇事云。"②意为当时温州人认为西医可以让已死之人复活,医生告知他无法让死人复生,死者家属感到不可思议。不知道当时的西医从何而来,有文献资料证明的最早来温州的西医,是基督教内地会的美籍传教士稻维德(Dr. Arthur William Douthwaite, 1848~1899)。光绪六年(1880)五月二十七日,稻维德携夫人来到温州,从事医疗传教。一直在温州艰难开拓传教事业的曹雅直非常期待稻维德的到来,曹雅直在一月份的一封书信里说:"我们盼望稻惟德夫妇能尽快来这里一趟。他们和我们是一个差会,来中国已经六七年了,一直在中国从事医疗事工。我相信,他们的事工一定很成功,愿神祝福他们。"③

稻维德到温州的两天内,就治愈了女子学校一名感染天花的学生,还有两名因剧烈胃疼导致昏迷的学生。④ 十月,曹雅直在温州租屋开设一家小型医院,由稻维德担任医生,聘请本地陈日铭先生为助理,实行免费医疗。⑤ "当时温州民间吸毒之风甚烈,一些不自爱者,一旦上瘾,无力自拔。医院除收治病人外,也收戒烟市民。看病、拿药一概免费,但有一条规定:凡前来治病、戒烟者,在开诊前必须静听传教人员讲道。市民们均乐于接受。"⑥当年的瓯海关报告对稻维德最初的医疗活动有较为详尽的叙述:

> 今年(1880)本地最重大的事情是,中国内地会牧师稻惟德(A. W. Douthwaite)先生创办了一所为华人服务的医院,他以前驻扎在本省西南部的处州。医院于6月6日开设门诊,11月1日接纳住院患者,院址毗连牧师曹雅直(George Stott)先生位于五马街的小教堂。医院已经接诊了各种患者,完成73台手术。还开办了戒毒病房,11月1日至12月

---

① 杜冠英撰修,吕鸿焘:《玉环厅志》卷之二《建置志》,第16~25页,光绪六年(1880)修刊本。黄维诰(1806~1878),字黼堂,江西临江新淦县人。
② 《温州消息》,《申报》1877年8月2日,第二版。
③ [英]曹明道:《二十六年:曹雅直夫妇温州宣教回忆录》,温州恩际翻译团契译,第90页。
④ J. Husdon Taylor, M.R.C.S., F.R.G.S., China's Millions, London: Morgan and Scott, 1880, p.132.
⑤ 莫法有:《温州基督教史》,(香港地区)建道神学院基督教与中国文化研究中心,1998年,第56页。
⑥ 苏虹编著:《旧温州轶事录》,(香港地区)天马图书有限公司1999年版,第3页。

31 日共收纳 61 名戒毒者，其中 58 名治愈出院。医院已经取得巨大成功，求医者蜂拥而至，说明百姓只要有机会将多么乐意求助于西医科学。6 个月里来诊的门诊患者达到 2 214 人次，最常见的求医者好像犯的是眼疾（各种眼炎）。地方官府对开办医院非常赞许，并给予支持。①

偕我会的医疗传教工作开展比内地会迟了 14 年，但也作出了很好的成绩。1894 年 1 月，偕我会英籍传教士霍厚福（Alfred Hogg）来温从事医疗事工，②成为第一位偕我会医疗传教士。霍厚福自述了自己在温州医疗生涯的最初情景：

> 诊所于 1894 年 2 月 6 日开张，正是中国农历新年之后。诊所很快就有许多人来光顾。每逢周二、周五——常规的门诊日，日间就诊的病人在八十到一百人左右，这个数字持续了相当长的时间。……在常规的门诊日，大量穷人、中途歇脚者、残疾人、盲人在午前陆续从周边的乡村和县城聚集过来，并坐在小礼拜堂中等着看医生。我们的一两名当地的传道人便向他们宣扬唯一真神荣耀的福音，告诉他们救赎的道路。③

霍厚福与内地会的稻维德一样勤勉高效，他在苏慧廉所办的城西小诊所里，仅一年时间，收治病人达 2 750 人，总诊疗人次达 5 006 人。因此，在英国偕我会 1895 年年报中，发布温州拟建医院的报告："霍厚福医生的医疗工作成为传教工作的重要部分。他现有大量的病人，建设一座匹配的医院迫在眉睫。苏慧廉牧师希望能为此募集到一百至一百五十镑，捐献者的名字，将成为这所医院的名字。"④

---

① ［英］马吉（Jas Mackey）：《光绪六年（1880）瓯海关贸易报告》，赵肖为译编：《近代温州社会经济发展概况：瓯海关贸易报告与十年报告译编》，第 98~99 页。
② 霍厚福早年毕业于阿伯丁大学（University of Aberdeen）。在校期间，他在校园里见到"剑桥七杰"中的施达德（Charles Studd）和司米德（Stanley Simith），他们的行动在霍氏心里种下了传教的心志。而致使他最后决定做医疗传教士而赴中国的是受到美国学生志愿海外传教运动的发起人韦达（Robert P. Wilder）的直接影响。韦达于 1893 年 3 月来到阿伯丁大学演讲，霍厚福与其他 12 位学生自愿加入他的传教使团。医学专业毕业之后，霍厚福被指派去负责位于伦敦的圣潘克勒斯医疗传教团（St. Pancras Medical Mission），接受眼科和咽喉科的特殊训练，随后又在皇家眼科医院（Royal Ophthalmic Hospital）做了近一年的临床助理。最后受偕我会派遣，于 1893 年底启程 1894 年 1 月到达温州。见沈迦：《寻找·苏慧廉》，第 99~100 页。
③ 沈迦：《寻找·苏慧廉》，第 100 页。
④ 沈迦：《寻找·苏慧廉》，第 116 页。

在霍厚福来温州整整一年以后,偕我会在瓦市殿巷建造了一家正式的西医医院,资金来自英人约翰·定理(John Dingley)捐赠,以此医院名之为"定理医院",霍厚福任院长。华人医生有李少波、方文楼等人。男病房有12张床位,女病房有10张床位。光绪二十七年(1901)接诊量超过10 000人次。对住院患者的收费包含膳食、医疗等费用。门诊患者每人次固定收费30分;虽说不敷工作成本,但这对大部分前来就医的患者所属的社会阶层而言已是一笔大数目。① 如同新式教育的创办,传教士的医疗活动也是密切服务于他们的传教事业。苏慧廉曾说:

> 很难想象,还有什么事能比我们医院的工作更像耶稣的所作所为,因为是耶稣基督把天国福音的传布与医治病人结合在一起。我们医院的信条就是:"差遣他们去宣传上帝国的道,医治病人。"我们竭尽所能,病人得到治疗,福音得以传布。②

内地会的医疗活动同样也以福音传播为鹄的:光绪三十一年(1905),刘廷芳在《通问报》撰文叙述了内地会在进行医疗活动给福音传播带来的奇效:

> 温府瑞邑之南,有村落曰潘栋。数载前,圣徒宣扬福音于彼者,无不抖尘而返。本会会友胡君开基,国手也,隶籍该处,离乡卜居者,十余载矣。癸卯岁,有故乡之行,邻里故旧之延诊者甚众。时胡君虽未膺教会传道之职,而当施医戒烟之际,兼宣圣道,循循善诱,直以疗人身疾为疗人心疾之旗帜,赖主恩,受诊者多瘥。于是该处昔日与圣道为敌者,咸化干戈为玉帛,宣道之门,因以宏辟。厥后圣徒宣道者,接踵而至,信者颇众。瑞邑内地会会牧施君,遂于本岁春令,设立会堂,迄今受洗者,已逾干支之数,慕道者不下百余。圣徒游历该处者,皆啧啧称美胡君焉。③

在偕我会定理医院(1895)创建后的5年内,来院求医者33 009人。住院者达2 056人。定理医院空间逼仄,不敷所用,必须扩建,为此苏慧廉于1903年返回英国募款,艰苦异常,一度陷于山穷水尽,最终募得七十老翁白雷德的

---

① [英]李明良(A. Lay):《瓯海关十年报告(光绪八年至光绪十七年,1892~1901)》,赵肖为译编:《近代温州社会经济发展概况:瓯海关贸易报告与十年报告译编》,第241页。
② [英]苏慧廉:《晚清温州纪事》,第121页。
③ 刘廷芳:《施医乃传道之善策》,《通问报》,第183回,乙巳(1905)十二月,第3页。

2 650英镑的捐款(合墨洋二万余元)。1904年购得地基,1905年春动工,腊月竣工。1906年正月初六行开院礼拜。1901年接替霍厚福的包苾茂医生(W. E. Plummer),任白累德医院首任院长。① 瓯海关10年报告记录了偕我会的医疗事业的发展概况,在1908年,白累德医院西医院的规模还很小,只能接纳30名住院患者,至宣统三年(1911)已经在本城的大街附近建起一座大楼,现在的床位超过100张,其平均使用率为50%~70%。门诊患者的数量从尚处于定理医院时期的5 051名,增至宣统三年(1911)20 792名,而住院患者从200名增至1 315名。本城南门外开了一家中医诊所,穷人看病免费,抓药照常收钱;据说就诊人数很少。城里和乡下的官绅们成立了一家戒毒收容所,维持经费依靠自愿捐献。白累德医院副院长任所长。②

按照这个报告的看法,当时西医已经完胜了中医。孙诒让的第六子孙延炯生鼻疮,传统中医贴膏药拔脓疗法似亦有效,但孙氏却是带着孩子去找苏慧廉,他在一封家书中写道:

> 炯姆鼻疮,刻到苏教士处一问,渠说外国医生已到,最好在医局楼上住数日便可包好。亦可带阿嫂同住照料,费用亦不多,可告李姨娘。如日内能差东山送来,我可多留数日也。籀庼。西医局即苏教士所开,洋房,有花园极好。饭食亦由局供给,不必自带也。③

孙氏不仅信西医,同时也享受医院良好的环境,看书信意思他打算陪孩子住院几天。张棡从一朋友那里听来的一则关于西医疗效的故事,他在日记中的记叙栩栩如生:

> 前日有吃鸦片烟者四人,上郡请外国包医士诊治,医士谓三人可以用药戒断,唯一人则因病食烟,其脏腑受毒不浅必须解剖。初犹畏难,经包医士许以保险始允。即引此人入内室,用药膏贴其额,人即晕去如死,乃剥去衣服,先用药水抹合腹皮,出利刃剖开胸腹,将肝肺脏腑一概取出洗涤,肝肺为烟汁所熏,已成墨色,肝内有肉球一块,当即割下弃去。然后将肝脏等一一纳入腹中位置完密,始用线纫合腹皮,再用药水抹上。

---

① 刘廷芳:《苏会牧温州医院落成演说文》,《通问报》,第191回,丙午(1906)二月,第1页。
② [英]包来翎(C. Tabot Bowring):《瓯海关十年报告(光绪二十八年至宣统三年,1902~1911)》,赵肖一译编:《近代温州社会经济发展概况:瓯海关贸易报告与十年报告译编》,第262页。
③ 孙诒让:《家书》,张宪文辑:《孙诒让遗文辑存》,第179页。

命人抬此人出外,始将膏药揭去,而其人已蹶然醒矣。三人问之曰:"尔有所苦否"?彼应之曰:"吾方得甘寝一晌,何苦之有。"噫!观于此而后知西医之术,洵可继中国华元化(华佗)遗踪者,以视近日之仅读《汤头歌》《药性赋》悬壶糊口者流,则更判若天渊矣。①

这则故事自然是不无夸张成分,即便是今天的西医水平,手术麻药过后还是不免有疼痛感,不可能香甜一觉而已。但故事真切反映了当时温州人对西医的叹服。

四、移风易俗

女子裹脚这是中国极为普遍而顽固的习俗。光绪二十三年(1897)七月,梁启超、汪康年等在上海创立不缠足会。同月,宋恕撰写《书不缠足会后》予以呼应。② 其后在国家富强的话语下,反对缠足的舆论越来越烈。光绪二十七年(1901)从西安回銮的西太后下旨放足,次年十一月宋恕撰写针对温州妇女的《遵旨婉切劝谕解放妇女脚缠白话》。③ 光绪二十九年(1903)正月初九,宋恕的妻舅孙诒械在瑞安汀田乘迎神赛会演戏之机登台宣讲《妇女解缠足》。④ 然而,早在同治十三年(1874)温州基督教内地会就已经在教会创办的女学中要求放足。但教会尚没有信心将放足要求推广到为教会服务的妇女。因为传统习俗的力量实在是太强大了,连传道人陈日铭也为妻子是天足而感到奇耻大辱。曹明道后来回忆说:"年轻的陈先生娶了个不信主的女子为妻。妻子没裹脚,有一双很大的'天足',陈先生却以为这是奇耻大辱,不能忍受。以前,不裹足的女子极少,遇到这样的事只能在人面前忍受羞辱。"⑤

反裹脚是那么的困难,即便是围绕教会招到的唯一女学生,⑥也发生过一次反裹脚大战。曹明道写道:

一天,有人过来对我说,那孩子的妈妈整天整夜哭叫不停,扯着头

---

① 张棡:《张棡日记》,温州市图书馆编:《温州市图书馆藏日记稿钞本丛刊》,第8396~8397页。
② 宋恕:《书不缠足会后》,胡珠生编:《宋恕集》,中华书局1993年版,第269页。
③ 宋恕:《遵旨婉切劝谕解放妇女脚缠白话》(1902年11月1日),胡珠生编:《宋恕集》,第331页。
④ 张棡:《张棡日记》,温州市图书馆编:《温州市图书馆藏日记稿钞本丛刊》,第7762页。
⑤ 曹明道:《二十六年:曹雅直夫妇温州宣教回忆录》,第124页。
⑥ 女学生申请入学的条件有:被录取女生不得裹脚;校方有权将其许配给合适的配偶,学生家长在没有征得校方同意的情况下不得将其许配他人。由于这两个条件的存在,当时很难招到学生。见曹明道:《二十六年:曹雅直夫妇温州宣教回忆录》,第67页。

发恸哭,哭她女儿命不好,哭她女儿要长一双男人的大脚,大了也找不到婆家,谁会看上个大脚片子女人呢? 于是,她要求我把这个女孩送回家,宁愿出去挨家挨户讨饭,也不让女儿长一双大脚丢人现眼。我对来传话的人说,他们送孩子过来是出于自愿,也明白我们的规定,并且已接受我们规定的条款。现在要想让孩子回去,请他们亲自来接,但必须先付清孩子吃饭穿衣的钱,还有这些年我们花在她身上的所有费用。他们当然付不起这些钱,只得不情愿地作出让步。这样,我们"反裹脚"第一场战役终于打胜了。①

光绪十九年(1893),在温州内地会女传教士鲍金花(Miss Bardsley Annie)的推动下,反缠足取得了突破性的进展。鲍金花在麦嘉湖(John Macgowan)的鼓励下在温州发起了天足运动。② 曹明道由衷地赞扬鲍金花说:"而我们在这方面基本上没做什么,真感到有些惭愧。"③麦嘉湖给温州内地会寄了一份他个人所制订的保证书,是供那些愿意天足的妇女签署用的。保证书中有三项保证:"第一,姊妹们松开自己的脚;第二,不给女儿裹脚;第三,松开儿媳妇的脚。"温州内地会基于现实的考虑,认为第三条在儿媳身上实行起来会有难度,只采用了前两条。经过鲍金花的努力推动,温州内地会有70多位姊妹参加了天足运动,给予教会带来空前的健康风气。④

后来偕我会也参加了天足运动,每个带女儿来女学的母亲都要承诺,不让孩子裹脚。他们认识到自己的工作意义重大,是在创造历史。苏慧廉的夫人苏路熙(Lucy Farrar Soothill)以极大的热情倾注其中,她回忆道:

如果天气好,我会让女孩子在放学后留在绿草地上嬉戏游玩。她们会围绕着我做游戏,玩老鹰捉小鸡。她们会装长脚鹬、橘子和柠檬,狐狸和鹅。她们尽情地跳跃。最后我意识到这就是"天足"的美和价值。……一个知道"天足"价值的母亲不会允许自己的女儿可爱的小脚被绑起来。她在我们的草坪上又跑又跳,享受生活的快乐。这是终生难

---

① [英]曹明道:《二十六年:曹雅直夫妇温州宣教回忆录》,第67~68页。
② 麦嘉湖(1835~1922),英国伦敦会传教士,1835年7月23日出生于英国,1858年入英国伦敦会,1860年3月23日抵达上海,开始了在中国长达50年之久的传福音工作。期间,他于1874年在厦门与40多名中国妇女成立"厦门戒缠足会",成为近代中国历史上第一个天足会。
③ [英]曹明道:《二十六年:曹雅直夫妇温州宣教回忆录》,第267页。
④ [英]曹明道:《二十六年:曹雅直夫妇温州宣教回忆录》,第267~268页。

忘的快乐感觉。她不会允许自己的孩子被剥夺这种快乐。①

永嘉杨青曾表达过自己对基督教在温州发展的直观感觉：

> 温州自光绪初年间，始有一花园巷英国教堂，嗣辄有嘉会里教堂，木杓巷法天主堂，竹马坊英教士二住房，艺文小学堂，简讼坊领事寓，白累德医院，七枫巷底艺文大学堂，兴文坊教堂，八字桥教堂，岑山寺巷法董若望医院，乘凉桥自立会教堂，瓮飞栋起，几乎有五步一楼，十步一阁矣。而诸洋房尤以天主堂为最壮丽。登城一望，其钟楼之顶岌岌然已矗立支霄也。城外洋房又有孤屿旧领事寓二，巽山下教堂，茶院寺前教堂，新桥教堂，皆英国建。②

这里描述的是西洋的建筑，但教堂、学堂、医院正是西洋文明最显著的标志。

光绪二十年(1894)，中日甲午战争爆发，中国惨败于区区小岛日本国。自公元7世纪开始，中国文化一直是日本的学习对象。日本通过明治维新迅速崛起，并打败了大清这个庞大的帝国，这在中国朝野产生了很大的震撼。甲午战争失败后，清政府被迫与日本签订了《马关条约》。清国割让台湾给日本，赔款白银2亿两，允许日本在华投资设厂。由于清国与其他列强有"利益均沾"条款，此后外资大规模进入中国。

自从鸦片战争以后的半个多世纪以来，中国士大夫逐渐认识到西方列强不同于以往中国历史上坚持打交道的"蛮夷戎狄"，他们不仅在器物方面有比我们精良的船舰利炮，而且也有着不逊于我们的文明。甲午战败后，中国士大夫产生了深重的秩序危机和意义危机，在朝野中开展的维新变法运动，在很大程度上就是对这种危机的挣扎和应对。

第二节 老树发新芽：永嘉之学的重振

永嘉之学不放弃性理之学，即"必兢省以御物欲"，否则他们就不是儒家，更不是理学家；同时，他们强调学问要能够导出事功，即"必弥纶以通世变"。

---

① [英]苏路熙：《乐往中国》，吴慧译，转引自陈丰盛：《温州基督教编年史》，第263页。
② 谢作拳、伍显军整理：《杨青集》，上海社会科学院出版社2005年版，第386～387页。

永嘉之学的特点是两者的平衡,如鸟之两翼,车之双轮,不可偏废。在南宋时期,以郑伯熊、陈傅良、叶适等温州人为代表的思想家和学者群星璀璨,永嘉之学成为与陆九渊心学和朱熹理学鼎足而三的具有全国性影响的学术流派,温州也成为大宋的学术、思想中心之一。① 但由于复杂的政治、文化因素的影响,自元以后永嘉之学趋于消隐,著作也日渐散佚。宋恕说:

> 今六百余年矣,无复读遗书而兴起者,滨海带江数百里,诵声廖廖,伏案呻吟之流,浅陋莫状,帖括之外一无所知,应试之文亦鲜及格,奄奄欲绝,科名亦衰。有谈文学者,则朋侪相聚而笑之,先生(按指孙锵鸣)正色而责之,魔障之讥,交加于耳,若岭南之惊雪,于越之怪章甫,遂使聪明者自弃,愚鲁者不前。出门四顾,求一略涉经史,精解词章之人与语,几如缘木求鱼。呜呼,又何其衰也。②

南宋的永嘉之学在遭遇"三千年未有之变局"中,又焕发出了勃勃生机,犹如老树发出新芽。

一、永嘉之学的复活

陈黻宸光绪三十四年(1908)在广州讲学时,曾表示认同黄宗羲对永嘉之学的阐释:永嘉之学教人就事上理会,步步着实,言之必使可行,足以开物成务。并说永嘉之学强调事功为天下非为一己。③

永嘉之学的振兴首先是大绅努力的结果。至少孙、黄、洪三家都有复兴永嘉之学的言说和实践。其首功又应该归于孙衣言和孙锵鸣兄弟。宋恕说:"宋室南渡,瓯学始盛。……瓯僻人荒,吾师孙太仆、学士兄弟,始表章乡哲遗书,勉英绍绪,瓯学复振。"④又说:"及先生(指孙锵鸣——引注)与兄太仆公出,力任破荒,不惮舌敝,以科第仕宦之重动父兄子弟之听,于是温人始知有

---

① 章炳麟说:"宋世永嘉诸贤,与新安、金溪、金华并峙。其后三家皆有传人,讫元、明未替,而永嘉黯然不彰。"章炳麟:《孙逊学先生年谱序》,见孙延钊:《孙衣言孙诒让父子年谱》,上海社会科学院出版社,2003年版。马叙伦说:"瑞安在宋时有魁人曰叶适、陈傅良,以性理文章经制之学,与湘胡氏、闽朱氏相颉颃,学者宗之,谓是永嘉之学。"马叙伦:《陈先生墓表》,陈德溥编:《陈黻宸集》,中华书局1995年版,第1228页。马叙伦(1885~1970),字彝初,杭州人,著名学者和社会活动家。
② 宋恕:《重建会文书院序》,《宋恕集》,第171页。
③ 陈黻宸:《南武书院讲学录》,陈德溥编:《陈黻宸集》,第642页。《南武书院讲学录》系陈氏在广东南武书院讲学的讲稿,凡五讲,第一讲由马叙伦记录,二至五讲由任陈怀记录。陈怀后为北京大学教授。
④ 宋恕:《书陈蛰庐〈治平通议〉后》,胡珠生编:《宋恕集》,第238~239页。

永嘉之学。"①王岳崧在序洪炳文《花信楼文稿》中说:"吾乡数十年人文之盛,盖自止庵('止庵'为孙锵鸣的号——引者)师提倡之。……吾乡人物,南宋最盛,世称永嘉之学,惟陈止斋('止斋'为陈傅良的号——引者)先生能集其成。而自元、明以迄国朝,则惟孙止庵师能绵其绪。"②

孙氏兄弟振兴永嘉学术之志萌生于晚清列强逼掺的时势。身任方面之重的孙衣言感到时局与金国进逼下的南宋非常相似,称"今日之局与南宋无异",③因而,断定永嘉学派的思想见解和政治主张在晚清的变局中具有现实意义。他指望通过传播永嘉之学,促使当政者革新政治,达到国富民强的目的。把时局与南宋相联系,不仅是由于两者都处于内忧外患交迫的境地;从学术角度看,当时学术界占主导地位的汉学和宋学,门户之见甚深,互相攻讦,④孙衣言认为永嘉之学的一个特殊价值就是"永嘉经制兼综厥长,足以通其畛域",消弭汉学宋学之争。⑤ 可见,孙氏兄弟对永嘉之学的推崇并不仅仅出于他们的乡邦情结。认为永嘉之学有益于当世,还有其他一些有识之士也持相同的见解。除上述所言章炳麟对此表示认同外,谭嗣同和唐才常曾对永嘉之学在乱世中的积极意义予以充分肯定。谭嗣同在光绪二十二年(1896)致唐才常的信中说:

> 来书盛称永嘉,以为可资经世,善哉言乎。往者嗣同请业蔚庐,勉以尽性知天之学,而于永嘉则讥其浅中弱植,用是遂束阁焉。后以遭逢世患,深知揖让不可以退崔苻,空言不可以弭祸乱,则于师训窃有疑焉。夫浙东诸儒,伤社稷阽危,蒸民涂炭,乃蹶然而起,不顾瞽儒曲士之訾短,极言空谈道德性命无补于事,而以崇功利为天下倡。揆其意,盖欲外御胡虏,内除秕政耳。使其道行,则偏安之宋,庶有豸乎?今之时势,不变法则必步宋之后尘,故嗣同于来书之盛称永嘉,深为叹服,亦见足下与我同心也。⑥

---

① 宋恕:《外舅夫子瑞安孙止庵先生八十寿诗序》(1896年2月4日),胡珠生编:《宋恕集》,第325页。
② 沈不沉编:《洪炳文集》,上海社会科学院出版社2004年版,第565~566页。
③ 见于张㭎光绪十七年四月十八日日记,《张㭎日记》,上海社会科学院出版社2003年版,第17页。章炳麟在《孙逊学先生年谱序》中也沿用了孙衣言的说法:"迩者,逊学先生殁已四十年,仲容先生殁亦二十余年,世变益亟,盖与衰宋无异"。孙延钊:《孙衣言孙诒让父子年谱》。"逊学先生"指孙衣言。"仲容先生"指孙诒让。
④ 孙衣言对此很不以为然,超然于纷争之外,被章炳麟称为"晚清特立之儒"。
⑤ 章炳麟:《孙逊学先生年谱序》,孙延钊:《孙衣言孙诒让父子年谱》。
⑥ 蔡尚思、方行编:《谭嗣同全集》,中华书局1981年版,第529页。

正是基于永嘉之学具有政治和学术双重功效的认识,孙衣言在庐凤颍兵备道、江南盐巡道、安徽按察使、湖北布政使和江宁布政使任上,多方搜集永嘉学派著作的各种版本以及其他乡邦文献并进行校勘整理,比较重要的有薛季宣的《浪语集》、陈傅良的《止斋集》、刘安节的《刘左史文集》、刘安上的《刘给谏文集》、许景衡的《横塘集》、叶适的《水心文集》《水心别集》等,把它们编成《永嘉丛书》,并利用居官之便予以刊行,使永嘉学派的著作得以重新流布于社会,从而为永嘉之学的复兴创造了前提条件。光绪五年(1879)十二月,孙衣言因病请告回乡,此后杜门不复出,益宣究其平日所笃守之永嘉学术,聚乡里英才而讲授之。如此十余年,先后受业诸子则有泰顺林亨甫用霖、周丽辰焕枢、季兰恩锜、永嘉王子祥景羲、乐清陈叔和国锵、平阳张蔚文霱、宋燕生存礼、玉环庞凤翥、青田张式典楷、同里林祁生庆衍、黄叔颂绍第、王小兰翼传、周伯龙珑、仲龙璪、何翰臣庆辅、胡榕村调元、池云山志澂辈,凡数十人。① 衣言讲学的场所当为孙家办的诒善祠塾,他的学生并不限于孙家子弟,而是来自温属各县,并及处州府之青田县。

诒善祠塾对传播永嘉之学起着非常重要的作用。光绪六年(1880),在孙衣言订的 10 则课约中,第五条是"看乡先生遗书",并规定阅读次序,"先看《水心别集》及梅溪《止斋诸奏议》;次看《水心文集》《止斋全集》;次看艮斋《浪语集》《梅溪全集》及周恭叔《浮沚集》,各集中所存吾郡掌故皆当详览"。② 诒善祠塾所背负的使命之一,就是传承永嘉之学。

就永嘉之学的复兴而言,如果说孙衣言的工作是奠基性的,那么孙锵鸣的努力则终于使这朵奇葩大放异彩。孙锵鸣很早就致力于阐发永嘉之学。他在《瑞安重建先师庙碑记》(同治九年十月)中说:"吾乡二郑(指伯熊、伯英兄弟——引者)、陈(傅良)、薛(季宣)诸儒自为永嘉之学,讨论古今经制治法,纲领条目兼综毕贯,务使坐而言者可以起而行……今吾乡人士于孔孟之遗书及程朱之说列于学官(疑应为"宫"——引者)者固已幼而学之矣,独于永嘉之所以为学,殆未人人能言也。"③表达了他立志弘扬永嘉经世事功之学的心声。孙氏的女婿宋恕曾说:"先生志行永嘉之学,复三代之治。"④他除通过各种途径抄录了大量散佚的地方文献外,还搜集资料撰写了永嘉学派的主要人物周行己和陈傅良的年谱,对所录陈傅良遗著的考订尤为翔实。

---

① 孙延钊:《孙衣言孙诒让父子年谱》,第 175~176 页。
② 孙延钊:《孙衣言孙诒让父子年谱》,第 177~178 页。
③ 胡珠生编注:《孙锵鸣集》,上海社会科学院出版社 2003 年版,第 110 页。
④ 宋恕:《外舅夫子瑞安孙止庵先生八十寿诗序》(1896 年 2 月 4 日),胡珠生编:《宋恕集》,第 245 页。

孙锵鸣不仅是永嘉之学的阐释者,也是注重现实功利的永嘉精神的实践者,这首先体现在其极具趋新特征的教育活动中。孙锵鸣因弹劾温州地方官而于同治三年(1864)落职,时年仅48岁,从此开始了教育和治学生涯,在苏州、南京、上海等地的著名书院掌教。① 宋恕长期协助孙氏掌书院,他说在孙氏所掌的书院中,惜阴、龙门、求志"不课八股试帖";而在那些专课八股试帖的书院中孙氏"必诱诸生以实学"。孙氏掌龙门书院时,全国的风气仍相当守旧,这可见诸以下事实:"通国议论蔽固甚,如李鸿章及侍郎郭公嵩焘,皆以倡言西洋政法之善被大诟,几无所容身";江南制造局附设译馆翻译的西洋书籍,"士大夫耻阅之";地处沪滨的龙门书院,号称"课实学",然而在孙锵鸣来掌前的二十年中,"院生稍曾阅局译西籍者不过数人";这几个对西学稍有涉猎的院生,又"被学术不正之名于同院"。在这种环境下,孙氏却"慨然言于苏松太分巡道,移取局(指江南制造局——引者)译西籍一分存院(指龙门书院——引者),俾诸生纵阅"。这在当时是一个相当大胆的举动,宋恕认为孙氏此举"为他贤掌教所不敢者",他记载的龙门书院生徒对孙氏此举的反应,堪称意味深长:

  诸生多惊怪相语曰:"孙老师真理学,何乃如此?"一二明者晓之曰:"惟其理学也真,故能为此耳。"

一般生徒不理解,孙老师讲究节操、气节,属于"真理学"(相对于"假理学"或"伪道学")一类,他为什么会引导人们去读西洋书籍? 而"一二明者"却知道,在学术上崇尚追求事功的实学和在个人品格上的"真理学"在孙锵鸣身上得到了统一:孙氏根据自己的认识——中国要摆脱危局需要西洋科技知识,才不惜冒遭犯难,创制新的书院制度,这种适足以证明孙老师是"真理学"。

光绪己丑(1889)后,已入老境(时年77岁)的孙锵鸣不宜远行,谢绝了保定莲池书院和江阴南菁书院的邀请,"遂不出里门"。此后,年纪虽老而思想趋新的孙锵鸣,开始对温州施以直接的影响,"浙之温,温之瑞,受教泽特厚"。② 他先后在温州中山(肄经)、玉尺、龙湖等书院掌教,门下著录数千人。日后具有全国性影响的温州籍名流黄绍箕、黄绍第、洪锦标、杨晨、陈黻宸、宋恕等均出其门下。孙氏兄弟流泽深远,在温州结下硕果:人才辈出,风气大开。

---

① 同治四年(1865),接受江苏巡抚李鸿章聘请主苏州紫阳书院;光绪四年(1878),接受两江总督沈葆桢聘主金陵钟山书院和惜阴书院;光绪十一年(1885),主讲上海龙门书院;后来还曾掌上海求志书院。
② 以上宋恕语均引自《外舅孙止庵师学行略述》,胡珠生编:《宋恕集》,第323~324页。

孙锵鸣除改变了温州士林风气以外,其影响还及于普通百姓。他是温州近代移风易俗的最先推动者。这体现在他积极引种牛痘、对妇女缠足的悲悯和提倡妇女识字等方面。关于种牛痘,孙锵鸣自述:同治乙丑(1865)他"习知牛痘法良,外间盛行,而我温人鲜有信者",便率先在温州推广,过了三年后,"牛痘法畅行"。① 宋恕也说:"初,温人未信种痘西法之善,莫敢先试,儿多殇焉。先生独早深信,先试于家以劝州人,由是盛行,活儿甚众。"有关妇女缠足,宋恕说:"温俗:女足无一不缠,先生独深悲之,而苦无力以革。"在孙锵鸣去世的次年(1902),朝廷诏令缙绅之家劝百姓解足,孙锵鸣的儿子孙诒棫和侄子孙诒让继承孙氏遗志,出资印刷了数万张劝解足的宣传材料,"传读广劝,旬月间,一城望族解几半焉"。关于妇女识字,宋恕说:

> 元、明后"女子无才便是德"之说始有权于通国,于是抑女日甚,女学几绝。惟浙西诸州稍存唐、宋遗风,固尚时出小闺秀,而稍识字者亦较多。温州邻闽,闽俗尤抑女,至乃逼死报烈,惨均印度,而贱女学几同失节。温俗虽不至此,而去浙西甚远,稍识字者且如晨星。先生独早有见于女学之重要,时时慨然为乡士大夫引西汉诗说,述三代女学之盛,津津乎有味其言之,以期渐移积习,由是温女识字者渐多焉。②

在复兴永嘉之学这一点上,黄家和洪家是孙家的同道。根据洪炳文的好友王岳崧的说法,洪炳文继承孙锵鸣的学术,其目的也是延续"永嘉学术的遗绪"。③

在永嘉之学的滋养和熏染下,温州出现了一批以天下为己任入世很深的经世之士。正因为此,外界的政治风云,如维新变法运动、拒俄运动、反美运动、保路拒款运动、辛亥革命、五四运动、非基督教运动、五卅运动等,都会在温州激起巨大的波澜。温州对外界的思想学术思潮,如佛学和颜李之学的盛行等,都有灵敏快速的反应。④

---

① 孙锵鸣:《谢文波六十寿序》,《孙锵鸣集》,第58页。
② 宋恕:《外舅孙止庵师学行略述》(1902年4月15日),胡珠生编:《宋恕集》,第327~328页。
③ 见沈不沉编:《洪炳文集》,第567页。王岳崧(1849~1923),字叔高,号筱牧。光绪十五年(1889)进士,曾任蒙城知县。
④ 孙诒让、宋恕和陈国桢等佛学功底深湛。与孙诒让交好的德清戴望,于同治八年(1869)纂成《颜氏学记》10卷,诸生金明昌(字稚莲,晚年改名晦,号遁斋)"读而好之",认为其"躬行实践,直接数千年学校君师之传",很快成为温州地区颜李之学的宣传者和实践者。光绪十四年(1888)后,任平阳金乡狮山书院掌教,宣言颜李学派,影响深远,刘绍宽、黄庆澄等均出其门下。

二、永嘉之学的赓续

孙衣言和孙锵鸣的工作，犹如为当代温州士人获得了永嘉之学的火种，那么如何使永嘉之学薪火相传，得以绵延后世？接过发扬光大永嘉之学第二棒的主要人物有孙诒让、宋恕、陈虬、黄绍箕、黄绍第、洪炳文、金晦、陈黻宸和池志澂等人，其中孙诒让、金晦、陈虬和陈黻宸还有很丰富的社会实践。他们都曾受知于孙氏兄弟，或出于传统的救世意识，或出于浓厚的乡邦情结，他们也往往以振兴永嘉之学为己任。毫不夸张地说，振兴永嘉之学是凝聚温州士绅思想和精神的黏合剂。下面简要介绍孙诒让、金晦、陈虬、陈黻宸和宋恕等如何赓续永嘉之学。

孙诒让是永嘉之学的全面继承者。他的学术研究以经学为中心，旁及史学、文字学、方志学及考据、校勘、目录等方方面面，把永嘉之学推进到了更高的阶段。说他对永嘉之学继承的全面性，是指他在学术方面的努力外，还体现在精神上与父辈的一脉相承。孙诒让是一位以不世出的国学大师名于后世的，走的是正宗的朴学道路。学问的精粹达到了登峰造极的境界。宋恕说孙诒让著《周礼正义》《墨子间诂》等——海内达人推为绝学"。[1] 以下对"海内达人"们的评价稍作排比以大致了解孙氏的成就。康有为称孙的学问"独步海内"。梁启超赞誉《周礼正义》"光芒万丈"。[2] 余杭章炳麟目无余子，却盛赞《周礼正义》："古今言《周礼》者，莫能先也。"以为孙的经术"奄通今古"，"先生之学，不后于宁人、东原……若其学术之大，足以通圣则，旁开物宜者"。[3] 墨学研究的先驱俞樾在给《墨子间诂》所写的序中说："自有《墨子》以来，未有此书也。"[4]孙诒让研究《周礼》《墨子》，搞考据、校勘、训诂等，很容易成为一个纯粹的书斋学者。然而作为一个继承父辈遗志，以弘扬永嘉之学为自己使命的学者，他并没有钻进为学术而学术的象牙之塔。

他用毕生精力梳理《周礼》，《周礼正义》并非只是对经典的考证、训诂和校勘，在这些"技术性"工作的背后，怀有周公"以政教致太平"的理想。他在序言中说：

至于周公致太平之迹，宋元诸儒所论多闳侈，而骈拇枝指，未尽竭

---

[1] 宋恕：《外舅孙止庵师学行略述》，《宋恕集》，第 328 页。
[2] 梁启超：《清代学者整理旧学之总成绩》，《中国近三百年学术史》，东方出版社 2004 年版，第 214 页。
[3] 章炳麟：《孙仲容先生年谱序》，见孙延钊：《孙衣言孙诒让父子年谱》。
[4] 俞樾：《墨子间诂序》，见孙诒让：《墨子间诂》，中华书局 1986 年版，第 2 页。

其精要。顾惟秉资疏闇，素乏经世之用，岂能有所发明，而亦非笺诂所能钩稽而扬榷也。故略引其端而不敢驰骋其说，觊学者深思而自得之。中年早衰，倮然孤露，意思零落，得一遗十。复以海疆多故，世变日亟，眷怀时局，抚卷增唏。私念今之大患，在于政教未修，而上下之情睽阂不能相通。故民窳而失职，则治生之计狭隘，而谲觚干纪者众。士不知学，则无以应事偶变，效忠厉节，而世常有乏才之憾。夫舍政教而议富强，是犹泛绝潢断港而蕲至于海也。然则处今日而论治，宜莫若求其道于此经。而承学之士，顾徒奉周经汉注为考证之渊棷，几何而不以为已陈之刍狗乎。既写定，辄略刺举共可剬今而振敝一二荦荦大者，用示橥楬，俾知为治之迹，古今不相袭，而政教则固百世以俟圣人而不惑者。

他撰写《周礼正义》也是为了应对"海疆多故，世变日亟"，作有用的学问正是永嘉之学的基本精神所在。① 姜亮夫精辟指出，《周礼正义》是以乾嘉治经之法与永嘉通经致用之说的精神相结合的成果。所以，后来发展而为《周礼政要》，正是此一线学风之绵延，因此他的这部书，不仅是汉儒家法的承袭，也是永嘉致用之学的具体表现。他不仅在为《周礼》作疏，也是在通过对《周礼》的条理终始，来表现对古典的选别。他不仅在作疏，而是在"著作"。这是精神之所在。② 章炳麟说："及仲容先生（指孙诒让——引者）治官礼，欲以经术措诸时用，亦本其先人之训也。"章氏特别指出孙诒让与孙衣言在振兴永嘉学术上的一脉相承。研究沉霾已久的墨学，是他认为墨子"用心笃厚，勇于振世救弊"，其"摩顶放踵利天下为之"的精神有助于改变人们消沉的意态，克服社会弊病，以适应社会的需要。总之他之为学是为了匡世。

孙诒让是永嘉学术经世精神的化身，这既体现在学术上，也体现在行动上。鉴于开发民智"以开学堂为第一要义"的认识，他率先在瑞安创办新式学堂。③ 1905年出任温处两府学务处总理后，由于他的大力提倡和巨大的影响力，在任期间，温处两府16县建立了各级各类学堂309所，在文化教育的发展水平上处于领先全国的水平。戴家祥这样描述孙氏："仆仆风尘，历山陬，践海壖，虽古之摩顶放踵利天下而为之者，奚尚焉？"④他是一个入世很深的人，在中法战争、中日甲午战争和庚子之变时，在家乡积极组织团练武装。在

---

① 孙诒让：《周礼正义》，王文锦、陈玉霞点校，中华书局1987年版。
② 姜亮夫：《孙诒让学术检论》，《浙江学刊》1999年第1期。
③ 甲午战争以后，孙诒让在瑞安创办算学书院，培养现代科技人才。学术界流传"温州出数学家"的说法，当与孙诒让的功绩有关。苏步青和姜立夫等均出自温州。
④ 戴家祥：《孙诒让遗文辑存·序》，浙江人民出版社1990年版。

维新运动和清末新政时期,他积极参加反美运动、收回利权运动和维新运动。晚年,由于对时势的绝望,觉得"世事不可为",不再接受政府的征聘,把精力用于地方建设。① 作为一个国学大师,却又热心于地方经济的发展,在他的倡导下,成立了瑞安务农会,组织了富强公司,创设了大新轮船股份公司,创办了温州第一批近代企业。晚年他在"新山歌案"中的作为,以及向处于危难中的章炳麟伸出援救之手,都在一定程度上反映了他同情革命的倾向。他的从妹夫宋恕也透露孙的晚年别有怀抱。宋恕说孙诒让"深宵密语,别有天地。梨枣所传,均非其至"。②

如果说孙诒让的父辈还恪守中体西用的思想格局,那么到孙诒让这一代时,已经成了我们通常所说的维新派。孙锵鸣和孙衣言兄弟虽然属于士绅中的思想开通者,但对西方事物的接受仅限于先进的技术,如孙锵鸣在温州引种牛痘,在上海龙门书院提倡阅读江南制造局翻译的西方科技书籍。而对孙诒让来说,西学已经成为他新的思想资源。宋恕说孙诒让"兼通《内典》及欧洲政治学说",③这绝非溢美之词。在当时的历史条件下,孙诒让西学知识之全面,在士大夫中属凤毛麟角,在国学大师中更可能绝无仅有,孙诒让的《周礼政要》40篇,引述了大量英、俄、法、德、美、日各国的历史、地理和科学技术资料,以及声、光、化、电等自然科学知识和政治、经济、军事、文化等的有效措施。当然他用西洋各国的文化措施去比附《周礼》经文和汉儒注疏,在今天看来不是没有问题的。但正如王季思所言,"那是他尊经思想的表现,同时还有藉以'塞守旧者之口'的用意。我们是不能以此苛求前人的"。④ 又如他对新式教育重要性的强调,一方面固然是源于他对历史上的"黄金时代"——周代的认识;另一方面却也是对西方国家的借鉴:"即晚近东西诸国所以富国强兵者,亦莫不于广学设教,启迪民智之途求之。"⑤到孙诒让这一代,已经有一大

---

① "前湘抚、侍郎陈公宝箴曾举应经济特科,不慕势位,锐意教育。"宋恕:《外舅孙止庵师学行略述》,《宋恕集》,328~329。
② 宋恕:《孙籀顾先生周忌纪念学界公祭文》(1909年7月13日),《宋恕集》,第452页。据孙延钊:《孙衣言孙诒让父子年谱》载,光绪三十二年(1906),孙诒让托人在东京订购同盟会之《民报》,并曾采报中白话宣传文字数篇,交高等小学堂油印,以作学生国语课教本,"乡人见之者,皆惊异焉",见该书第333页。
③ 宋恕:《外舅孙止庵师学行略述》,《宋恕集》,第328~329页。
④ 王季思:《孙诒让遗文辑存·序》,张宪文辑:《孙诒让遗文辑存》,浙江人民出版社1990年版。
⑤ 戴家祥:《孙诒让遗文辑存·序》,见张宪文辑:《孙诒让遗文辑存》。孙诒让对西周教育的普及有过这样的描绘:"姬周之治,国有大学、小学,乡遂有乡学六,州学三十,党学有百五十,九州之内,意当有学数万,以致四海之大,无不造学之士,亦无不受职之民,贤修者挟其才能,愚贱者贡其忧悃,君臣同德,上下齐心,太平极盛之治,岂偶然而庶几者哉!"转引自戴文。

批温州士绅蜕变为新式知识分子,他们不仅是维新思想的有力的言说者,而且还是出色的行动者。

金晦也是温州较早关注西方学问的一个士人。① 刘绍宽光绪十六年(1890)日记载有他与金晦的问答。刘请教金晦对西方人以工商立国的看法。金晦认为天下之利有一个限度,西方人再这么下去,数十年以后必定陷于困境。言谈中似乎认为宋恕只关注西学,看问题不够全面,断言历史上的三代之治为西方学问所不可及。② 当时朋友圈中都知道金晦著有《治平述略》一书,但金晦秘不示人,刘绍宽也只听到过里面谈到了西方的议会制度。刘绍宽光绪二十年(1894)正月十四日记载了他与金晦在叙源和酱园谈论的内容。金晦对议会制度持否定态度,认为"西人议院之权太重,是以党众朋兴"。另外也延续了四年前对西方人重工商的认识:"西人将来政弊甚深。三代之君以仁厚俭朴治天下,重士农而佐以工商。西人专重工商以养士农,将来商政一敝便不可问。"可见,金晦长期保持对中国政教文化的自信。

光绪十四年(1888)金晦受聘执教平阳江南杨镜清家私塾,对平阳士人的学风产生了极为深刻的影响。他授杨子闿治《毛诗》,认为《毛诗》以陈奂《诗传疏》为宗。他授刘绍宽《仪礼》,认为《仪礼》以条理简而易治,认为治礼以胡培翚《仪礼正义》为宗,而参阅《皇清经解》诸书,便得门径。刘绍宽曾说:"自从金稚莲师,始识求学门径。"(《刘师手撰年谱原稿未完本》)。金晦对平阳更大的影响是倡导颜李之学。但其学"躬行实践,学者恒苦之,近世通儒,或比之墨翟",所以响应者寥寥。在邻村设帐授徒的朱次庄慕,"闻风慕悦,特往受业"。金晦从生徒讲授《颜氏学记》,使得平阳士人知道世上有颜氏之学。平阳形成了一个以他为核心的实践颜李之学的学术团体。这个团体的核心成员有刘绍宽、杨慕侃、朱次庄、③鲍竹君、④朱子昭、⑤黄庆澄、张陶⑥和陈雨亭等。⑦ 光绪十五年(1889),黄庆澄已赴上海任梅溪书院教习,平阳名士上海大倡广兴西学之说。他们写信给金晦,金出以相示,这样就使生徒对新学有

---

① 金晦(1849~1913),原名鸣昌,字志曾,号稚莲。少有志操,学务世用,读经治史外,于天算地舆、兵谋武备、掌故律例诸书,靡不讲求贯串。
② 浙江省苍南县委员会文史资料委员会编:《刘绍宽专辑》《苍南文史资料》第十六辑),2001年,第303页。
③ 朱次庄名慕云,县学附生。
④ 鲍竹君名铭书(1865~1937),廪贡生,《苍南县志》有传。
⑤ 朱子昭,名焕奎,县学增生。
⑥ 张幼明,名陶,一字淑园。
⑦ 陈雨亭,名凤飞,县学附生。关于平阳宗颜团体的形成,详见李世众:《晚清趋新士人的文化资本、关系网络与社会权力——透视平阳刘绍宽的人生旅程》《历史教学问题》2013年第6期。

所了解。金晦的学生刘绍宽、黄庆澄和鲍竹君等后来对温州地方政治和文化教育等方面产生了重大影响。

陈虬是温州历史上最具光彩的人物之一。在为陈虬所作的传记中,以乐清刘之屏的《陈蛰庐先生行述》最为精彩。行述形容陈虬:

> 精神十倍于常人,辩有口,喜谈兵,发声若雷,目光炯炯射人,当者魄丧。主考陈彝谓其貌似明太祖,才如陈同甫。……好言变法,慕商君、荆公之为人。尝窃叹曰:胡天不生秦孝公、宋仁宗也。又言:吾少怀陈、项志。先母戒吾曰:"汝目有杀气,恐不得其死!"乃重自抑敛,借医自隐。……生平日深信佛氏轮回之说,尝语余曰:"吾自度前生是精灵转身,非龙虎即猿猴,好食畜血及果。一切聪明才识,自问不让古人。惟德性不及程、朱诸公。若再九转轮回,经千百番淘涤淬炼,虽华盛顿可几也!"又言:"吾死后百年必有人继吾志者!"①

陈虬(1851~1904)精力过人,仰慕商鞅和王安石,又具有陈胜、项羽的志向。他一生的思想、学术和命运都与他的豪杰本性有关。他的著作《治平通议》作于19世纪80年代初。从陈虬的思想看,他是一个儒家的"原教旨主义"者,强烈地反对各种异端。比如对佛教的态度就与韩愈相似。他对佛教的负面看法主要有两点,第一,"开奸盗之路,为邪淫之媒",僧尼有伤风化,有碍社会治安;第二,"道场施舍,使天下有用之资财尽供其欲壑,不止为旷业之游民已也",僧尼不仅自身属不事生产的"游民",还无谓地消耗了社会财富。他主张年十六以上而必求出家者,则先报官:阉割、幽闭而后许披剃。② 因此他强烈地抨击士绅家庭的佛教信仰:

> 瑞安俗诞而好巫,高明之家妇女喜与觋妪、斋尼相往还,而妖妄之婢因挟以自重。每广树徒众,幻张名号,日以其诡秘邪淫之术诱妇女入教,而被其所惑者如入阱之兽,势不复得自拔,败名堕节,丧家亡身,为世道人心之患。母独诚谨,识大体,避之若挽浼。故尝有道以茹素事者,辄严绝不与通。呜呼!夫若辈之足以乱人闺闼也,学士大夫有身受其毒而尚不自知者!③

---

① 胡珠生辑:《陈虬集》,浙江人民出版社1992年版,第394~395页。
② 陈虬:《救时要议·富策》,胡珠生辑:《陈虬集》,第73页。
③ 陈虬:《瑞安何氏旌节坊记》,胡珠生辑:《陈虬集》,第170~171页。

据胡珠生先生考证,陈虬此文的攻击对象是瑞安孙家。虽然孙家与陈虬有宿怨,但反对佛教的立场的确是一贯的。他对民间信仰也持正统的理学立场,他说:"今淫祠充满天下,而庙祀正神与名宦乡贤反无过问!宜罢淫祠而改祀名宦乡贤。须令教官、礼科每祠疏其生前功德及不朽之故,礼宜庙食者榜之神座。盖聪明正直之气久郁不伸,淫昏恣暴之鬼皆能出而为厉。故汇正祀典,不独教忠教孝,可以作民志气,实足隐消疠厉于无形,此亦燮理之要务也。"①此外他对演艺人员、传统戏曲和基督教等的看法都相当正统。②

与陈虬文化立场的守旧形成鲜明的对照的,是他在撷取新知方面的锐意进取。早在光绪二十年(1894)年,陈虬已经编定一本新式教科书——《利济教经》,并使用于他所主办的利济医学堂。书中传授的知识体系,已经是近代型的,是西学输入以后的产物。里面的天文学知识,世界地理知识,都是现代的。全书内容涉及算学、化学、热学、电学、地学、重学等各门自然科学,其中《机器章第三十一》介绍了量天尺、察天筒、显微镜、自来水、电气灯、电线、铁路、电话、石印、照相等西方新的机器、仪器和技术。《利济教经》可能是中国士人自编的最早的新式教科书。③

陈虬认为语言文字是普及教育的关键,主张推广拼音文字。这也是一种相当超前的思想。光绪二十八年(1902),陈虬在温州城区开办新字瓯文学堂,亲临演说,推行拼音化文字改革。他还编撰拼温州音的《新字瓯文七音铎》和《瓯文音汇》二书,由利济学堂于光绪二十九年(1903)刊刻。④ 对编撰这两本书的动机,杨逢春有这样的说法:"癸卯(1903)春间,创造瓯文,欲使四百万黎元皆能识字,苦心孤诣,舍身救人,诚有苏民困、开民智、救民苦之念,渐至大同之治。"⑤陈虬认为:人有人的病,国有国的病,大清国的病就是"贫弱"两字,富强是对症的药方。他推广新瓯文,便利于不识字的人,以普及教育,最终达到富强的目的。⑥

陈虬提出了完整系统的、以富强为旨归的改革方案,具体体现在《治平三

---

① 陈虬:《救时要议·治策》,胡珠生编:《陈虬集》,第81页。
② 见陈虬《黉门叹——伤学校也,汤君绳和训导瑞安,倡优尝同时入学》,《救时要议·治策》《过耶稣堂》,胡珠生编:《陈虬集》,第369、81、370页。
③ 参见熊月之:《西学东渐与晚清社会》,上海人民出版社1994年版,第665~666页。
④ 文字改革出版社辑:《拼音文字史料丛书》,曾于1953年和1957年分别影印出版。
⑤ 杨逢春录:《挽陈师联语录》(1904),胡珠生编:《陈虬集》,第436页。
⑥ 参见倪海曙:《清末汉语拼音运动(切音字运动)编年史》,上海人民出版社1959年版。参见宋炎:《宋恕、陈虬、林文潜、孙诒让对汉字改革的探索》,载《温州文史资料》第九辑。参阅汪林茂:《清末文字改革:民族主义与文化运动》上、下,载《学术月刊》2007年10月号、11月号。

议》《经世博议》和《救时要议》中。其中《治平三议》,为晚清温州最早的政治改革建议书。1891年,"三议"收入八卷本的《治平通议》,1893年正式出版。后来被梁启超收入《西学书目表》,产生了全国性的影响。

陈虬的改革方略的大胆,天马行空,了无羁绊,到了惊世骇俗的程度。在他的《富策》中,他主张对赌博业和黄色产业合法化,然后征税获利。[①] 在他改革措施中有两条特别值得注意:

第一,他早在光绪十六年(1890)就认识到西方国家强大的根本原因在于议院制度。

> 国家威德覃敷,怀柔所至,泰西各国竞以长技入输,当道诸公师问官之意,即节取其寸长,以为土壤涓流之助。如矿务、铁路、电线、制造诸法,以及广方言馆、水师、武备等学堂,皆一一仿行。虬愚以谓泰西富强之道在有议政院以通上下之情,而他皆所末。议院之设,中土未闻,然其法则固吾中国法也。[②]

他认为铁路和矿物之类"长技"不是富强之因,而是沟通上下之情的议院。陈虬又从中国四千年的历史长度来考察在中国创设议院制度的必要性和必然性。他把四千年历史分为封建、郡县和通商三个阶段,不同的阶段适用不同的"治术"。现今通商之局成,已经到了设议院的时候。强调治术要随着时势的变化而变化,"时变矣,而犹欲袭先业,守旧教,恭己无为,坐致治平,是犹持方枘而周圆凿,其不得适也必矣"![③] 光绪十八年(1892)提出的改革方案中就有"开议院"一条,以及具体实施办法。[④] 在这点上与金晦对议院的负面看法有很大的不同。

第二,主张通过强化宗族制度来稳定地方的政治秩序和社会秩序。在他的《宗法议》中对宗族内部的管理有十分详细的设想,内容涉及宗族内部的权力架构,族人的婚丧嫁娶、刑名钱粮等事务。他在篇末指出:"后世宗法不立,而天下亦能少安者,胥吏之天下耳。岂足以语天德、王道之大哉!"[⑤]在陈虬生活的时代,由于百姓生计艰难,再加上商业的发展,重利风气、奢靡风气凸

---

① 陈虬:《救时要议·富策》(1892年11月),胡珠生编:《陈虬集》(温州文史资料第八辑),第74页。
② 陈虬:《上东抚张宫保书》,胡珠生编:《陈虬集》,第331页。
③ 陈虬:《〈治平通议〉序》,胡珠生编:《陈虬集》,第213~215页。
④ 陈虬:《救时要议·治策》,胡珠生编:《陈虬集》,第79页。
⑤ 陈虬:《宗法议》,胡珠生编:《陈虬集》,第5页。

显，温州社会面临严重的危机。敏感的士人似乎已经看到了传统经济秩序、社会秩序和道德秩序走向崩坏的迹象。陈虬主张通过稳固和强化宗族组织的凝聚力，从而社会基层的经济秩序、社会秩序和道德秩序，在思想史具有重要的意义。后来章太炎等认为宗法血缘团体阻碍全国力量的凝聚以应付国家的危局，主张用国家主义和民族主义的思想资源来镕解宗族社会。① 五四以后，走出家庭成为一代城市激进青年的潮流，从整个20世纪观之，家庭宗族的破坏并不能给人带来真正的自由和解放。

陈虬不仅对政治改革、社会改革有完整的设想，同时他又是一个行动型人物。他一生事业主线是医学研究和医疗实践。光绪十一年（1885），他在瑞安创建利济医院，同年在医院内开设利济医学堂。光绪二十一年（1895）秋，设利济分院于温州城小高桥，并设分院学堂于温州城周宅祠巷。光绪二十二年（1896）冬，设利济学堂报馆于温州城府前街，陈虬自任主笔。《利济学堂报》在全国及港澳地区设69个分销处，向全国发行，是为温州第一份报刊，也是第一家宣传变法维新、传播京沪等地维新变革信息，并发表医学论著的综合性刊物。光绪二十四年（1898），九月戊戌政变发生，陈虬的医院、医学堂、学报遭沉重打击。光绪二十七年（1901），陈虬对医院进行整顿，发行《利济医院股份票》，自己独力承办府城利济医院。

陈虬围绕医学研究和医疗实践怀有文化复兴、参与地方政治等方面的抱负。他认为医学可以承担"传道"伟业：

> 大道既隐，异学繁兴。而倚傍圣教执技之徒，专事测验，至欲以屠羊刲豕之术争一日之长于灵兰，其势不至于亡经不止！夫方技之学通于性命。形上为道，形下为器，洙泗不作，微言湮绝。其佚往往遇之方术诸书，医家所得尤夥。一火薪传，所系顾不巨欤！②

在他的眼中，医学事业也是为了实现他的文化理想的一条途径。他的学生池志澂说陈虬建医院设学堂，是为了"寓教于医"，出其所学力行利济，以补国家政治所不及，使黄帝、神农之精光远出基督、浮屠之上。③

---

① 相关讨论可参考以下著作：王元化：《对于"五四"的再认识答客问》，《九十年代反思录》，上海古籍出版社2000年版。王汎森：《从传统到反传统》，《中国近代思想与学术的系谱》，吉林出版集团有限责任公司2011年版。秦晖：《新文化运动中的"个性解放"与"社会主义"》，《走出帝制》，群言出版社2015年版。
② 陈虬：《〈利济元经〉序》，胡珠生编：《陈虬集》，第205页。
③ 池志澂：《陈蛰庐先生五十寿序》，胡珠生编：《陈虬集》，第392页。

利济医学堂开设后，陈虬自任主讲，他按"道济群生，泽衍万世，津梁广启，执圣之权"16字区分生徒辈分。① 初传弟子道字辈：道一陈葆善、道四张烈、道八池志澂、道九刘之屏、道十周焕枢、道十一季腾霄、道十二冯豹、道十五叶麟风、道廿三高炳麟、道卅二陈钟琦、道卅三周鸿年、道四十五蒋瑞骐，再传弟子济字辈：济一胡鑫、济二陈侠、济三何炯、济四陈明、济五王明、济十二陈兆麟、济十三何樾、济十六高树屏、济廿三程云，三传弟子群字辈：群一林獬、群二陈虔。② 这样的一个组织架构势必会引起其他地方势力的紧张。另外谭嗣同说陈虬"直欲自创教"，自己当教主，③ 看来也是有原因的。

宋恕（1862～1910），初名存礼，字燕生，改名恕，又改名衡，字平子，号六斋，又号不党山人，平阳练川下薛人。他也是永嘉之学的一个重要继承者。宋恕的个性及革新思想的形成可能与他早年在家里遭逢家难有关。章炳麟对宋恕的性格有很生动的刻画：

> 炳麟始交平阳宋恕平子，……平子疏通知远，学兼内外，治释典。……炳麟少治经，交平子始知佛藏。平子麻衣垢面，五六月著棉鞋，疾趣世之士如仇雠，外恭谨，恂恂如鄙人，夸者多举平子为笑，平子无愠色。及与人言学术，刚棱四注，谈者皆披靡。……平子虽周谨，顾内挚深，与人言辄云皇帝圣明，今且用满洲文署其诗。炳麟素知平阳性奇傀而畏祸，以此自盖，非有媚胡而用世意，谈言微中，亦咢咢见锋刃。④

宋恕有真性情、宽厚，又很敏感。在他一生中有几个重要的事件，光绪四年，认识瑞安金晦，知道有颜李之学，开始关注科举以外的学问。光绪八年（1882），陈虬、金晦、陈黻宸等在瑞安结求志社，宋恕参与活动，对地方社会有了较为深切的理解。光绪十二年（1886），父亡，受到弟弟宋存法的凌虐，"生意几绝"，养成了他既敏感又脆弱的性格。光绪二十八年（1902），宋恕在给妻子的信中讲述了自己在家中的处境：

> 衡现丁母艰，因舍间财权及用人办事之权被法贼全据已经十七年，胆战于丙午、丁亥间丁父艰时无财可使，田有一千六七百亩，但其权全操于法贼，故六舍弟辛卯年服生洋烟自尽，而三舍弟及五舍弟夫

---

① 胡珠生辑：《陈虬集》，第240～241页。
② 胡珠生：《温州近代史》，辽宁人民出版社2000年版，第136页。
③ 蔡尚思、方行编：《谭嗣同全集》，中华书局，第506页。
④ 章炳麟：《交平阳宋恕平子》，胡珠生编：《宋恕集》，第1031页。

妇皆相继气郁而亡。四舍弟之亡则在先父前。无人可用、无事可办，被逼几死。①

光绪十三年(1887)，岳父孙锵鸣掌教上海龙门书院，宋恕随从到上海。秋七月，孙氏兼任金陵中山书院掌教，宋恕随从至南京襄校课卷，得以结交康有为、梁启超、章炳麟、黄遵宪、容闳、郑观应、谭嗣同、夏曾佑、华蘅芳、孙宝琦、孙宝瑄等具有全国性影响的新派人士，对西学的了解与日俱增。

宋恕对永嘉之学的赓续集中体现在他的代表作《六字课斋卑议》中。其目录为：民瘼篇（患贫、盗贼、旱潦、土妖、庶莠、仆役、胥幕、赋税、厘盐、赋税、刑威），贤隐篇（塾课、教官、书院、科场、小楷、养望、洛闽、汉学、文词、外务、岁月、用违、传舍、政本、山林），变通篇（师范、四科、博文、开化、取士、议报、枢部、阁院、华衔、民政、军政、九曹、乡聚、听讼、轻刑、司捕、惩罚、重禄、停捐、泉币、医药、道路、水火、三业、著书、正名、广译、图书、服色、旌表、伦始、析承、救惨、节渐、同仁、礼乐），基础篇（更律、帅信）。宋恕是一个比较情绪化的人，且具有很重的文人气质，如果不是有传承永嘉之学的强烈愿望，他可能不会去研究这么多内容。这里面既有很专业的经济问题如厘盐、赋税，也有政治体制问题，如取士、议报、枢部、阁院、民政、军政，以及教育、思想、社会和文化等方方面面。既涉及社会现象，如患贫、盗贼、旱潦，也涉及各种制度政治、经济、文化学术和制度等方方面面。《六斋卑议》书稿成于光绪十八年(1892)，共四篇六十四章，稿本流传于维新派人士间，梁启超将《六斋卑议》列入《西学书目表》，推荐为必读之书，索阅者日多。1897年作者将内容作了补充修改后印成活字本。在书中，宋恕提出了自己的变法纲领。作者介绍书的结构"上二篇二十五章指病，下二篇三十九章拟方"。在书中，作者抨击时政，提出变法建议，主张改革政治制度，并对程朱理学开展批判。本书曾经广为传阅，对变法维新运动的开展有一定的影响。

宋恕有四个重要的观点。第一，认为宋、元程朱学派之"阳儒阴法"为神州衰弱根源，主张恢复孔孟真面目。第二，宋恕高度关注县级政治与基层社会问题，将县议院设计成应对县级政治和基层社会问题的枢纽。它可推举知县，纠察县级属官、地方保长和甲首，监督县政府财政，主持地方教育，主持地方报馆等。第三，他提出的革新次序为"三始一始"盖欲化文武满汉之域，必自更官制始；欲通君臣官民之气，必自设议院始；欲兴兵农礼乐之学，必自改试令始。三始之前，尚有一始，则曰：欲更官制、设议院、改试令，必自易西服

---

① 宋恕：《致孙季芃书》(1902年10月3日)，胡珠生编：《宋恕集》，第712页。

始。强调"西之政学渐闻于东,斯乃世运之转机,民生之大幸"。第四,自从1897年12月严复的译作《天演论》在天津出版的《国闻汇编》刊出,天演之学甚嚣尘上,许多人隐然认为以强凌弱是理所当然,合乎"天演"的事。① 但宋恕却在《六斋卑议》表达了"著书专代世界苦人立言"的情怀。② 这里面应该有生活中他的弟弟欺压的心理印记。

如果说宋恕传承永嘉之学是通过著书立说,那么陈黻宸突出地表现为授徒。陈黻宸(1859~1917),字介石,少与乐清陈虬结求志社,交平阳宋衡。初至京师,与人士昌言变法,及康有为为保国会,两人意见不合,乃谋归为保浙会,主杭州养正书塾,教授历史,则陈夷夏文野之义,盛张排满革命。复主《新世界学报》,益有所发皇。光绪二十九年(1903)成进士,授户部主事,总理学务大臣张百熙疏请为京师大学堂史学教习。大学士王文韶等设京浙学堂,举为副总理,继任浙公学监督。两广总督岑春煊奏调为两广高等方言学堂监督,兼两广优级师范学堂教务长。顺德黄节方倡讲学会于南武公学,请为主讲。宣统元年(1909)被举浙江谘议局议长。辛亥革命后,任浙江民政部部长。

乐清人高谊回忆陈黻宸时说:

> 昔吾叔祖户部公(陈黻宸)于清光绪丁亥(1887)、甲午(1893)之间,尝两主乐清梅溪书院山长。当时从游之士较他县为尤盛,弟子行束脩门下著籍者院舍恒为之满,常不下数十百人,然多欲求习为师课制艺取科第名誉以去。户部公于是始讲经世之学,言治史而于世运推移之迹,因革损益之故,夷夏文野之义,民生习俗之变,论之益备,故使学者稍稍知世变以为有用之学。乐清之学风为之大变。③

陈黻宸担任梅溪书院山长时,讲授的重点是"经世之学"和有用之学。高谊在另一篇文字里就明确点出陈黻宸传播的是"永嘉之学":

---

① 王汎森引述了一段史料来说明这种思潮,1909年保定军校的一个学生童保因为受到《天演论》的影响,以至于当他收到一封家信,提及他的叔父在家乡有"欺贫凌弱"的事情时,居然在日记上说,这是合于"天演"的事,所以是无可奈何的。《童保喧日记》上说家信言及燃叔一细事,迹近欺贫凌,及谈天演而始恍然矣。人不自立,不容于天演界,而人之欺我、凌我,则我必思所以变之。舍自立末由竟而进,即天演之所发见也。夫欺贫凌弱非独人然,则我亦无不然,非独人然,我然,即大而国家、种族,小而昆虫草木亦无不然。我先贫而后人欺,我先弱而后人凌。是欺、是凌,无关乎我,无尤乎人,天演为之也。王汎森:《章太炎的思想——兼论其对儒学传统的冲击》,上海人民出版社2012年版,第4~5页。
② 宋恕:《六字课斋津谈·尊孔类第二》,胡珠生编:《宋恕集》,第51页。
③ 高益登编注:《高谊集》,线装书局2013年版,第8页。

>章安陈介石师者,今浙中之大师也。博涉群书,究研性理,而同郡燕生宋先生治名家言,志三陈先生治眉山苏氏之学,遁斋金先生治易直颜氏之学。数人者互为师友,日以古道相切劘,起衰振坠,举永嘉学之范围而扩张之,有功来学不少。……在吾浙东必推瓯郡数巨子,而介石师尤才力旁魄,雄视侪辈,四方讲学,门下生著籍者毋虑数十百人,皆学成为有用才。……故所学于浙中昔贤过同甫,于吾瓯前辈抗水心,其节欲忍苦似习斋,而其躬行实践则确守程朱之训而不易。

作为现代永嘉之学的再传弟子,高谊点出金晦、陈虬、宋恕和陈黻宸标举的学问是永嘉之学,以永嘉之学传授生徒"数十百人"。学术史上一谈永嘉之学,就说讲究"事功"或"功利"。受过陈黻宸亲炙的高谊能够准确归纳陈黻宸的观点,永嘉之学是"心性"和"事功"的平衡,两者缺一不可"学不求诸心性,而专趋事功,则学为无本,学不播之事功,而空谈心性,则学为无用。"①

三、永嘉之学的再传

高谊曾说:

>予尝读陈、叶诸儒之书,而知永嘉经制之学,崇尚事功,非空谈心性者比。顾自宋迄清,此学沉霾六百年。瑞安孙太仆征君父子与同里陈志三先生,吾户部介石师,后先踵起,力为表章。自是永学复兴。是时吾乐治此学者惟林恒轩、徐惇士及继起之郑志石、云阶兄弟与叶石农,而他无所闻。②

这里其实已经勾画了永嘉之学传承的三个世代。第一代以孙氏兄弟为代表,他们复活了永嘉之学。第二代,孙诒让、陈虬、陈黻宸等,讲永嘉之学加以发扬光大。第三代,在乐清有林大椿(恒轩)、徐德元(惇士)、③叶锡堃(石农)、④郑志石、云阶兄弟、曹文昇,⑤其实还有高谊和黄式苏,他们中大多是陈黻宸的学生。另外比较集中的以传承永嘉之学为己任的是平阳士人,他们基

---

① 高益登编注:《高谊集》,第150页。
② 高谊:《〈耕心堂〉叙》,高益登编注:《高谊集》,第122页。
③ 徐德元(1809~1868),字序东,号惇士、履舟谱名嗣镛,吕岙村人。道光十七年(1837)拔贡。
④ 叶锡堃(1865~1902),字李懿,号石农,乐清翁垟西门人。
⑤ 曹文昇(1863~1912),大荆肖包周村人也,字颂平,号志丹。志旦。著有《耕心堂集》十五卷。

本上是金晦的学生，如刘绍宽、黄庆澄等。

高谊特别指出过曹文昇与永嘉学派的关系：

> 先生之学，与宋永嘉诸儒之所为经制者，最为相近。迹其始从黄岩王荼游，从事于经。继从富阳夏震武，讲求象山之学。既又融会于考亭。是知先生学无常师，能泯朱、陆之异同，虽其论程子定性书，间与水心不合，而要其学之大端，则以施用为贵。观其课英算于印校，创林牧于雁山，办乡团，讲警政，设会馆于杭，置商会于大荆。其勇于任事，多所施设，实隐隐乎从心性中发为事功。①

曹文昇论学"以施用为贵"，然而也放弃心性，而是"从心性中发为事功"。颜李之学与永嘉之学有一个共同点，两者都强调"实学"。正因为两者具有这种"亲缘性"，孙锵鸣很早就把戴望之《颜氏学记》引入温州。宋恕说自己19岁读《颜氏学记》，"余之渐悟三代以上之学，实由先生启之也"②"授恕以戴先生所编之《颜氏学记》"。③ 但是在"世变日亟"的时代，孙锵鸣特别强调"务使坐而言者可以起而行"，黄庆澄的一生就突出地体现了这种实践精神。④ 光绪十九年(1893)，他在安徽巡抚等资助下赴日"咨其政俗得失，以上裨国家安攘之略"，1894年刊印的《东游日记》，当时正值甲午战事期间，遂引起社会注意。⑤ 战后，于1895年又出版了《湖上答问》，认为先行发展经济才能求得富强。他于1897年创办的中国第一家数学专业报刊——《算学报》，1989年新刊《中西普通书目表》，皆是引领风气之举，在社会上也产生了一定的影响。黄庆澄的"事功"主要在两个方面：

第一，数学普及。光绪二十二年(1896)六月，黄庆澄在温州创办《算学报》。这是中国最早的数学专业期刊。黄庆澄在创刊号的"公启"中办报宗旨："窃惟时局艰迫，外患迭乘，海内之士始知言学。庆澄自惭驽劣，无裨于

---

① 高谊：《〈耕心堂〉叙》，高益登编注：《高谊集》，第123页。
② 宋恕：《六字课斋津谈·九流百氏》，胡珠生编：《宋恕集》，第88~89页。
③ 宋恕：《外舅孙止庵师学行略述》，胡珠生编：《宋恕集》，第326页。
④ 黄庆澄(1863~1904)，原名炳达，字钦敬，改字源初，或作愚初、虞初，晚号寿昌老人，金鸣昌、孙诒让弟子，与刘绍宽交谊甚笃。俞樾称赞他"擘精算学"，"当代一振奇人也。"虽因"家贫亲老，奔走衣食，而时时以造就子弟提倡学风为己任"，平阳风气之开，"他之功最巨"(见刘绍宽《厚庄诗文续集》)。光绪二十一年(1895)，撰《湖上答问》，表达对时政改革的意见。回温后又创《史学报》，编《中国四千年白话史》，刊行《中西必读书目表》，鼓吹维新思想，普及科学知识，继续启蒙教育，深受孙诒让赞扬。二十七年(1901)任温州蚕桑学堂堂长。
⑤ 黄庆澄东游日本的事，在钟叔河《走向世界——近代中国知识分子考察西方的历史》中，被专列一节介绍，中华书局2000年版，第382~388页。

时,受竭绵力,特创兹报,冀为格致之权舆,以辟黄人之智慧,……故专择近日算学中最重要者,演为图说。"第二期起,在上海新马路的梅福里另设分馆,并在时务报馆等处设立分销店。次年五月停刊,共出版12期。内容为整数、分数一卷,比例新术一卷,开方提要一卷,代数论七卷,几何释义二卷,主要介绍西方浅近数学,行文通俗生动,尤其注重图解。俞樾在《算学报》第三期序中说:"《算学报》月出一编,流布海内,每设一题必绘图以明之,使读者晓然于其理。"① 谭嗣同十分关注《算学报》的出版,在他《致汪康年》的信札中多次提到。收到第一期时,谭嗣同对汪康年说:"《算学报》则诚佳矣,乞常寄为叩。"称道算学报第二册,"嗣同颇喜其不厌烦琐,甚便初学耳"。② 黄庆澄留下的著作有《代数钥》《代数指掌》《算学初阶》《比例新术》《开方提要》和《几何浅释》等。

第二,开平阳研修新学之学风。刘绍宽说:

> 至光绪甲午以后,士大夫始昌言新学,时吾平得气之先者,唯宋平子,黄愚初。平子高掌远跖,虑不措于一邑,愚初则汲汲输外来之风气以播于邑中,遇有后进俊异之士,诱掖奖劝,不遗余力。③

刘绍宽订阅《申报》,极可能是黄庆澄的推荐。黄庆澄光绪十五年(1889)到上海后,跟朋友的亲友也时常保持联系,传播了大量新学信息。

刘绍宽是传播永嘉之学最重要的人物之一。年十七为县学生,从训导吴承志讲求考据之学,金晦来平阳后,复从瑞安金晦治《仪礼》,得观颜习斋、李刚主之书,学务实践。刘绍宽理解的永嘉之学,第一个特征是重视史学,瑞安人陈谧说:

> 予尝从绍宽游。绍宽诲之治史,谓当以通经为先,章学诚"六经皆史"之说不可非也,永嘉学术故以史学为正宗。其言经义治事,而务求知古为贵。初无以经制之学自名,然使学者明古今得失之原,通内外事物之邮者则史学也。是故不通经学固不足与言史,宇宙之大莫不有史。经者体,史者用,自古未有不通经而能治史者。经制事功,皆史也。此永嘉之学,故非濂洛关闽所得而攻焉。绍宽疏通致远,治经无门户之私。其

---

① 吴文俊主编:《中国数学史大系》,北京师范大学出版社2000年版,第353~356页。李迪:《中国数学通史》,江苏教育出版社2004年版,第541页。
② 蔡尚思编:《谭嗣同全集》,中华书局1981年版,第506~511页。
③ 刘绍宽:《林椿庭五十寿序》,《厚庄诗文续集》外卷二,民国二十六年(1937)刊。

咸归本于史学,信可谓通经以善治史也欤? 予次其传,因论著之。①

第二个特征,与高谊的观点一样,永嘉之学虽注重事功,但同样重视心性之学,注重自我人格修养。他认为在国家多事之秋,固然也讲求有用之学,以待日后施展,青年人"尤亟在于道德之扶植。盖用世不可无才,尤不可无德"。并且很称道顾炎武《日知录》对败坏风俗的谴责。② 程朱末流,专谈心性,不关心现实政治,不钻研有用只用,但刘氏对翻烧饼式的"拨乱反正"深感痛心,人们从一个极端走向另一个极端,一意讲究事功、功利,完全摒弃心性之学:

其他矫枉过正者,掊击心性之学,至于朱陆立身行己而亦诋之。末流所趋,直以义理为讳言,学风一堕,世道人心遂不可问! 向使先生之学得盛行于世,豫有以防微杜渐,亦何致溃决至是哉。③

第三,借重颜李之学的思想资源,以打通心性修习与建立事功的关节,从而达成永嘉之学讲究的学问上的心性与事功的平衡,以及学问与实践的平衡。刘绍宽说:"余自戊子(1888)之岁,从学瑞安金稚莲师,读习斋颜氏书,日有札记,以为自课身心之地。"④这正是典型的颜李学派中之修身日记的传统。⑤ 纵观刘氏一生,他的日记基本上就是一部修身日记。光绪十四年(1888)八月初四日日记:道理于心上悟出,于书中勘出,于口头说出,而不于行习间做出,终是虚悬无薄。此古人所以博学而近思,言顾行行顾言也。⑥这里就表达了经术与致用的一致和言行一致,最终体现了问题与人生实践的一致。光绪十七年(1891)六月廿三日日记:

范史邓彪、张禹、徐防、张敏、胡广五人同传,此五人者,皆似洁身无过,胡广且有中庸之目。然当时外戚专恣,五人者依违其间,无所匡救。

---

① 陈谧:《刘绍宽传》。陈谧(1902～1966),字穆庵,又字木庵,瑞安人,陈介石从孙,毕业于北京政法专门学校,曾任温州州师范等校教员,中央国史馆编纂等职。
② 刘绍宽:《壬子中校训毕业诸生文》,政协浙江省苍南县委员会文史资料委员会编:《刘绍宽专辑》,《苍南文史资料》第十六辑,2001年,第41页。
③ 刘绍宽:《重修仙岩陈止斋先生祠堂记》,政协浙江省苍南县委员会文史资料委员会编:《刘绍宽专辑》,《苍南文史资料》第十六辑,2001年,第68～69页。
④ 1903年十月初五日日记,《厚庄日记》第七册。本章引用日记日期,一本原稿,皆为农历。
⑤ 参见王汎森:《日谱与明末清初思想家——以颜李学派为主的讨论》,载王汎森:《权力的毛细血管作用》,联经出版事业股份有限公司2013年版。
⑥ 浙江省苍南县委员会文史资料委员会编:《刘绍宽专辑》,《苍南文史资料》第十六辑,2001年,第297页。

彪传曰：在位修身而已；敏传曰：在位奉法而已。夫修身奉法，未为不可。然试思所值何时，所在何职，仅以谨饬自好而已哉？著书而无所发明，作事而无所补救，虽能谆谨不失，亦无用之流耳。无用，则书为废书人为废人矣。可者与之，不可者拒，所以择交也。善者从之，不善者改，所以治身也。兼斯二者，而辅仁之道始备。二曲先生曰：学所以约情而复性也。此语万世无弊。①

这是在批判《后汉书》中邓彪、张禹、徐防、张敏、胡广5人，虽然"洁身无过"，但是他们无用于世。刘绍宽对他们提出了严厉的批评："无用，则书为废书人为废人矣。"因刘绍宽是清末温州兴办新学的重要人物，因此他对永嘉之学的传播无疑起到了巨大的作用。

一直到民国，刘绍宽对永嘉之学传承还是念兹在兹：

> 洎乎欧学东渐，趋新之士，往往鹜智识而轻道德，世道人心，日以隳坏。际其会者，益思永嘉之学，体用兼赅，本末具备，实为救时良剂，固学人所当急请也。岁癸酉(1933)冬，介石世丈从孙穆庵，余友孟冲之哲嗣，亦余及门士也。目击世弊，慨然与其妹夫林君志甄，创设什志，号曰瓯风，将以昌明永嘉故有学术而为之倡，于是求志老辈池卧庐先生，籀庼师之长君孟晋与余，及黄君胥庵、高君储庼、王君志澄、林君公铎、李君雁晴、宋君墨庵、梅君冷生、陈君仲陶、夏君瞿禅、李君孟楚、陈君绳甫、张君宋庼，皆赞成斯举，相与请论道艺，而风气庶为一变。因名其论学之居曰瓯风社，属为之记。

民国以后，时势日坏，刘氏认为永嘉之学是"救时良剂"，指望通过昌明永嘉之学以救时弊。②

第三节　风行草偃：新学在温州地方的传播

地方都有它丰富而多彩多姿的变化，在地的读书人也敏感地寻找思想文

---

① 浙江省苍南县委员会文史资料委员会编：《刘绍宽专辑》，《苍南文史资料》第十六辑，第301~302页。
② 刘绍宽：《瓯风社记》，政协浙江省苍南县委员会文史资料委员会编：《刘绍宽专辑》《苍南文史资料》第十六辑，第75页。

化上的出路。没有这些在地的读书人，精英的论述可能下渗到在地社会吗？他们与主流论述的大知识分子之间的关系，或者根本应该反过来思考，上升到全国舞台的大知识分子事实上始终带着在地性的思想色彩。

一、新学知识的传入和流布

在温州籍的思想者当中，我们的重点是活动在温州的思想者。那些在外面赢得巨大声誉的思想家的思想，我们重点考察他们的思想对温州社会产生的影响。温州原来是一个相当封闭的所在，我们需要了解地方知识分子如何得到书刊，他们读什么书报，信息沟通的网络是什么，地方舆论怎样形成。他们如何把外面的主流思想议论传达给在地的人民，如何成为组织者与宣传者，并使自己取得地方上的优越地位等。

对身处晚清历史浪潮里的个别士人及其"思维世界"的变化过程。他们阅读过哪些书籍，如何借以知晓世界局势的变动，又如何借此得到了哪些新观念与新思想。

与浙江其他地区相比，相对偏僻的温州是如何获得现代知识的？

这首先是由于存在一批连接性的中介人物，如宋恕、黄庆澄和黄绍箕等。他们在上海、汉口等口岸城市获得新知，再通过书信的方式或回乡探访亲友时把这些新式资讯传播开来，比如黄庆澄、宋恕和陈黻宸即便漂泊江海，仍然与温州的师友保持着紧密的联系。

黄庆澄光绪十五年(1889)到上海一所中学任教，但仍然与平阳的金晦以及以金晦为中心的研习颜李之学的朋友保持亲密的关系。金晦常常向他的学生们出示黄庆澄的书信。刘绍宽光绪十六年(1890)订阅《申报》很可能是黄庆澄的建议。

在《张棡日记》中有大量与宋恕见面聊天的记录。光绪十五年(1889)在杭州参加乡试时就有交往。① 宋恕长期居住在上海，光绪二十七年(1901)岳父去世，吊丧回瑞安，住在妻舅孙季芃家。三月十八日张棡与宋恕有过一次长谈，内容极为丰富。谈论自戊戌变法至新政的种种人事问题和外交问题，涉及的人物有汝昌、唐才常、康有为、张之洞、荣禄、翁同龢、梁启超。张棡大为兴奋，除在当天的日记中有长篇的记叙外，次日日记有大篇幅补录了前一天的谈话内容。② 光绪二十七年(1901)五月初一日，午饭后，张棡与妻舅林

---

① 光绪十五年(1889)八月初五，早晨，晴。同宋燕生谈论。1889年八月十四 同寓诸君文皆佳，而许竹师、宋燕生文见解尤高。
② 光绪二十七年(1901)三月十八日、三月十九日。俞雄选编：《张棡日记》，第72~76页。

骏在孙季芃家拜访宋恕。向宋恕请教当时的革命党和保皇党问题。① 因为交谈信息量密集而又新鲜,当天只能记一部分,在以后的日子里想起来,往往会补充记载。五月八日,张棡又补录了大量信息,宋恕那天还谈论了八旗子弟的福利,袁世凯发迹史,化学家徐寿和徐建寅父子,还提到了徐寿的译作《化学鉴原》《化学求数》。②

正是因为宋恕能够给张棡提供外界的信息,只要宋恕回乡,张棡总是会谋求见面。如光绪二十八年(1902)六月十六日,张棡日记记载,张棡与宋恕"闲话一切",③即无所不谈的意思。我们可以推断,宋恕居乡的日子里,在频繁的社交活动中,他会把外面的资讯广为传播。

新式书刊的订阅是第二个获取新知的途径。北京、上海和天津等文化发达城市的出版机构和杂志社为推销书刊也会委托府城、县城的书坊书局办理订购业务,简玉、日新、维新、正和、府前、商务等多家书坊书局,就提供新式报刊的订阅服务。另外,瑞安的学计馆、瑞安中学堂等教育机构也会代人订书刊。早在维新运动初期,订阅新式书刊成了晚清温州士人的风尚。宋恕说,"及同光间,随院书商则皆言浙属购书之数,温之瑞最多矣;乙未(1895)后新出之事报、学报,其购书亦然云"。④ 孙诒让光绪二十三年(1897)年致汪康年的书信说,据《时务报》报馆统计,瑞安县瑞安县阅报人数最多。⑤ 除了数据统计还有具体实例,张棡光绪二十七年(1901)九月十七日日记载:

> 过学计馆访林君和叔,因问馆中近有何种报买。和叔开橱以视,则《申沪日报》《清议报》外,尚有《汇报》《南洋七日报》《译书汇报》《课林》等种。余因付买《蒙学报》洋十元,托馆中代购,和叔当即收洋充购也。馆中自报外一切新书均随时购备,有愿来阅者,只须出洋五角,即足大扩见识。⑥

张棡日记中也有定购书刊的记载,光绪二十八年(1902)三月十一日,张棡过正和局与王玉佩先生少谈片刻并嘱其购买《新民丛报》《政艺通报》及《清议报类编》诸书。⑦

---

① 俞雄选编:《张棡日记》,第 77 页。
② 俞雄选编:《张棡日记》,第 79 页。
③ 张棡光绪二十八年六月十六日日记,《杜隐园日记》稿本,温州市图书馆藏。
④ 宋恕:《外舅孙止庵师学行略述》,胡珠生编:《宋恕集》,第 325 页。
⑤ 见孙诒让:《致汪穰卿书十一通·二》,张宪文辑:《孙诒让遗文辑存》,第 93 页。
⑥ 俞雄选编:《张棡日记》,第 85~86 页。
⑦ 张棡:《张棡日记》,温州市图书馆编:《温州市图书馆藏日记稿钞本丛刊》,第 7480 页。

反过来宋恕也有传播新学的自觉意识。《大英国志》被梁启超《读书分月课程》列为"西学书"的"最初应读之书"之一，①宋恕大加赞语，说"此书于地球万国古今政教源流，言之极有条理，我国人所不能为也"，"不可不细看一过，并宜广劝朋友、门生读之"。②

第三个途径是邮购。自从现代邮政在温州出现以后，邮购是获取新式图书的一个非常便捷的手段。刘之屏记述了一个传统的生员是如何通过邮购西方自然科学书籍，潜心钻研，从而变成现代的"知识分子"：

> 通商以来，泰西声、光、电诸学传入中国。英人傅兰雅开格致书院于沪上，③（陈荃）先生首购其书读之，④遇有疑难，函相问答。……当兹时局纷更，风气变易，专守国学恐不足应时济变。于是广购西籍译本，及周髀、几何等书，潜心钻研有得。开馆招生徒，尝诏诸生而教之曰："生今之世，决非几句烂时文便能了事，诸生当作世界观，毋拘拘守兔园册子也。"闻者无不骇异。⑤

新学知识进入温州后如何流布开来，却有赖于各种各样的团体，包括当时的新式学校，如学计馆、瑞安中学堂和温州府中学堂等，当时的学堂不是一般的教育机构，也是一个传播新知识、新思想和新文化的桥头堡，更是在相当程度地介入地方社会的一股政治力量。因此这里把学校视为团体的一种。

第一个传播新学的团体是平阳的颜李之学实践团体。金晦本人可以通过书信从居住上海的黄庆澄、宋恕那里获得新知，那么如何能够播散这些新知？这就要靠那个颜李之学的团体，⑥刘绍宽回忆光绪十五年（1989）前后那个时候，写道：

---

① 梁启超：《读书分月课程》，《饮冰室专集》第5册，（台湾）中华书局1987年版，第11页。
② 宋恕：《致贵翰香书》（1895年7月），胡珠生编：《宋恕集》，第532～533页。
③ 格致书院校址在英租界福州路元芳花园北首，由傅兰雅（1839～1928）和徐寿创建于清同治十三年（1874）。格致书院于清光绪二年（1876）落成，同时建成的还有博物馆和藏书楼各一座。格致书院的课程类目主要有六：一是矿务，二是电学，三是测绘，四是工程，五是汽机，六是制造。这六类专业，皆以数学为基础课程，在精熟几何、代数、三角等学说的基础上，才可研习专门功课。
④ 陈荃（1833～1881），字苏卿，号秋樵，廪生，柳市镇鲤岙人，科第世家。
⑤ 刘之屏：《盗天庐集》，线装书局2012年版，第10页。
⑥ 这个团体形成于1888年，参见拙文《晚清趋新士人的文化资本、关系网络与社会权力——透视平阳刘绍宽的人生旅程》，《历史教学问题》2013年第6期。

> 是时局势日变,新学萌芽,吾乡宋平子衡在上海大倡广兴西学之说,黄源初与之游,屡有信与稚师,师辄同以相示,于是知经世之务不在乎戈戈之科举,而思想益为变迁。盖余自志学以后,至此始一转乎。①

第二个团体是利济医学堂。利济医学堂于光绪廿二年(1896)冬创设了《利济学堂报》。《利济学堂报》首先是医学的专业报纸,该报声明"本报原出利济医院学堂,故医学独详"。但它又是一分思想性很强的报纸,陈虬在给汪康年的信中说:"宗旨虽出于医,而推广义类,针起聋瞽之意,猥与贵报变法、论学相与经纬。"②它鼓吹变法维新甚力,这从该报的十二个专栏设置中也可见一斑。《报例》十二项为:一、利济讲义,二、近政备考,三、时事鉴要,四、洋务掇闻,五、学蔀新录,六、农学琐言,七、艺事稗乘,八、商务丛谈,九、格致卮言,十、见闻近录,十一、利济外乘,十二、经世文传。③ 它除第一部分属于医学专业内容外,其他部分涵盖面非常之大。

第三个传播新知的团体是学计馆。光绪二十一年(1895),孙诒让等创建算学书院,次年更名学计馆。课程有算学、国文、时事、西方名著、格致理论诸科。④ 里面的西方名著,介绍的就是新知,而所设的现代数学知识更是最典型的"西学"。

第四个团体是方言馆。光绪二十三年(1897),项申甫、条甫兄弟,仿上海之例,创办方言馆,教授外文。设英文、日文两班,兼及外国史地。⑤ 英文、日文作为一种语言绝不仅仅是一种交流的工具,更是一种文化载体。这两者语言承载了外域文化,学习英文、日文是对外域文化的体悟。

第五个团体是上海务农总会瑞安支会。光绪二十三年(1897)春,朝廷下振兴农务之诏,浙江各地闻风兴起。黄绍箕、黄绍第、孙诒让等在瑞安发起组织"农学会",后与上海务农总会取得联系后,改名上海务农总会瑞安支会。黄氏昆仲任正副会长,孙诒让司宣传事务。务农会招收会员,筹集股金,购地试种湖桑、瓯柑。根据总会"采用西法,以兴天地自然之利;讲求农学,以植国

---

① 王理孚:《王理孚集》,张禹、陈盛奖编注,上海社会科学院出版社2006年版,第173页。黄源初,即黄庆澄,曾于1893年游历日本,其所著《东游日记》,孙诒让为之作序。
② 陈虬:《致汪康年书四通》,胡珠生辑:《陈虬集》,第347页。
③ 见胡珠生:《陈虬年谱》,《陈虬集》,第473页。
④ 朱璋:《清季瑞安、温州、乐清办学简况》,中国人民政治协商会议乐清县委员会文史资料工作组:《乐清文史资料》第一辑,1984。
⑤ 朱璋:《清季瑞安、温州、乐清办学简况》,中国人民政治协商会议乐清县委员会文史资料工作组:《乐清文史资料》第一辑,1984。

家富强之原"的宗旨,创办《农学报》,翻译农书,开办学堂,研究推广西方农艺、蚕桑、畜牧和新型农具等,着手改良地方农作。① 其他会员还有陈虬、洪炳文、周仲龙、章味三、郭毂斋、池仲鳞、许仲笙、林和叔、陈式卿、王雪璞、杨笑沧、鲍稚琴、洪寿林和伍小园等。② 这个组织以及所创办的报纸在瑞安乃至于温州传播西方实用农学知识。

　　第六个团体是瑞平化学学堂。光绪二十五年(1899)二月,孙诒让与同里金晦、平阳杨愚瘿、吴霁庵等集捐千金,创办瑞平化学学堂于郡城。孙氏手记《瑞平化学堂缘起》说:"迩来中土士大夫始知自强之原莫先于兴学,内而京师大学堂,外而各行省公私学堂林立,无不以化学为首务,而温州独未有兴者,斯不可谓非缺典(疑应为'点'——引者)也。"③化学也是最"正宗"的新学。

　　第七个团体是天算学社。光绪二十五(1899)年三月,瑞安学计馆部分学生与馆外治算学者,议略仿上海算学会办法,共同组织天算学社,以进行集体研究,推孙冲为社长。孙诒让撰序以示鼓励。序云:"泰西教学修明,冥符古谊,通都大邑,率有算学之会,极深洞微,自相师友,新率捷式,日出不穷,斯则俦学之大效也。迩来吾乡学者,多涉西学,而治算者尤盛。然绁书布策,闭门独笑,虽用志不纷,而鲜渐摩论难之益,则以学会之意未甚明也。"④虽然算学自古就有,但现在人们要学习的是来自"泰西"的作为西学的数学。

　　第八个团体是瑞安演说会。光绪二十八年(1902),从林文潜、孙诒棫和孙诒曙(孙诒泽子)之建议,创办瑞安演说会,当时参加为会员者,有余松舫、薛玉波、胡友松、吴之翰、林养素等四五十人。孙诒让为会长。每月朔、望开常会,招集城区、郊区学堂师生、绅商、农工各界到会听讲。演说分"议论之部"和"述告之部"两类。"议论之部"的内容有:一、德义,二、科学知识,三、县政兴革,四、农工商实业。"述告之部"的内容有:一、中外历史,二、中外时事,三、地方新闻,四、通俗小说。演说会对一县风气的开通有相当的影

---

① 瑞安地方志编纂委员会:《瑞安市志》,中华书局 2003 年版,第 1624 页。
② 见胡珠生:《陈虬年谱》,《陈虬集》,第 474 页。
③ 见张宪文辑:《孙诒让遗文辑存》,第 296 页。
④ 孙诒让:《瑞安天算学社序》,张宪文辑:《孙诒让遗文辑存》,第 293 页。社长孙冲,原名延绶。孙诒让从弟诒燕之季子。孙冲在数学方面有很高的造诣,宋恕:《孙诒燕行述》中有言:"四弟延绶,夙通畴人之学。"胡珠生编:《宋恕集》,第 463 页。一度似有请孙锵鸣向上海道推荐任教上海广方言馆之意。《宋恕集》,第 687 页。孙诒让《瑞安天算学社序》中说:"古之达士,知天圆而通九数者,谓之畴人。"

响。① 瑞安演说会极为重要,它可能让西方知识和经营思想真正下行到社会的基层。

二、士人"知识仓库"的更新

阅读新式书刊获取新知,对于士大夫来说,并不仅仅是一种纯知识的兴趣,维新变法开始后,科举内容中要添加西学之传说日甚一日;科举为功名利禄所系,实为士人推动士人阅读报刊的强大动力。孙诒让在光绪二十三年(1897)致汪康年的信中说:

> 敝里阅报之人,弟率稔知其人。盖慨时事之危迫,爱玩钦服者十之一二,而闻有科举变法之说,假此揣摩为场屋裹挟之册者,十之七八,其真能潜研精讨以究中西治乱、强弱之故者,无一也。②

此后,清末新政开始(1901),宣布废除科举(1905),又经过两波推动,阅览新式报刊蔚为大潮。尽管阅读的报刊是为了博取功名,或是为了获得薪水优厚的新式学堂教员的职位,但新式书刊毕竟构成了士人们"知识仓库"的更新。

孙诒让由于早年跟父亲宦游江南,又由于崇高的学术声望,他在全国各地拥有深广的人脉,因此他可以通过多种渠道获得大量新式书刊。《孙衣言孙诒让父子年谱》,自光绪十三年(1887)起,孙诒让订阅上海《申报》和《万国公报》。自光绪二十年(1894)起,订阅《新闻报》。光绪二十二年(1896),孙氏得李提摩太、蔡尔康译《泰西新史揽要》及《附记》,阅览一过,撮其史事之尤大者,别录成册,曰《泰西史约》,交学计馆印发学生,作为课余读物。光绪二十三年(1897),上海友人寄赠《蒙学报》;杭州友人寄赠《经世报》;湖南长沙友人寄赠《湘报》及南学会之《湘学新报》。向天津订阅《国闻报》《国闻汇报》,向澳门订阅《知新报》,向上海订阅《实学报》和《译书公会报》。光绪二十四年(1898),梁卓如(启超)亡命日本,旋以所创《清议报》旬刊自横滨寄赠。光绪二十七年(1901),梁卓如自日本寄赠《新民丛报》,孙氏向上海订阅《教育世界》杂志和商务印书馆出版之《外交报》,向杭州订阅《白话报》。

与孙诒让相比,张棡阅读新学报刊要迟得多。这一方面是由于他关心时事,但也可能是因科举内容更新的传言后闻风而动的。从他的日记看,最早

---

① 孙延钊:《孙衣言孙诒让父子年谱》,第 305 页。
② 上海图书馆编:《汪康年师友书札》(二),上海古籍出版社 1986 年版,第 1472 页。

的相关记载是光绪二十一年(1895)二月十二日日记:"仲明送陈君志三《治平通议》及《报国录》来阅,因浏览至三更后始睡。"①第二天又记:"昨阅《申报》,旅顺及山东威海卫均被夺","买舟过头陀寺游玩……于舟中阅《申报》及《治平通议》"。② 从张棡日记中看到新式报刊,既有上海、北京和天津等地出版的大报《申报》《时务报》《湘学报》《新闻报》《清议报》《中外日报》《万国公报》《蒙学报》《国粹报》《小说日报》《教育杂志》《新青年》等,也有本省乃至本地刊行的《浙江日报》《杭州国民报》《浙瓯日报》《瓯风杂志》《瓯江报》《瑞安新闻报》等。阅读的时人著述,包括魏源《海国图志》、郑观应《盛世危言》、宋恕《六字课斋卑议》、陈虬《治平通议》、梁启超《清代学术概论》、吕思勉《白话中国通史》、严复译著《天演论》《原富》,以及《西史纲目》《中东战纪本末》《欧洲列国战事本末》等。而且,其所在的地方,似乎很容易买到或读到这些新学书报。如创刊于光绪二十二年(1896)七月初一日的维新报刊《时务报》,他于七月廿七日函托友人购买,八月十三日日记即表示已取到前四册。③ 创刊于光绪二十六年(1900)十月初八日的近代第一份综合性科学期刊《亚泉杂志》,十二月十三日日记表示已从友人处获阅。④

三、士人的"观念变迁"

士人们在阅读新学书报过程中形成了新的思想,这些新思想以新概念、新名词的运用表现出来。越来越多的人认可了这些思想,运用这些概念,并通过以这些新思想和新概念来理解世界,看待世界。我们要考察最先见之于康有为、梁启超和严复等思想精英的思想概念怎样进入温州地方普通读书人的生活世界。具体的考察对象主要有孙诒让、陈虬、张棡、刘绍宽和郑良治等人,因为这里要特别强调士人对地方社会的影响,而宋恕其"在地性"稍嫌不足,故略去。

爱国一词在中国很早就出现,但历史一般是把"国"与"君"联系起来,国是诸侯的国、皇帝的国,所以元、明、清时候的士人赞颂文天祥是"忠君"而非"爱国",或者可以说,"爱国"只能体现为"忠君"。由于甲午战争以后,中国所处的形势日趋严峻,维新运动以来,"爱国"这个词在报纸杂志上出现的频率很高,更重要的是"国"的内涵发生了很大的变化,"国"带有浓厚的现代民族国家的意思。提到国的时候,也很少直接跟皇帝联系在一起。1902年,梁启超在《论中国学术思想变迁之大势》一文中,最早提出作为一个整体民族的

---

① 俞雄选编:《张棡日记》,第22页。
② 俞雄选编:《张棡日记》,第23页。
③ 俞雄选编:《张棡日记》,第32页。
④ 俞雄选编:《张棡日记》,第68页。

"中华"和"中华民族"。① 光绪二十八年(1902)张㭎从《新民丛报》抄录的梁启超《二十世纪太平洋歌》中就有"民族"字眼:"大风泱泱兮大潮滂滂,吾闻海国民族思想高尚以活泼。……吁嗟乎今日民族帝国主义正跋扈,俎肉者弱食者强。"②在有些时候,民族和国家似可互换,如"处民族竞争之世,而惟尚德不尚智,于优胜劣败之旨无当也"。③ 宣统三年(1911)七月十三日记:"革故鼎新,武昌起义,倾倒专制,建立共和,为吾民族放一大异彩。"④这里则更加明确,国家就是"民族国家"。

孙诒让在光绪二十一年(1895)撰写的《兴儒会略例并序》中反复提到"爱国"。⑤ 第二个使用爱国一词的是陈虬,光绪二十三年(1897)十月,他在探讨欧美国家强大的原因的时候说:"欧墨诸望国之强,不知者以为倚兵力,其知者以为由商务,乃其士民男女无不爱国,无不忠君,致为难也。"⑥但他不知道欧美许多国家已经无"君"可忠,有些国家虽然有君,但已经属现代民族国家,君对国家不过具有象征意义。再往后除了张㭎光绪二十六年(1900)八月提到爱国外,⑦再往后谈爱国都是在八国联军战争和《辛丑条约》签订之后。光绪二十八年(1902)张㭎读林纾翻译的小说《黑奴吁天录》(今译《汤姆叔叔的小屋》)时大为感动,认为这是一篇爱国小说。⑧ 这个时期因"爱国"具有与传统时代大不相同的含义,大概具有相当的时髦和新鲜,光绪二十九年(1903)十一月,乐清城北隅徐氏祠的新式学堂就命名为"爱国学堂"。⑨

刘绍宽于光绪二十九年(1903)下半年在上海震旦学院有过短暂的读书生活。他对震旦学院每周一次的"演说"制度很欣赏,其原因就是演说可以"令诸生知有国事,以动其爱国之心"。⑩ 光绪三十年(1904)他东渡日本考察

---

① 梁启超:《论中国学术思想变迁之大势》,见《梁启超全集》第 2 册,北京出版社 2000 年版,第 560~561 页。
② 光绪二十八年(1902)三月十一日,张㭎从《新民丛报》读到的梁启超《二十世纪太平洋歌》,张㭎:《张㭎日记》,温州市图书馆编《温州市图书馆藏日记稿钞本丛刊》,第 471 页。
③ 张㭎:《张㭎日记》,温州市图书馆编《温州市图书馆藏日记稿钞本丛刊》,第 800 页。
④ 张㭎:《张㭎日记》,温州市图书馆编《温州市图书馆藏日记稿钞本丛刊》,第 820 页。
⑤ 孙诒让:《兴儒会略例并序》,张宪文辑:《孙诒让遗文辑存》,浙江人民出版社 1990 年版,第 9、13 页。
⑥ 陈虬:《论国之强弱系于民心,民心之向背系于州县,宜以州县得民为强国之本》,胡珠生辑:《陈虬集》,第 297 页。
⑦ 张㭎光绪二十六年八月廿七日日记,《杜隐园日记》稿本,温州市图书馆藏。
⑧ 张㭎光绪二十八年三月十六日日记,《杜隐园日记》稿本,温州市图书馆藏。
⑨ 孙延钊撰:《孙衣言孙诒让父子年谱》,徐和雍、周立人整理,上海社会科学出版社 2003 年版,第 310 页。
⑩ 刘绍宽光绪二十九年十月三十日日记,刘绍宽:《刘绍宽日记》,中华书局 2018 年版,第 345 页。

学务,除了对日本教育的理论、方法、管理和教具等比较关注外,还对日本人的爱国印象深刻。另外,他也认为中国人留学日本的好处之一就是"多外界激刺之感情,爱国之心易发"。① 大约在1905年后,爱国成为热潮,不知道是否因为受浙路风潮的影响。光绪三十二年(1906)二月初十,张棡接待了从日本留学回来的学生戴兰,还记录了他的观感:

> 兰君新自东洋留学归,剪发东装,然谈论风生,颇中肯綮。伊说:"我中国人每祇知有家,不知有国,于是咸无爱国心。自予辈留学东洋,始知家与国有密切关系,爱国即是爱家,未有国亡而家可以存者。予不敢谓留学即有学问,盖学问必须十数年苦工,非一蹴可以成者。"……今日留学生虽未见其如何进步,然大有造于我今中国者,正自不少,如上海之抵制美约,金云商界中运动,半由学界中之力。然商界既有大团体,则学界中尤不可无坚忍力,故东京取缔之规约、退学之风潮,亦势之所不得不然者也。②

张棡本来是不太看得起没有什么学问的年轻人的,但是因为戴兰大谈爱国,年轻人又积极参加各种运动,就评价很高,认为他们"大有造于我今日中国"。四五初五,又赞同当时的改良戏曲说,认为戏曲可以激发"下等社会"的爱国肝肠。③ 到了光绪末年,爱国大抵已经成为人们口头上的常用语,张棡在光绪三十四年(1908)正月初一所作的诗中遂有:"鼓自迎年击,钱谁拒约输。旧冬浙路拒约,会认款者均来付钱。儿童知爱国,拍手唱康衢。"这是说,经过浙江保路运动,连儿童都知道爱国是怎么回事。④ 九月廿七日,张棡看到了《时报》韩国人严泰南(安重根)刺杀伊藤博文的新闻,日记中注明他是"高丽爱国会员"。⑤ 宣统二年(1910)十月,安重根刺杀伊藤博文以一个爱国事件出现在温州中学堂的作文题里:

> 张子房击秦于韩亡之后,安重根击藤于韩亡之前,二人爱国热肠迥非报私雠者比,然一成一不成,皆无补于国亡,岂天运之有穷欤? 抑人谋

---

① 刘绍宽光绪三十年八月廿二日日记,刘绍宽:《刘绍宽日记》,第385～386页。
② 张棡光绪三十二年二月初十日日记,《杜隐园日记》稿本,温州市图书馆藏。
③ 张棡光绪三十二年四月初五日日记,《杜隐园日记》稿本,温州市图书馆藏。
④ 张棡三十四年正月初一日日记,《杜隐园日记》稿本,温州市图书馆藏。
⑤ 张棡光绪三十四年九月廿七日日记,《杜隐园日记》稿本,温州市图书馆藏。

之不臧欤？吾儒读史怀古伤今，试比其事而论之。①

上述谈论爱国的这个"国"已经不是纯粹的王朝国家，在很大的程度上指的是现代民族国家。孙诒让光绪十三年(1887)谈论铁路建设好处时说：

> 兴办铁路以开发大陆交通，增进国家文明，最为当今重大而切要之新政。……将来总须有财自办，且必有人自为，免贻丧失国家利权之无穷弊害。②

这里的国家，既是指抽象的国家，也是指这个国家的人民——士农工商。以后孙诒让从事教育事业，考虑的就是为国家培养人才，"已备他日国家之用，……能为国家担任艰巨"，③在光绪二十五年(1899)交代瑞平化学堂兴办的原因是"其为国家富强大计，或足为撮壤涓流之劝"。④ 从来没有提为皇上出力。光绪三十二年(1906)，孙诒让在瑞安庆祝仿行宪政典礼大会上的演说中，指出世界上有两类国家，即民主国和专制国。民主国就是现代民族国家，这样的国家与百姓息息相关：

> 国家富强，大家都有了体面。国家贫弱，大家都是受害。……百姓同国家休戚相关，保护国家，就是保护自己身家子孙。……但是专制政体，皇帝在太平的时候，虽然是十分安富贵荣，颁下一个谕旨，天下人都不敢违背，然万一碰见意外的事情，或内寇窃发，或外国侵凌，这个重大担子，也只是皇帝一人独自担当，天下百姓与国家痛痒全不相关，没有一人能替国家分忧。就叫百姓筹饷，也没有人肯承认；叫百姓去打仗，也没有人肯拼死。⑤

这个国家的老百姓不是王朝国家中的"臣民"，而是叫"国民"：

> 立宪政体，是把百姓看做国民，同享无限之权利。我们百姓，大家

---

① 张棡宣统二年十月十五日日记，《杜隐园日记》稿本，温州市图书馆藏。
② 孙诒让：《书薛福成〈兴办铁路疏〉后》，张宪文辑：《孙诒让遗文辑存》，浙江人民出版社1990年版，第414页。
③ 孙诒让：《兴儒会略例并叙》，张宪文辑：《孙诒让遗文辑存》，第11页。
④ 孙诒让：《瑞平化学学堂缘起》，张宪文辑：《孙诒让遗文辑存》，第297页。
⑤ 孙诒让：《在瑞安庆祝仿行宪政典礼大会上的演说辞》，张宪文辑：《孙诒让遗文辑存》，第451～452页。

就要自己养成国民之资格,才能够对付得上。……切不可自己放弃国民的权利,……所以我们今日庆祝仿行立宪的典礼,同大家先讲明立宪的道理。你们诸君切要晓得,我们从今日起,不是做奴隶,是做国民了。①

光绪三十一年(1905)孙诒让在为《东瀛观学记》所作的叙中说,小学就是要"养国民之资格"。② 他在论述教育的文献《学务本议》中,屡屡提到国民,认为"中国自秦以来,无国民之教育",今天的教育就是为了"陶铸国民""国民开其智识"。③ 在清廷颁布预备立宪后,"国民"一词成为热门词。张㭎为民众的素质而忧心,"阅日报七月十三日谕旨,已颁立宪新政。但中国民智幼稚,果有具国民资格可以俯立宪基础否"?④ 张㭎的日记大量摘录了带有"国民"字眼的报章言论。既然现在的国家是由国民构成的,接着就出现了关于"民主"的讨论。在温州较早提到"民主"的是陈虬。陈虬写于光绪十八年(1892)之前的《经世博议》中,为证明变法的必然性,他说:"法果不可变乎?何官家、民主、君主,古今中西之异局也。法之变,国势驱之也。"⑤另一处提到"民主"似有赞扬的意思:"民主,官天下也,公矣!乃美利坚以民主而治,俄罗斯以择贤而乱。"⑥光绪二十一年(1895),根据《马关条约》日本割占台湾岛,刘绍宽六月十九日日记录下了一条新闻,全台绅民欲立刘渊亭军门永福为民主国大总统。⑦ 这年九月廿一日,刘绍宽记录下了《万国公法》所介绍的政体知识,说世界上有三类政体:君主、民主、君民共主半主。⑧

爱国、民族、国家、国民和民主诸多观念及其意识在维新运动后对温州产生了润物细无声式的影响。另外还有更重要的一组观念,由科学、天演、竞争、群等观念构成。"科学"这个词的出现应该在洋务运动以后,在维新运动后加速传播,到了今天科学高度的霸权性,俨然已经成了"真理"的同义词。"科学"一词,在张㭎的日记中在光绪三十二年(1906)后频繁出现,但其意跟

---

① 孙诒让:《在瑞安庆祝仿行宪政典礼大会上的演说辞》,张宪文辑:《孙诒让遗文辑存》,第453~454页。
② 孙诒让:《〈东瀛观学记〉叙》,张宪文辑:《孙诒让遗文辑存》,第371页。
③ 孙诒让:《学务本议》,张宪文辑:《孙诒让遗文辑存》,第31~39页。
④ 张㭎:《张㭎日记》,温州市图书馆编:《温州市图书馆藏日记稿钞本丛刊》,第547页。
⑤ 陈虬:《经世博议·法天》,胡珠生编:《陈虬集》,第18页。
⑥ 陈虬:《经世博议·变法》,胡珠生编:《陈虬集》,第19页。陈虬提到民主只有3次,但只有一次略有赞许之意。基本上是客观叙述,没有倡导的意思。
⑦ 刘绍宽光绪二十一年六月十九日日记,刘绍宽:《刘绍宽日记》,第123页。
⑧ 刘绍宽光绪二十一年九月廿一日日记,刘绍宽:《刘绍宽日记》,第129页。

今天不太一样,张棡的"科学"意思近于"学科",光绪三十三年(1907)三月初二的日记云:"而张纯谓中学乃普通之学,不能因西文而降我各门科学也,言颇近理。"①又如同年十二月初六的日记:"下午一点半钟,国文全班大考,题录下:'国文为各科学之关键,宜专门研究,以保国粹论'。"②同期孙诒让使用的"科学"与今日较为接近,如:"近以科举之弊,竞趋利禄,欧美科学,多未津逮,人才衰乏,民智晦盲,国势未振,实由于是。"③又如:"近者五洲强国竞争方烈,救灾拯溺,一贵于开悟国民,讲习科学。"④

当时人们接受的最重要的科学观念就是"天演"。天演是严复对西方Evolution一词的意译,即进化。原指达尔文阐发的生存竞争、自然选择的生物进化观点。严复于1895年翻译赫胥黎(Thomas Henry Huxley, 1825～1895)的《进化论与伦理学》的一部分,加入自己的理解和评论,题为《天演论》。与赫胥黎不同之处在于,他认为人类社会也存在"物竞天择、适者生存"的规律。其目的是反对保守,鼓吹变法图强,推动社会进步,影响甚大。

严复之译作《天演论》何时、通过何种途径进入温州不详。目前看到温州文献最早使用"天演"一词的是孙诒让。他在光绪二十六年(1900)的一次演讲中提到:"天演进化之理,人物体性皆由简而进于繁。"⑤光绪二十七年(1901)四月十五日,张棡第一次读到严复的《原富》甲部,感到"中多新理新义,阅之不觉耳目一扩",当即托他的朋友戴小泉向南洋公学买《天演论》及《原富》乙、丙部。⑥在光绪甲辰(1904)和乙巳(1905)年的《百甓斋日记》中,作者郑良治经常提到"天演"和"进化"。甲辰年八月二十三日郑良治为了募捐教育经费来到一个村庄。一个老农告诉他,这个村最早是柳姓居住,后来柳姓衰落了,张姓繁衍了两百多家。他认为这里面也蕴含着"天演家言物竞天择适者生存"的道理。⑦次日郑良治请木匠来装修房屋,母亲责备他"好事变更",他在日记中把自己的变更房屋与"天演真理"联系在一起,认为自己的行为符合进化的道理。还发了一通感慨,认为自有天地以

---

① 张棡:《张棡日记》,温州市图书馆编:《温州市图书馆藏日记稿钞本丛刊》,第8034页。
② 张棡:《张棡日记》,温州市图书馆编:《温州市图书馆藏日记稿钞本丛刊》,第8175页。
③ 孙诒让:《学务本议》,张宪文辑:《孙诒让遗文辑存》,第31页。
④ 孙诒让:《答日人馆森鸿书》,张宪文辑:《孙诒让遗文辑存》,第159页。
⑤ 孙诒让:《论下元日展假事示瑞安普通学堂学生》,张宪文辑:《孙诒让遗文辑存》,第229页。光绪二十六年(1900)九月初六日,林骏日记记此文。
⑥ 张棡光绪二十七年四月十五日日记,张棡:《张棡日记》,温州市图书馆编:《温州市图书馆藏日记稿钞本丛刊》,第7459页。
⑦ 郑良治甲辰八月二十三日日记,《百甓斋日记》,浙江省永嘉区征辑乡先哲遗著委员会抄本,1936年,温州图书馆藏。

来,万事万物都在进化,只不过进化的历史痕迹被"吾邦向被专制政体埋没"了。① 宣统元年(1909)闰二月二十日,刘之屏在给乐清凰岙冯氏族谱所写的序中说:"今者四夷交哄,腥膻满地。凡通都大邑之人民,半多狂嚣浮躁,舍实业而骛虚声,其能逃于天演之淘汰者几希矣!"他认为只有僻居风俗浑朴的乡村才能逃过天演的淘汰。②

严复翻译《天演论》较之原作,已经有了很大程度的简化。中国读者阅读《天演论》接受"天演真理",往往化约为八个字"物竞天择,适者生存",原来的意思是生物相互竞争,能适应者生存下来。后来人们把这个命题扩展到社会政治领域,民族、国家也是通过竞争,胜利者可以生存下去,失败的就要被淘汰。温州较早注意"竞争"的是刘绍宽。他在光绪二十四年(1898)七月廿九日也阅读日本森本藤吉著的《大东合邦新义》,认为"语多可采",其中就抄录了有关"竞争"的句子。③ 刘绍宽虽然看到了列国"竞争"的事实,但对竞争理论持批判态度。光绪二十五年(1899)二月初二,指出了民族竞争理论的野蛮,"所谓生存竞争,优胜劣败,自然删除者,彼于文化低浅之族,辄目为野蛮,以为在删除之例故也"。把这种理论斥之为"逆天之学"。④ 同年九月十五日又因为西方人服膺"竞争"理论,指责他们保护禽鸟的虚伪:"彼船坚炮利,日新月盛,生存竞争之说日腾于口,于人类异种且不恤,复何爱于禽鸟哉?"但在民国十九年(1930)重阅这天的日记时所加的按语却对西方人给予了有保留的肯定:"好生恶杀,人有同心,西人托辞请禁,亦可见天良之未泯。"⑤同月二十一日,他抄录了梁启超关于"国民竞争"与"国家竞争"的理论:

> 列国专用柔缓政策,先将全国铁道、矿产、港湾、财政次序收扼于其掌中,浸淫岁月,精华吸尽,然后举而灭之,如摧枯拉朽耳。此所谓无瓜分之名,而有瓜分之实也。又曰:今日欧美诸国之竞争,非如秦始皇、亚历山大、成吉思汗、拿破仑之徒之黩兵为快也,其原动力乃国民之争自存。吾中国误认国民之竞争为国家之竞争,故不得所以待之之道,而为所制也。待之之道奈何?曰"以国家来侵者,可以国家之力抵之;以国民来侵者,必以国民之力抵之"。

---

① 郑良治甲辰八月二十四日日记,《百甓斋日记》,浙江省永嘉区征辑乡先哲遗著委员会抄本,1936年,温州图书馆藏。
② 刘之屏:《重修〈凰岙冯氏族谱〉序》,袁国唐校注:《盗天庐集》,第57~58页。
③ 刘绍宽光绪二十四年七月廿九日日记,刘绍宽:《刘绍宽日记》,第219页。
④ 刘绍宽光绪二十五年二月初二日日记,刘绍宽:《刘绍宽日记》,第237页。
⑤ 刘绍宽光绪二十五年九月十五日日记,刘绍宽:《刘绍宽日记》,第264页。

西方列强以军事力量威我国家,以经济力量暗侵我民。刘绍宽为中国的局势担忧:今我中国,民不知有国,国不知有民。① 与刘绍宽相比,孙诒让似对处竞争之世的中国更乐观些。光绪二十九年(1903)他在一篇祭文中有言"永怀物竞,期渐国耻"。② 他也指望在激烈竞争之世保持一些恒常的东西,他说:"文明日新而守之以朴,竞争方盛而毋改我常。"③光绪三十三年(1907)他在敦请学部迅速推进义务教育时,也是以竞争时代的迫切性来立论的:"今既承数千年科举之弊,当五大洲竞争之冲,将欲搏心一志,澌除陈腐,非别白而定一尊,无以收廓清转移之效。"④光绪三十三年(1907)后,张棡的日记中也充满了"竞争"字眼,如"国事日形丛脞兮,种族屡起竞争"⑤"凡处竞争界,胜败优劣分"。⑥ 张棡在宣统二年(1910)十月十六日给温州中学生出的题目是"竞争世界有强权而无公理论"。⑦ 以往中国人对人格的期许是"尚德",但在竞争之世,人们开始感到"尚智"同样重要,十月二十日他在一个跋语中说:"处民族竞争之世,而惟尚德不尚智,于优胜劣败之旨无当也。"⑧

"科学"除了引出"天演""进化"和"竞争"等流行词汇外,同时它的一个孪生词就是"迷信"。此后"迷信"一词成为打击民间信仰的大杀器,以后各种势力往往指称其菩萨为"迷信",从而获得夺取庙产的合法权益。光绪三十三年(1907)孙诒让为论证兴办女学的必要性,其中的一个理由就是女人有了"知识"后,就不会惑于"迷信":

> 盖一女人亦应有普通之知识,乃能相夫教子,破迷信,助营业,有以自立于天地之间。……科学主于征实,迷信涉于凭虚,其理不相容者也。中国数千年来,神道设教,迷信繁夥,今其沿袭已久,或为愚民所深信者。⑨

光绪三十四年(1908)五月廿二日,张棡的妻子请了一个算命先生给她全

---

① 刘绍宽光绪二十五年九月廿一日日记,刘绍宽:《刘绍宽日记》,第266页。
② 孙诒让:《祭林髓文》,张宪文辑:《孙诒让遗文辑存》,第232页。
③ 孙诒让:《养素字说》,张宪文辑:《孙诒让遗文辑存》,第244页。
④ 孙诒让:《学务本议》,张宪文辑:《孙诒让遗文辑存》,第33页。
⑤ 光绪三十三年八月十四日日记,张棡:《张棡日记》,温州市图书馆编:《温州市图书馆藏日记稿钞本丛刊》,第8124页。
⑥ 光绪三十三年十一月初一日日记,张棡:《张棡日记》,温州市图书馆编:《温州市图书馆藏日记稿钞本丛刊》,第8157页。
⑦ 张棡:《张棡日记》,温州市图书馆编:《温州市图书馆藏日记稿钞本丛刊》,第8757页。
⑧ 张棡:《张棡日记》,温州市图书馆编:《温州市图书馆藏日记稿钞本丛刊》,第8760页。
⑨ 孙诒让:《学务枝议》,张宪文辑:《孙诒让遗文辑存》,第44~45页。

家算命。张棡就评论道:"江湖术士本信口胡谈,而妇女无知辈每喜为之,亦中国迷信之一恶派也。"①宣统元年(1909)年七月十五日,刘绍宽见到开元寺,看见烧纸箔者络绎于道。就感叹道:"迷信之俗甚矣!"②

另外,"社会"一词意义的嬗递也非常重要,传统时代"社会"指的是人们为操持酬神活动而成立的"社"和"会"。今天的"社会"一词来自日本,对于西文"society"一词的翻译。它是一个比宗族更大的一个概念。光绪二十九年(1903)孙诒让说:"吾国之弱,在于下流社会智识太劣,虽有管、葛,无所措手。"③孙诒让光绪三十二年(1906)在一个演讲中使用的"社会"基本上已与今天相同:

> 我们地方上绅士百姓,都要能够懂得立宪的道理,晓得我们应做的是那几桩,应除的是那几桩弊,才于社会上有益处。……作件事总要公,说句话总要信,则上对国家,下对社会,都没有一点欠缺……在地方上止谋一身私利,不顾社会公益,扰乱的事,任情乱做,利益的事,挟私阻挠,这便是无国民的资格。④

在这里个人是"私","社会"是与此相对的"公",社会的利益为"公益"。

除了围绕"国家"的一组概念和围绕"科学"的一组概念,公理、公法、专制和立宪等都非常重要。这些词蜕变的关键期正是从维新运动到五四新文化运动这个历史时期,观察这些词义的嬗递,使我们清晰地看到,温州人观念世界的变迁,看到温州"古代"的思想世界和意义世界怎样变成今天人们置身其中的熟悉的世界。

第四节　地方士人对世变的应对

晚清是一个世界面貌更迭频繁的时代,对于士人来说是一个艰难时世。我们今天所谓的一些"进步"的东西,对于他们来说是一种堕落与破灭。那么是如何来应对这个"衰世"的呢?

---

① 张棡:《张棡日记》,温州市图书馆编:《温州市图书馆藏日记稿钞本丛刊》,第 8470 页。
② 刘绍宽:《刘绍宽日记》,第 493 页。
③ 孙诒让:《复刘祝群书二通·二》,张宪文辑:《孙诒让遗文辑存》,第 118 页。
④ 孙诒让:《在瑞安庆祝仿行宪政典礼大会上的演说辞》,孙诒让张宪文辑:《孙诒让遗文辑存》,第 453~454 页。

一、对嘉道以来社会溃败的反应

嘉庆、道光以来,由于人口的大幅度增长,人均可耕土地锐减,人们的生计越来越艰难,又因商业的发展,传统社会道德日渐衰败。具体的表现是寡妇普遍地私育异姓。嘉庆十三年(1808)乐清岁贡胡名秀说:

> 迩来,乐邑寡妇往往有利其夫之赀,不肯与侄,遂于夫亡时,诡称有孕,阴鬻异姓之子,假为亲产状,使伯叔不得斥其非,妯娌无由指其实,而其夫之祀遂斩矣。……余因是事得诸见闻者甚伙,恐其风日炽不可救药,且悯其夫之含冤地下,无从诉告。①

从事后的情况看,社会习俗的演变趋势恰如胡氏所担心的那样"其风日炽不可救药"。寡妇们甚至不屑于"阴"育异姓,明目张胆地异姓乱宗,比比皆是。② 她们或公开抱养儿子,或招夫入赘,以后夫子为子。异姓乱宗容易引起财产继承权纷争而直接危及社会秩序;也由于它损害宗族血统的纯洁性而破坏地方宗族秩序。另外,由于谋生的艰难,个人命运不确定性的增加,对民间宗教和佛教的信仰有增强的趋势,这表现为乡民以田产布施僧尼的现象越来越多。这给士人们以严重的刺激:"即如一雁山,刹十有八,其土木工费,金碧辉煌,巍巍乎为招提钜观者,愚夫妇不惜倾囊成之,至祠为祖宗所凭依,虽颓圮不顾。此惟知有佛也,而不知有祖。"③只知有佛,不知有祖,就是士人对乡民信仰的突出观感。

由于当时思想资源的局限,士人的直接反映就是加强正统意识形态的建设。乐清石帆贾岙人叶正阳是一个卫道热情很高的人。他就非常欣赏朱朝京对供奉乡贤的七贤寺的修复和祭产的置办。④ 叶家为报答父母的辛勤养育在墓地建了一座报劬堂。但到叶正阳年幼时,报劬堂中本该放置祖先排位的地方,各种神佛杂处期间,祖先排位反而退居廊下。道光戊子(1828)九月

---

① 鲍作雨、张振夔修:道光《乐清县志》,陈纬校注,线装书局2009年版。第970页。
② 主要反映清代社会状况的民国《平阳县志》,也有以异姓为嗣的记载,且说明其易引发社会冲突:"贫妇夫死,有子者,多招夫养子;无子转适。或有翁姑在堂者,即招后夫为子,其生子即冒前夫之姓,而受其产业。由是前夫本宗出而争绍,涉讼者往往有之。"另也有私育异姓者:"富室有年老艰于子嗣,虑日后承继争产者,使妇诈孕,暗抱人子收养之。亦有夫死无子,妇诈遗腹,以抱养人子者。"因这些内容载于风土志,可见这些社会现象的普遍性。符璋、刘绍宽纂:《平阳县志》卷二十,民国十四年(1925)刻本。
③ 叶正阳:《朱允兆公传》(道光己丑,1829),黄岳清编注:《鹿迹山房诗文集》,线装书局2013年版,第46页。
④ 七贤,即王十朋、胡彦卿、李孝光、章纶、谢省、谢铎和朱希晦。

初七报劬堂失于火变为焦土。叶正阳作文激愤地责问:"岂堂为尼僧所秽,致干神怒耶?抑人本乎祖而忘其祖,致干祖怒耶?"当年冬天重建后,经过与乡民的斗争,祖先排位得以置于后堂之中座。①

有的人却重视"神道设教",指望乡民因忌惮鬼神而对有违礼教行为有所收敛。徐德元《重建长青宫落成记》[道光二十年(1840)]对这种思想进行了完整的表述:②

> 夫鬼神,非能祸福人也,其所祸福,人自为耳。……然人心不古,风俗日非,愚者冥顽不灵,渎乱人纪,诈者机械百出,乖悖天常。……然其中不能惴惴无惧者,则以冥冥之中,有鬼神阴为之相,倘所谓不义,或从而夺之魄也,则庶几其有惮心而不敢逞。然则,鬼神固所以济礼乐之穷,而先王所恃以正人心,维风俗之一道也。继而今,凡吾同社,洁蠲其心志以敬神明,无纵匪彝,无即慆淫,神亦丕昭其灵爽以庇吾民,水旱不作,疾寝不生,夫然后民熙熙然乐神之庥,神怡怡然歆民之祀。春秋报赛,鼓箫吹龥,以燕以忻,或歌或骂,盖桀鹜之气驯而和乐之象见矣。则是役也,人心正,风俗维,名为敬鬼神,而礼乐之实行其间,岂非有合于先王设教之意,而为有道君子所不废欤?③

因徐德元对神道设教太过钟情,以至于作文为不在朝廷祀典的神灵辩护:

> 皇古之世,风俗诚朴,三代以来,民习险陂。于是强凌弱,众胁寡,作奸犯科,不避刑辟,其无所慕而为善,无所畏而不为不善者,天下有几人哉?先王于是设为神道以警戒民曰:"尔惟善,神锡以福;尔惟不善,神降之戾。"黔首感悚,且欣且惧,庶几有所慕而为善,有所畏而不为不善。然则,神明者,所以维法制之所不及也。且神之在祀典者,自天子祭天地,诸侯祭社稷,大夫祭五祀,士祭其先外,皆淫祀也。子以为有圣人作,将比今之祀而尽废之乎?抑从其俗而正之乎?夫春秋报赛,吹郊祭蜡,虽不在祀典,亦祀典所不禁也。④

---

① 叶正阳:《重建报劬堂记》,《鹿迹山房诗文集》,黄岳清编注:《鹿迹山房诗文集》,第6~7页。
② 徐德元(1809~1868),字序东,号惇土、履舟谱名嗣镛,吕岙村人。道光十七年(1837)拔贡。
③ 徐德元:《重建长青宫落成记》,王志成编著:《徐炯文集 徐德元集 徐乃康集》,线装书局2009年版,第172页。
④ 徐德元:《六府庙记》(咸丰十一年,1861),王志成编著:《徐炯文集 徐德元集 徐乃康集》,第177页。

还有些儒生则以为，无论是因果报应之说，还是《太上感应篇》之类的道教经典，佛教之六道轮回，儒家的六经四子①，只要是劝人为善，都足以"针砭愚顽发人深省"。②

二、士人的佛学研习

对于地方的儒生来说，佛教即便不算什么异端，但至少是有碍于儒家"政教"推行的负面东西。但是随着晚清西学的输入，以及基督教的传播，儒家的宇宙观与价值观在转型时代受到严重挑战，这意味着传统意义世界受到不断地侵蚀，从而导致了士人精神层面的纠结和焦虑。如何化解这个精神意识的危机？张灏认为知识分子盛行研究佛学就是对这种危机的一个回应。③

光绪二十五年（1899）宋恕在杭州乡试落榜，就滞留在杭州七宝寺大半年，以读佛经度日。章太炎近佛就是受到此时正在学佛的宋恕的直接影响使然。章氏自己曾说："三十岁顷，与宋平子交，平子劝读佛书，始观《涅槃》《维摩诘起信论》《华严》《法华》诸书，渐及玄门，而未有所专精也。"④

孙诒让长期保持对佛典的兴趣。早在光绪五年（1879），就曾致信宋恕，请其代买佛经，列出的书单有：《弘明集》并续集、《辩正论》《梵纲经》《菩萨戒律、罗汉戒律、申闻辟支戒律、优婆塞戒律、优婆夷戒律、沙弥戒律》。⑤ 孙宣的《朱庐笔记》生动地记载了孙诒让家居瑞安时的读书生活。孙诒让的堂兄弟孙诒燕治永嘉经制之学，"平居不信佛，而籀廎公独嗜内典，故尝厉色争辩，累日不辍"。⑥ 光绪十一年（1885）又托友人代购日本僧人著的佛教书籍。⑦ 光绪二十年（1894），黄庆澄为孙氏买到了日本刊刻的善本经籍，⑧估计其中就有佛教经籍。我们之所以说研读佛经是士人对意识危机的纾解，就在于以佛教精微的知识和理论来解释来自西方的理论，如光绪二十六年（1900）孙诒让在瑞安普通学堂的演讲：

---

① 四子，指四书。孔子、曾子、子思字、孟子。四子是四字书的略称。
② 余济楫：《象山泮垟郑氏二房宗谱·谦光公传略》（道光二十年，1840），周健选编：《乐清谱牒文献二编》，线装书局2015年版，第112~113页。
③ 张灏：《幽暗意识与时代探索》，广东人民出版社2016年版，第144页。
④ 章太炎：《太炎先生自述学术次第》，《章太炎全集》第一册，上海人民出版社2014年版，第53页。
⑤ 孙诒让：《答宋燕生书二通·一》，张宪文辑：《孙诒让遗文辑存》（温州文史资料第五辑），第63~64页。
⑥ 孙宣：《朱庐笔记》卷三，转引自陈瑞赞：《东瓯逸事汇录》，上海社会科学院出版社2006年版，第516页。
⑦ 孙诒让：《与友人某君书》，张宪文辑：《孙诒让遗文辑存》（温州文史资料第五辑），第65页。
⑧ 孙诒让：《〈东游日记〉叙》，张宪文辑：《孙诒让遗文辑存》（温州文史资料第五辑），第344页。

西书中治心免病法谓"以太"能使人愈病,又谓人有病不可使疑惧,即家人亲友代为忧虑亦能累及病人使增剧者。其理至精,实非谩语。庄子所谓"用志不纷,乃凝于神"及佛书所谓"三界唯心造",皆此理也。

这里孙氏用佛理解释了"以太"。① 光绪三十三年(1907)孙诒让似乎佛理中的"性识永存"来解释西方现代物理学中的"物质不灭"定律。②

刘绍宽真正研究佛教,修习佛教,要到民国以后,但他晚清时以佛家理论引证西方新知识的事也不少。在光绪十七年(1891)日记中,刘绍宽认为明万历后传入西方知识体现在徐光启和方以智等人著作中。这些著作的所言,"多与佛合"。③ 光绪二十二年(1896)刘氏谈论了当时很流行的西方翻译过来的《治心免病法》,此书的"心理学"不仅"与宋儒无异",而且其"病为心阴力所生,非身致之"的观点,就是佛氏的五阴之说。④ 光绪二十五年(1899)六月初八刘氏也以佛理与以太学说相印证:

佛氏谓"世界一微尘,微尘一世界"语,不诬也。或疑人死有鬼,自开辟至今,人人化为鬼,殆不容于世界矣。如悟一多相容,大小相容之理,便可释然。盖人鬼之灵皆是"以太","以太"无形而有物。⑤

西方心理学把意识为分为五类:一感觉,二情念,三欲念,四观念,五认识。宣统二年(1910),刘绍宽以对此加以评论说,西方人的五大类意识,"略近佛教之五蕴"。经过他的分析,似乎西方人认识不如佛学高明。⑥

其实除了孙诒让、宋恕和刘绍宽,还有很多士人都对佛学产生了兴趣,如高谊、刘之屏等。

三、旧学与新知的融合

除了通过佛学以调适自己的意识危机,士人的另一种态度则是"守其不变而通其变"。很多人都相信,虽然西方文化处于强势地位,但我们不必亦步亦趋。我们自有其不可变异的东西,必须坚持。这个恒常不变的东西对孙诒

---

① 孙诒让:《论下元日展假事示瑞安普通学堂学生》,张宪文辑:《孙诒让遗文辑存》(温州文史资料第五辑),第229~230页。
② 孙诒让:《六十辞寿启》,张宪文辑:《孙诒让遗文辑存》(温州文史资料第五辑),第242页。
③ 刘绍宽光绪十七年八月二十日日记,刘绍宽:《刘绍宽日记》,第49~50页。
④ 刘绍宽光绪二十二年八月初三日日记,刘绍宽:《刘绍宽日记》,第153页。
⑤ 刘绍宽:《刘绍宽日记》,第252页。
⑥ 刘绍宽宣统二年十月初八日日记,刘绍宽:《刘绍宽日记》,第519页。

让来说，就是周礼中所蕴含的政教精神，他的《周礼政要》即以"旧学"融合"新知"之典范之作。在陈黻宸那里，旧的、不变的心性之学，他认为"以为学不求诸心性，而专趋事功，则学为无本"，也即心性是为学之本。①

高谊观察到了道学被冷落的历史趋势：

> 宋讲道学，天下翕然宗程朱。自元下迄清初，支脉相承未替。乾嘉以来，学废不讲，师统几乎中绝。重以欧化东渐，聪明桀魁之才，方竞趋于化、电、声、光之术，视古学为不遑研究。而圣道愈因以失坠。②

高谊这里的"古学"实为"道学"。清初受到文字狱的打击，晚清又受到西学的冲击，道学衰落，修身养性被舍弃。置身于收到欧风美雨吹打的时代，高谊把道学的沉沦更多地归咎于西学；所以，他"欧化盛行，大道闭塞"之说。③

高谊接受了陈黻宸的基本观点，他说："心性未定(安)有事功？"又说："夫吾人惟心细而胆始大，惟性定而力始充。孝、弟、忠、信，所以养吾心也；礼、乐、射、御、书、数、兵、农、水、火之学，所以修吾性也。……师尝述明道与横渠论定性之旨，谓心性静而后能应事。"在高谊这里，心性是事功基础，心性的修为决定事功的大小。④

从心性发为事功，在实践中融合旧学与新知的典范是乐清大荆的曹文昇。他论学也是从"性理"入手的：

> 近日风气，谈西学者多，谈性理者少。以为西学则可以为国家之用，性理但有体而已。昇甚不以为然。夫古今之学必体立而后用有以行。其不能达之于用者，皆未尝明乎其体者也，皆其冒性理之学而无尽性穷理之实者也。……今乃舍中国之学而遵泰西之教，亦为不善变矣。泰西之教，其善者，皆不出中国之范围。⑤

相比孙诒让，曹文昇对"异教"有更多的排拒，表现为对佛学的强烈排斥。他认为把名僧写到方志里面，有害于"世道人心"。戴震在"人物门"里不列名

---

① 高谊：《陈介石先生五十寿序》，高谊：《高谊集》，高益登编注，第150页。
② 高谊：《陈介石先生五十寿序》，高谊：《高谊集》，高益登编注，第149页。
③ 高谊：《〈耕心堂集〉叙》，高谊：《高谊集》，高益登编注，第123页。
④ 高谊：《上陈户部介石先生书》，高谊：《高谊集》，高益登编注，第264~266页。
⑤ 曹文昇：《上虞部夏伯定夫子书》，曹文昇：《耕心堂集》，线装书局2011年版，第138页。

僧,因为"人物门"里面的人物是供天下人学习的榜样;把名僧归入"古迹"。即便如此还是被曹文昇斥之为"朝三暮四之术"。曹氏认为:"名僧之列于志乘,断不可以为训。志乘者,郡邑风化所由系也,而竟使是非杂糅,何以端人心之趣向?"①在他的认知中,他所处的时代是"强邻交迫""瓜分在即",他觉得只有理学可以救国。所以他的观点与明末的士人相近,认为通过讲学,"犹可明其父子君臣之义,发其忠君爱国之心,天良尚在,必不肯以祖宗歌哭之地拱手让人"。②他讲了一个生动的故事来说明讲学的效果:

> 吾友胡奉群从雁荡讲学会肩舆回里,路中欲下舆步行。舆夫曰:"我之责任,安可卸也。"及至家,与之钱一千。曰:"我安用此许多为也。"浑朴不雕之风,盖得力于讲学者。可见讲学于一村则一村化;讲学于国则一国化。讲学之风之入人甚深,真不虚也。③

曹文昇在跟学生的答问中,反复谈心性,谈对道的坚持。答林彬云:"担道统,建功业,此乃吾分内应有之名利。"④答谢超云:"志伊尹之所志,学颜子之所学,两路并进不悖。"⑤在用理性修身的前提下,讲经世,他在给黄岩管向定的信中说:"愿与足下勉为有体有用之学,无为邪世所乱,而使庶民安然于晦盲否塞之会也。如果学又把握,则洋务诸书亦可博览,以稽其得失之所在。"⑥显然曹氏是以旧学为体去融汇新知(洋务)。在担道统的基础上建功业。所以,高谊指出曹氏"其学之大端,则以施用为贵",他的学问与宋永嘉诸儒之所为经制者,最为相近。如果仅看他的言论很容易让人觉得他是一个顽固守旧的道学家。然而他又有极强的行动意志和行动能力。清廷宣布新政后,曹氏有多方面的事功。在教育方面,创办印山学堂,自筹经费,自编教材,自修英文、算学,招收大荆人子弟进行施教,在雁荡净明书院创雁荡讲学会,两任乐清劝学所所长,任教温州府中学堂;在实业方面,在雁荡山创设林牧场,设贫民习艺所,设大荆商会;在政务方面,他办乡团,讲警政,设大荆警察。另外还在杭州设留学会馆。纵观曹氏人生,可以概括为"从心性中发为事功"。

---

① 曹文昇:《复邱苕南书》,曹文昇:《耕心堂集》,第140~141页。
② 曹文昇:《匡时要务》,曹文昇:《耕心堂集》,第213页。
③ 曹文昇:《匡时要务》,曹文昇:《耕心堂集》,第215页。
④ 曹文昇:《或问录》,曹文昇:《耕心堂集》,第92页。
⑤ 曹文昇:《或问录二》,曹文昇:《耕心堂集》,第119页。
⑥ 曹文昇:《复黄岩管向定书》,曹文昇:《耕心堂集》,第134页。

刘之屏也对"国学"衰微、道学之不昌深感惋惜,他说:

  自唐以科目取士,宋以经义;明清变而为八股文。圣贤经传,徒供学者之剽窃,国学遂为世所诟病。谈时务者,往往比之焚书坑儒。然济世之俊杰,平乱之英雄,多从科举而出。如前清胡、曾、左、李诸公是也,以是知国学亦无可厚非。清季激于外界之侵侮,废科举设学堂,大更旧日之科程,以算数技术、外国语言文字为教旨。民国成立,其风益炽。废经传,灭人伦,龈龈以趋时骛俗为事。①

那个时代的温州士人的事业和人生轨迹虽各有不同,但在许多重大问题上的见解则是非常相近的。他们往往坚持中国传统的文化立场,以此为基础,在实践中实现旧学与新知的融合。

---

① 刘之屏:《乐清东乡高等小学碑记》,刘之屏:《盗天庐集》,第48页。

第七章 "国身之裂"：中西文化认同间的紧张和调适
——透视趋新士人刘绍宽的人生旅程

引　言

第六章开头引用了刘绍宽的三段日记。日记显示了刘绍宽的价值认同危机。刘绍宽后来是学习西学的倡导者，还曾专门赴日本考察过学务，在清末他逐渐成为兴办新学堂的重要人物，担任过温州府中学堂监督、温处学务分处编检，是一个"新派"的代表人物。他在晚年回顾自己的历史，对1902年却作了这些评价：

> 本年多阅新书，于旧学稍杂，虽未敢显叛宗趋，而道德渐觉退堕。……究之所得，新学尽是皮毛，久之皆脱落而不能附着，徒使旧学日荒。①

为了富国强兵不能不认同西学，研修西学，普及西学在清末已是大势所趋，但旧学的荒落又使他感受到失却安身立命之所的惶惑。1903年是刘绍宽的外在"事功"蒸蒸日上的年份，后来刘绍宽却自省说：

> 是年任教平阳县学堂，……自是以后，悲悯之念日深，国身之系日切，较之十年前则大异矣。然从前所为义理训诂之学，从此遂疏。……此后虚望增而实行躜矣。②

---

① 刘绍宽：《刘绍宽日记》，中华书局2018年版，第337页。
② 刘绍宽：《刘绍宽日记》，第355页。

作者在社会威望迅速上升的时候(即所谓的"虚望增"),却产生了"实行隳"的痛惜。在刘氏的日记中,"实行"指的是道德修养的提高。作者视"义理之学"为真学问。新学的进展并不能安顿他的心灵。

本章以刘绍宽为个案,以揭示士人价值认同的撕裂情状,以及他们的行为抉择。

刘绍宽(1867～1942),字次饶,号厚庄,出生于平阳县江南乡白沙里(今属苍南县龙港镇)。父亲名庆祥,字玉溪,县学廪生,光绪十八年(1892)去世。刘绍宽两岁生母薛氏卒,伯母杨氏抚之成长。就刘绍宽家世看,不过普通乡村士人之家,家境也颇困窘。但日后,他历任温处学务分处编检,温州府学堂监督,位居温州教育界重要地位。辛亥革命时永嘉人一度动议拥戴刘绍宽为首领宣布独立。刘绍宽作为来自平阳乡下的一个普通的士人,他是如何获得温州社会的巨大社会声望和社会权力的呢?

本章不取研究对象与大历史判断互相印证套路,而是以刘绍宽人生旅程为主体,主要通过其所著的《刘绍宽日记》,观察刘氏是如何积累文化资本、编织关系网络,[①]以及他又是如何凭借这些资源获取巨大社会权力的,又是如何陷于价值认同危机。由于"文化资本"的分析涉及中观结构,这样的研究取径,有利于我们消弭理解社会结构(宏观)和个体(微观)之间关系的鸿沟。[②] 因此,在行文过程中会有人物的生命历程与大历史变化的相互映照,但不以刘绍宽的个人经验作大历史的注释。在笔者的观念里,作为一个生命体的刘绍宽与大社会和大历史具有同样的分量。尽管如此,还是有必要指出,对刘绍宽人生旅程的勾勒,将丰富我们对晚清地方社会文化史的想象。希望本项研究能够对晚清地方社会历史图像的复杂样态,提供更为深入的描画和解释。

第一节 先赋性关系网络与旧式文化资本

我们今天说刘绍宽获得了成功,其涵义是说他在地方社会,特别是在教育场域中辉煌的事功,以及从中衍生出的社会权力。概而言之,刘绍宽的成

[①] "文化资本"是布迪厄社会学理论体系中极具争议的一个分析概念。一般学者认同于把它理解为任何与文化及文化活动有关的有形或无形资产。本章将"文化资本"狭义化为刘绍宽在学习和交往的过程中累积的旧学和新学知识,这些知识在特定的关系圈中被承认,并使他确立在社会上获得较高地位的优势。

[②] [美]林南:《社会资本——关于社会结构与行动的理论》,张磊译,上海人民出版社2005年版,第3页。

功来自文化资本的累积和社会交往网络的编织。

以往人们在探讨社会交往的功效时,较多着眼于士人借此获得名和利,以及以名和利换取的经济价值。① 然而,交往网络除了便利于人们获得包括社会地位在内的物质利益的同时,交往网络也深深地影响了一个士人的气象格局、成学过程和人格形塑。

一开始,刘绍宽的学习内容与其他士人无异,为了考试读四书五经。真正接触到科举以外的学问当在他 17 岁考取县学附生以后。据刘绍宽门生王理孚所作《白沙刘先生年谱(未完稿)》,他 18 岁时,在三个方面拓展了学术视野。第一,在俞樾弟子、平阳县学训导吴承志指点下,阅读了无锡顾栋高的《舆地歌诀》,宋人贾昌朝的《群经音辨》,及顾炎武的一些论学书信,从此对小学、考据和地理产生了兴趣。第二,读蓝鼎元的《棉阳学准》,②了解了阳明学与朱子学的区别。第三,二舅杨愚楼推荐他读朱熹和吕祖谦之《近思录》,接触到了义理之学。③ 套用古人的话,刘绍宽的视野兼及"考据"和"义理"两方面。

这里需要特别指出的是,从刘绍宽的情况看,交往网络中的先赋性的血缘关系十分重要。在晚清,修习举业的读书人很多,但对举业以外的学问感兴趣的却是凤毛麟角。刘绍宽在 18 岁时,其知识结构从考据、义理两个方向延伸,其原因必须追溯到他的成长环境。他在"甫周岁,随先母育于舅家",平阳江南张家堡。从某种意义上说,张家堡杨家对刘绍宽日后的事业、学术和人格的养成具有决定性的影响。他的外公杨配篯是一名附贡生,在刘绍宽出生前已经去世,刘绍宽在给他作的传记中说:

(杨配篯)为学不事科举,而喜读宋儒书,自律甚严,言动必于礼。瑞安孙衣言自谓年少跅弛,见君辄肃然,仕宦后不得复见,常以为念。④

这里有两点值得注意:第一,杨配篯是一个真诚的道学家。第二,杨家与瑞安大族孙家是世交。两家在共同参与镇压金钱会起事后,关系愈加密切。孙衣言担任江宁布政使的时候,曾招杨配篯的长子和次子去官廨读书,但实际只有次子杨愚楼前往。在那里,杨愚楼受学于孙衣言。刘绍宽深深受惠于杨家的这种社会关系,后来执掌温州教育界大权的孙衣言之子孙诒让对

---

① 参见王鸿泰:《明清社会关系的流动与互动》,载《史学月刊》2006 年第 5 期。
② 蓝鼎元(1680~1733),字玉霖,号鹿洲,漳浦县赤岭人,清代知名学者和经世之材。
③ 王理孚:《王理孚集》,张禹、陈盛奖编注,上海社会科学院出版社 2006 年版,第 171 页。
④ 刘绍宽:《杨配篯传》,《厚庄诗文续集》卷四,民国二十六年(1937),温州市图书馆藏。

刘绍宽极为重要。两者的关系不能不说是杨家与孙家世交的继承。

尽管刘绍宽接触科举外的学问是到十七八岁以后的事,但热爱文史、关怀社会国家的情操却是早年寄居舅舅家时熏染而成。刘绍宽曾回忆说:"诸舅兄弟定省之暇,晨夕怡怡。暑月之夕,列席中庭,相与谈经史文字,及国家掌故、名人轶事,皆娓娓可听;冬则列坐曝南檐下,亦如之。"①刘绍宽在一篇文章中又说:"自杨愚楼先生受学于瑞安孙太仆,始课子弟习经史,治古文辞。"②作者明确地把杨愚楼受学于孙衣言与杨家子弟(包括刘绍宽本人)接触科举以外的学问看成是一种因果关系。

就学问层面说,杨家对刘绍宽的影响似乎主要在义理方面。外公的读书行事完全是道学家形象;二舅舅杨镜澄要他读《近思录》。但刘绍宽传统旧学真正登堂入室大概要到光绪十四年(1888)。这一年,在刘绍宽的生活中出现了一个关键性的人物。他就是瑞安著名学者,服膺颜元、李塨之学的金晦③。金晦应刘绍宽三舅舅杨笏坪之邀,来到平阳张家堡。金晦授杨笏坪之子杨慕侃(即子闾,刘绍宽表弟)以《毛诗》,授刘绍宽以《仪礼》,兼倡颜习斋之学。④金晦到平阳无论是对刘绍宽本人的学术素养还是对平阳的学风都产生了重大的影响。刘绍宽曾说:"自从金稚莲师,始识求学门径。"同时,平阳出现了一个以金晦为灵魂、以实践颜李之学为宗旨的学术团体,其核心成员有刘绍宽、杨慕侃、朱次庄、朱子昭、黄庆澄、张陶和陈雨亭等。

颜李之学是塑造刘绍宽人格的最重要的资源。王理孚说他治颜学后"律身行己特峻洁,……而于世俗嗜好屏除一切"。⑤从这一年起刘绍宽开始写日记,从日记中看到刘绍宽严格的反省、修身,以及投身社会实践的取向。刘绍宽说:"余自戊子(1888)之岁,从学瑞安金稚莲师,读习斋颜氏书,日有札记,以为自课身心之地。"⑥这正是典型的颜李学派中之修身日记的传统。⑦在接下去的两三年里,相继阅读了颜元、李塨、李颙、方以智和陆世仪等的著作,以及曾国藩的家书和日记等,反省自己的生活并留下大量的感悟文字。

---

① 刘绍宽:《文林郎杨公墓志铭》,《厚庄诗文续集》卷五,民国二十六年(1937)。
② 刘绍宽:《鲍竹君传》,《厚庄诗文续集》卷五。
③ 金晦,原名鸣昌,字稚莲,号逌斋,瑞安名动一时的求志社的成员。他学务世用,读经治史外,于天算地舆、兵谋武备、掌故律例诸书,靡不讲求贯串,所著《治平述略》有声名。光绪十二年(1886)府试,平阳文童闹考,杨愚楼等都因不能约束所担保的童生而被斥革,鸣昌因支持文童闹考,也被革去廪生资格,于是将名字改为晦。
④ 刘绍宽:《鲍竹君传》,《厚庄诗文续集》卷五。
⑤ 王理孚:《王理孚集》,张禹、陈盛奖编注,第172~173页。
⑥ 刘绍宽:《刘绍宽日记》,第338页。
⑦ 参见王汎森:《日谱与明末清初思想家——以颜李学派为主的讨论》,载王汎森:《权力的毛细血管作用》,联经出版事业股份有限公司2013年版。

刘绍宽的理学信仰对他的人生历程产生了两个方面的影响：其一，以理学为修身原则，使他具有强烈的道德意识；由此而形成的道德感召力使得他"身入事界"后能够累积更多的象征资本，①从而获取更大的社会权力。其二，理学的熏陶使他产生极强的责任意识，使得他与救亡图存相关的新思想、新知识产生亲和性关系，从而催生出强劲的学习西学的精神动力。但也必须指出，虽说西学早在19世纪40年代就已作为一种新的文化资源在沿海地带生长起来，但旧文化资本并未丧失其合法性。它对一个士绅来说，还是一种正能量。

总体上说，刘氏旧学根柢的养成有赖于其自身的血缘关系，金晦可以被视作其血缘关系的自然延伸。

第二节 关系网络的编织与新学资源的撷取

如果说刘绍宽旧学的获得主要凭借先赋性的社会关系网络，那么他新学的获得则多依赖于后致性的社会关系网络。陈镇波先生说刘绍宽24岁时(1890)就从鳌江订购《申报》，以冀通晓时事。时阅报风气未开，(平阳县)订阅者仅先生一人。② 这是极具象征意义的事件，这意味着刘绍宽打通了一根了解新学的管道。那么在如此偏僻的地方，刘绍宽为什么会去订阅《申报》呢？这就不得不求解于他当时的交往状况。《白沙刘先生年谱(未完稿)》载：

> 先生自传稿云：是时局势日变，新学萌生。乡人宋平子衡(即宋恕——引者)在上海倡广兴西学之说，黄源初(即黄庆澄——引者)与之游，屡有通信，于是知经世之务不在戋戋之科举。③

民国以后刘绍宽还曾回忆说：

---

① 象征资本：指特定的社会空间中公认的知名度、声誉、成就感和领袖地位。布迪厄将场域比作是一场游戏，资本的拥有者们遵循共同的游戏规则，力图使自己的资本在互动中得到别人和社会的承认，转化为宰制性的象征资本。参见布迪厄、华康德：《实践与反思——反思社会学导引》，李猛、李康译，中央编译出版社1998年版，第131～186页。

② 陈镇波：《刘厚庄年谱》，政协浙江省苍南县委员会文史资料委员编：《刘绍宽专辑》《苍南文史资料》第十六辑)，2001年，第382～383页。

③ 王理孚：《王理孚集》，张禹、陈盛奖编注，第173页。黄源初，即黄庆澄，曾于1893年游历日本，其所著《东游日记》，孙诒让为之作序。

> 吾浙人文渊薮,常得一国风气之先,而温郡独僻左,吾平又僻于他县,蒲门于县尤僻区也。顾清季新学之行,能不后于他郡者,岂非有开先者乎? 胜清咸丰季年,各国通商,识者始谈变法。然其初阻挠百端。至光绪甲午以后,士大夫始昌言新学。时吾平得气之先者,唯宋平子,黄愚初。平子高掌远跖,虑不措于一邑,愚初则汲汲输外来之风气以播于邑中,遇有后进俊异之士,诱掖奖劝,不遗余力。①

在以上两段引文中,刘绍宽都强调宋恕和黄庆澄对平阳县的开风气之功。尽管要到光绪二十四年(1898)刘绍宽才与宋恕有直接交往。但与刘绍宽同属实践颜李之学团体的成员黄庆澄,于光绪十五年(1889)即已赴上海任梅溪书院教习。刘绍宽于黄庆澄处获知外界的政治、时事和学术动态,是可以想象的。以平阳的偏僻和对外沟通渠道之狭隘,有理由说:黄庆澄光绪十五年(1889)去上海,刘绍宽于次年订购《申报》,并非巧合。

在"西学"的诸多门类中,刘绍宽首先着力的是其中最为"正宗"的部分,即近代西方数学和物理学。光绪十七年(1891)有日记云:

> 近日阅方以智《物理小识》,极可喜。明万历后,泰西物质诸学,已传入中国。宰相徐光启,信奉天主教,尊崇利玛窦,为译《几何原本》六卷。至天启、崇祯时,揭暄、方以智等受其影响,故有《物理小识》等之著作。②

作为一个长期浸淫于中国传统学术中的儒生,学习西学从方以智、徐光启著作入手,也许是因为其自有一种亲切感在里边。当然,在19世纪90年代初,他的阅读还是以传统国学为主,光绪十七年(1891)他就阅读了惠栋的经典之作《易学微言》。③ 此后西学书籍的阅读量逐渐增大,但直至光绪二十二年(1896),传统国学经典的阅读仍然占了一个很大的比重。他阅读了《宋元学案》《名儒学案》和《国学学案小识》等。④ 此后一段时间刘绍宽专注于数学,光绪二十三年(1897),他密集地研读了《华氏笔谈》《数学启蒙》《代数术》和《梅氏丛书》等一批数学书。

光绪二十四年(1898)也是刘绍宽生命史上一个非常关键的年份。这

---

① 刘绍宽:《林椿庭五十寿序》,《厚庄诗文续集》外卷二。
② 刘绍宽:《刘绍宽日记》,第49~50页。
③ 王理孚:《王理孚集》,张禹、陈盛奖编注,第176页。
④ 王理孚:《王理孚集》,张禹、陈盛奖编注,第184页。

一年因应拔贡朝考北上京城,自四月十二离家,至七月初七返家。在近3个月的时间里,结交了不少温州籍的学者、官员,从中获取了大量西学信息。仅从日记中可以看到,与他有过深入交谈的人物就有陈黻宸(瑞安)、陈虬(上海)、宋恕(上海)、徐定超(北京)、黄绍箕(北京)、黄庆澄(宁波)。①这些温州籍人士除陈黻宸外,都是生活在外面的大都市里,信息量极为丰富。此处仅以与黄绍箕和宋恕的晤谈为例略加说明。《刘绍宽日记》:"夜晤黄仲弢(绍箕)、徐班侯(定超)两先生,得聆雅奏。仲弢先生推尊西学,以为暗合三代之法,且言时文改为策论,仅可以为过峡文字,必须整顿学堂为要。"②显然,刘绍宽非常认同黄氏"推尊西学"的取向,且理解黄氏对教育改革的重要见解:"时文改策论"不过治标,"整顿学堂"才是关键。这极有可能对刘氏后来的人生抉择产生影响。如果不是当晚康有为来拜访黄绍箕,他们本可以有更充分的交谈。五月初十黄绍箕回访刘绍宽,黄向刘介绍了朝中官员"同商新政"的状况,及朝中的政治形势,透露了高层"改庙产为学堂"的意向。③

刘绍宽在日记中对宋恕的言论更是予以连篇累牍地记载,自述"随手忆记,无复伦次,遗漏尚多"。④ 刘绍宽去北京应试取道上海,四月廿四日是去北京途中的会晤,而六月廿六、廿七、廿九是自京返回温州途中的会晤。因宋恕"新自日本游历回",因此对日本的介绍是交谈的一个重要方面,内容涉及日本教育制度(如义务教育的学制)、文化政策(如对著书立说的奖励机制)、日本明治变法历史。宋恕夹叙夹议,对日本推崇备至,称日本"通国人无不知书,至报馆林立,竟有阳明学报、亭林学报等目,佛学学报亦复不少,时务诸报更不待言,以故民智大开,非吾国所及"。⑤ 甚至说日本的"车夫、马夫亦胜于中国之王公大臣,缘皆能阅报也"。⑥ 他认为日本统合了"中学"和"西学"长处,日本的学校为"五大洲之冠"。⑦ 通过与日本的对比,宋恕指出了中国政治、文化、教育诸方面的弊病,提出了以落实"民权"为旨归的、具有渐进色彩的政治改革路线图。⑧

在六月廿七日的交谈中,宋恕还介绍了官员学者商人间的复杂恩怨,纵

---

① 刘绍宽:《刘绍宽日记》,第194~212页。
② 刘绍宽:《刘绍宽日记》,第197页。
③ 刘绍宽:《刘绍宽日记》,第198页。
④ 刘绍宽:《刘绍宽日记》,第205~210页。
⑤ 刘绍宽:《刘绍宽日记》,第195页。
⑥ 刘绍宽:《刘绍宽日记》,第204~205页。
⑦ 刘绍宽:《刘绍宽日记》,第204~205页。
⑧ 刘绍宽:《刘绍宽日记》,第205~210页。

论政界学界人物,涉及的著名人物达 36 位,他们是:张之洞、康有为、黄绍箕、汪康年、张经甫、梁启超、梁鼎芬、黄遵宪、汤寿潜、袁昶、章炳麟、沈曾植、文廷式、谭嗣同、陈三立、孙诒让、黄以周、王闿运、曾国藩、俞樾、孙衣言、汪中、恽敬、章学诚、包世臣、纪晓岚、黄宗羲、王夫之、颜元、唐甄、林则徐、沈葆桢、李鸿章、龚自珍、叶浩吾和廖寿丰,蕴含了极为惊人的信息量。① 刘氏评论宋恕的言论说:"中亦多未尽公允之论;然学有本原,识解超卓,诚非易得,可别择观之。"②

王理孚曾非常精当地揭示了光绪二十四年(1898)对刘绍宽的特殊意义:"是岁因往来京沪,结识黄仲弢、宋燕生(恕)诸先生,获闻国学要领及中外政治之异同,且目睹康梁党狱之诡谲,激刺殊深,浩然有当世之志。"③刘绍宽正是与名流的交往中收获了两大成果:其一,掌握了"国学要领";其二,增长了见识,即了解"中外政治之异同"。刘绍宽晚年在追溯往事时也说:"余自戊戌朝考报罢后家居授徒,自窒见闻。值此数年中[如]求学沪上,多识名流,泛览新籍,归而办学,所得必不止此。"又说:"康梁事变后,《清议报》风靡全国,庚子再变,朝野幡然,益趋新政。学报勃兴,译籍日出,不能于此时扩充见识,讲明实学,而惟于乡间购取一二新译书,如牖中窥月,亦何益耶!"④这话不无沉痛意味,但也从反面证明了 3 个月与名流交往的显著效果。还有一点须注意,在光绪三十二年(1906),刘绍宽的教育实践活动达到极盛状态——主持温州府中学的整顿工作,这与陈黻宸、黄绍箕、徐定超的推举是分不开的。还有一个重要的变化是受"西潮"的冲击。刘绍宽在离沪返乡的时候,曾到虹口与宋恕别,获赠为宋恕赢得思想家地位的《六斋卑议》。⑤

以上这些,导致了刘氏此后大规模的西方书报的阅读。以下是从日记中所见的部分阅读状况:《俄土战记》⑥《文学兴国策》⑦《保富述要》⑧《泰西新史

---

① 刘绍宽:《刘绍宽日记》,第 205~210 页。
② 刘绍宽:《刘绍宽日记》,第 204~205 页。
③ 王理孚:《王理孚集》,张禹、陈盛奖编注,第 186 页。
④ 陈镇波:《刘绍宽与温州教育》,载林勇主编:《永怀集》,华东师范大学出版社 2001 年版,第 19 页。
⑤ 刘绍宽:《刘绍宽日记》,第 211 页。
⑥ 刘绍宽评论说:此书叙俄土战争,而于英、法、德、奥、意各国情事皆了如指掌。大抵西国报馆林立,一事而彼此腾议,故通局了然,非中国之扣槃扪烛者比(刘绍宽:《刘绍宽日记》,第 220 页)。
⑦ 1898 年八月初五日记,刘绍宽注:此书为日本维新时议开学校,遣驻美公使森有礼访问于美之教育家,辑其答复书而成此编。广智书局刊(刘绍宽:《刘绍宽日记》,第 220 页)。
⑧ 刘绍宽:《刘绍宽日记》,第 226~227 页。

揽要》和《原强》①《名理探》②《名学》③《理学钩玄》④《小学校事汇》⑤《原富》⑥《学校管理法》⑦《五大洲女俗通考》。⑧ 此外，日记中频繁出现阅报记载，阅报应为刘氏日常生活的内容，报刊名称有《申报》《时务报》《时报》《万国公报》《时务日报》《新闻报》和《外交报》等。

刘绍宽的北京之行似乎加强了他思想上的趋新倾向。试举一例，光绪二十年(1894)寓居平阳县城近郊的金晦，在叙和酱园对刘绍宽谈论西方议会制度时说："西人议院之权太重，是以党众朋兴，此实非法。"⑨刘氏素来信奉金晦，他也似乎并未觉得师说未妥。光绪二十四年(1888)宋恕在上海论及明治维新史事时，对议员甚为赞赏，认为"大开议院"是日本建成"君民共主之国"的标志，是日本"改制之始"。⑩ 在这天的日记中，刘氏的态度尚未明朗。同年八月，刘氏读到湖南赵而霖批驳"议院激成朋党"论的文字："平心论之，由于纪纲不饬，激之使然，若徒归咎于议院，则是畏兵变而并止招募，鉴加赋而并禁催科，不亦惧乎？"刘氏给出的评语是"皆切中之言"。⑪刘绍宽没有墨守金晦之说。

第三节　刘绍宽的象征资本与社会权力

笔者在阅读刘绍宽日记的过程中，屡屡感到受他那种成就一番事业的渴望。以下兹举二则日记。光绪二十五年(1899)七月，刘氏写道：

---

① 刘绍宽：《刘绍宽日记》，第 196～197 页。
② 刘绍宽：《刘绍宽日记》，第 340 页。此书原名《亚里士多德辩证法概论》。明末科学家李之藻(1569～1630)所译的一部西方逻辑著作，主要内容为中世纪经院派所述亚里士多德的概念、范畴的学说。
③ 刘绍宽：《刘绍宽日记》，第 356～357 页。此书为严复所译。
④ 刘绍宽：《刘绍宽日记》，第 364～365、370～371、371～373、374～376 页。刘氏作了极为详细的摘录。《理学钩玄》(意即《哲学概论》)，系日本中江兆民著，1886 年出版。此书比较系统地介绍了西方哲学思想。
⑤ 刘绍宽：《刘绍宽日记》，第 396～397 页。此书购自日本东京，作者本日日记称"翻阅此书，于办理学堂诸务，可得大半矣"。
⑥ 刘绍宽：《刘绍宽日记》，第 421 页。
⑦ 1906 年 2 月 18 日日记下注：(阅此书后)知日本于学校管理有广义有狭义。广义者，综理学务一切；狭义者，仅指维持秩序而言(刘绍宽：《刘绍宽日记》，第 424 页)。
⑧ 1906 年 6 月 20 日日记注：《五大洲女俗通考》一书，皆叙五洲风俗之文野，以女权平屈为衡(刘绍宽：《刘绍宽日记》，第 447 页)。
⑨ 刘绍宽：《刘绍宽日记》，第 84 页。
⑩ 刘绍宽：《刘绍宽日记》，第 205～210 页。
⑪ 刘绍宽：《刘绍宽日记》，第 221 页。

糊口于课读，托业于改卷，究心于虚缩吞吐之间，措笔于惝恍迷离之际，洒一世心血于无用之地，侥幸其人之弋获一衿，以得区区之酬谢，一点点英豪道德之气剗削消磨殆尽。究竟于遭遇之穷，了无所补，是不得不亟思改图者也。①

在这里我们听到了刘氏深沉的人生喟叹，时间流逝而命运无所改观的伤感弥漫于字里行间。第二则为光绪二十九年(1903)写于上海震旦书院：

岁月蹉跎，修名不立，揽镜自照，悲从中来，哀愤之余，手理铅椠。嗟乎！臣之壮也，犹不如人，流光荏苒，行将四十矣。追忆曩游，半归宿草，顾此朽钝，复何成就？言念及此，不觉泪下潸潸也。②

刘绍宽于光绪二十九年(1903)八月在杭州应乡试，本来计划取道上海回温州。后改变主意在震旦学院读书。体现在日记中的成名立业的紧迫感还见于他的时间安排：上午读拉丁文，下午读英文，晚上读《名理探》《南山集》。③ 以37岁的"高龄"去啃拉丁文和英语，可以想见怀抱的是一种怎样的心情。这就很好理解，家境贫寒的他为什么在光绪三十年(1904)会有日本之行。且看刘绍宽如何表露访日的心境。渡海之前在上海客栈赋诗曰："少不如人壮志虚，名场困我廿年余。此行聊补蹉跎憾，敢贩新闻当著书。"④刘绍宽在其《东瀛观学记》末尾写道：

良由落拓书生，交游素鲜，无钱财以恣远游，无权贵以通声气。徒以热肠忧国，无事可为。自分于教育一途，稍竭智虑，庶于国民分子略有补救，飘然书剑，轻身一行。……然而衣服殊制，语言不通，考察阻阂之处，实为非鲜。兼以国势衰弱，外侮迭乘，听睹所及，愤慨难已！⑤

刘绍宽在甲辰日记之末加写的按语中，如此评价日本之行的意义："余此后从事教育，皆基于此行；温州学务之创始，皆发源于神田锦辉馆饯别之一席

---

① 刘绍宽：《刘绍宽日记》，第256～257页。
② 刘绍宽：《刘绍宽日记》，第338～339页。
③ 刘绍宽：《刘绍宽日记》，第339页。
④ 刘绍宽：《刘绍宽日记》，第382页。
⑤ 刘绍宽：《东瀛观学记》，光绪三十一年(1905)。

话,盖此行亦一生事业之转捩关也。"①他这句话有两层意思:第一层,日本考察所得现代教育思想、教育理念和教育方法,在刘氏此后的教育实践中起到了全面的指导作用。第二层,在神田锦辉馆,温籍留日学生动议设立温处学务分处,后来成为现实,刘绍宽在里面担任重要职务。

刘氏视日本之行为自己一生的"转捩关",肯定意识到了他据此所著的《东瀛观学记》,为自己获得了巨额象征资本。据笔者阅读所见,通过著书扩大自己影响是晚清较为普遍的风气。就以温州学者为例,金晦的《治平述略》著于光绪十六年(1890),似乎没有刊刻,但当时温州士绅中大抵知道金晦的著作。直到二十年(1894),作为弟子的刘绍宽还没有见过此书,说"师有《治平述略》之著,条目未见"。② 但真要以此提高社会声望,那是必须"广而告之"的。陈虬的《治平通议》大约成书于光绪十四年(1888)。翌年,陈虬考取举人,在其《乡试殊卷》中标明著作有《治平通议》六卷。③ 十七年(1891)春,陈虬是携带自己的著作赴北京会试的。④ 在北京据此广交名流,张之洞读过《治平通议》,梁启超列该书入《西学书目表》,戊戌变法时在北京成为引人注目的重要角色,未始没有《治平通议》的"广告效应"。宋恕的《六斋卑议》也被列入《西学书目表》,宋恕以一介生员在思想文化界声誉鹊起,完全是因为其范围宽广的高端读者群。⑤

东瓯诸君子通过著书获得的声誉大大拓展了他们的社会交往空间,对这一点刘绍宽也是清楚的。他也着力于《东瀛观学记》的散发,他的日记有这样的记载:"作信与仲琳,嘱将《观学记》托便带郡城信('信'疑为'衍字'——引者)交瑞安湖广轮船转寄。"⑥被世人尊为泰山北斗的经学大师孙诒让不仅亲自为《东瀛观学记》作序,使所著得以金玉其外,而且还致信刘绍宽:"大著印成,当广为传播,程观察(恩培,字少周,时为温处道)似可寄一二册,渠亦以先睹为快也。"⑦刘绍宽一生的事业在温州,获得地方官的知晓和赏识是非常

---

① 刘绍宽:《刘绍宽日记》,第 398 页。
② 刘绍宽:《刘绍宽日记》,第 84 页。
③ 胡珠生编:《陈虬集》(温州文史资料第八辑),第 466 页。
④ 宋恕《书陈蛰庐〈治平通议〉后》(1895 年 3 月)有言:"辛卯(1891)一别五载,顷赴春试,访恕沪滨,示所著《治平通议》。"见胡珠生编:《宋恕集》,第 239 页。
⑤ 据胡珠生先生考证,可考的读过各种版本《六斋卑议》的人士有赵诒璹、张士珩、李鸿章、俞樾、张謇、杨晨、王修植、黄绍第、王万怀、王韬、张焕纶、梁启超、谭嗣同、章炳麟、周观、吕朝周、贵林、钟天纬、夏曾佑、宗源翰、王永霓、康有为、傅兰雅、花之安、李提摩太、陈黻宸、陈国桢、陈虬、陈明、金晦、王景羲、苏梦龙、孙诒钧、林庆衍、孙诒泽、蔡元培、章梫、陈葆善、许寿裳、黄群和马叙伦等。见《宋恕集》,第 1、48、116 页。
⑥ 刘绍宽:《刘绍宽日记》,第 414 页。
⑦ 孙诒让:《与刘绍宽论办学手札二十六通·十三》(1905 年),张宪文辑:《孙诒让遗文辑存》(温州文史资料第五辑),第 188 页。

重要的。从此信看,孙诒让为刘氏在道台面前"美言"一番也是可以想象的。

《东瀛观学记》为刘绍宽刊刻的第一部著作,刘氏还有其他多种著述。东渡前的光绪三十年(1904)四月,著《研究教育杂话》,从几千年的纵向时间深度探讨教育体制、士人思想,综论教育宗旨、教材状况、办学主体、办学原则和学生风气等等,并检讨其背后的原因;①三十一年(1905)为白沙蒙学编定《智育国文教科书百课》;②三十二年(1906)正月为平阳务本学堂编定《初级历史课本》;③三十二年(1906)二月至四月编定《管理法》;④三十三年(1907)编写《新编国文教科书》和《国文教授法》。⑤

当然,刘绍宽获得巨大的象征资本,并不仅仅在于他在书斋中坐而著述,更在于他起而行的决心,以及兴办新学的实绩。早在光绪二十五年(1899)就曾有过这样的天才设想:拟同志数人联馆,分任教科,设十二目:理学、经学、小学、史学、舆地学、算学、物理学、体学(医津附)、掌故学、时务学、词章学、应试学。⑥ 他这里的"同志",大约都是像他那样以"塾师"为业的人。他们联合他们的"塾馆"办成一个学堂。这是一个相当有创意的想法,但没有成功。从二十五年(1899)十月起,他与士绅杨愚楼、金晦、诸葛和卿谋划创办一个化学学堂,孙诒让一度参与其事。他四处奔走筹集经费、制定章程、选择校址,尽管此事亦告流产,⑦但也让孙诒让等看到他的热情和办事能力。刘氏的办学实践真正开始结出果实是在光绪二十九年(1903),这一年他与鲍竹君搭上他们的身家创办白沙小学。⑧ 同时,该年又任教于平阳县学堂。刘绍宽办学活

---

① 刘绍宽:《刘绍宽日记》,第367～370页。
② 光绪二十七年八月廿二日日记交代:顷编定《智育国文教科书百课》,刺取明冯氏《智囊补》为之。以原文多有删易,因取吴济庵家藏廿二史校之,竭一日之力,为检唐宋明三朝事,大约明事多为史所无也。后温处学务处予以刊行(刘绍宽:《刘绍宽日记》,第399页)。
③ 光绪二十八年正月初十日日记,在务本学堂修改《初级历史课本》。十二日日记,《初级历史课本》五十四课,今增删为六十课。每课二时间,可做一年课本。刘绍宽:《刘绍宽日记》,第419页。
④ 见诸光绪二十八年以下几天日记:二月廿一、廿三、廿四、廿五、廿六、廿七、廿八、三十、三月初一、初四、初五、初六、四月初九、初十、十一、十二、十三、十六。刘绍宽:《刘绍宽日记》,第425～426页。
⑤ 光绪二十九年七月十三,校勘《新编国文教科书》。十五日,编《国文教授法》。二十日编《教授法》。廿一、廿二、廿三编《教授法》。刘绍宽:《刘绍宽日记》,第453～454页。
⑥ 光绪二十五年九月初四日日记,刘绍宽:《刘绍宽日记》,第260页。
⑦ 见诸光绪二十五年十月十二日至二十六年五月廿八日日记,刘绍宽:《刘绍宽日记》,第268～283页。
⑧ 作者在给光绪二十九年十月廿五日日记所加的按语中说:是年余与竹君创办白沙小学于刘店,款由豆麦牙郎捐及谷捐每亩一斤为之,不敷由余与竹君等赔垫。刘绍宽:《刘绍宽日记》,第343～344页。

动自日本考察回国后达到高潮,孙诒让赞扬刘氏说:"(刘绍宽)以其考察所得者,遍语其乡人。不数月,而江南一乡,蒙学堂创成十有四区。平邑学务,将从此大兴,瑞安瞠乎后矣。"①

刘绍宽具有丰富的教学经验、可观的办学实绩和较高的教学、教育理论素养,以及通过著书和社会交往累积的社会声望,自光绪二十七年(1901)起得到了丰厚的回报。那年十月担任温处学务分处编检,此非惟他"为教育服务于温州全郡之始",而且其影响及于温处两府十六县。但使刘绍宽获得更大权力的当为担任温州府中学监督。1906年,温籍京官黄绍箕、徐定超和陈黻宸均来电推荐孙诒让为正监督,刘绍宽和吴熙周为副监督。② 不久,孙诒让保荐刘绍宽专任监督,③陈黻宸又专门来电,为他打气,要他"放胆为之"。④

温州中学监督,即温州中学校长。但我们不能以今天的中学校长去想象刘绍宽的权力和影响。在科举制度刚刚废除的时候,即便是一个普通的新学堂教师职位,也是一种极为稀缺的资源。在废除科举之前,私塾的规模都很小,从《张棡日记》《刘绍宽日记》和赵钧的《过来语》中都可以看到。一个私塾一般也就三五个、六七个学生,最小的只有一个学生。10个学生以上的不是没有,但是极为罕见。笔者仅见于光绪二十五年(1899),刘绍宽曾有包括自己的弟弟在内一共12个学生。⑤ 1905年废除科举后,极为分散地分布在各个私塾中的学生聚拢到新式学堂中,更何况新式学堂费用昂贵,又有不少学生因此失学,可以想见有多少塾师从此失业,生路被断!而只有像刘绍宽、张棡等或多或少地具有西学知识背景的人,占有了为数不多的中小学教师职位。而刘绍宽担任温州中学监督,就拥有了对这些稀缺资源进行配置的权力。光绪三十二年(1906),一般一个府只有一所中学,因此,温州中学是温州府的最高学府,监督职位享有崇高的社会地位。

更重要的是,当时的温处学务分处和温州中学并非单纯的教育机构。学校还往往是一个文化中心和政治中心。新知识、新思潮、新思想在这里传播,新的政治力量在这里集结,教育机构具有鲜明的政治色彩,并赋予较为宽广的社会职能。这一点最先引起笔者注意的是,刘绍宽1903年把上海震旦学

---

① 孙诒让:《〈东瀛观学记〉序》,《孙诒让遗文辑存》,第371页。
② 光绪三十二年三月十三日日记,刘绍宽:《刘绍宽日记》,第428~429页。
③ 光绪三十二年四月初四日日记,刘绍宽:《刘绍宽日记》,第431页。
④ 光绪三十二年四月十一日日记,刘绍宽:《刘绍宽日记》,第432页。
⑤ 光绪二十五年正月廿二、廿三、二月初一日日记,刘绍宽:《刘绍宽日记》,第234、234、237页。

院的演说制度移植到平阳县学堂。① 从他们的演说题目可以看到学校关心范围之广：日俄开战如何结局，于中国将来大局当何如？地方自治，中国全舆为万国公地，高丽自主，西伯利亚及东两条铁路如何处置，战后欧洲各国当有大同盟，俄国当革命，东三省必为万国公商地。② 刘绍宽在日本考察即将结束，返国在即，温州籍日本留学生在神田锦辉馆给他饯行时，他们动议成立温处学务分处，在论及这个机构的意义时，竟有这样的议论："……一旦有总设机关为之提倡，非惟于学务上易于调察，将来地方一切举动，两郡皆有密切关系，实至要之举也。"③温处学务分处真正成立之后，其调查部条议明确规定："调查人员所到之处，学务以外，凡山川风俗户口物产农工商业及地方利病有所闻见，均可随时记录，归送编检部以备参考。"④可见，当时那些趋新士人所掌控的教育机构并不仅仅是处理"学务"而已，他们试图介入地方社会的政治事务和社会事务。追求更大的社会权力是他们极为鲜明的自觉意识。

  的确，在很大的程度上他们的追求成了现实。宣统二年（1910）二月十三日平阳自治会研究所开会于务本学堂。⑤ 这不仅是因为学校能够给与会者提供一个物理空间，而且在讨论诸如行政区划、宾兴费用的使用等问题时，教育界人士陈小垞、刘绍宽等最有发言权。他们是地方自治中之掌实权者。而当辛亥年革命风暴袭来之时，学校就成了一个社会力量集结的场所。地方士绅姚养吾、潘志谦要在温州师范学堂召开会议，"有废除旧官僚，计划独立之意"。而温州人更是要拥戴中学监督刘绍宽宣布独立，刘绍宽只得躲避在外。⑥ 刘绍宽差一点被"黄袍加身"，最足以说明温州中学校长的权力、地位和他的个人威望。

---

① 光绪二十九年十月三十日日记：震旦学院最重演说，每间一礼拜演说一次，预日出题，命学生预备。初拟临时签掣一人，令其演说，恐诸生程度未齐，因于每月开议之日（初例每月开议会一次，今定三日一次），公举数人为议员，令其届期演说，所议皆国家政要，令诸生知有国事，以动其爱国之心。又公举议员外，复公举司法员以监察诸学生，此二法平堂中皆须采之（刘绍宽：《刘绍宽日记》，第344～345页）。瑞安也有以孙诒让为会长的演说会（自1902年至1906年）。每月逢朔望，集城乡各学堂师生及各界人士演说政治时事、科学知识及县政兴革事宜，听者常数百人，于地方风气之开通影响至巨。参见张宪文辑：《孙诒让遗文辑存》，第512页。
② 光绪三十年正月廿七日日记，刘绍宽：《刘绍宽日记》，第362～363页。
③ 光绪三十年十月初七日日记，刘绍宽：《刘绍宽日记》，第395页。
④ 孙孟晋（延钊）：《孙籀公与清季温处地方教育》，载中国人民政治协商会议浙江省温州委员会文史资料研究委员会编：《温州文史资料》，创刊号，1985年。
⑤ 宣统二年二月十三日日记，刘绍宽：《刘绍宽日记》，第501页。
⑥ 刘绍宽在宣统三年六月初一日日记后所加的按语，叙述了当年九月份发生的事情。刘绍宽：《刘绍宽日记》，第534～536页。

第四节　新学脱落旧学荒——
　　　　　刘绍宽的彷徨和忧伤

　　本章重建了晚清社会结构大变动中的普通士人刘绍宽的历史。现作如下两点讨论：

　　第一，刘绍宽是如何获得地方社会巨大的社会权力的？我们看到两个最重要的因素是，文化资本的累积和关系网络的编织。通过研究发现这两者间并非是互不交叉的平行线；两者间不断产生交互作用，互相加强。文化资本的累积有助于扩大社会交往圈，如果没有旧式的文化资本，他就不可能加入实践颜李之学的团体，他与日后对他有着重大影响的黄庆澄的关系就会受到削弱。如果没有新式文化资本的撷取，就没有可能与陈黻宸、宋恕、陈虬、黄绍箕和徐定超等进行密切的交流，与这些名流构成同道关系。总之，随着文化空间的拓展，关系网络也获得大幅度的延伸。反过来，与这些趋新人士的交往也刺激了他学习新学的热情，开启他学习新学的门径。文化资本与关系网络融合成一股强大的力量。

　　第二，两类文化资本（旧学和新知）在刘绍宽身上呈现着一种紧张状态。当今一些学者在想象清末士人的时候，往往为"中学为体，西学为用"的套语所迷惑，以为中学、西学分任体和用，处于一种有秩序的和谐状态。乍一看，似乎很有道理，刘绍宽把宋明理学作为自我人格塑造的凭借，而新学用以强国富民。但仔细阅读厚庄日记，却发现并不如此简单。刘氏在光绪二十八年（1902）日记末所加的按语说：①

> 　　是岁学力、思想较上年稍为开辟，然间有走作，不固所守之处，新知旧学难相融洽如。

　　这是1930年在光绪二十八年（1902）日记末发出的感叹。这也真切地反映了西学与中学认同的纠结。进入民国三年（1914），刘绍宽还说：

> 　　老来脑力退减，只能商量旧学，不能输入新知，勉强肩随后生，为铺啜之计，殊属不必，归计决矣。②

---

① 1930年刘绍宽在光绪二十八年日记末所作的按语。刘绍宽：《刘绍宽日记》，第337页。
② 刘绍宽：《刘绍宽日记》，第561页。

作者视"义理之学"为真学问。新学的进展并不能安顿他的心灵。

日记中最值得玩味的"国身之系日切"的说法，当指作者把自己的命运与国家的命运联系在一起；但令人感到十分吊诡的是，正是在"国身之系日切"之时，也就是"国"与"身"分裂之日。王汎森曾非常精辟地指出其背后的原因：在国的层次，西方政治、经济、社会思想取代了旧儒治国平天下的学问，但是在修身方面，新输入的学说并不足以取代旧日之学。[①] 与刘绍宽同时代的瑞安廪生张棡(1860～1942)，民族主义情绪没有刘氏强烈，虽亦为应科考计留意新学，但在精神上没有刘氏卷入深，其日常生活的主调仍然是旧式士人的优雅和闲适，与"国"保持较大的距离，精神世界相对均衡和谐。

[①] 王汎森：《中国近代思想与学术的系谱》，吉林出版集团有限责任公司2011年版，第146页。

第八章 "国族"还是"宗族"
——民族国家建构过程中在地知识人的认同纠结

引　言

思想史家张灏把自1895～1920年的25年称为中国历史上的一个转型时代,即思想文化由传统过渡到现代的时代。期间无论是思想知识的传播媒介,还是思想的内容,均有突破性的巨变。[①] 这当然指的是发端于甲午战败后兴起的启蒙运动。到20世纪初,立宪、革命、拒俄、抵制美货、收回路权、天足和禁烟运动相继发生,高潮迭起。美国学者任达(Douglas R. Reynolds)把辛亥革命前的1910年当作中国近代史上的重要分水岭,认为那个时候的中国与1925年以后直至今天的中国具有"基本的连续性",而与1898年初的中国相比"在思想和体制两大领域都明显地彼此脱离而且越离越远"。[②] 任达观察到了由于启蒙运动的快速推进,中国传统的思想体系、知识体系产生了明显的"断裂"。

在回首这场划时代的巨变时,李孝悌则在《清末的下层社会启蒙运动:1901～1911》中强调1900年代是中国近代史上"走向人民"运动的第一次大规模开展,在本质上是一次具有强烈启蒙意义的思想、文化和社会的改良运动。[③] 尽管"走向人民""下层社会"是李著中十分重要的核心词汇,但在其《新版序》中却承认,在这本书里"没有真正以下层社会为研究对象"。其实这

[①] 张灏:《转型时代在中国近代思想史与文化史上的重要性》,《张灏自选集》,上海教育出版社2002年版,第109页。

[②] [美]任达:《黄金十年与新政革命》,李仲贤译,江苏人民出版社1998年版,第215页。

[③] 李孝悌:《清末的下层社会启蒙运动:1901～1911》,河北教育出版社2011年版,第247页。

里昭示了一个重要的研究课题,即转型期新思想、新文化和新知识如何在基层社会传播和接受。如果没有广大底层民众的参与,文化明星、新文化运动健将们的思想和观念的论争再热闹,也不过是小圈子里面的自娱自乐。所以王汎森反复表达这样的意思:"一只燕子能否代表一个春天?如果一种想法只是出现在某位思想家的笔下,而没有传播开来,那也就只是一只燕子而已。""在大波浪之下的海底鱼儿们游水的身姿也值得我们注意。"他又说要把目光投向原先不可能接触到新的思想资源的大众,形成了一个"纵深"。① 也就是说必须研究那些在北京、上海和其他口岸城市里十分耀眼的文化名人们的思想观念、意识在多大的范围内得到传播,在地方社会中又得到怎样的回应。

张灏没有正面讨论过新文化传播的"纵深",但他有关转型时代的论述间接地否定乡村社会有"新式知识分子",当然也就预设乡村里没有新文化的传播。他在论述知识分子的特殊性时说:

> 就其与现存的社会结构而言,传统士绅与他们所来自的乡土社会有着密切的有机关系。……而现代知识分子多半脱离了他们本乡的乡土社会,寄居于沿江沿海的几个大都市,变成社会上的游离分子。……新式知识分子既因科举制度在转型时代初期罢废,仕进阶梯中断。复又脱离乡土,流寓异地,不再参与地方事务。②

由此可见张灏认为新式知识分子是寄居于沿海大都市的游离分子,不存在任何的"在地性"。他没有能够认识到存在着一个没有离开乡土的新式知识分子,或曰"现代知识阶层"。这种看法的得出大概是受限于张灏宏观思想史研究的自"上"而"下"视角。直到 2015 年王汎森在给佐藤仁史的新著作序时还说:

> 近几十年来,我们对晚清民初的思想、政治、社会、经济等方面的研究,已经到了汗牛充栋的地步了。但是我们很少从在地的眼光出发,讨论地方上的变化,甚至由"下"而"上"去厘清国家的变化。即使有,也都是从动乱时代的材料与状态着手,对于非动乱时代的状态了解不多。

---

① 王汎森:《中国近代思想文化史研究的若干思考》,《新史学》十四卷四期,2003 年 12 月。
② 张灏:《张灏自选集》,第 113 页。

王汎森赞扬佐藤仁史的《近代中国的乡土意识》一书，便是由"下"而"上"出发所做的研究中的一部好书。① 在该著中探测新文化运动所能波及的"纵深"也是作者一个重要的着力点。其结论是在清末民初"文明化能被接受的最末端就是市镇社会（几乎限于大镇）"。② 作者多次申论其核心观点：

> 市镇通过近代教育，成为"文明化"的最基层，相较于"文明化"无法达及的农村，两者的差异就变得更加显著了。……市镇成为走向"文明化"的基层代表，而没有达到"文明化"的农村，却在这一过程中扩大了与市镇的差距。福武直所观察到的教育圈里市镇与农村的非连续性分裂，即为这种过程的侧面之一。③

市镇是新文化波及的"末端"，文明化"无法达及"乡村。佐藤所引述的福武直关于教育圈里市镇与农村的"非连续性分裂"论说强化了新文化的传播止于市镇的看法。这种看法非常符合人们对乡村封闭性、落后性的一般认知。王汎森在论及对"在地读书人"时，也特意限定他指的是县或乡镇一级的思想文化活动。④ 那么在清末民初新文化真的"无法达及"乡村吗？乡村跟市镇的基本关系究竟是断裂性还是一体性？

本章试图以瓯江流域乡村的族谱为基本史料，考察清民国时期新思想、新观念和新知识在乡村的传播。瓯江是浙江省的第二大河，瓯江流域大致覆盖了处州府（今丽水市）和温州府（今温州市）的15县1厅。族谱选自笔者田野调查较频繁的4个县，即上游地区的遂昌县、松阳县和下游地区的永嘉县、乐清县。

族谱具有显著的教化性和实用性。族谱的教化性不仅体现在族规族训以及记叙族内道德模范的传记中，甚至也体现在公产的登录中。正因为族谱承载了士绅阶级的文化理想和教化使命，它对异端思想保持着高度的警惕，因此如果有来自西方的文化传入村落，它肯定会有所反应。族谱的实用性使得它与村民关系极为密切，传统时代村落大多要举行全体族人参加的游谱、晒谱活动，祖先祭祀、宗族内部的纠纷处理以及公产轮值管理都要依据族谱

---

① 王汎森：《序》，[日]佐藤仁史：《近代中国的乡土意识——清末民初江南的地方精英与地域社会》，北京师范大学出版社2017年版，第1页。
② [日]佐藤仁史：《近代中国的乡土意识——清末民初江南的地方精英与地域社会》，第380页。
③ [日]佐藤仁史：《近代中国的乡土意识——清末民初江南的地方精英与地域社会》，第338～339页。
④ 王汎森：《中国近代思想文化史研究的若干思考》，《新史学》十四卷四期，2003年12月。

来进行,因此濑川昌久称宗谱是亲族集团的"宪章"。① 可见,以族谱作为研究新文化对地方社会的渗透程度是极为合适的。

第一节 清末民初主流思想界对宗法制度的批判

宗族是传统时代中国城乡最重要的社会组织。由于宗族施行以血统远近为基础处理内部人伦关系的宗法制度,传统社会又被称为宗法社会。在分析新文化的传播"纵深"以及地方社会对新文化的反应之前,清末民初思想界对宗族和宗法制度的态度有必要进行一番梳理。

晚清民国时期,"群"是一个知识界最喜欢谈论的热门词汇。其中章太炎的论说影响最为深远。1894年,他在《明独》一文中写道:"夫大独必群,不群非独也。……大独必群,群必以独成。……由是言之,小群,大群之贼也;大独,大群之母也。"②这里的"大群"指的是整个国家,而"小群"即是指家庭、宗族和乡族等各种小共同体。在章太炎眼里,"大群"与"小群"是不共戴天的"你死我活"的关系,即所谓"小群,大群之贼也"。最值得注意的是"大独,大群之母也"一句,句中的"大独"可以被理解成原子式的个人,他不从属于任何一个小群体,所以称之为"大独"。只有中国人都处于原子般的状态,才能被国家所统属,才能被熔铸为一个"大群",用以对付"亡国灭种"的危局。

章太炎的思想后来被知识界有影响力的人物反复申论。在诸多的"小群"中,在清末受到最猛烈声讨的是"家族""宗族"这样的血缘群体。梁启超在1904年写成的《新大陆游记》中,说中国人"有族民资格而无市民资格""有村落思想而无国家思想"。③ 显然他认为"族民"所属的宗族以及"村落"这样的团体严重压抑了"国家思想"的发育生长。同年,严复在给《社会通诠》所作的译序中,将秦汉以来的中国历史论断为"宗法居其七,而军国居其三"的社

---

① [日]濑川昌久:《族谱:华南汉族的宗族·风水·移居》,钱杭译,上海书店出版社1999年版,第143页。
② 章太炎:《訄书(初刻本)·明独》,《章太炎全集》(三),上海人民出版社1984年版,第53~54页。
③ 梁启超:《新大陆游记节录》,《饮冰室合集·专集》之二十二,中华书局1989年版,第121~122页。这是梁氏关于宗族、村落的思想的一个重要转折。1899年,他《清议报》第19册上发表《论中国人种之将来》时,还认为中国一族一乡一堡的自治传统,正是中国得以成为世界上"最有势力之人种"的凭借。梁启超:《论中国人种之将来》,《饮冰室合集·文集》之三,中华书局1989年版,第48~49页。

会,认为社会发展的趋势"宗法"将完全被"军国"所取代,最后中国将蜕变成一个完全的"军国社会"。① 虽然章太炎对严复论说有十分严厉的批评,但"宗法"是阻碍历史前进的看法是一样的,而宗族正是"宗法"社会具有标志性特征的事物。对家庭、宗族、乡族的批判很快从全国思想舞台的明星人物扩展到地方知识分子,同年,《江苏》杂志刊发的《家庭革命说》写道:"家庭革命者何也? 脱家庭之羁轭而为政治上之活动是也,隔家族之恋爱而求政治上之快乐是也,抉家族之封蔀而开政治上之智识是也,破家族之圈限而为政治上之牺牲是也,去家族之奴隶而立政治上之法人是也,铲家族之恶果而收政治上之荣誉是也。"②在这里,家庭、家族简直成了社会肌体中的一颗必须割除的毒瘤。

　　清光绪三十三年(1907),章太炎在《〈社会通诠〉商兑》一文中提出了用民族主义消解亲族结构对人们的束缚的手段,声称"今之民族主义非直与宗法社会不相一致,而其力又有足以促宗法社会之镕解者",即用民族主义去溶解宗法社会。他进一步申论,宗族制度在列国争雄时期的负面意义是"褊陋之见,有害于齐一",指出应该把全国四亿人视为一族,"而无问其氏姓世系",丢弃宗法社会如"脱屣"。③

　　总之,晚清民初思想界的主流观点认为,宗族的最大"罪恶"是由于它的存在导致了中国人"只知有家族、不知有国家"的后果,因此它应为中国人"一盘散沙"的状态负责。1910 年 12 月,杨度在资政院演讲时称:"今我国号称四万万人,果合力对外,谁能抗我? 唯以其皆在家族制度之下,并非对于国而负责任,故无往而不劣败。"④12 月 5 日,杨度又在《帝国日报》上发表了《论国家主义与家族主义之区别》一文,文章认为家族主义的阻隔使得中国人不能直接面对国家:"国家主义之国,必使国民直接于国家而不间接于国家。以此眼光观今中国,乃直接者至少间接者至多,虽有四万万人,而实无一国民也。"⑤

　　这种将国家的危局归咎于"家族""宗族"的思潮在民国建立以后愈演愈烈。1917 年吴虞著文称由于家族制度的牵制,军国社会未能顺利发育,指斥家族社会的"流毒诚不减于洪水猛兽"。⑥ 早在清末就有人称家是"万恶之

---

① [英]甄克思:《社会通诠》,严复译,商务印书馆民国十二年(1923)版,第 15～16 页。
② 家庭立宪者:《家庭革命说》,《江苏》1904 年第 7 期。
③ 《章太炎全集》(四),上海人民出版社 2018 年版,第 333 页。
④ 杨度:《关于修改刑律的演讲》,刘晴波编:《杨度集》,湖南人民出版社 1986 年版,第 528 页。
⑤ 杨度:《论国家主义与家族主义之区别》,《杨度集》,第 531 页。
⑥ 吴虞:《家族制度为专制主义之根据论》,《新青年》1917 年第 2 卷第 6 号。

首",但终究不敢暴露自己的真实姓名、真实身份。① 1919年1月1日傅斯年在《新潮》创刊号上公开抨击家庭是"万恶之源"。② 1920年,陈独秀在《新文化运动是什么?》一文中说:"我以为戕贼中国人公共心的不是个人主义,中国人底个人权利和社会公益,都做了家庭底牺牲品。"③1921年,他在《卑之无甚高论》认为由于家庭的存在,"中国人民简直是一盘散沙"。④ 1924年1月,国民党领袖孙中山在一次演讲中说:"中国人最崇拜的是家族主义和宗族主义,所以中国只有家族主义和宗族主义,没有国族主义。外国旁观的人说中国是一盘散沙,……中国人对于家族和宗族的团结力非常大,往往因为保护宗族起见,宁肯牺牲身家性命。"⑤

在全国的主流思想界对家族、宗族的一篇诅咒声中,劳乃宣是一个罕见的例外。宣统二年(1910),围绕《大清刑律草案》的修订产生了很大争议,其中如何看待家族是焦点之一。其中被后人归为"礼教派"一方的代表人物劳乃宣旗帜鲜明地为"家族主义"辩护。首先他承认中国人的确有"但知有家、不知有国"的问题,但造成人民漠视国家的原因不是"家族主义",而是专制国家剥夺了人民的权利。他把中国人"但知有家、不知有国"归咎于秦汉以来的专制政体。在秦汉之前的春秋时代,"正家法政治极盛之时也,而列国之民无不知爱其国者"。在专制政体下,人民与国家之间的关系发生了重要的变化:

> 一国政权操诸官吏之手,而人民不得预闻。田野小氓任耰锄、供租税之外,不复知有国家之事。……今西人诚人人知爱国矣,而其爱之所由来,则由于深明家国一体之理,知非保国无以保家,其爱国也正其所以爱家也,乃推广爱家之以爱国,非破除爱家之心以爱国也。而其所以以人人深明家国一体之理,则由于立宪政体。人人得预闻国事,是以人人与国家休戚相关,而爱国之心有不能已者。今中国已预备立宪矣。地方自治之规,国民代表之制次第发生矣。假以岁月,加以提撕,家国一体之理渐明于天下,天下之人皆知保国正所以保家,则推其爱家之心,而爱国之心将有油然而生,不期然而然者。是上之人惟恐民之不爱家也,今乃谓必破坏家族主义乃能成就国民主义,不亦慎乎?……本乎我国固有之家族主

---

① 汉一:《毁家论》,收在《辛亥革命前十年间时论选集》第二卷下册,第916~917页。
② 傅斯年:《万恶之源》,《傅斯年全集》第1卷,湖南教育出版社2003年版,第105~107页。
③ 陈独秀:《新文化运动是什么?》,《新青年》第7卷5号,1920年4月1日,第5页。
④ 陈独秀:《卑之无甚高论》,《新青年》第9卷3号,1921年7月1日,3日。
⑤ 孙中山:《三民主义》,《孙中山选集》,人民出版社1981年版,第617页。

义修而明之,扩而充之,以期渐进于国民主义,事半功倍,莫逾乎是。①

劳乃宣指出在专制政体下百姓没有权利,除了劳作交税,不知道有国家这个东西。只有百姓能够参与国家事务,知道国家与自身休戚相关,才会产生爱国之心,才会懂得家国一体的道理。长期家居浙南偏僻县城的孙诒让没有像劳乃宣那样在思想舞台的聚光灯下"舌战群儒",但他光绪三十二年(1906)在瑞安县城的一个白话演讲却表达了与劳氏相同的意思。一方面他把老百姓没有国家观念归因于专制制度下没能享有国民的权利:

> 自秦始皇统一天下,专用势力压制百姓,从此皇帝越发尊贵,议政行法,权在政府,不独天下小民不能干涉政府之事,即小官下士,亦不能有议论政事之权。他的专制,竟是达列极点地步。……皇帝在太平的时候,虽然是十分安富贵荣,颁下一个谕旨,天下人都不敢违背,然万一碰见意外的事情,或内寇窃发,或外国侵凌,这个重大担子,也只是皇帝一人独自担当,天下百姓与国家痛痒全不相关,没有一人能替国家分忧。就叫百姓筹饷,也没有人肯承认;叫百姓去打仗,也没有人肯拼死。……专制政体,是把百姓看作奴隶,除了奔走当差完钱粮以外,并无别事。立宪政体,是把百姓看做国民,同享无限之权利。我们百姓,大家就要自己养成国民之资格,才能够对付得上。

另一方面他畅想了地方自治制度建立后,老百姓把国家当作自己的国家之后万众一心的景象:

> 大小政治,人人可以议论,地方上自治的事,人人都可以互相帮助。国家富强,大家都有了体面。国家贫弱,大家都是受害。如有外国人来侵犯,大家都齐心协力要去抵挡他。打起仗来,人人都要拼死。百姓同国家休戚相关,保护国家,就是保护自己身家子孙。这样的国,岂有不兴旺的道理。②

这样看来,劳乃宣与批判家族主义者对当时"但知有家,不知有国"的现

---

① 劳乃宣:《新刑律修正案汇录序》,《判例与研究》2010年第4期,第1~5页。
② 孙诒让:《在瑞安庆祝仿行宪政典礼大会上的演说辞》,张宪文辑:《孙诒让遗文辑存》,第550~553页。

状判断相同,把百姓改造成"国民"的方向也大致相近;但是两者选择了截然不同的道路,章太炎、陈独秀等要求镕解"家族主义",而劳乃宣却主张以"家族主义"为基础,支持百姓获得"预闻国事"的权利,从而发展出"国民主义"思想。

第二节　新文化元素在族谱中的呈现

笔者在瓯江流域的田野考察20余年,期间也组织过几次较大规模的研究团队进行口述史料的集采和民间文献的搜集。在搜集到的民间文献中,有2 000多部纂修于清和民国的族谱。在此翻检了田野点更为密集的四个县的族谱。四县为上游地区的遂昌县和松阳县,以及下游地区的永嘉县和乐清县。发现至少有18部族谱对外界的政治形势和新文化有明显的反应,或接受,或拒斥。这些族谱占所有族谱的比例虽不大,但也绝不能说罕见。

一、族谱中的新元素

表8-1呈现的是族谱中体现的不同于传统族谱的新元素,及其对新文化的反应,以期反映转型时期族谱内容嬗递的形貌。前文已经提到张灏"转型时代"概念的时间限于1895年至1920年初。由于本章讨论的对象是乡村在地知识人甚至是草根阶层,考虑到新文化乡村传播的滞后性,因此所谓的转型时代指的是从1895~1949年。

表8-1　族谱中的新元素及其反应

姓名	生平	新元素	时间	出处
曹文昇(1863~1912)	光绪庚子(1900)岁贡,清末温州中学堂教员。民国元年(1912),任大荆区官,禁种鸦片为乡人所杀	今日天下大势莫要于自强。自强之计莫先于宗法。……治之以宗法,联之以仁义,如手臂使指。无事则为宗族求安之福;有事则为国家呈御侮之能	1898年	乐清《中庄章义楼赵氏家乘序》,《耕心堂集》,第150页
		论者谓20世纪,当列国竞争之世,腥雨膻风遍地皆是,……欲联大群者,不得不先合其小群	清末	乐清《殿川黄氏重修宗谱序》,《耕心堂集》,第152页

续表

姓名	生平	新元素	时间	出处
黄式苏 (1874～ 1947)	乐清高园人,光绪二十八年(1902)举人。历任乐清县学务总董,温州师范学校监督,遂安县知事	我黄种之在今日也,五千年神明之胄,四万万同胞之民,瓜分之祸将至,奴隶之势已成,……余谓天下者,一族之所积也。……如欲兴中国,必自治一族始。……吾尤愿神明之遗胄,各兴其族,以兴天下也。盖一族之兴,为天下之起点	1901年	《重修宗谱序》,《黄式苏集》,第529～531页
方翔卿 (1871～ 1918)	宣统元年(1909)拔贡,塾师,职授安徽直隶州州判,历任本镇区官,遂安县教育科长	种保又何有于谱牒之不能保哉！书此以为自慰,并以告世之谋保种以保教而保国者	1901年	《方氏家谱序》,乐清《崧山方氏宗谱》卷一
刘之屏 (1856～ 1923)	乐清前窑人,县学生员,曾东渡日本	今者四夷交哄,腥膻满地。凡通都大邑之人民,半多狂嚣浮躁,舍实业而骛虚声,其能逃于天演之淘汰者几希矣！	1909年	重修《凰岙冯氏族谱》序,《盗天庐集》,第58页
刘绍宽 (1867～ 1942)	平阳人,光绪二十三年(1987)拔贡,金乡狮山书院山长,平阳中学堂教习,浙江省第十中学监督	然则今之讲自治者,诚能使百族之民,各秉法治之精意,以纂修其谱,且以晓其族众,其胜于月吉之悬书读法多多矣。顾世方以宗法为封建余孽,有妨民治,而扫除之不暇,夫亦未之深思也乎？	清末	乐清《盘谷高氏族谱序》,《苍南文史资料》第十六辑(刘绍宽专辑),苍南,2001年,第51页
王昌杰 (1873～ 1941)	宣统二年(1910)拔贡。1912年浙江法政学校毕业。1919年县立第二高等小学校长	彼酣醉西风者,昌言平等自由,忘其祖宗,甘侪于夷狄禽兽	1919年	《雷氏宗谱序》,遂昌高桥《雷氏宗谱》卷一
雷国望 (1886～ 1926)	初研古籍,毕业于莲城初级师范学校,曾出而掌教判川、明德、果育诸小学	现在社会物竞天择,适者生存,优胜劣败,天演公例。倘吾族人游手好闲,饱食终日,碌碌无一长,能逃天然之淘汰乎？	1919年	《雷氏族训》,遂昌高桥《雷氏宗谱》卷一

第八章 "国族"还是"宗族" 227

续表

姓名	生 平	新 元 素	时间	出 处
王毓英 (1852～1924)	永嘉县永强镇一都三甲人。同治十年(1871)县学生员,历任永嘉拱北两等学堂教席、广州两广方言学堂监学、永嘉县教育会会长、永强镇自治会董、旧温属公立图书馆馆长等职	慨自民族进化之说发源于泰西,浸淫于中国。吾国民为其所惑者……举吾国民散沙之情,联以空言,同胞之谊,互相号召,以淆惑人心,并谬托五族共和之名,以虚结其团体。……由一族而百族,广而至千万族,由小而大,由狭而广,化散沙为同胞,互结一莫大之团体者,靡不由宗族递衍,……推之即足以保国保天下而有余	1920年	《环川王氏第七次初议修谱序》,《王毓英集》,第193～194页
		况天下之治在国,国之治在家,家之治在身,是身直为治之本也。……由一族而九族而百族,推之千万族,无不一治皆治,而悉成为君子之乡。故不必远言治国治天下,而国与天下即在宗族自治中矣	1920年	《环川王氏自治谱略·序》,《王毓英集》,第190页
刘肃平	刘肃平,永嘉响山人,清末生员。生卒不详,与弘一法师有信件往来	优胜劣败,适者生存,乃天演之公理,国有基,家有本。团体不固无以对外,意见不融无以对内,则睦族之道宜急讲也。智识不新无以应潮流,道德不尊无以崇品行,则与学育才之事宜急圆也	1922年	《刘氏宗谱序》,永嘉碧莲《刘氏宗谱》卷一
邵炜松	清末塾师,温州师范学校毕业生。民国初就读保定陆军军官学校,后在福建入伍,历任副官、副官长,职掌全军内务	能固结团体者昌,不能固结团体者亡,此天演竞争之公理也。吾国同胞四万万,族有五,而姓有百,使人人皆明斯理,行此道,则世界主人翁舍吾同胞其谁欤?	1926年	《丙寅重修宗谱序》(1926),永嘉石河《邵氏族谱序》卷一
钟松 (1900～1995)	1922年浙江省立第十一师范学校毕业。任小学教员。1924年黄埔军校	帝国主义狰狞睥睨,视我中华民族为俎上肉,我民族覆巢之惨、灭种之祸近在目前,我同胞曷醒乎?	1929年	《宗谱记》,松阳福村《钟氏宗谱》卷一

续表

姓名	生平	新元素	时间	出处
	一期学员。历任国民革命军营长、团长、旅长。抗战爆发后,任师长	须知民族合宗族而成,故民族存亡宗族系焉,凡我宗族咸宜以民族存亡宗族有责,各具此心,我中华民族庶几有救覆巢灭种之惨,庶几可免矣		
高鹏(1874~1931)	丽水人,丽水县学廪贡生。浙江省法政学校毕业,浙江省长公署咨议,丽水西区区立第一高级小学校长	世界文明种族首推中华,宗族主义为我中华民族之优点,亦即民族主义之起点。……宗族观念之深入人心莫不皆然也。……以固有之道德,劝勉族人恢复民族地位之基础	1930年	《松阳象溪广陵郡高氏重修族谱序》,松阳象溪《高氏宗谱》卷一
方克宙	镇江要塞司令部军法官	白种猖獗,黄族陵夷,虎耽耽而欲逐逐,国且不保,遑论家族?合同族与异族争,犹可挽也。谋同族之安宁充实而自强焉,正其时也	1931年	《方氏家谱序》,乐清《崧山方氏宗谱》卷一
叶警之(1889~1936)	遂昌大柘镇新旦村人。浙江省自治法会议代表、遂昌县议会议长。1927年任上旦村村长,崇实初级小学校长	方今倭寇肆虐,民族自危……,其群由小推大,则宗族焉,民族之基础。民族即宗族之大群,群之意义岂不重且宏哉?予不敏,乃告以人群之义,且复推广其意,道以民族之大经	1931年	《遂昌钟氏族谱序》,遂昌井头坞《钟氏族谱》卷一
胡道南(1885~?)	历任浙江稽勋局恤赏科科员、瓯海道尹公署咨议、国民革命军十九师司令部参议、本乡公所调解委员会主席。二女都毕业于乐清第四女子小学	积家族而成宗族,积宗族而成国族。国之本在家,欲治国,先齐家,此孙中山之所以昌言宗法也。今世废姓之说倡,而家族之观念薄,充其害,必有视至亲如途人者,国族云乎哉?……可见治平之效,滥觞于家族之团结	1933年	《民国癸酉第八次重修胡氏宗谱序》,乐清杏庄《胡氏宗谱》卷一
胡一鐉	胡氏族人,生平不详	自民族主义之说起,浮靡者流,遂以家族若无足轻重者,此亦风会所趋。殆所谓为仁无亲,将一跃而进大同之世乎?	1934年	《重修永嘉茗岙胡氏大宗谱序》,永嘉茗岙《胡氏宗谱》卷一

续表

姓名	生平	新元素	时间	出处
高谊 (1868~1959)	乐清双庙村人，官费留学日本早稻田大学师范科。宣统三年(1911)任浙江省第十中学地理教师。1935年任永嘉区征辑乡先哲遗著委员会委员	夫国之本在家，家之本在身，不治其身，安能治其家。自民族之说倡，谈新学者辄鄙家族为隘，于是家不治而族不联，任恤之义不讲，而空言救国，坐至根本丧失，人心一散而不可收拾	1939年	《杨西泉八秩寿言》，《高谊集》，第338~339页
王佩剑 (？~1951)	遂昌人，国立北京大学经济系毕业。遂昌县合作社联合社经理。1943年任难童教养院副董事长	社会之进化，顾人心不同，善恶异辙，往之彼此倾轧视同仇敌，以致……欲进化者反见退步。古人见此纷扰现象，非先重视五伦不可，……睦其族众，则推己及人，由近及远，……而国族人类自可达理想之境	1947年	《雷氏宗谱序》，遂昌高桥《雷氏宗谱》卷一

表格中一共有 20 则资料，为 17 位作者所撰，采自 18 部族谱，涉及 16 个村落，应该说具有相当的代表性。从资料形成年代看，清末 7 则，北洋时期 6 则，南京政府时期 7 则，时间分布较均衡。

由于表格格式所限，"新元素"一栏只能极其简略地摘录一两个句子，这样挂一漏万在所难免，但仍希图获得窥一斑而见全豹之效。

下文引自表格的资料不再注明出处。

二、族谱中出现的主要观念

在这里，拟对表 8-1"新元素"一栏中出现的一些承载着转型时代重要观念的词汇加以分析。这样做并非仅仅为反映转型时代乡村语汇的变化，而是因为这些词汇具有改造人们思维观念和意义世界的重要力量。正如拿破仑三世警告欧洲国王时所说的那样：

> 如果你们走在时代观念之前，这些观念就会紧随并支持你们。如果你们走在时代观念之后，它们便会拉着你们向前。如果你们逆着时代观念而行，它们就将推翻你们。[1]

---

[1] [英]霍布斯邦：《资本的年代》，张晓华译，国际文化出版公司 2006 年版，第 87 页。

在拿破仑三世眼里,这些观念俨然成为不可阻挡的潮流。王汎森也表达过与此近似的意思,不过没有了拿破仑三世这段话里透出的胁迫意味。他说:

> 年轻的读书人所理解的常常只是几个粗浅浮泛的概念,可是因为对旧的已经失去信心,对新的、未知的世界无限向往,一两个名词、一两个概念,便成为一种形塑个人与社会的重要思想资源。①

当然作为传承古老传统堡垒的乡村,人们对这些新观念、新词汇并非全部接纳,也表现出了排拒、反感和敌视。另外不同时期这些词的含义也各不相同。程美宝就注意到20世纪30年代国民党主张的"国民"观念,与20世纪初梁启超等人提出的"新民"观念有着许多微妙的差别。梁启超强调,要成为"新民",人们必须从改善个人的道德和行为做起,中国人有必要学习自由、自治、自尊和公德等观念。20世纪30年代国民政府的"国民"观念并没有"个人",所谓"个人"只不过是集体的一分子,应随时为国家服务,强调的是"国民"的工具性功能,而非"国民"身份对"个人"的意义。"国家"是至高无上的目的,个人只不过是工具。② 但本著不拟作这样的区分,这是因为偏僻的乡村聚落信息渠道不甚畅通,观念意涵更新滞后,乃至没有更新也是常事。

(一) 民族、民族主义③

表8-1给人最强烈的感受是,作者们由于帝国主义侵略而产生紧迫的危机意识。以下的说法都认为造成危机的因素来自外部:瓜分之祸将至,奴隶之势已成(1901);四夷交哄,腥膻满地(1909);腥雨膻风遍地皆是(清末);覆巢灭种之惨(1929);白种猖獗,黄族陵夷(1931);倭寇肆虐,民族自危……(1931)。同样是1931年写的谱序,方克宙似乎更多感受到西方列强(白种)的威胁;而王警之则感觉更强烈的是日本(倭寇)对中国的侵略。

上述议论中呈现了一种强烈的民族主义色彩。当然,这里面所说的民族主义是观念形态与情感取向的一种杂糅。这里的思想意识多承自晚清"排满""革命"时期的种族观念。而其中的"夷""腥膻"的意味则可以追溯到更加

---

① 王汎森:《中国近代思想文化史研究的若干思考》,《新史学》14卷4期,2003年12月。
② 程美宝:《地域文化与国家认同:晚清以来"广东文化"观的形成》,生活·读书·新知三联书店2006年版,第297~298页。
③ 张灏认为转型期的思想精英多多少少都有爱国主义倾向。民族主义有别于爱国主义,前者是指以民族国家为终极社群与终极关怀的思想与情绪。张灏:《重访五四:论五四思想的两歧性》,《张灏自选集》,第274页。

久远的商周时代。但是地方读书人很少自称民族主义者,不仅如此,这些感受到民族危亡且具有浓厚民族情感的人,对民族主义思想十分反感和抵触。[①] 前文用了较长篇幅梳理了清末民初思想文化界对宗法和宗族的批判,其立足点就是宗族和宗法是救亡图存的绊脚石,因此对宗法和宗族的否定主要从民族主义立论的。于是出现了思想界的民族主义思想与地方士人的民族情感、民族观念构成紧张对立的奇观。也就是说,一方面地方读书人怀有深切的亡国灭种的危机感,由此产生了民族主义情感;另一方面,那些反宗法、反家族宗族的民族主义思想给地方民族主义以沉重的压力。这点可参见以下几则史料:

> 顾世方以宗法为封建余孽,有妨民治,而扫除之不暇,夫亦未之深思也乎?(刘绍宽,晚清)
>
> 慨自民族进化之说发源于泰西,浸淫于中国。吾国民为其所惑者……举吾国民散沙之情,联以空言,同胞之谊,互相号召,以淆惑人心。(王毓英,1920)
>
> 今世废姓之说倡,而家族之观念薄,充其害,必有视至亲如途人者,国族云乎哉?(胡道南,1933)
>
> 自民族主义之说起,浮靡者流,遂以家族若无足轻重者,此亦风会所趋。(胡一鐏,1934)
>
> 自民族之说倡,谈新学者辄鄙家族为隘,于是家不治而族不联,任恤之义不讲,而空言救国,坐至根本丧失,人心一散而不可收拾。(高谊,1939)

晚清刘绍宽的话明显透露了对批判宗法思想的反感。1933年胡道南认为家族观念淡薄的结果,连自己的族人都形同陌路,试图在这基础上形成"国族",不是缘木求鱼吗?以此来反对那种要求消灭宗族的民族主义的思路。作者在这篇谱序中明确说明自己的思想来自孙中山。[②] 胡一鐏则明确把民众家族观念的淡薄归咎于民族主义。高谊对民族主义思想的指控的严厉还要超过以上3人,指斥民族学说导致中国人心涣散,毁坏了中国复兴的根基。高谊、王毓英还极为不屑地把思想界的民族主义贬斥为"空言"。另外刘绍宽

[①] 文中论及"民族主义"或"民族",一般指的都是思想界的主流学说。
[②] 孙中山在《三民主义》(1905)中说:"甚么是民族主义呢?按中国历史上社会诸情形讲,我可以用一句简单话说,民族主义就是国族主义。"孙中山:《三民主义》,《孙中山全集》第9卷,中华书局2011年版,第184~185页。

也屡屡在撰写谱序时把民族主义思想责之以"空言":

> 自泰西民族帝国之说兴百余年间,列邦之离合兴衰莫不以种族竞争为职志,浸淫及于中国。论者遂谓军国政制与古者家族之法绝不相容。举凡往昔谱牒之学将尽从而摧灭之,以毋为民族进化之阻而后快。余意不然,夫种族之说何妨于人人各溯其得姓受氏之初,考知其族之所由出,而他族与吾世世通为婚姻者亦各考知之其族之所从来,由是一族而百族,而千万族,莫不皆然。夫然后种族一原之说确核而无可疑,而其相与缔合亦遂固结而不可解,以视举涣散之人民,一以同胞之空言相号召,其相去为何如哉?①

> 今之学者骛殊方之新说,谓社会进化之阶级,自图腾而宗法而军国。今日社会当脱弃宗法而入军国,而于古先王之敬宗睦族之道,一切破坏而无可遵守。然试观今日之民情已纷如散沙之不可团结,设尽破古宗法相维之道,使人生泛然咸泯亲疏之迹,而一等诸行路,吾恐纲纪破裂不可复收,而所谓统合军国民之谋,且徒托诸空言而无所系。此其为国尚可存乎?谢生学于郡城师范学校,则固日闻新说而心焉仪之者,然独退而与从兄璧玉、小亭诸君,醵修宗谱,不数月竟以克成,可谓审中外时势之殊,较然不为淆惑者矣。②

以上两段资料来自两个谱序,后一个有确切的撰写年份(1909)。前一个谱序的论敌为来自西方的"民族帝国"之说,并提到了"种族竞争",显然指的是民族主义。后一个谱序提到的那些"殊方之新说"也涵盖了民族主义。从两段文句出现的"军国政制""图腾"和"军国"等词可知,刘绍宽也把批判的锋芒指向了严复。检阅《刘绍宽日记》,刘绍宽读过严复的《原强》及其译著《名学》《群学肄言》。刘绍宽对攻击家族主义的始作俑者章太炎也有批评,1934年8月17日,他在读完章太炎《訄书》后,给出了一个非常负面的评论:"章太炎喜为奇旨奥辞,而实无甚意义。"在概括章太炎学说要旨的时候摘录了否定宗族主义的关键词——"明独。谓大独必群,不群非独。"③

(二)"群""合群"

清末自章太炎以来思想精英的救亡、保国、保种论述都把锋芒指向家族、

---

① 刘绍宽:《温岭横河张氏族谱序》,《厚庄文钞二卷 诗钞三卷》卷三,石印本,民国八年(1919)。
② 刘绍宽:《谢氏族谱序》(1909),《厚庄文钞二卷 诗钞三卷》卷三。
③ 刘绍宽:《刘绍宽日记》,第1397页。

宗族,许多人都把瓦解宗族作为一个必然的趋势,因此给人一种不可阻挡的潮流感。对生活在宗族之中的地方读书人来说,这是一种必须排解的紧张。纵观族谱他们找到了一种抗拒精英民族主义思想的思路,即"群""合群"。把家族和宗族这样的小群联合成大群,就是整个国家、整个民族。而"群"和"合群"自晚清以来就是最流行的概念。

光绪三十一年(1905)六月十日,时任南开中学学监的张伯苓曾撰文介绍了"合群"思想流行于天津的盛况,称:"……我津自鉴于庚子幡然兴举爱国合群之论说,日灌于脑而溢于口。"①光绪三十二年(1906),"爱国合群"被写进了学部的文件。学部奏订之教育宗旨《尚公篇》说:"……故爱国合群之理,早植基于蒙养之初。"②"爱国合群"思想极为迅速地被落实为小学教材编订和出版。光绪三十三年(1907)权威出版机构商务印书馆发布《〈高等小学用最新国文教科书〉编辑大意》,称:"本编注重爱国合群……以改良社会之习惯。"③《申报》反复报道由商务印书馆出版的小学教科书"爱国、合群、进化、自立等事,尤言之至详"。④ 历史学家柳诒徵后来在回顾清末启蒙情状时说:"方清季变法之时,爱国合群之名词,洋溢人口,诚实者未尝不为所动。"⑤

浏览瓯江流域的地方史料发现,谈论"群"的文献极多,"合群"思想在清末就被普遍接受。在浙南,孙诒让当为最早谈论"群"的士绅。光绪二十一年(1895),孙氏主张通过设立"兴儒会",把"合全国各行省四万万人为一体",以"厚植群力"。⑥ 次年,他在给温处道宗源瀚的信中谈论了"厚集兆民之群力"的方法。⑦ 光绪二十三年(1897),孙诒让在致梁启超的信中交代了谈论"群"的背景:

> 乃前年倭议初成,普天愤懑之时,让适以衔恤家居,每与同人论及时局,忧愤填胸,即妄有撰述,聊作豪语,以强自慰藉,大旨不出尊著说群之意。⑧

陈虬也与光绪二十三年(1897)开始以"群"立论:

---

① 张伯苓:《张伯苓等致天津学界中同志诸君函》,《大公报》1905年6月10日。
② 舒新城主编:《近代中国教育史料》第二册,中国人民大学出版社2010年版,第99页。
③ 张元济著:《张元济论出版》,张人凤、宋丽荣选编,商务印书馆2011年版,第10页。
④ 《商务印书馆根据"忠君、尊孔、尚公、尚武、尚实"教育宗旨编辑出版初等小学教科书》,《申报》1907年7月16日。
⑤ 柳诒徵:《论中国近世之病源》,《学衡》1922年第1期。
⑥ 孙诒让:《兴儒会略例并序》,《孙诒让遗文辑存》,浙江人民出版社1990年版,第8页。
⑦ 孙诒让:《答温处道宗湘文书》,《孙诒让遗文辑存》,第84页。
⑧ 孙诒让:《答梁卓如启超论〈墨子〉书》,《孙诒让遗文辑存》,第88页。

> 吾尤愿群天下千五百兆之居者、游者、秀者、顽者、修者、暴者,莫不奉我正朔,慑我皇仁,弃干戈而习俎豆,用以食我德,服我畴,循我所育,用我规矩,而同我太平!①

甲午战争以后在浙南说"群"的,不只孙诒让一个人。光绪二十三年(1897),陈虬认为当时不良现状之一就是"人之不群"。② 陈黻宸称:"夫群海内四万万之民之才之力之心,思之术艺,攘臂争起,以力出于自强之一途。"③

光绪三十二年(1906)孙诒让在阐述自治的重要性时说:"合小群以成大群,其根源总是起于地方自治。"④这在当时应该是流行很广的口号。同年他给瑞安中学堂题写了一副对联:"质力弥纶,竞胜飞腾天演界;文明教育,集群陶铸国民才。"⑤这副对联最能够反映那个时代的风貌,既有"竞胜""天演"的"科学真理",又有"集群"和陶铸"国民"的救世良策。他撰写的大量对联都用流行的新词。光绪三十三年(1907)题赠上海江浙渔业公司对联:"微物为圣人师,蛛鹜结网;大群开新世界,珊瑚成洲。"⑥既然"群"具有开创新世界的巨大威力,那么"爱群"就成了国民的优良品德,孙氏又有新年的家门春联:"施教劝学;尚公爱群。"⑦"集群"这个词孙氏经常使用,光绪三十三年(1907)他就把当时兴办新学的成绩归功于"集群":"两年以来,学界略有发达之机,亦咸藉厚集群力,共相维持。"⑧浙江省教育会成立,他认为这本身就是"集群"行为:"吾浙教育会之成立,始于去秋,仰藉诸君子热心大力,成此集群盛举。"⑨

大荆士绅曹文昇也是一个"合群""集群"的鼓吹者。他在给一个宗谱写的序中说,"当列国竞争之世,腥雨膻风遍地皆是",要改变这种境况必须"合群"。一个宗族就是一个"小群",再然后是联小群为大群。⑩ 光绪三十二年

---

① 陈虬:《心战》,《陈虬集》,第 253 页。
② 陈虬:《经世宜开讲堂说》,《陈虬集》,第 277 页。
③ 陈黻宸:《论强国必先强民》,《陈黻宸集》第 517 页。本章原载《利济学堂报》第 14~16 册,1897 年 8~9 月出版,署名瑞安陈钟琦。
④ 孙诒让:《在瑞安庆祝仿行宪政典礼大会上的演说辞》,《孙诒让遗文辑存》,第 453 页。
⑤ 孙诒让:《联语》,《孙诒让遗文辑存》,第 478 页。
⑥ 孙诒让:《联语》,《孙诒让遗文辑存》,第 478 页。
⑦ 另外还有些春联:绪昌旧学,业振新民;殷周国粹,法美民权;五洲物竞,九域春熙,等等,其中的"新民"、"民权"和"物竞"都是当时很新的观念。孙延钊晚年在这些春联后写下了这样的跋语:"延钊尝见公每届新年,常自撰大门揭贴用之红纸春联,……此詹詹小言,亦足觇先生晚年襟抱。"孙诒让:《家门春联》,《孙诒让遗文辑存》,第 478~479 页。
⑧ 孙诒让:《报支季卿提学书二通·二》,《孙诒让遗文辑存》,第 142 页。
⑨ 孙诒让:《致省教育总会书》,《孙诒让遗文辑存》,第 167 页。
⑩ 曹文昇:《殿川黄氏重修宗谱序》,《耕心堂集》,第 151~152 页。

(1906),他在温州府中学堂任教,在给学生团体"乐群会社"撰写序言时,对"合群"思想进行了发挥:

> 我国民,我学生,苟盲焉晦焉,不知列强之虎视眈眈,以我国为釜中鱼、砧上肉,……况乎朝廷降立宪之诏,地方开自治之会,今日之学生,异日之管理国家、管理地方者也。会社之规则,立宪之模范也。会社之规劝,自治之精神也。会社立而学堂之群合,异日即可以合地方之群,国家之群,且由此推之,亦可以合全球万国之群。然则乐群会社,岂可以不复设乎!吾国如欲自强,必人人有范文正公之志,人人有王曾公之量,俱以中心点自命,而后能由小群以合其大群。圣人复起,不易吾言,学生其勉之。[1]

在曹文昇眼里,合群是自治和立宪的基础。

注意曹文昇为之写序的学生团体叫"乐群会社",清末瓯江流域下游坐落在村落中的一些小学的名称就是围绕"群"来命名的。例如永嘉建于霞坊的乐群初小、平阳建于小南乡荆溪的组群初小、建于北港秀溪苏氏祠的爱群初小、建于江南乡宜山下市杨公祠的群演初小、建于北港乡水头街的振群初小。瑞安有群益两等小学。[2] 这些小学的命名就是"群""合群"概念的最有力的传播,同时也证实合群思想在清末下渗到了浙南瓯江流域的村落。下面摘自村落族谱的 10 则资料具有明确的合群思想:

> ……欲联大群者,不得不先合其小群。(乐清殿川,清末)
> ……余谓天下者,一族之所积也。……如欲兴中国,必自治一族始。(乐清高园,1901)
> ……由一族而百族,广而至千万族,由小而大,由狭而广,化散沙为同胞,互结一莫大之团体者,靡不由宗族递衍。(永嘉三甲,1920)
> ……由一族而九族而百族,推之千万族,无不一治皆治。(永嘉三甲,1920)
> 须知民族合宗族而成,故民族存亡宗族系焉。(松阳福村,1929)
> 世界文明种族首推中华,宗族主义为我中华民族之优点,亦即民族主义之起点。(松阳象溪,1930)

---

[1] 曹文昇:《温州中学堂重设乐群会社序》,《耕心堂集》,第154页。
[2] 孙延钊:《孙衣言孙诒让父子年谱》,上海社会科学院出版社2003年版,第315~361页。

积家族而成宗族，积宗族而成国族。国之本在家，欲治国，先齐家。（乐清杏庄，1933）

夫国之本在家，家之本在身，不治其身，安能治其家。（乐清前黄，1939）

其中遂昌井头坞村《钟氏宗谱》中有一个段落专门论述群的重要性：

人类始生即有群。群盖根于天性，凡是人类莫不有。然近世倡言社交，竞谭互助。而群学之道愈益进，群学之讲愈益急。若孙总理所倡道之民族主义，是为群之广且大者，而吾人所自为之。宗族团体，则为群之狭且小者。其大、小、广、狭不同，所以维持其群者则一。……人类有群之无差等。方今倭寇肆虐，民族自危，苟能差焉？其群由小推大，则宗族焉，民族之基础。民族即宗族之大群，群之意义岂不重且安哉？予不敏，乃告以人群之义，且复推广其意，道以民族之大经。①

地方读书人在谱序中引入"群"和"合群"以消解宗族与民族主义之间的紧张关系。从以上资料中可以看出合群思想的几个要点：

第一，宗族是群的"典范"。

第二，宗族是最基础的群，是建构大群的起点。合群就是宗族由内推到外、由小推到大。

第三，宗族与国族都是群，两者完全一致，没有矛盾。

因此严复和章太炎等民族主义被地方读书人指斥为"空言"。而地方读书人的观念中的宗族是一个实在的东西，"国族""民族"的形成都发端于宗族。典型的说法是"民族合宗族而成"（钟松）"积家族而成宗族，积宗族而成国族"（胡道南）。由此，宗族不仅不是民族主义的绊脚石，而是民族主义的助推器。1930年高鹏更加明确地说明了宗族与民族的关系："宗族主义为我中华民族之优点，亦即民族主义之起点。"

（三）宗族主义

宗族是一个很古老的事物，而"宗族主义"这个词是"主义时代"（王汎森语）来临以后才出现的。"宗族主义"这个词谁最先使用已经不可考。1910年杨度和劳乃宣的文章中使用过"家族主义"一词。最为人们所熟知的是前述1924年1月孙中山阐释民族主义时提到的"宗族主义"。虽然"宗族主义"

---

① 叶警之：《钟氏族谱序》，《钟氏族谱》，遂昌井头坞，民国二十年（1931），浙江省图书馆藏。

在孙中山笔下也是负面的,作者主张用国族主义、民族主义去取代宗族主义;但宗族也还是有价值的,它可以被用作扩充"国族"的"小基础",从而"把各姓的宗族团体先联合起来,更由宗族团体结合成一个民族的大团体"。① 但南京国民政府成立后出现的《三民主义纲要》《三民主义教程》之类的书称宗族主义是一个"迷梦",讲的是械斗之类的负面东西。宗族主义被归结为导致"中国民族精神消灭"的三个原因之一。② 与主流文化界对家族、宗族的声讨如出一辙。

同样怀有强烈民族主义情感的乡村读书人在他们撰写的宗谱谱序中却把"宗族主义"当作保国保种的不二良方。前述高鹏的"宗族主义为我中华民族之优点,亦即民族主义之起点"即为最典型的表达。在这里宗族主义与民族主义不再是"不共戴天",两者之间的矛盾被消解了。永嘉石湖《邵氏宗谱》中撰写于1926年的《丙寅重修宗谱序》更把宗族主义看成是一个发端于黄帝时期天然自成的事物:

> 自类人猿而进为人类,自部落而进为国家,自黄帝战胜蚩尤于涿鹿,而进为夏禹,平水土,赐土姓。于是乎,莽莽星球,遂为人类栖息之场所,漠漠神州,遂为汉族藩殖之所。盖宗族者,乃世界上一浑浑磅礴,固活不结,天然之一小团体也。吾国宗族主义,原始于黄帝,而派分于夏禹,盖至是神明之胄,渐已播满禹穴九州矣。姓氏既由于禹赐,则宗族主义至是益明,宗族之主义明,则天然之团体固。欲固天然之团体,不可不知团体之由来,更不可不维持团体于将来也。宗谱者,记载祖宗之所自始,子孙之所由出,正所以知团体之由来,而维持团体于将来也。然则处此物竞生存、优胜劣败之现世界中,则重修宗谱岂可缓乎哉?吾石湖邵氏宗族,为汉族中之小团体,乃团体中之最亲爱最密切者也。……人类能固结团体,故能战胜洪水猛兽。汉族能固结团体,故能战胜苗猩獞猓。亘古今,通中外,能固结团体者昌,不能固结团体者亡,此天演竞争之公理也。

作者在陈述了宗族主义的源流后,指出了宗族这个"天然之团体"在物竞天择现实世界中的巨大功效。最后作者把"能固结团体者昌,不能固结团体者亡"这个"天演公理"推到全国:"吾国同胞四万万,族有五,而姓有百,使人

---

① 孙中山:《三民主义》,《孙中山全集》第9卷,第239~240页。
② 中央陆军军官学校洛阳分校编:《三民主义教程》,1935年,第32页。

人皆明斯理,行此道,则世界主人翁舍吾同胞其谁欤?"①

从这里可以看到,原先乡间盛行的"群""合群"思想经过了"公理"的包装,发展成了"宗族主义"。这不能不归功于严复对西方社会学论著的翻译和阐发。1895 年严复发表《原强》一文,首次介绍了斯宾塞理论,称其"宗天衍之术,以大闱人伦治化之事,号其学曰群学。犹荀卿言人之贵于禽兽者,以其能群,故曰群学"。② 1897 年,严复在译《天演论》时说:"夫既以群为安利,则天演之事,将使能群者存,不群者灭;善群者存,不善群者灭。"③《丙寅重修宗谱序》关于人有别于禽兽在于人能"固结团体",以及"能固结团体者昌,不能固结团体者亡"的说法,显然都是从严复的表述转换而来。将"能群者存,不群者灭"中的词语"群"替换为当时更有时代气息的"团体"。④ 顺便指出,严复把社学会原理与中国古代圣哲荀子的思想结合起来的做法,确实有利于传统读书人对这个"公理"的接受。⑤

笔者在阅读族谱的时候也曾有过疑虑,宗族主义为保国保种良方的议论在多大程度上反映了读书人的真实想法,抑或谱序撰写不过是为了借此获得掌控宗族的权力? 或者说在谱序这种文体中只能赞美宗族,拥护宗族主义? 后来看到相同的思想也出现于日记中,⑥这些谱序也被收录在自己编订的文集中,逾益感到他们的议论出自肺腑。那么时至今日重新反思,族人对宗族的归属感能否发展出国族认同呢? 日本人类学家濑川昌久从分析华南宗谱世系切入,对此给出了肯定的回答:

> 族谱的重要性并不仅仅取决于它是个人及其所属群体的自我认同的根据,还在于它具有沟通个人以及宗族的自我意识,与汉民族乃至整个中华文明的历史的媒介意义。也就是说,族谱所记录的系谱之终极起源一般都是黄帝或古代中国王朝的王族,这就使得族谱的保持,成为自己具有作为中国人、作为汉民族的正统性的根据;通过其系谱,就有可能使自己

---

① 乔炜松:《丙寅重修宗谱序》(1926),永嘉《石河邵氏族谱序》,民国三十七年(1948)。
② 严复:《原强修订稿》,王栻主编:《严复集》(第一册),中华书局 1986 年版,第 16 页。
③ 严复:《严复集》第五册,第 1347 页。
④ 孙中山在《三民主义》一文中说:"大家联合起来,成一个大国族团体。"《孙中山全集》第 9 卷,第 242 页。
⑤ 严复关于荀卿人贵于禽兽议论见于《荀子·王制篇第九》。有人问荀子:"人,力不若牛,走不若马,而牛马为用,何也?"荀子回答道:"人能群,彼不能群也。"
⑥ 张棡光绪二十九年(1903)初四日日记载:"洵生、次石二人仍坚执,此子大坏门风,任则傲送县究治。予谓事关一本,治以官法,不如治以宗法。"(张棡:《张棡日记》,温州市图书馆编:《温州市图书馆藏日记稿钞本丛刊》,第 7770 页。)

及其群体的存在,认同于从神话时代就开始起步的中华文明辉煌的历史。

在这种情况下,保证了古代中华文明与现在自身间的连续性的,恰恰就是父系世系的连续性,因此,父系世系就不仅是表示个人之间社会关系连续性的媒介点,对于他们来说,这一世系还是为使人真切地感受中国历史的连续性和实在性所不可缺少的坐标轴。①

瓯江流域的宗谱的确如濑川昌久所说,族谱的系谱追溯到皇帝或商周时代。有的族谱还在谱序中加以阐发。乐清大嵩村作于1932年的谱序云:

> 今夫国者乡之积也,乡必有族,族必有祠,祠必有谱,亲其所亲、长其所长。……遵斯道也,推而行之,凡黄族皆同族也,凡黄帝子孙皆伯叔兄弟也,亦即我总理推宗族为国族之旨也。嗟我兄弟,外侮方殷,毋为阋墙,原我伯叔朝夕训勉,推行甚利,则强国保族如运诸掌,可拭目俟也。②

因为中国的宗谱系谱常常追溯到传说中的皇帝或商周时代,族谱于是成了作为中国人的正统性根据,从而形成了对中华文明史的认同。族谱中的世系使族人感受到了中国历史的连续性和实在性。接着濑川昌久举例具体地说明这个"实在性":

> 只要去接续和追溯族谱中各代祖先的系谱联系,人们就能够共同拥有追寻中华文明从古代神话时代一直到现代为止的时间。就像祖先的系谱一直延续到自己从来没有中断过一样,中国的历史也使人真切地感受到它从未中断,源远流长。于是,人们就可以这样来理解历史:唐代发生的事件,如以自己祖先角度来说,正相当于若干代以前某一祖先的时代;清初发生的事件,正相当于本村开基祖从某处迁往某处的时代,如此等等。在中国人的历史意识中,族谱所显示的自身系谱的连续性,……是以个人的立场来亲身感知历史连续性和实在性的重要环节(link)。③

正是有了这种"实在性"和个体感受的真切性,使王毓英、高谊、刘绍宽等

---

① [日]濑川昌久:《族谱:华南汉族的宗族·风水·移居》,钱杭译,第23页。
② 方克宙:《方氏族谱序》(1931),《嵩山方氏宗谱》,民国癸酉(1933)。
③ [日]濑川昌久:《族谱:华南汉族的宗族·风水·移居》,钱杭译,第24页。

有了底气。他们一再斥责章太炎、严复那种否定宗族的民族主义为"空言",指控那些文化明星"空言救国""谬托五族共和之名,以虚结其团体"。

在他们的认知中,宗族中的族人每天抬头不见低头见;祠堂矗立在村落中,每年都要上演很多仪式;族谱中祖先世系源流赫然在目。既然本族是实在的,那么国家、民族就是由无数个这样实在的宗族构成,即所谓"天下者,一族之所积也",国家的形成就是"由一族而九族而百族,推之千万族"。因此这个民族、国家也是实在的。他们是无法理解民族只是一个"想象的共同体"。①

与主流文化界对宗族主义极端负面的看法完全相反,在乡村读书人眼里宗族主义是极为正面的。如果没有宗族主义,连乡村起码秩序的维持都不可能。笔者无意中发现宁波衙前一篇写于1932年的碑文,碑文中"宗族主义"的意义完全是正面的。碑文如下:

> 吾族有霖之子成荀,自觐舜,以商业起家,素抱宗族主义。凡宗祠建设,莫不解囊乐输,而族人告贷,亦能量力接济,是以宗族称之,乡党羡之。兹将其未刊石之捐款,复勒碑宣告,俾族人见之,共兴敦宗睦族之感想也。②

碑文体现的是一种极为朴素的"宗族主义",只指族人对宗族集体作出的贡献,没有把宗族跟国家、民族联系起来。我们听到了清末民国士人关于宗族主义的言说,了解了人类学家对族人与中华文明史联系实在性的学理分析,那么宗族在真实的历史场景中表现了怎样的关系呢?

民国三十七年(1948)遂昌高桥村《雷氏宗谱》卷首有《从军祠孙题名录》,《题名录》题记曰:"查七七抗战本祠祠系孙奋起救国,颇不后人,兹为宣慰起见,题名存记如左。"以下一共收录了28名抗战从军子孙。——载明名字、族内支派、从军时间、职务和主要经历。例如雷礑清,属于国镇公系下:

> 于民国二十六年志愿投军,曾在陆军第六十军通信兵营第二连及

---

① 安德森称民族为想象的共同体,其推论是:因为即使是最小的民族的成员,也不可能认识他们大多数的同胞,和他们相遇,或者甚至听说过他们,然而,他们相互联结的意象却活在每一位成员的心中。[美]本尼迪克特·安德森:《想象的共同体:民族主义的起源与散布》,吴叡人译,上海人民出版社2005年版,第6页。

② 沈大仪:《饮水思源碑》,北仑区人民政府地方志办公室编:《北仑历代碑刻选注》,宁波出版社2018年版,第298页。

辎重兵营服役，经赴缅甸印度一带与日本作战。三十四年九月三日抗战胜利后，曾往安南、台湾一带接收日本仓库物资。

雷发声，属于本铨公系下：

> 资格：浙江省立衢州初中毕业，省立处高肄业时转投军政部教导第五团训练，结业。中央军事委员会陆军军官教育训练，及格。经历：教导团结业后，赴昆飞印参战。军次赣州，适遇湘桂事变，改令移防江西瑞金，三十四年奉令编入知识青年远征军三十一军二零九师六二七团服务，三十五年六月一日奉令复员。现任：国防部复员管理局青年军通讯处浙江支处遂昌通讯组组长。

有6位子孙的简历后注明"杳无音信"或"尚无来信""现无音信"字样，族谱修竣于抗战结束3年后的1948年，6名没有音讯的军人多半已经为国捐躯。

这28名抗战从军人员，有些是从学校（师范学校、宪兵学校）参军的，更多的是务农的青年直接入伍。其中少不了有被强迫抽了壮丁，但也有一些是自愿的。自愿人数应该比注明"志愿投军"者更多。高桥村在20世纪30年代人口应该不到300人，①除去女子，大约150人，其中壮丁不会超过100人。这100人也不全是雷姓，还有包括钟姓在内的两个有一定规模的宗族。因此，以高桥雷氏宗族的规模，强制性抽取壮丁不可能有如此之多。族内青年冒死投军救国，多少能够说明宗族子弟的国家认同。更为重要的是抗战后修撰的族谱，特意开辟《从军祠孙题名录》，以表彰这些从军子孙"奋起救国，颇不后人"，直接把宗族与国家联系在一起。

（四）天演公理

在表8-1中的20则资料中，明显具有社会进化论意思的有6则。这6则资料中出现了"物竞天择，适者生存""优胜劣败，适者生存""优胜劣败，天演公例""民族进化""天演竞争"等词语。

天演论已经为地方读书人所接受。一方面他们像思想精英那样，把"优胜劣败""天演公理"用于思考国家、民族层次；另一方面，他们也把"优胜劣

---

① 据1987年印行的《遂昌县地名志》载，高桥的人口为604人（遂昌县地名志办公室：《遂昌县地名志》，1987年，第109页）。据笔者的田野考察，大部分村落1949年前的人口不到20世纪80年代人口的一半。

败,适者生存"当作数学公理一样来说明事物,阐释道理。高桥《雷氏宗谱》(1919)有"族训"9条。在"碌碌无长,人生患害;薄有技能,免受淘汰"一条下,雷国望作了如下阐发:

> 古语云:"积金千万不如薄技在身。"吕近溪云:"世间生艺,要会一件,有时贫穷,救尔患难。"此皆言人生在世不可不学一专门艺业也。况现在社会物竞天择,适者生存,优胜劣败,天演公例。倘吾族人游手好闲,饱食终日,碌碌无一长,能逃天然之淘汰乎?吾愿族人慎之警之。

每个人要掌握一件谋生的技艺,即所谓的"生业""生理",这是极为传统的"教训"。在这里作者却套用天演公理加以说明,如果没能学会一个活计,就会遭到"天然之淘汰"。

这种套用随处可见。清末乐清西乡兴办新学的郑良治(1865~1909)就承认"物竞天择,适者生存"是"真理"(见 1904 年 8 月 23 日日记)。乙巳年(1905)二月廿二日,他来到一个村庄,了解到这个村最早来定居的是柳姓,其后是李姓和杨姓,最后是张姓。而现在最先到此定居的柳姓"衰落迨尽",最迟定居的张姓繁衍至 200 家。他由此想到了"物竞天择,适者生存",其意为柳姓被天演所淘汰,张姓是生存下来的"适者"。①

(五)宗族自治

清末新政,地方自治制度与警察、新式教育等一起引入地方社会。许多趋新士人在地方机构中担任公职。"自治"也成了清末民初最流行的词汇之一。以往的学者多从"乡治"角度或超宗族的乡镇层面探讨地方自治问题,以及由此引起的地方意识萌发和地方精英权利意识的抬头。②

在瓯江流域的族谱文献中,却流行一种宗族自治的论调。其逻辑跟宗族主义相似,宗族自治是建立天下秩序的起点。早在 1901 年黄式苏就说,"……如欲兴中国,必自治一族始。……吾尤愿神明之遗胄,各兴其族,以兴天下也。盖一族之兴,为天下之起点。"刘绍宽在撰写于清末的《盘谷高氏族谱序》中探讨了民治与宗族的关系,认为自治的切入点就是要把"法治之精义"体现在族谱中,使族众得以理解。王毓英自身担任永强镇自治会会董,在 1920 年族谱纂修时干脆把宗族的谱牒命名为《环川王氏自治谱》,并在谱序

---

① 郑良治:《百甓斋日记》,浙江省永嘉区征辑乡先哲遗著委员会抄本,1936。
② 比较有代表性的作品为程美宝的《地域文化与国家认同:晚清以来"广东文化"观的形成》和佐藤仁史的《近代中国的乡土意识——清末民初江南的地方精英与地域社会》。

中声称:"不必远言治国治天下,而国与天下即在宗族自治中矣。"

(六)世界主义及其他

在族谱文献中,虽然有些思想观念没有像"群""民族主义""宗族主义""天演公理"那样日灌于脑而溢于口,但也非常值得关注。永嘉一个作于1922的谱序中出现了带有人本精神意味的世界主义倾向:

> 适欧美者以本国人为亲,适外省者以本邑人为亲,日本与我同种而屡迫我,美与英同种而英日同盟以制美,权势之争,致伤感情。国族与家族一也,是故扩而充之,如彼其大,缩而小之,则一乡之中有同姓,一姓之中有同派,乃至一家之组合有兄弟妻子之区别。
>
> 谭刘阳有言:"仁以通为第一义。"患麻木痿痹者至不能通其身,其皆见道之言哉。谱之作也,原于亲亲之意,以仁为体,而以通为用者乎。今与古通则溯其缘起,近与远通则联其线索,彼派与此派通则叙其原由。

这里的思想已经超越了民族主义的立场,而是从全人类的角度去思考时代问题。当然这种幻想以"仁"来消弭国家与民族冲突的说法是一个乌托邦理想。虽然这种思想在谱序中的出现是极为罕见的个例,但也说明,五四时期多少被民族主义压抑的世界主义和人本意识,存在着通往地方那细若游丝的传播轨道。[①] 要说人本主义,可以说每个读书人都接触过儒家文化中那种尊重人、关爱人的人本意识,"仁"更是儒学的核心概念,可是绝少有人把仁推展至全球秩序的构建,这只能从作者刘肃平的宗教观念去理解,刘氏是信仰佛教的居士,宗教悲天悯人的情怀超越了民族观念和国家观念。

在瓯江流域的谱序中未见五四时期思想文化界颇为流行的无政府主义思想和社会主义思想。

第三节 启蒙运动抵达草根社会

王汎森在论及思想、观念和意识从核心区向小地方扩散的时候,提出了

[①] 刘肃平:《刘氏宗谱序》,永嘉碧莲《刘氏宗谱》卷一,1982年。引文中的"谭刘阳"应为"谭浏阳",谭嗣同为湖南浏阳人。引文见于《仁学界说》,文曰:"仁以通为第一义。以太也,电也,心力也。"(谭嗣同:《谭嗣同全集》,中华书局1981年版,第291页)

"连接性角色"这一概念,指的是地方上的小读书人起到了沟通小地方与全国性舞台的作用。① 在晚清民国的乡村社会,中学毕业生和师范毕业生构成了这个"小读书人"的主体。他们将北京、上海和杭州等文化中心城市的思想动向传递到瓯江流域的城镇、乡村,从而改变了地方的思想氛围和文化生态。但笔者以为扮演"连接性角色"的不仅仅是地方上的"小读书人",也包括长期乡居的像朴学大师孙诒让那样的大学者,以及像刘绍宽等在地方上享有崇高威望的教育家。

何以判断发端于北京、上海等地的思想风暴是否袭击到了乡村草根社会? 在这里我们就要考察这些在地的"连接性角色"与族谱书写之间的关系。我们要特别注意晚清民国时期的族谱。在瓯江流域,那些中学毕业生、师范毕业生经常被当作"乡贤"被聘,为族谱作序,撰写族人小传,他们会把从报刊中知悉的事件、思想和情感在族谱中表达出来。大而化之地说,在清末民国,如果把最草根的乡民当作新思想观念传播的末端,需要经过三个世代知识群体的层层传递。

一、转型时期的连接性群体

从表8-1可知,清末民国撰写谱序的不是中小学堂教员、中小堂学校长等从事教育者,就是议员、议长、自治会董之类地方自治人员。由文化精英在北京、上海等大都市刊行的思想观念经由他们的筛选、过滤,才传播到乡镇村落。

简言之,这些转型时期知识人可分为三个世代。第一代知识人又由两类人构成。一类是获得了清朝的科举功名、没有接受过正式新学教育的士人,但他们热衷新学,如刘绍宽、孙诒让。还有一类士人受科举考试内容的变化和科考停废等外部环境的影响,为在新教育制度下谋取新职,不得已修读新学。② 第二代知识人是新学堂培养出来的大学生、中学生、师范生和高等小学学生,他们接受了大量的西方"新文化",这是科举制度停废和近代学校教育制度的引进后产生的新精英阶层。第三代是乡村学堂培养的小学生。这两个阶层对大都市中思想精英的思想观念往乡村的渗透起到很大的作用。

---

① 王汎森:《"儒家文化的不安定层"——对"地方的近代史"的若干思想》,《近代史研究》2015年第6期。
② 孙诒让在致汪康年的信中说:"闻贵馆统计阅报人数以敝里为最多,而敝里阅报之人,弟稔知其人,盖玩钦时事之危迫,爱玩钦服者十之一二,而闻有科举变法之说,假此揣摩为场屋怀挟之册者十之七八,其真能潜研精以究中西治乱强弱之故者,无一也。"孙诒让:《与汪穰卿书十一通·二》(1897),张宪文辑:《孙诒让遗文辑存》,第93页。

下面首先对表 8-1 列举的 17 位谱序、寿序的作者进行简要的分析。

表 8-2 谱序作者教育背景表

族谱名称	县份	村落名	资料作者	县份	科名或学历
《钟氏宗谱》	遂昌	高桥	王昌杰	遂昌	拔贡,浙江法政学校毕业
			雷国望	遂昌	莲城初级师范毕业
《钟氏宗谱》	遂昌	井头坞	叶警之	遂昌	不详
《雷氏宗谱》	遂昌	高桥	王佩剑	遂昌	国立北京大学
《钟氏宗谱》	松阳	福村	钟松	松阳	浙江省立第十一师范学校,黄埔军校
《高氏宗谱》	松阳	象溪	高鹏	丽水	县学廪贡生,浙江省法政学校
《方氏宗谱》	乐清	大崧	方翔卿	乐清	拔贡
			方克宙	乐清	不详
《赵氏宗谱》	乐清	中庄	曹文昇	乐清	岁贡
《黄氏族谱》	乐清	高园	黄式苏	乐清	举人
《刘氏族谱》	乐清	凰岙	刘之屏	乐清	县学生员
《黄氏宗谱》	乐清	殿川	曹文昇	乐清	岁贡
《高氏宗谱》	乐清	高岙	刘绍宽	平阳	拔贡,曾考察日本教育
《胡氏族谱》	乐清	杏庄	胡道南	乐清	不详
《王氏宗谱》	永嘉	三甲	王毓英	永嘉	县学生员
《刘氏宗谱》	永嘉	响山	刘肃平	永嘉	不详
《邵氏宗谱》	永嘉	石湖	邵炜松	永嘉	温州师范学校、保定陆军军官学校毕业
《胡氏宗谱》	永嘉	茗岙	胡一鐈	永嘉	不详

17 位作者中,9 位获清朝科举功名,其中举人 1 名(黄式苏),贡生 5 名(方翔卿、刘绍宽、曹文昇、高鹏、王昌杰),生员 3 名(刘之屏、王毓英、刘肃平)。受过新式教育的 4 人(雷国望、王佩剑、钟松、邵炜松)。其中高鹏和王

昌杰两位贡生既有科举功名,又受过新式教育,他俩都毕业于浙江法政学校。还有4位学历不详(叶警之、方克宙、胡一鐈、胡道南)。叶警之出生于1889年,至废科举前的1904年他只有15岁,获取清朝功名的可能性较低。以他担任浙江省自治法会议代表、遂昌县议会议长的履历,推断他应该受过新式教育。否则他没有担任这些职务是应当具备的文化资本。胡道南比王警之大四岁,在相关的资料中没有发现学历记录,但以他担任过瓯海道尹公署谘议、国民革命军十九师司令部参议的履历看,完成一定程度新式教育的可能性较大。我们只知道方克宙当过镇江要塞司令部军法官,但不知出生年月,无从推断。胡一鐈只知道他是永嘉茗岙胡氏宗族的族人,其他信息均付阙如。姑且把王毓英、叶警之算作有新学教育背景,剔除无从判断的方克宙和胡一鐈。另外,钟松1929年撰写《宗谱记》时任陆军三十六师中将师长,除了早年丽水师范学校毕业后在松阳当过小学教师的短暂时期,他不算"在地"读书人,因此也予以剔除。兼具科名和新学历的王昌杰、高鹏重复计算。第一代知识人计9人,第二代知识人7人。可见两个世代的知识人在乡村文化活动中呈现出大致相等的规模。

二、趋新士人对新知的获取

如果放在一个更为广阔的历史背景看,那些从传统士绅中分化出来的第一代知识人对新知的输入起着至为关键的作用。他们是晚清接受和传播新知的拓荒者。没有他们就没有后来蔚为大观的"西潮"。新的知识和思想观念通过什么样的渠道传递到地处偏僻之地的瓯江流域?瓯江流域的趋新士人又是通过何种渠道将这些新知下渗到乡村聚落?这里仅举温州府的孙诒让和刘绍宽为例,略作说明。粗略言之,接受新知的方式大概有二种。

第一种是与寓居上海、北京和杭州等地的本乡人和友人晤谈。这在新知传播的前期尤为重要。到晚清温处两府到上海、北京和杭州等地宦游、求学的人日渐增多。另外自维新变法运动兴起以后,温处两府逐渐出现了留日学生群体,亦有不断扩大的趋势。这两部分人是清末瓯江流域获得新知的信息源。

宦游和求学方面,主要人物有:永嘉徐定超(1845~1918)光绪九年(1883)考中进士后长期在北京任职。宣统元年(1909)在杭州出任浙江两级师范学堂监督。瑞安人黄绍箕(1854~1908)光绪六年(1880)考中进士,选庶吉士,授翰林院编修,后曾任武英殿纂修、京师大学堂总办,长期在北京任职。乐清人陈虬(1851~1904)虽然一生的活动主要在瑞安,但在上海、天津、北京、山东等地或旅居或游历,活动颇为频繁。瑞安人陈黻宸(1859~1907)光绪二十四年(1898)在上海速成教习学堂任教,光绪二十六年(1900)在杭州养正输塾任教,光绪二十八年(1902)在上海主编《新世界学报》,光绪二十九年(1903)考中进士,授户部贵州司主事,并任京师大学堂师范科教习,光绪三十年(1904)兼任学部京师编译局总纂,宣统元年(1909)当选为浙江省谘议局议长。从以上经历可知,他长期在上海、北京、杭州工作。平阳人宋恕(1862~1910)光绪十三年(1887)前往上海,襄阅龙门书院课卷,后又在南京襄阅钟山书院课卷。光绪十五年(1889)他寓居杭州七宝寺读佛经。平阳人黄庆澄(1863~1904)于光绪十五年(1889)赴上海任梅溪书院教习。

本地士绅赴杭州、北京参加乡试会试之机拜会的乡贤,或谒见假期节日回乡省亲的官员和学者。刘绍宽的日记显示,1898年刘绍宽赴京朝考途中先后与陈黻宸、陈虬、宋恕、徐定超、黄绍箕和黄庆澄等都有过相当深入的交流,信息量非常之大。① 他也是如饥似渴地吸收且认真消化。例如他在日记中对宋恕的言论连篇累牍地记录,而且不无遗憾地说"随手忆记,无复伦次,遗漏尚多"。②

关于新知识、新思想的输入,留日学生也是一个不可忽视的群体。光绪二十二年(1906)四月,清廷就派遣学生留学日本,其后日益增多。随着清末新政的施行、科举制度的停废,公费、自费留学日本的人数剧增。资料显示,光绪二十九年(1903)温处二府公费选派留日学生为22人,进入师范学校和各种实业学校学习,其中永嘉3人、乐清2人、松阳2人、遂昌2人。③ 另据胡珠生统计,自1898~1911年,温州留学日本的学生为135人,加上留学美国的人数,总数为138人。④ 留日学生非常活跃,清末每次群众运动都热烈参与,与家乡的互动也很频繁。1903年留日学生以浙江同乡会发刊出版之《浙江潮》寄赠家乡的士绅。光绪三十二年(1906)二月初十,塾师张棡接待了自日本归国的日本留学生戴兰。张棡原本是一位趋新而又偏于保守的士人,对青年人常常是看不惯的。在这天的日记中虽然仍然不认为留学生有什么学问,却留下了总体颇为正面的观感:

> 兰君新自东洋留学归,剪发东装,然谈论风生,颇中肯綮。伊说:"我中国人每只知有家,不知有国,于是咸无爱国心。自予辈留学东洋,始知

---

① 刘绍宽与这些温州籍名流见面的时间:陈黻宸四月十四日,陈虬四月廿四日,宋恕四月廿四、六月廿六、廿七、廿九,徐定超五月初八,黄绍箕五月初九、初十,黄庆澄七月初二。刘绍宽:《刘绍宽日记》,第194、195、195、204、205~210、210~211页。
② 1898年六月廿七日日记,刘绍宽:《刘绍宽日记》,第205~210页。
③ 孙延钊:《孙衣言孙诒让父子年谱》,上海社会科学院出版社2003年版,第314~315页。
④ 胡珠生:《温州近代史》,辽宁人民出版社2000年版,第199页。

家与国有密切关系,爱国即是爱家,未有国亡而家可以存者。予不敢谓留学即有学问,盖学问必须十数年苦工,非一蹴可以成者。"……今日留学生虽未见其如何进步,然大有造于我今中国者,正自不少,如上海之抵制美约,金云商界中运动,半由学界中之力。然商界既有大团体,则学界中尤不可无坚忍力,故东京取缔之规约、退学之风潮,亦势之所不得不然者也。①

戴兰自述他是离家到日本这个陌生的异邦之后才萌发了国家意识、国族意识。张棡在与戴兰的晤谈中也强化了自身的国族意识。

地方士人第二种获取新知的方式是与友人、同乡的通信,以及订阅新式书刊报纸。在晚清,许多报纸都是新知之源,它们不但传播国内外的新闻,并介绍新思想及刺激政治社会意识的作用。② 报纸书刊源源不断流入瓯江流域还有赖于蒸汽轮船的开通,促进了近代邮政的发展。光绪三年(1877)温州海关成立。光绪八年(1882),《海关邮局章程》规定:"温州及其以北各海关办事处一律对外设置信箱,接受公众交寄信件并出售邮票。"这意味着瓯海关扩大邮递业务,开始办理民间信件的邮递业务,标志着温州近代邮政在瓯江流域的兴起。③ 在清末的最后 10 年里,邮政代办所相继在温州和处州开办。光绪二十八年(1902)才开设两家邮局,宣统三年(1911)达到 35 家。在此期间,温州城区和瑞安设立分局(两家都是汇兑局),平阳县、青田(两家都是汇兑局)和乐清设立内地局。此外,还有 27 家内地代办所,分别在虹桥、大荆、缙云、林溪、古鳌头、仪山、金乡、松阳、遂昌、龙泉、玉环厅、坎门、碧湖、云和、庆元、古市、莘塍、双穗场、永嘉场、楚门、柳市、八都、小梅、景宁、泰顺、大峃和宣平。④ 无论从代办所覆盖的地域,还是投递邮件的业务量、汇兑款项,都可以说是发展迅速。特别是信件一项数量达几十万之多,真的是惠及千家万户。在晚清民初,中心城市的思想文化信息也通过邮路源源不断地进入瓯江流域。

孙诒让也通过与寓居京沪的友人、同乡人的通信获得新知。现在可考的有如下几次:光绪二十三年(1897)汤寿潜寄赠自己所著之《危言》。⑤ 同年,上海友人寄赠蒙学会创刊发行之《蒙学报》;杭州友人寄赠新出之《经世报》;

---

① 张棡:《张棡日记》,温州市图书馆编:《温州市图书馆藏日记稿钞本丛刊》,第 7832 页。
② 张灏:《张灏自选集》,第 110 页。
③ 吴炎主编:《温州市交通志》,海洋出版社 1994 年版,第 6 页。
④ [英]包来翎(C. Talbot Bowring):《瓯海关十年报告(光绪二十八年至宣统三年,1902~1911)》,赵肖为译编:《近代温州社会经济发展概况:瓯海关贸易报告与十年报告译编》,第 254~255 页。
⑤ 孙延钊:《孙衣言孙诒让父子年谱》,第 281 页。

湖南长沙友人寄赠新出之《湘报》及南学会发刊之《湘学新报》;①二十四年(1898),梁启超亡命日本,以所办《清议报》旬刊自横滨寄赠;②二十七年(1901)梁启超自日本寄赠《新民丛报》;③二十九年(1903)温州留日学生以浙江同乡会发刊出版之《浙江潮》杂志,自东京寄赠。上海友人以邹容所著《革命军》及刘师培所著《攘书》《中国民族志》诸书寄赠。④

自光绪十三年(1887)起,孙诒让经常订阅上海《申报》,又向上海广学会订阅《万国公报》;⑤自二十年(1894)起,孙诒让向上海订阅《新闻报》;⑥二十二年(1896)向上海强学分会订阅《时务报旬刊》⑦;二十三年(1897)孙诒让向天津订阅《国闻报》及《国闻汇报》,向澳门订阅《知新报》,向上海订阅《实学报》及《译书公会报》;⑧二十七年(1901),订阅上海《教育世界》杂志及商务印书馆出版之《外交报》,又订阅杭州《白话报》;⑨二十八年(1902)孙诒让向上海订阅顺德邓秋枚实主编之《政艺通报》半月刊;⑩三十年(1904)向上海商务印书馆订阅《东方杂志》;⑪三十二年(1906)向上海书业商会订阅《图书月报》;⑫三十三年(1907)向上海国学保存会订阅《国粹丛编》。⑬

如上所说光绪十五年(1889)黄庆澄赴上海任梅溪书院教习。在故乡的刘绍宽与黄氏保持着较为频繁的通信联系,因此眼界大开,次年刘绍宽订购了《申报》。宋恕也在西学传输到地方起到了很大的作用。刘绍宽晚年回忆说:

> 是时局势日变,新学萌芽,吾乡宋平子衡在上海大倡广兴西学之说,黄源初与之游,屡有信与稚师,师辄同以相示,于是知经世之务不在乎戈戈之科举,而思想益为变迁。盖余自志学以后,至此始一转乎。⑭

---

① 孙延钊:《孙衣言孙诒让父子年谱》,第284页。
② 孙延钊:《孙衣言孙诒让父子年谱》,第288页。
③ 孙延钊:《孙衣言孙诒让父子年谱》,第300页。
④ 孙延钊:《孙衣言孙诒让父子年谱》,第314页。
⑤ 孙延钊:《孙衣言孙诒让父子年谱》,第233页。
⑥ 孙延钊:《孙衣言孙诒让父子年谱》,第262页。
⑦ 孙延钊:《孙衣言孙诒让父子年谱》,第279页。
⑧ 孙延钊:《孙衣言孙诒让父子年谱》,第284页。
⑨ 孙延钊:《孙衣言孙诒让父子年谱》,第300页。
⑩ 孙延钊:《孙衣言孙诒让父子年谱》,第305页。
⑪ 孙延钊:《孙衣言孙诒让父子年谱》,第316页。
⑫ 孙延钊:《孙衣言孙诒让父子年谱》,第342页。
⑬ 孙延钊:《孙衣言孙诒让父子年谱》,第343页。
⑭ 政协浙江省苍南县委员会文史资料委员会编:《刘绍宽专辑》(《苍南文史资料》第十六辑),2001年,第380页。

刘氏晚年在鸟瞰自己一生的旅程时意识到,宋恕、黄庆澄分别于光绪十三年(1887)、十五年(1889)到上海直接促成了他人生的一大转折。这是由于两人通过邮件传递了大量的"西学之说",使他懂得了科举并非经世致用之道,思想格局得到了提升。

三、新知识、新思想向乡村聚落的扩散

来自西学新知的大规模扩散有赖于新学制——癸卯学制的建立。光绪三十年(1904)一月颁布新学制,次年科举制度废除。两个事件把新式学堂的兴建推向高潮。在清末民初的地方社会存在着三个世代知识群体:第一代由科举时代转型而来的第一代知识人;第二代以师范生和中学毕业生为主体,也包括部分留学生;第三代遍布城乡的小学毕业生。这三代有着较为明晰的代际分野,但也同时对新知识、新思想向乡村的扩散产生影响。

(一)第一、二代知识人对西学的吸纳与传递

士绅阶层创办新式学堂要比新学制的实施早得多。光绪二十二年(1896)三月初一日,瑞安学计馆举行开学典礼,馆长一职,亦称总教习,聘请本地算学专家林调梅充任。功课包括数学、物理、化学诸门。常课之外,分发馆中所备书报,令其轮流传借阅读。① 于此可见,学计馆开设的是当时最"正宗"的西学,即现代科学数理化。而且以新式书刊报纸来拓展学生的眼界。次年,瑞安项申甫与其兄项苕甫等,兴办私立瑞安方言馆,讲肄外国语文。二月十六日举行开学典礼,分西文、东文两班,学额各为二十五名,功课兼及外国史地。② 这是一座培养外语人才的学校。温州还有一所现代学校出现于国家学制改革之前,即光绪二十二年(1896)由基督教会创办于永嘉的艺文书院,至二十七年(1901)书院被改造成具有中学性质的艺文中学堂。学堂每年收生徒300余人。讲堂宿室,时称完整,历届卒业者多出洋游学。当年七月开学的时候,堂长苏慧廉邀请孙诒让和英国人李提摩太到堂讲演。孙诒让于是日率领瑞安学计、方言两馆师生前往参加。③

大规模地扩散西方新知识、新思想的是新学制建立后产生的中学堂和师范学堂,可以说中学堂和师范学堂是在地方传播新知的大本营和策源地。浙南中学堂出现于癸卯学制颁布之前的光绪二十八年(1902),原温州府属中山书院被改为温州府学堂。府学堂后改名"温州府中学堂""浙江第十中学堂"。

---

① 张宪文辑:《孙诒让遗文辑存》,第292页。
② 孙延钊:《孙衣言孙诒让父子年谱》,第281页。
③ 张宪文辑:《孙诒让遗文辑存》,第437~438页。

光绪三十二年(1906),温州地方当局决定以旧校士馆为址创建温州师范学堂。处州府的第一所学堂"崇正学堂"也创办于光绪二十八年(1902),由处州府属莲城书院改建而成,三十一年(1905)被改为"处州府中学堂",后又被改为"浙江省第十一中学堂"。瑞安县、乐清县、平阳县和玉环厅也先后创办过中学,但不久后都停办,最后形成一个府一所中学堂的格局。光绪三十三年(1907),处州初级师范学堂和温州师范学堂先后成立。

中学堂和师范学堂拥有极为雄厚的师资力量。例如清末温州府学堂的西文教习陈守庸毕业于上海圣约翰大学。总教习是慈溪人,毕业于日本明治大学。任教法制经济的刘耀东毕业于日本法政大学。刘耀东也曾任教处州府学堂。任教国文、经学课程的老师都有清朝的科举功名。中学堂和师范学堂不仅设置的课程内容有大量西学成分,学堂内都设有阅报室、阅报社或宣传新知的学生社团,例如温州府中学堂就有"乐群会社",来自乐清的教师曹文昇给乐群会社写过序。

宣统元年(1909),刘绍宽在给平阳谢氏宗谱作序时说:

> 谢生学于郡城师范学校,则固日闻新说而心焉仪之者,然独退而与从兄璧玉、小亭诸君,釀修宗谱,不数月竟以克成,可谓审中外时势之殊,较然不为淆惑者矣。①

虽然刘氏的本意是赞扬谢仲远没有被抨击宗族宗法的思想所迷惑,热心纂修族谱。值得我们注意的是在温州师范学校读书可以"日闻新说"。

在温州府学堂的招考新生和毕业考的试题中都有不少包含新学新知的内容。据《刘绍宽日记》载,光绪三十三年(1907)七月十二日的招考新生的地理试题有"俄租旅顺,英租威海卫,德租胶州湾,于中国前途之利害若何?"② 三十四年(1908)一月十五日招考新生的地理试题有"吾国东南濒海,军商要港半为外人侵占,试确举而详论之"。③ 宣统元年(1909)闰二月初九日史地毕业考试试题有"合众国独立之原因及其终局""西藏为西徼屏藩,筹边之策孔急,今欲却悍英北上之师,绝强俄南下之路,固围之方,端在扼要,能备述其边隅形势欤?"④考试试题是学生阅读最有效的导向,如果学生要想毕业,或者有个好成绩,就必须多看新式书报,这对新式书报在地方的传播必将产生

---

① 刘绍宽:《谢氏族谱序》(1909),《厚庄文钞二卷 诗钞三卷》卷三,石印本,民国八年(1909)。
② 刘绍宽:《刘绍宽日记》,第453页。
③ 刘绍宽:《刘绍宽日记》,第458页。
④ 刘绍宽:《刘绍宽日记》,第483~484页。

重大的影响。招考新生和毕业试题是最有力的指挥棒,他不仅影响在校学生的阅读,也影响到小学教育,那些有升学意愿的小学生必须注意西学新知的汲取。这无疑有效地促进了新式书刊报纸的阅读和流动。

温处地方知识人除了通过建制性学校扩散新知,他们也关心向社会公众传递新思想、新观念。清末瑞安的"演说会"就是瑞安第二代知识人创办的传播西学团体。创办者林文潜、孙诒棫和孙延曙都具有新学背景。林文潜(1878~1903)早年就读于瑞安学计馆,往杭州东文学校修读,又去上海游学南洋公学。他还曾参加编辑《译林》,编著《寄学速成法》,翻译《论邦国与人民之自助》等。孙诒棫(1880~1925)和孙延曙后来都曾留学日本。演说会创办于光绪二十八年(1902)十一月,创办诸君推孙诒让为会长,会员约四五十人。每月初一和十五,在明伦堂召集城乡各学堂师生及各界人士,演说政治时事、科学知识及县政兴革事宜,听者常数百人。演说项目:(甲)议论之部:一、德义,二、科学知识,三、县政兴革,四、农工商实业;(乙)述告之部:一、中外历史,二、中外时事,三、地方新闻,四、通俗小说。每会对于每一项目,至少须有会员一人担任讲演。又遇国、乡有重大事故,则临时紧急集会,对众讲说,以引起特殊注意。是会历办逾三载,于一邑风气之开通有相当影响。至丙午(1906),县中学堂以县学改建校舍,是会乃停办焉。①

据《刘绍宽日记》载,光绪二十八年(1902)四月十六日,刘绍宽与乐清的兴办新式教育者高步云、郑良治、吴郁周、石蕴辉会面。吴郁周"召集同志筹捐购《白话报》,分赠乡人,以开风气。孙仲容先生、戴学礼皆有捐款,交大街庆元楼银店经手"。②光绪二十九年(1903)正月初八、初九,孙诒棫到瑞安乡下汀田演说白话文《妇女解缠足》,为有更多乡民听讲,时间选在戏班演剧之前。③

举办演说会,捐购报纸"分赠乡人",体现了新老知识人"走向民间"的努力。④而这些受过近代教育洗礼的中学堂毕业生和师范学堂毕业生则成为知识的二传手,他们直接参与创办或任教小学,再把西学新知传递到草根社会。

中学堂毕业生和师范学堂毕业生在晚清民国具有十分重要的社会地位。修竣于民国十一年(1922)的《松阳县志》在卷八《选举》中表列了清末以来的毕业生,并对此予以说明:

---

① 孙延钊:《孙衣言孙诒让父子年谱》,第306~307页。
② 刘绍宽:《刘绍宽日记》,第324页。
③ 张棡:《张棡日记》,温州市图书馆编:《温州市图书馆藏日记稿钞本丛刊》,第7762~7763页。
④ 李孝悌认为清末最后十年存在着一个针对下层的、以"开民智"为目的的社会启蒙运动,时间的断限起自1901年,终于1911年(李孝悌:《清末的下层社会启蒙运动:1901~1911》,河北教育出版社2011年版,第5~6页)。

>旧志科名止载五贡,不及廪附。以五贡俱堪就职,已有出身之阶,名器所关,诚重之也。兹毕业生以中学为断,其有与中学程度相等者并登之,亦仿五贡例也。下此则付诸廪附之列,不敢滥收,以昭严重。①

在县志编者眼中,师范生和中学毕业生等同于科举时代的贡生,可见在科举制度废除之后是否受过正规的西式教育,成为是否能够获得"出身之阶"的标志。自不消说,这些中学生也被视为给宗族带来荣耀而在族谱中注明。《方氏族谱》的"殿岙派"世系表中,就注明了他们的中学学历。如方师元,"温州艺文中学毕业员,历任县立第十高小学教员兼会计"。方圣彦,"浙江第十中学毕业生"。也跟科举时代一样,连婚配对象的家主科名也要注明,以示门当户对:方圣瑞,"配本村高中毕业生陈作霖公长女"。②

(二) 清末民国的小学教育

遍布乡村的小学毕业生是新知的潜在接收者和传播者。上文提到第一、二代知识人具有把西学新知传播到民间的意识和实践。由于当时没有留下精确的统计数字,我们无法判断新知在乡村的扩散程度。但如果对乡村蒙学堂、小学堂的发展状况进行一番梳理,则可能会给我们一个大致的印象,因为小学生中的一小部分会进入中学,大部分则可能留在乡村。一开始小学老师多由传统的塾师担任,但到宣统年间开始多由中学毕业生和师范毕业生充任,他们接受过新知西学的洗礼,并把新知西学传递给小学生。而这些小学生正是把新知识、新思想传递给乡民的最后一环。他们即便不是族谱谱序的撰写者,也必是有能力向不识字者解释国族、进化等观念的群体。

以下主要以乐清为例,梳理自清末新政以来新式学堂的发展过程。光绪二十八年(1902)是乐清兴办新学堂的发轫年份,这年乐清北部市镇大荆曹文昇把印山书院改为印山蒙学堂。在乐清南部的柳市,陈锡麟、石蕴辉、郑良治、倪邦彦、冯豹、刘之屏、吴星帆创办西乡高等小学堂。③ 光绪二十九年(1903)乐城北隅创办爱国学堂,乐城南隅创办同善蒙学堂。④ 光绪三十年(1904)乐清瑶岙举办铸英两等小学堂。藩家垟倪氏祠举办求益初等小学堂。⑤ 同年在乐清县城出现了三所工商界举办的业余补习教育学堂。⑥ 光绪

---

① 高焕然主编:《松阳县志(民国版标点本)》(第四册),方志出版社2006年版,第30~31页。
② 乐清《崧山方氏宗谱》,民国二十五年(1936)。
③ 孙延钊:《孙衣言孙诒让父子年谱》,第302、306页。
④ 孙延钊:《孙衣言孙诒让父子年谱》,第310页。
⑤ 孙延钊:《孙衣言孙诒让父子年谱》,第316页。
⑥ 孙延钊:《孙衣言孙诒让父子年谱》,第317页。

三十一年（1905）乐清东乡高等小学堂成立。乐清浦边举办祖素初等小学堂。①

由此可见，乐清在光绪三十一年（1905）科举制度废除前，新式学堂已经有了可观的发展。这一年乐清士人高谊在悼念温处道童兆蓉时说：

> 五年以前沟瞀之儒，适埴冥涂，而今综计城乡初等中等各学，及出洋习业者，生徒已不下五百有奇。而矧阃十六属生业之盛旺，学界之进步，当必十数倍于此，而更非可以数计而周稽。②

文中的"十六属"正是清代温处二府的 16 个县，即处州府的 10 个县和温州府的 5 县 1 厅。高谊回顾了兴办新学初创期筚路蓝缕的艰难历程。他估计光绪三十年（1904）时温处二府接受新式教育的学生已经超过 500。

科举制度废除后，兴办新学明显加快了步伐。光是光绪三十一年（1905）一年就办了 9 所小学堂：芙蓉村造因两等小学堂、黄华初等小学堂、象山初等小学堂、凤岙初等小学堂、造姆女子初等小学堂、兴华初等小学堂、志明初等小学堂、白溪两等小学堂、蟾河堡碧环初等小学堂。③

那么这些小学一般有多大的规模呢？瑶岙小学堂留下了相关的数据。

表 8-3　瑶岙小学堂历年教员、学生人数表

年份	校长	教员	学生人数
光绪三十一年	朱虞宾	虞宾兼、庄以临、朱炳南、陈惕	高等 30 余人，初等 50 余人
光绪三十二年	朱虞宾	朱文彬、朱炳南、陈志宽、陈惕	高等 20 余人，初等 50 余人
光绪三十三年	朱虞宾	朱文彬、朱炳南、陈志宽、陈惕	等 10 余人，初等 60 余人
光绪三十四年	朱虞宾	姚奋庸、朱文彬、朱磊	高等 10 余人，初等 60 余人
宣统元年	朱虞宾	姚奋庸、朱磊、朱熊	高等 10 余人，初等 70 余人

---

① 孙延钊：《孙衣言孙诒让父子年谱》，第 321～322 页。
② 高谊：《祭童观察文》，高益登编注：《高谊集》，第 248 页。
③ 孙延钊：《孙衣言孙诒让父子年谱》，第 305～334 页。

续表

年　份	校　长	教　　员	学生人数
宣统二年	朱虞宾	潘三省、黄定中	初等70余人
宣统三年	朱虞宾	潘三省、朱燮	初等70余人
民国元年	朱虞宾	朱炳南、朱裳	60余人
民国二年	朱虞宾	朱炳南、朱裳	60余人
民国三年	朱虞宾	朱褒贞、朱裳	60余人
民国四年	朱虞宾	朱褒贞、朱元动	60余人
民国五年	朱元动	朱开明、朱裳	60余人
民国六年	朱元动	朱开明、朱裳	60余人
民国七年	朱元动	朱开明、朱裳	60余人
民国八年	朱元动	朱开明、朱裳	60余人
民国九年	朱元动	朱开明、朱绣	60余人
民国十年	朱燮	朱秀、朱麟	60余人
民国十一年	朱燮兼教	朱麟	60余人
民国十二年	朱燮兼教	朱麟	60余人
民国十三年	朱燮兼教	朱麟	60余人
民国十四年	朱雄球	朱麟、朱苇	60余人
民国十五年	朱雄球	朱苇、朱裳	60余人
民国十六年	朱雄球	朱苇、朱裳	60余人
民国十七年	朱雄球	朱裳、朱麟	60余人
民国十八年	朱雄球	朱裳、朱麟	60余人
民国十九年	朱雄球	朱裳、朱麟	60余人
民国二十年	朱雄球	朱裳、朱麟	60余人
民国二十一年	何洵	朱裳、朱强	60余人
民国二十二年	何洵	朱裳、徐墨农	60余人
民国二十三年	何洵	朱裳、郑怀远	60余人

续表

年　份	校　长	教　　员	学生人数
民国二十四年	何洵	朱裳、朱麟	60余人
民国二十五年	朱芾	谢伸、朱麟	60余人
民国二十六年	朱芾兼教	朱麟	60余人
民国二十七年	朱芾兼教	朱麟、钱文英女士	60余人
民国二十八年	朱芾兼教	周家鼐、倪陈衡、朱绍程、钱文英	70余人
民国二十九年	朱芾兼教	朱麟、朱强、陈组英女士	70余人
民国三十年	朱芾兼教	潘达、朱振业	70余人
民国三十一年	朱芾兼教	朱麟、朱梦雷	70余人
民国三十二年	朱芾兼教	朱信、朱麟	74人
民国三十三年	朱芾兼教	朱信、朱振业、朱爱珠	81人
民国三十四年	朱芾兼教	朱信、徐钟俊	84人
民国三十五年	朱信兼教	朱振业、朱振武、郑培夫、孙蘭英	107人
民国三十六年	徐墨农兼教	朱信、朱麟、梁熙、洪哲民	89人

资料来源：《朱氏宗谱·学塾志》中列有表格，反映的是从宣统元年(1909)至民国三十六年(1947)的情况。表格中光绪三十一年(1905)至三十四年(1908)的数据笔者采自《学塾志》中的文字表述。瑶岙：《朱氏宗谱》，民国三十六年(1947)。

办在瑶岙的铸英小学自民国元年(1912)开始不再招高等小学生，只招初等小学生。自民国元年(1912)至民国三十六年(1947)大部分年份学生数为六七十人。初等小学修业期为四年，那么四个年级平均15～18人，因此每年的初等小学毕业生也为15～18人。

据新编《乐清县志》，1931年乐清67%以上的乡镇办有小学。[①] 这一年乐清共有小学249所。1912年数据显示，平均每个学校学生数为30，那么1931年乐清的学生数约为7 470人。乐清大约有500个村庄，1931年平均每个村有15个人在读书。尽管直到1949年文盲还是占总人口的大多数，但是每个村庄接受过新式教育者不再罕见。这些人既是谱序中新思想观念的潜在接受者，也是新思想观念的潜在传播者。

---

① 乐清市地方志编纂委员会编：《乐清县志》，中华书局2000年版，第886页。

表 8-4　民国时期乐清的小学数和学生数

年份	小学数	学生数	年份	小学数	学生数
1912	53	1 579	1948	278	17 283
1931	249		1949	387	20 589
1945	205	20 892			

资料来源：乐清市地方志编纂委员会编：《乐清县志》，中华书局 2000 年版，第 886~887 页。

小学生特别是高等小学毕业生在社会上也是受到普遍尊重的，尽管《松阳县志》只登录中学生和师范生及更高学历者，松阳象溪村的《象溪高氏族规条例》(1930)却有如下之规定：

> 谨按现在功令，废科举、停考试，尊重学堂毕业故，凡各姓旧有学租。均改归毕业生轮收，盖以高等毕业视秀才，初中毕业视廪生，高中毕业视五贡举人，大学毕业视进士。今议凡高中毕业者，仿照五贡举人，祠内贴洋四十元正；大学毕业者仿照进士，祠内贴洋六十元正。①

高等小学毕业生受到了生员的待遇。1933 年，杏庄胡氏纂修宗谱，胡道南在谱序中说："然今国运鼎革，家运亦随之而新。此次儒林题名者大学士中学生十五，高小卒业者二十人。"文中的"大学士"疑为"大学生"之误。② 可见，小学生是当作可以显示宗族实力而加以展示的。

遂昌高桥《雷氏宗谱》卷首有《高桥雷氏题名存记》，题记曰："本祠为启前光后，宣扬优秀祠孙起见，特编是辑，题名存记如左。"这里把族谱内容处理成表格形式如下：

表 8-5　高桥雷氏题名存记表

姓　名	谱　名	资　　格	经　　历
雷　震	雷国望	浙江省处郡师范毕业生	判川小学教员 7 年，明德小学、果育小学教员各 1 年，定观小学校长 7 年

---

① 象溪《高氏宗谱》卷二，民国十九年(1930)。
② 胡道南：《民国癸酉第八次重修胡氏宗谱序》(1933)，杏庄《胡氏宗谱》，民国二十二年(1933)。该族谱的目录中有"儒林题名"一项，列在"宗规"之后"先祖像赞"之前；但族谱中没有相应的内容。

续表

姓　名	谱　名	资　格	经　历
雷钧	雷本蕃	遂昌县立师范讲习所毕业，小学教员暑期训练班结业，浙江省处数十县合作事业干部人员训练班结业，国民政府考试院甲种公职候选人检核及格	判川小学教员5年，定观小学教员、校长5年，霜月乡副乡长3年，县政府合作辅导员1年，县合作社联合社科长7年，县出征军人家属优待委员会委员2年，县立初级中学事务主任半年。县合作社联合副经理，妙高镇镇民代表，中国合作事业协会浙江省支会遂昌县支会副理事长兼总干事
	雷国权	国学生	乡自治议员3年，定观小学校长6年，苏村积谷仓仓董6年
雷迅	雷本程	浙江省立第十一中学毕业，浙江省法政专门学校肄业生，国民政府考试院甲种公职候选人检核及格	源口小学教员2年，西明小学教员9年，定观小学校长7年，向云乡乡长3年，县清乡指导员3年，妙高镇积谷仓管理委员会委员3年，妙高镇镇民代表3年
雷阿大	雷本哗	县立高级小学毕业，财政部浙江省遂昌县田赋管理处编查队训练班毕业	曾任遂昌县田赋管理处编查员1年，松阳县田赋管理处查丈员1年。民国三十三年（1944）四月志愿从军，投入陆军第二十五军一零八师三二二团一营三连服乙等兵役。六月奉令出发赣县作战时，升充下士班长。民国三十四年（1945）抗战胜利还乡，现为在任乡军士
雷起云	雷本春	县第一高等小学毕业，浙江省湘湖师范区教员假期训练班暨县行政干部训练所结业，省教厅第四届小学教员有试验检定合格	后江、定观、大山、登埠等初小学教员共5年，妙高镇第13保、第14保国民学校校长、教员共3年。妙高镇第15保副保长
雷礑雄	雷本愸	松阳县国强中学毕业	妙高镇第十五保及保仁乡第□保等保国民学校教员
雷声	雷本扬	遂昌县立师范讲习所毕业，浙江省手工业指导所农产制造场结业，省教育厅第一届有试验检定合格教师，国民政府考试院甲种公职候选人检核合格	曾任甲长、副保长10年，茶淤、马头、连头、定观等小学校长、教员共5年，资忠区中心小学教员1年，县难童教养院事务员3年，县合作社联合社事务员1年，县警察局书记1年，妙高镇镇民代表3年，妙高镇第13保国民学校基金保管委员会常务委员5年

续表

姓　名	谱名	资　　格	经　　历
雷波	雷孝菘	遂昌县立简易师范学校毕业	遂昌县保仁乡第□保国民学校校长兼教员
雷观耀	雷孝棋	遂昌县立第二小学毕业,浙江省私立崇实初中肄业,遂昌县行政干训所小教班毕业	王村口、龙口、石练等小学教员3年,大柘镇公所户籍干事
雷马富	孝禧	松阳县战时中学肄业1年,遂昌县地方行政干部训练所19期户政班毕业	成屏乡公所书记1年。城屏乡公所户籍干事,为第3年

表8-5列有雷氏宗族"优秀祠孙"11人。严格地说,其中只有雷震、雷迅具有中等学校的学历,雷礚雄就读邻县松阳县的国强中学创办于1938年,是一所补习学校。雷钧、雷声和雷波毕业于遂昌简易师范学校。简易师范是在师资不足的情况下举办的,规范一点的简易师范相当于初中学历。雷阿大、雷起云和雷观耀只有小学学历,他们也可以当小学教师或担任政府公职,可见在民国时期的乡间,高等小学毕业文凭也算得上是一种"出身之阶"。

除了根据正规学制接受教育的小学生,我们也不能忽略前文提到的那种类似今天职业教育的学校。乐清县有3所,但不知道其授课内容。我们可以从瑞安的类似学校看到当年职业教育的内容。光绪二十九年(1903)正月,许鞭发起创办实用学塾一所,陈楚元发起创办工商学社一所,杨毓骏发起创办商务学社一所。实用学塾招生80名。课目有:识字、拼字、作文、书札、笔算、珠算、会计、阅报八门。阅报每隔日一次,地址在东北蒙学堂内。工商学社,招生50名,课目及办法并与实用学塾略同。商务学社招生30名。课目有:识字、写信、看银洋、闽语、甬语等门。[1] 这些学校的学生至少起到扫盲的作用,其中实用学塾还有一门名为"阅报"的课程。

(三) 乡民启蒙的抵达

村落的村民是明清时代士绅启迪和教化的对象,清末以来他们又被知识人当作启蒙对象被"发现"。然而其启蒙效果究竟如何是大可怀疑的。前述光绪二十九年(1903)孙诒棫在汀田村的演讲就不怎么圆满。这次演讲有林

---

[1] 孙延钊撰:《孙衣言孙诒让父子年谱》,第309～310页。

文潜等人助阵,选择的时机也不可谓不巧妙,在演讲前让戏班开锣,且在戏班演完了正剧前的叠八仙之后,在观众云集后开始演讲。结果,孙诒棫演讲一番以后"旋以俗人无知,口语嘈杂即停演回家",由于观众了无兴趣,只得草草收场。①

与知识人走向民间相比,清末的几场运动对民族主义、爱国主义的传播起到了更加广泛的作用。在20世纪初的拒俄运动(1903)、抵制美货运动(1905)中,温州、处州士绅、学生、商人介入很深。但真正对普通民众产生重大影响的是兴起于光绪末年的浙路风潮。1907年7月,中英达成借英款筑苏杭甬路的初步协议,浙江绅民掀起了集股自办全浙铁路的维护路权运动。温州、处州绅商民热情高涨。温州士绅、教育界、商界人士致浙江省谘议局电报云:

> 汤去路危,已电浙抚暨都宪奏留,乞议力争。温州阖属绅学商代表黄式苏、刘绍宽、钱熊埙、陈寿宸、曹文升、王岳崧、陈锡琛、孙诒泽、李炳光、陈祖纶、潘鸿康、陈保鳌,全体股东代表倪鹏程、吴载光、诸鼎如、孙延钊、刘乙照等叩。②

文中的"汤"指的是浙江全省铁路有限公司总经理汤寿潜。汤寿潜是保路运动的主要领导者。清廷为了消弭保路运动,1909年6月29日,补授汤寿潜为云南按察司使。汤寿潜拒绝就职。1910年汤寿潜被革去浙路总理职务,不准他干预路事。温州绅学商人士上述电文就是在这个背景下拍发的。温州士绅除了参与上层斗争,还积极劝导百姓集资入股。1907年孙诒让致信刘绍宽说不能在保路一事上"空言搪塞",要拿出实际行动:

> 温不能空言搪塞,顷商之王筱木,项申甫两君,姑勉任五十万,廿五日已电沪,因初五日大会议也。以十年分缴。顷又接电款须五年缴清,此议未必允。然数既太少,而已茫无把握,不得不求于六属同人,容再广告。不审贵邑诸君能为一筹否?③

稍后,孙诒让在致信刘绍宽时又谈到了筹款业务:

---

① 张棡:《张棡日记》,温州市图书馆编:《温州市图书馆藏日记稿钞本丛刊》,第7762页。
② 《不准浙路总理干预路事之大风潮汇志六》,《四明日报》1910年9月6日。
③ 孙诒让:《与刘绍宽论办学手札二十六通·二十》,张宪文辑:《孙诒让遗文辑存》,第193页。

全浙铁路优先权,以本月抄截止。尊处卖宾兴田之议成否? 切与小泉、梅生(即平阳黄光——引者)、小垞诸君商之。股份收据,已由汤蛰公(绍兴汤寿潜)寄来,弟与筱木各一份,倘有股款,当填据寄奉也。①

信件似乎在讨论出卖集体财产宾兴田以入股浙路。同年十月浙江保路拒款会成立,十一月瑞安成立了保路拒款分会,孙诒让被推为会长。自十二月初八日,他率保路分会干事两人,前赴四乡招募路股,每至一地,即集会演说,至二十四日回城。② 孙诒让于次年去世,其他士绅仍在努力。

据光绪三十四年(1908)新闻报道:

温州阖属浙路股份第一期实缴清单:自正月开收至八月截限,(永嘉)分缴一万七千六百五十八股,全缴二百七十三股。(乐清)分缴一万六千七百六十一股,全缴四百八十八股。(瑞安)分缴一万三千一百二十四股,全缴一十一股。(平阳)分缴六千三百二十一股,全缴三百二十一股。(泰顺)分缴三千一百十六股,全缴一十股。(玉环)分缴一百四十九股。(客籍)分缴四千一百九十股,全缴一百三十股。通共分缴六万一千三百四十三股,全缴一千二百三十三股。凡旅沪、旅杭就近缴者,均未列入。③

一股为5元。"全缴"指一次性付清,"分缴"指分五年缴纳。光是第一期筹集的资金就达67 000多元。如果说股份数与社会影响的关系让人感到朦胧,那么看看入股者的身份可能会给人以具体可感的清晰印象。

自1908年11月15日～12月31日《浙江日报》刊登了10期《温州阖属缴纳路股清单》,统计10期温州5县1厅一共1 119个购买路股主体。这里面有大量的购买路股的个人,也有很多集体户。它们可能是商号,如叶德昌号、洪源酒坊、春成号、乾和药号、沈义成号、黄惠吉堂、杨公记、大生堂、谢回生堂、久彰布庄、老香山号和厚生庄等。它们也可能是宗族或宗族分支的祠堂,如陈种德堂、陈修善堂、林心德堂、徐积庆堂、郑堂众、叶信寿房、徐德寿堂、潘修德堂、麻追远堂和孙德本堂。此外还有医疗机构(如公和医园)、宗教团体(如耶稣公会)、集体基金(如布业公积),还有很多可以确定为集体组织,

---

① 孙诒让:《与刘绍宽论办学手札二十六通·二十三》,张宪文辑:《孙诒让遗文辑存》,第195页。
② 张宪文辑:《孙诒让遗文辑存》,第551页。
③ 《路股报告》,《浙江日报》1908年10月15日。

但不明白其具体属性的购买者,如吴礼事众、吴成书众、吴三成众。有一个户头叫"朴头村众",这个"朴头"应该是乐清县东北部的一个濒海村落。① 我想说的是那么多的公共机构、商号、宗族或宗族分支以及村落成为购买路股的主体,实际受影响的就不是数千人,而是数万人。在商言商,笔者无意把普通乡民购买路股的行为直接等同于民族主义或爱国主义的体现,购买路股是一种商业行为,购买是为了获利,这是理所当然的;但是,他们或直接听过孙诒让等士绅招募路股时的演讲,或辗转听闻,都知道自己购买路股的钱用于修筑铁路,是与一个叫作"英国"的国家争夺修筑浙江铁路的权利,中国的利权应由中国自己人享有。这就让普通的村民了解中国只是万国中的一国,同时也就萌发了民族意识、国家意识。

清末民初是政治秩序危机和价值取向危机全面爆发的时代。在这个时代,外来的新思想、新文化蜂拥而入。本章呈现了新知识、新思想在族谱文献中的面貌,并揭示和阐释了新文化元素下渗到村落的几个关键环节。综观本章的讨论分析,可以得出以下结论:

第一,地方知识人秉持以宗族为本位的民族主义。地方社会中的读书人普遍具有较为浓厚的民族主义情绪,但与主流文化界以章太炎、傅斯年等为代表的要求融解宗族的民族主义思想形成了尖锐的对立。在思想精英眼里,家族、宗族是现代民族国家建立的最大障碍,这种看法对地方知识人构成了很大的精神压力。浙南族谱文献中把文化精英相关议论贬斥为"空言"。地方读书人大力鼓吹宗族主义,即是对这种精神压力的抵御和释放。他们认为宗族是建立民族、国家的起点,宗族自治是建构秩序的起点。因此,宗族不仅不是阻碍民族国家建构的罪魁祸首,而是民族国家建立的坚实基础。从而消解了宗族与民族主义思想的矛盾。

主流叙事对民族主义的言说,对宗族的否定性批判,使在地读书人感到紧张,因此要拼命论证宗族不可废,这种对宗族的言说也凸显了国家的存在。换句话说,地方知识人越是强调宗族在建构民族国家过程中的重要性,同时国家意识也会更加清晰地浮现出来。

第二,新文化运动的末梢是村落,而不是乡镇。佐藤仁史在《近代中国的乡土意识》中断定"文明化能被接受的最末端就是市镇社会(几乎限于大镇)",这是跟他使用材料的不够均衡有关,其使用的材料主要是乡镇志、年谱

---

① 汪林茂主编:《民族主义与爱国主义运动》(《浙江辛亥革命史料集》第2卷),浙江古籍出版社2013年版,第263~270页。

一类,而使用的族谱只有两部,即《练西黄氏族谱》和《上海陈行秦氏支谱》。因此,他就看不到新知识、新思想在族谱中多彩多姿的呈现。本章揭示了现代学制建立后三个世代知识人向村落传递新知的过程,而清末包括浙路风潮在内的民族主义运动更是深深地把乡村卷入其中,接受风潮洗礼的乡民产生爱国主义、民族主义思想可以说是水到渠成。因此就文化传递系统而言,市镇和乡村并未断裂。

李孝悌早就注意到了广东北部铜鼓嶂下一个叫做河姑潭的小山村,距广州约一千里,距潮州二百里。可以说这是一个极为偏僻的地方。但消息还是非常灵通。剪辫子、办学堂的节奏并没有比城镇慢多少。李孝悌不禁感叹:"对河姑潭之类的村落而言,下层启蒙确非遥不可及的空言。"①李氏所谓的启蒙指的是发轫于清末的以"开民智"为目的的文化、思想和社会运动。因此,他说村落启蒙并非遥不可及,这就意味着认为新文化种种因素可以抵达村落。另据梁洪生统计,江西公藏机构所藏自1895年至1927年编修族谱共148种,国家政体、思想文化和各种思潮学说都有所表现。②

第三,宗族并非万恶之源,不是国家的对立物。本章引述了濑川昌久对族谱的学理分析,以及遂昌高桥雷氏宗族对国家的报效,并以此为荣。现在应该重新检讨,要求通过融解宗法、宗族来克服一盘散沙的主流论述是否还显得公允呢?地方知识人的"民族合宗族而成""宗族主义为民族主义之起点"的宗族主义论述是否也有其可取之处呢?

早在1883年,温州陈虬就主张通过强化宗族制度来稳定地方的政治秩序和社会秩序。在他的《宗法议》中对宗族内部的管理有十分详细的设想,内容涉及宗族内部的权力架构、族人的婚丧嫁娶、刑名钱粮等事务。他在篇末指出:"后世宗法不立,而天下亦能少安者,胥吏之天下耳。岂足以语天德、王道之大哉!"③在陈虬生活的时代,由于百姓生计艰难,再加上商业的发展,重利风气、奢靡风气凸显,温州社会面临严重的危机。敏感的士人似乎已经看到了传统经济秩序、社会秩序和道德秩序走向崩坏的迹象。陈虬主张通过稳固和强化宗族组织的凝聚力,以稳定社会基层的经济秩序、社会秩序和道德秩序,在思想史上具有重要的意义。后来章太炎等认为宗法血缘团体阻碍全

---

① 李孝悌:《清末的下层社会启蒙运动:1901~1911》,河北教育出版社2011年版,第241页。有关河姑潭的资料见于梁若尘的《一个山村里的革命风暴》,此文收录于中国人民政治协商会议全国委员会文史资料研究委员会编:《辛亥革命回忆录》第2集,文史资料出版社1962年版,第363~367页。
② 梁洪生:《辛亥革命前后江西谱论与社会变迁——读谱笔记三则》,《中国社会历史评论》第2卷,天津古籍出版社2000年版,第117页。
③ 陈虬:《宗法议》,胡珠生辑:《陈虬集》,第5页。

国力量的凝聚以应付国家的危局,主张用国家主义和民族主义的思想资源来镕解宗族社会。① "五四"以后,走出家庭成为一代城市激进青年的潮流。在五四运动八十周年之际,王元化在《对于"五四"的再认识答客问》中也涉及了这个问题。他也从章太炎的《明独》讲起,梳理了此后一些重要思想人物否定宗族的言论,最后形成了自己的观感:

> 过去我不理解"五四"时期为什么要主张非孝而反对家庭,我感到奇怪,"五四"时期主张非孝的人如胡适、鲁迅在行为上却是信守孝道的。中国旧社会的家庭,也并不都像"五四"时代所描写的那么黑暗可怕。②

王元化所指虽然侧重于城镇的家族,但家族、宗族的运行方式,以及统摄家族的价值观都是一样的,即家庭、家族、宗族并非万恶之源。

---

① 相关讨论可参考以下著作:王元化:《对于"五四"的再认识答客问》,《九十年代反思录》,上海书店出版社2019年版。王汎森:《从传统到反传统》,《中国近代思想与学术的系谱》,吉林出版集团有限责任公司2011年版。秦晖:《新文化运动中的"个性解放"与"社会主义"》,载氏著:《走出帝制》,群言出版社2015年版。

② 王元化:《对于"五四"的再认识答客问》,《九十年代反思录》,上海书店出版社2019年版,第118页。

主要参考文献

一、基本文献(各部分以书名首字音序)

(一) 诗文集、专著

〔明〕张煌言:《冰槎集》,中华书局1959年版。
〔清〕汤肇熙:《出山草谱》,温州市图书馆藏刻本。
〔清〕汤肇熙:《出山草谱》,东瓯郭博古斋,光绪十年(1884)刻本。
〔清〕陈虬:《陈虬集》,胡珠生辑,中华书局2015年版。
〔清〕陈虬:《陈虬集》,胡珠生编,浙江人民出版社1992年版。
〔清〕陈黻宸:《陈黻宸集》,陈德溥编,中华书局1995年版。
〔清〕刘之屏:《盗天庐集》,袁国唐校注,线装书局2012年版。
〔民国〕傅斯年:《傅斯年全集》第1卷,湖南教育出版社2003年版。
〔清〕归庄:《归庄集》中华书局1962年版。
〔民国〕高谊:《高谊集》,高益登编注,线装书局2013年版。
〔清〕曹文昇:《耕心堂集》,吴小如点校,线装书局2011年版。
〔清〕周天锡:《花蕚楼集》,蔡听涛点校,黄山书社2012年版。
〔清〕黄宗羲:《黄宗羲全集》,沈善洪主编,浙江古籍出版社2005年版。
〔清〕洪炳文:《洪炳文集》,沈不沉编,上海社会科学院出版社2004年版。
〔清〕刘绍宽:《厚庄诗文续集》,温州市图书馆藏,民国二十六年(1937)版。
〔清〕刘绍宽:《厚庄文钞二卷 诗钞三卷》,民国八年(1919)石印本。
〔清〕佚名:《江心寺春秋祭》,温州市图书馆藏钞本。
〔明〕李象坤:《匊庵集选》,蔡听涛点校,黄山书社2012年版。
〔清〕朱彝尊:《静志居诗话》,人民文学出版社1990年版。
〔清〕冯桂芬:《校邠庐抗议》,光绪十年(1884)刻本。
〔清〕梁章钜:《浪迹丛谈 续谈 三谈》,中华书局1981年版。
〔明〕吴应箕:《楼山堂集》,贵池先哲遗书,1920年刊本。
〔民国〕鲁迅:《鲁迅全集》,人民文学出版社1981年版。
〔清〕林启亨:《林启亨集》,王志成校注,线装书局2013年版。
〔清〕林大椿:《林大椿集》,赵挽澜编注,线装书局2013年版。

〔清〕梁启超：《梁启超全集》第2册，北京出版社2000年版。
〔清〕叶正阳：《鹿迹山房诗文集》，黄乐清点校，线装书局2013年版。
〔南宋〕何士信：《明刊草堂诗馀二种》，刘崇德、徐文武点校，河北大学出版社2006年版。
〔清〕孙诒让：《墨子间诂》，中华书局1986年版。
〔清〕金衍宗：《瓯隐刍言》，咸丰五年(1855)刊本，温州市图书馆藏。
〔清〕梁启超：《清代学者整理旧学之总成绩》，商务印书馆1999年版。
〔清〕顾炎武：《日知录》，栾保群、吕宗力校点，上海古籍出版社2013年版。
〔清〕何子祥：《蓉林笔钞》，温州市图书馆藏本。
〔清〕王夫之：《宋论》，中华书局1964年版。
〔清〕孙诒让：《孙诒让遗文辑存》，张宪文辑，浙江人民出版社1990年版。
〔清〕宋恕：《宋恕集》，胡珠生编，中华书局1993年版。
〔清〕孙锵鸣：《孙锵鸣集》，胡珠生编注，上海社会科学院出版社2003年版。
〔民国〕孙中山：《孙中山选集》，人民出版社1981年版。
〔民国〕孙中山：《孙中山全集》，中华书局1981年版。
〔民国〕孙中山：《孙中山全集》第9卷，中华书局2011年版。
〔清〕谭嗣同：《谭嗣同全集》，蔡尚思、方行编，中华书局1981年版。
〔宋〕文天祥：《文山先生文集》，乌程许氏藏明刻本。
〔宋〕文天祥：《文山先生全集》，商务印书馆1935年版。
〔明〕王叔果：《王叔果集》，黄山书社2009年版。
〔清〕魏禧：《魏叔子文集》，林时泰辑，《宁都三魏全集》本。
〔清〕汪中：《汪中集》，王清信、叶纯芳点校，台湾"中央研究院"中国文哲研究所筹备处2000年版。
〔清〕王德馨：《王德馨集》，王妍点校，黄山书社2009年版。
〔清〕王理孚撰：《王理孚集》，张禹、陈盛奖编注，上海社会科学院出版社2006年版。
〔清〕汪康年：《汪康年师友书札》(二)，上海图书馆编，上海古籍出版社1986年版。
〔清〕徐炯文、徐德元、徐乃康：《徐炯文集 徐德元集 徐乃康集》，王志成编著，线装书局2009年版。
〔清〕佚名：《西巡回銮始末》，宣统年间刻本。
〔清〕杨青：《杨青集》，谢作拳、伍显军编，上海社会科学院出版社2005年版。
〔清〕梁启超：《饮冰室专集》，台湾中华书局1987年版。
〔清〕梁启超：《饮冰室合集·专集》之二十二，中华书局1989年版。
〔清〕梁启超：《饮冰室合集·文集》之三，中华书局1989年版。
〔清〕杨度：《杨度集》，刘晴波编，湖南人民出版社1986年版。
〔清〕严复：《严复集》，王栻主编，中华书局1986年版。
〔明〕章纶：《章纶集》，沈不沉编著，线装书局2009年版。
〔明〕归有光：《震川先生集》，周本淳点校，上海古籍出版社1981年版。
〔清〕孙诒让：《周礼正义》，王文锦、陈玉霞点校，中华书局1987年版。

〔清〕章太炎:《章太炎全集》第一册,上海人民出版社2014年版。
〔清〕章太炎:《章太炎全集》(三),上海人民出版社1984年版。
〔清〕章太炎:《章太炎全集》(四),上海人民出版社2018年版。
〔民国〕张元济:《张元济论出版》,张人凤、宋丽荣选编,商务印书馆2011年版。

(二) 史志

〔清〕曹抡彬修,朱肇济纂:《处州府志》,清雍正十一年(1733)刊本。
〔清〕陈舜咨修:《东瓯孤屿志》,有民国三十二年(1943)刻本,温州市图书馆藏本。
〔清〕俞正燮:《癸巳类稿》,清道光十三年(1833)求日益斋刻本。
〔明〕王瓒、蔡芳编著,胡珠生校注:《弘治温州府志》,上海社会科学院出版社2006年版。
〔清〕李聿求:《鲁之春秋》,浙江古籍出版社1984年版。
王理孚修,符璋、刘绍宽纂:《平阳县志》,民国十四年(1925)刻本。
〔清〕赵尔巽等:《清史稿》中华书局1976年版。
〔清〕王殿金、黄徵乂总修:《瑞安县志》,宋维远点校,中华书局2010年版。
〔清〕陈永清修:《瑞安县志》,乾隆十四年(1749)刻本,上海书店出版社影印1993年版。
瑞安地方志编纂委员会:《瑞安市志》,中华书局2003年版。
〔元〕脱脱等撰:《宋史》,中华书局1977年版。
遂昌县地名志办公室:《遂昌县地名志》,1987年版。
高焕然主编:《松阳县志(民国版标点本)》(第四册),方志出版社2006年版。
〔清〕林鹗、林用霖编纂:《泰顺分疆录》,陶汉心点注校勘,香港出版社2010年版。
吴炎主编:《温州市交通志》,海洋出版社1994年版。
温州市邮电局编:《温州市邮电志》,人民邮电出版社1996年版。
温州市志编纂委员会编:《温州市志》,中华书局1998年版。
〔清〕张宝琳修,王棻、戴咸弼总纂,王志邦等标点:《永嘉县志》,中华书局2010年版。
〔明〕佚名纂:永乐《乐清县志》,陈明猷点校,天马图书有限公司出版2000年版。
〔明〕胡用宾修,侯一元纂:隆庆《乐清县志》,温州市图书馆藏钞校本。
〔清〕徐化民修,林允楫、鲍易等纂:康熙《乐清县志》,温州市图书馆藏刻本。
〔清〕鲍作雨、张振夔总修,陈纬点校:道光《乐清县志》,线装书局2009年版。
〔清〕李登云修,陈珅等纂:光绪《乐清县志》,民国元年(1912)补刻本。
乐清市地方志编纂委员会编:《乐清县志》,中华书局2000年版。
〔清〕杜冠英撰修、吕鸿焘:《玉环厅志》,光绪六年(1880年)刊本。
雍正《浙江通志》,光绪二十五年(1899)重刊,商务印书馆影印民国二十三年(1934)版。

(三) 日记

〔清〕郑良治:《百甓斋日记》,浙江省永嘉区征辑乡先哲遗著委员会抄本1936年版,温州图书馆藏。
〔清〕刘绍宽:《厚庄日记》,共计四十册,温州市图书馆藏。
〔清〕刘绍宽:《刘绍宽日记》,方浦仁、陈盛奖整理,中华书局2018年版。
〔清〕张棡:《张棡日记》,温州市图书馆编:《温州市图书馆藏日记稿钞本丛刊》,中华书局 2017 年版。

〔清〕张㭎：《张㭎日记》,俞雄选编,上海社会科学院出版社 2003 年版。

〔清〕张㭎：《杜隐园日记》稿本,温州市图书馆藏。

（四）碑铭

北仑区人民政府地方志办公室编：《北仑历代碑刻选注》,宁波出版社 2018 年版。

吴明哲编：《温州历代碑刻二集》,上海社会科学院出版社 2006 年版。

金柏东主编：《温州历代碑刻集》,上海社会科学院出版社 2002 年版。

孙建胜编：《永嘉场墓志集录》,黄山书社 2011 年版。

（五）谱牒

民国《高垟林氏宗谱》,1944 年。

《高氏宗谱》卷二,象溪,1930 年。

《胡氏宗谱》,杏庄,1933 年。

《金氏宗谱》,永嘉岩头,1943 年,温州市图书馆藏。

《蓝氏宗谱》,村头,1949 年。

《李氏宗谱》,北,1943 年。

《雷氏宗祠》,遂昌高桥,1947 年,遂昌县高桥村雷氏宗祠。

《刘氏宗谱》,永嘉碧莲,1982 年。

《潘氏宗谱》,泰石,1948 年。

《潘氏宗谱》,孤山,1948 年。

《邵氏宗谱》,湖川,1948 年。

《邵氏宗谱》,永嘉石湖。

《崧山方氏宗谱》,1933 年。

《崧山方氏宗谱》,乐清,1936 年。

《吴氏族谱》,平阳三石桥。

《徐氏宗谱》,枫林,1994 年,温州市图书馆藏。

周健选编：《乐清谱牒文献二编》,线装书局 2015 年版。

《钟氏族谱》,遂昌井头坞,1931 年,浙江省图书馆藏。

（六）文史资料

政协苍南县文史委编：《苍南文史资料》第 20 辑,2005 年。

浙江省苍南县委员会文史资料委员会编：《刘绍宽专辑》(《苍南文史资料》第 16 辑),2001 年。

苍南县地名志办公室：《苍南抗倭斗争古迹》,《苍南文史资料》第 1 辑,1985 年。

中国人民政治协商会议温州市鹿城区委员会文史资料委员会编：《鹿城文史资料》(第 11 辑),1997 年。

温州市鹿城区政协文史会编：《鹿城文史资料》第 9 辑,1995 年。

中央陆军军官学校洛阳分校编：《三民主义教程》,1935 年。

中国人民政治协商会议浙江省温州委员会文史资料研究委员会编：《温州文史资料》创

刊号,1985年版。

温州市政协文史资料委员会编:《温州文史资料》第7辑,浙江人民出版社1991年版。

温州市政协文史资料委员会编:《温州文史资料》第9辑,浙江人民出版社1994年版。

中国人民政治协商会议乐清县委员会文史资料工作组:《乐清文史资料》第一辑,1984年版。

(七) 史料汇编

温州市档案局译编:《〈北华捷报〉温州史料编译(1876~1895)》,社会科学文献出版社2018年版。

温州市档案局译编:《〈北华捷报〉温州史料编译(1896~1915)》,社会科学文献出版社2018年版。

陈瑞赞编著:《东瓯逸事汇录》,上海社会科学院出版社2006年版。

郑小军:《江心屿历代题咏选》,浙江古籍出版社1997年版。

赵肖为等编译:《近代温州社会经济发展概况:瓯海关贸易报告与十年报告译编》,上海三联书店2014年版。

舒新城主编:《近代中国教育史料》第二册,中国人民大学出版社2010年版。

吕实强主编:《教务教案档》第四辑,"中研院"近代史研究所1977年版。

吕实强主编:《教务教案档》第五辑,"中研院"近代史研究所1977年版。

台湾文献史料丛刊第六辑《鲁春秋 浙东纪略 海东逸史 海外恸哭记》(合订本),台湾大通书局1987年版。

陈光熙编:《明清之际温州史料集》,上海社会科学院出版社2005年版。

中国社会科学院历史研究所明史室编:《明史资料丛刊》(第四辑),江苏人民出版社1986年版。

台湾"中央研究院"历史语言研究所编:《明清史料》甲编1930年版。

文字改革出版社辑:《拼音文字史料丛书》,曾于1953年和1957年分别影印出版。

李修生:《全元文》,江苏古籍出版社2005年版。

朱金甫、陈增辉主编:《清末教案》(中国第一历史档案馆、福建师范大学历史系合编),中华书局1996年版。

文天祥纪念馆编印:《文天祥祠诗词楹联碑记》,1997年版。

叶大兵辑注:《温州竹枝词》,文化艺术出版社2008年版。

张枬、王忍之编:《辛亥革命前十年间时论选集》第2卷下,生活·读书·新知三联书店1963年版。

中国人民政治协商会议全国委员会文史资料研究委员会编:《辛亥革命回忆录》第2集,文史资料出版社1962年版。

中国书店编辑:《元典章·礼部六》,海王邨古籍丛刊,中国书店1990年版。

雷梦水、潘超等编:《中华竹枝词》,北京古籍出版社1996年版。

汪林茂主编:《浙江辛亥革命史料集》,浙江古籍出版社2014年版。

(八)报刊

《北华捷报》《大公报》《画图新报》《江苏》《利济学堂报》《申报》《四明日报》《通问报》《新青年》《学衡》《中西教会报》《浙江日报》

二、近人论著(以作者姓氏音序为序)

安碧莲:《明代妇女贞节观的强化与实践》,"中国文化大学"史学研究所博士论文,1995年。

[日]岸本美绪:《风俗与历史观》,新史学13卷3期,2002年9月。

[日]岸本美绪:《场、常识与秩序》,载黄东兰主编《身体·心性·权力》,浙江人民出版社2005年版。

柏杨:《中国人史纲》,人民文学出版社2011年版。

[法]布迪厄、华康德:《实践与反思——反思社会学导引》,李猛、李康译,中央编译出版社1998年版。

[美]本尼迪克特·安德森:《想象的共同体:民族主义的起源与散布》,吴叡人译,上海人民出版社2005年版。

陈旭麓:《近代中国社会的新陈代谢》,上海人民出版社1992年版。

陈来:《宋明理学》,华东师范大学出版社2004年版。

陈垣:《明季滇黔佛教考》,中华书局1962年版。

陈卫平:《人道与理性:先秦儒学的基本特征》,《学术月刊》2010年第11期。

陈丰盛:《温州基督教编年史》,方舟机构有限公司2017年版。

[英]曹明道:《二十六年:曹雅直夫妇温州宣教回忆录》,温州恩际团契译,宇宙光全人关怀2015年版。

陈镇波:《刘绍宽与温州教育》,载林勇主编《永怀集》,华东师范大学出版社2001年版。

程美宝:《地域文化与国家认同:晚清以来"广东文化"观的形成》,生活·读书·新知三联书店2006年版。

杜芳琴:《尚烈与倡节:明清贞节特点及其成因》,载《中国社会性别的历史文化寻踪》,天津社会科学院出版社1998年版。

[美]费丝言:《由典范到规范——从明代贞节烈女的辨识与流传看贞节观念的严格化》,台湾大学出版委员会1998年版。

冯尔康等:《中国宗族史》,上海人民出版社2009年版。

顾卫民:《基督教与近代社会》,上海人民出版社1996年版。

黄东兰:《岳飞庙:创造公共记忆的"场"》,载孙江主编:《事件·记忆·叙述》,浙江人民出版社2004年版。

黄克武:《史可法与中国近代记忆及认同的变迁》,载王笛主编:《时间·空间·书写》,浙江人民出版社2006年版。

黄一农:《两头蛇:明末清初的第一代天主教徒》,上海古籍出版社2006年版。

黄锡培:《昔我往矣——内地会赴温州宣教士行传》,海外基督使团2014年版。

何冠彪：《生与死：明季士大夫的抉择》，联经出版事业股份有限公司1997年版。
胡珠生：《温州近代史》，辽宁人民出版社2000年版。
［英］海和德：《枫林——一个中国基督徒受逼迫的真实故事》，沈迦：《一条开往中国的船》，新星出版社2016年版。
［英］霍布斯邦：《资本的年代》，张晓华译，国际文化出版公司2006年版。
［日］井上彻：《中国的宗族与国家礼制——从宗法主义角度所作的分析》，钱杭译，上海书店出版社2008年版。
姜亮夫：《孙诒让学术检论》，《浙江学刊》1999年第1期。
［英］科大卫：《皇帝与祖宗——华南的国家与宗族》，卜永坚译，江苏人民出版社2009年版。
刘凤云：《清代三藩研究》，中国人民大学出版社1994年版。
李世众：《穿梭于红尘佛国：清初地方合作者的道德困境及其解脱》，《学术月刊》2018年第3期。
李世众：《晚清趋新士人的文化资本、关系网络与社会权力——透视平阳刘绍宽的人生旅程》《历史教学问题》2013年第6期。
李孝悌：《清末的下层社会启蒙运动：1901～1911》，河北教育出版社2011年版。
林丽月：《孝道与妇道：明代孝妇的文化史考察》，《近代中国妇女史研究》1998年第6期。
［美］林南：《社会资本——关于社会结构与行动的理论》，张磊译，世纪出版集团上海人民出版社2005年版。
［日］濑川昌久：《族谱：华南汉族的宗族·风水·移居》，钱杭译，上海书店出版社1999年版。
劳乃宣：《新刑律修正案汇录序》，《判例与研究》2010年第4期。
刘世魁：《曹牧师传略》，《画图新报》第13卷第1期，1892年。
李迪：《中国数学通史》，江苏教育出版社2004年版。
罗志田：《权势转移：近代中国的思想、社会与学术》，湖北人民出版社1999年版。
梁洪生：《辛亥革命前后江西谱论与社会变迁——读谱笔记三则》，《中国社会历史评论》第2卷，天津古籍出版社2000年版。
马西沙、韩秉方：《中国民间宗教史》，上海人民出版社1991年版。
莫法有：《温州基督教史》，建道神学院基督教与中国文化研究中心1998年版。
倪海曙：《清末汉语拼音运动（切音字运动）编年史》，上海人民出版社1959年版。
［法］皮埃尔·诺拉主编：《记忆之场：法国国民意识的文化社会史》，黄艳红等译，南京大学出版社2015年版。
秦晖：《新文化运动中的"个性解放"与"社会主义"》，《走出帝制》，群言出版社2015年版。
瞿同祖：《清代地方政府》，范忠信、晏锋译，法律出版社2003年版。
［美］任达：《黄金十年与新政革命》，李仲贤译，江苏人民出版社1998年版。
［日］寺田浩明：《明清时期法秩序中"约"的性质》，《权利与冤抑》，载王亚新、梁治平编

《明清时期的民事审判与民间契约》,法律出版社1998年版。

沈迦:《寻找·苏慧廉》,新星出版社2013年版。

沈迦:《一条开往中国的船》,新星出版社2016年版。

[英]沈爱娣:《传教士的诅咒:一个华北村庄的全球史(1640～2000)》,郭伟全译,香港中文大学出版社2021年版。

[英]苏慧廉:《晚清温州纪事》,张永苏、李新德译,宁波出版社2011年版。

苏萍:《谣言与近代教案》,上海远东出版社2001年版。

孙延钊:《孙衣言孙诒让父子年谱》,上海社会科学院出版社2003年版。

[美]史维东:《中国乡村的基督教:1860～1900年江西省的冲突和适应》,江苏人民出版社2013年版。

[日]田仲一成:《中国戏剧史》,布和译,吴真校译,北京大学出版社2011年版。

温海清:《文天祥之死与元对故宋问题处置之相关史事释证》,《文史》2015年第1辑。

王汎森:《清初士人的悔罪心态与消极行为:不入城、不赴讲会、不结社》,载氏著:《晚明清初思想十论》,复旦大学出版社2004年版。

王汎森:《从传统到反传统》,《中国近代思想与学术的系谱》,吉林出版集团有限责任公司2011年版。

王汎森:《章太炎的思想——兼论其对儒学传统的冲击》,上海人民出版社2012年版。

王汎森:《日谱与明末清初思想家——以颜李学派为主的讨论》,载王汎森《权力的毛细血管作用》,联经出版事业股份有限公司2013年版。

王汎森:《中国近代思想文化史研究的若干思考》,《新史学》十四卷四期,2003年12月。

王汎森:《"儒家文化的不安定层"——对"地方的近代史"的若干思想》,《近代史研究》2015年第6期。

王元化:《对于"五四"的再认识答客问》,《九十年代反思录》,上海古籍出版社2000年版。

王鸿泰:《明清社会关系的流动与互动》,载《史学月刊》2006年第5期。

汪林茂:《清末文字改革:民族主义与文化运动》上、下,载《学术月刊》2007年10月号、11月号。

吴文俊主编:《中国数学史大系》,北京师范大学出版社2000年版。

萧一山:《清史大纲》,上海古籍出版社2005年版。

熊月之:《西学东渐与晚清社会》,上海人民出版社1994年版。

徐逸龙:《枫林古镇研究》,线装书局2019年版。

姚大力:《中国历史上的族群和国家观念》,《文汇报》2015年10月9日。

余英时:《历史人物考辨》,广西师范大学出版社2006年版。

余英时:《士与中国文化》,上海人民出版社2003年版。

余英时:《中国文化与现代化变迁》,三民书局1992年版。

衣若兰:《史学与性别——〈明史·列女传〉与明代女性史之建构》,山西教育出版社2011年版。

[美]杨庆堃:《中国社会中的宗教——宗教的现代功能与其历史因素之研究》,范丽珠等

译,上海人民出版社2007年版。

张彬村:《明清时期寡妇守节的风气——理性选择的问题》,《新史学》10卷2期,1999年6月。

张宪文、张卫中:《张璁年谱》,上海古籍出版社1999年版。

张灏:《幽暗意识与时代探索》,广东人民出版社2016年版。

张灏:《转型时代在中国近代思想史与文化史上的重要性》,《张灏自选集》,上海教育出版社2002年版。

[英]甄克思:《社会通诠》,严复译,商务印书馆1923年版。

周窈窕:《清代桐城学者与妇女的极端行为》,载鲍家麟编《中国妇女史论四集》,稻香出版社1995年版。

[日]滋贺秀三:《清代诉讼制度之民事法源的概括性思考——情、理、法》,载滋贺秀三等:《明清时期的民事审判与民间契约》,法律出版社1998年版。

[日]滋贺秀三:《清代诉讼之民事法源的概括性考察》,载王亚新、梁治平编:《明清时期的民事审判与民间契约》,法律出版社1998年版。

钟叔河:《走向世界——近代中国知识分子考察西方的历史》,中华书局2000年版。

朱维铮:《走出中世纪二集》,复旦大学出版社2008年版。

[日]佐藤仁史:《近代中国的乡土意识——清末民初江南的地方精英与地域社会》,北京师范大学出版社2017年版。

三、英文文献

J. Husdon Taylor, M. R. C. S., F. R. G. S., *China's Millions*, London: Morgan and Scott, 1880.

Paul A. Cohen, *China and Christianity: The Missionary Movement and the Growth of Chinese Antiforeignism*, 1860~1870, Cambridge, Mass.: Harvard University Press.

T'ien Ju-k'ang, *Male Anxiety and Female Chastity: A comparative Study of Chinese Ethical Values in Ming-Ch'ing Times*, Leiden, Brill, 1988.